BROCKHAUS · DIE BIBLIOTHEK

LÄNDER UND STÄDTE

BROCKHAUS

DIE BIBLIOTHEK

MENSCH · NATUR · TECHNIK

DIE WELTGESCHICHTE

KUNST UND KULTUR

LÄNDER UND STÄDTE

GRZIMEKS ENZYKLOPÄDIE
SÄUGETIERE

LÄNDER UND STÄDTE

Griechenland · Athen
Italien · Rom
Spanien · Madrid
Frankreich · Paris
Großbritannien · London
Irland · Dublin

LÄNDER UND STÄDTE

Irland · Dublin

Herausgegeben von der Brockhaus-Redaktion

F. A. BROCKHAUS
Leipzig · Mannheim

Redaktionelle Leitung:
  Dr. Eva Maria Brugger

Redaktionelle Bearbeitung:
  Wolfhard Keimer

Autoren (kursiv: Autoren dieser Ausgabe):
  Brian Bell, Derek Black, Michael Cunningham, Derek Davis,
  Theodora FitzGibbon, Michael Foley, Rosemary Head,
  Charles Hunter, *Prof. Dr. Armin Hüttermann, Prof. Dr. Helmut Jäger,*
  Brendan Keenan, Peter Kellner, Peter-Somerville Large, Mary Maher,
  Seamus Martin, Naomi May, Liam McAuley, Eugene McEldowney,
  Noel McFarlane, Mary Morissy, George Morrison, David Norris,
  Breandán Ó hEither, *Gerold Olbrich,* Deirdre Purcell, *Brigitte Röser,*
  Lorna Siggins, Niall Stokes, *Dr. Benedikt Stuchtey & Henriette Stuchtey.*

Die Deutsche Bibliothek – CIP-Einheitsaufnahme

Brockhaus · Die Bibliothek
  hrsg. von der Brockhaus-Redaktion.
  Leipzig; Mannheim: F. A. Brockhaus

Länder und Städte
  [red. Leitung dieser Reihe: Eva Maria Brugger]
  ISBN 3-7653-7780-5

NE: Brugger, Eva Maria [Red.]; F. A. Brockhaus GmbH
  <Leipzig; Mannheim>

Irland · Dublin
  [red. Bearb.: Wolfhard Keimer]. – 1997
  ISBN 3-7653-7786-4

  NE: Keimer, Wolfhard [Red.]

Das Wort BROCKHAUS ist für den Verlag F. A. Brockhaus GmbH
als Marke geschützt.

Das Werk einschließlich aller seiner Teile ist urheberrechtlich geschützt.
Jede Verwertung außerhalb der engen Grenzen des Urheberrechtsgesetzes
ist ohne Zustimmung des Verlags unzulässig und strafbar. Das gilt
insbesondere für Vervielfältigungen, Übersetzungen, Mikroverfilmungen
und die Einspeicherung und Verarbeitung in elektronischen Systemen.

© Höfer Communications Ltd., Singapur 1995/96
  für die Originalausgabe
© F. A. Brockhaus GmbH, Leipzig · Mannheim 1997
  für diese bearbeitete Ausgabe

Papier: 120 g/m² Offsetpapier, holzfrei, mattgestrichen, chlorfrei
der Papierfabrik Torras Domenech, Spanien
Druck: Höfer Press, Singapur
Bindearbeit: Großbuchbinderei Lachenmaier, Reutlingen
Printed in Singapur

ISBN 3-7653-7786-4

Zu diesem Buch

Irland – was ist das für ein Land? Die »Grüne Insel«, muß sie nicht im Zeitalter des ökologischen Bewußtseins unser ganz besonderes Interesse wecken?

Dieses Buch erschließt die Möglichkeiten, sich ein eigenes Bild der Insel und ihrer größten Stadt zu machen. Viele Wege führen zu diesem Ziel: Wir stellen im ersten Teil aus geographischer Sicht Land und Leute vor. Auch die anschließenden kulturhistorischen Aspekte bieten sich – gerade bei Irland – als geeignetes Thema an. Der anschaulichsten Methode wurde hier der breiteste Raum zugestanden: Die Insel wird so dargestellt, wie sie sich dem Reisenden erschließt. Folgen Sie ihm in Gedanken.

Die Iren – wie leben sie, was bewegt sie, was hat sie geprägt? Die Iren, die den Weltrekord im Teetrinken und im Kinobesuch halten. Von denen viele ihr Land verlassen, meist für immer, aber kaum jemand freiwillig aus dem Leben scheidet. Wie läßt sich ihr Hang zur Trunk- und Streitsucht vereinen mit ihrem strengen Katholizismus, der nirgends auf der Welt seinesgleichen findet? Wo sonst führte die Auseinandersetzung zweier Heiliger um einen Psalter zu einem Krieg? Wo sonst gibt es einen Heiligen für hoffnungslose Fälle?

Scheint Irland mit seinem Bürgerkrieg nicht selbst ein hoffnungsloser Fall zu sein? Ziemlich unerwartet sind vor kurzem die seit Jahrzehnten erstarrten politischen Fronten in Bewegung geraten, und schon wird der in Gang gekommene Prozeß durch erneute Unruhen in Nordirland wieder gefährdet.

Dennoch behandelt der Band Irland · Dublin ganz Irland, ungeachtet der politischen Grenze, die nach wie vor den Norden der Insel durchzieht.

Inhalt

Land und Leute
Lage, Größe und Verwaltung 12
Geologie und Landschaftsbild – Erbe der Eiszeit 16
  (von Gerold Olbrich)
Das irische Klima – Regen und kein Ende? 22
  (von Gerold Olbrich)
Landschaftsbestimmend: Die Moore *(von Gerold Olbrich)* 26
Pflanzen- und Tierwelt – die »Grüne Insel« 28
  (von Gerold Olbrich)
Die Nationalparks 30
Bevölkerung und Gesellschaft *(von Armin Hüttermann)* 32
Wirtschaft und Verkehr – Armenhaus Europas? 42
  (von Armin Hüttermann)
Die Kulturlandschaft Irlands und ihre Entwicklung 50
  (von Helmut Jäger)
Irische Kunst – der Glanz der frühen Jahre 63
  (von Brigitte Röser)
Glossar zur irischen Kunst 67
Irische Besonderheiten *(von Brian Bell)* 85

Geschichte und Kultur
(bearbeitet von Benedikt Stuchtey)
Die Eroberung Irlands 93
Die Angloiren 97
Unter der Herrschaft Londons 98
Der Freiheitskampf 103
Die Entstehung einer Nation 108
Leben in einem geteilten Land 121
Das moderne Irland 129
Geschichte in Zahlen 142
Familienforschung als Urlaubsziel 144

Irisches Kaleidoskop
Die Rolle der Kirche *(von Fintan O'Toole)* 151
Das Jugendproblem *(von Niall Stokes)* 160
Das fahrende Volk *(von Liam McAuley)* 166
Männer im Marschtritt *(von Naomi May)* 173
Lieder und Tänze *(von Eugene McEldowney)* 179
Die Iren und ihre Sprache *(von David Norris)* 187
Legenden und Sagen *(von Brendán Ó hEithir)* 192

Bars und Besäufnisse *(von Seamus Martin)* 197
Irische Küche *(von Theodora FitzGibbon)* 203
Rennfieber *(von Liam McAuley)* 209
Angelsport *(von Niall Fallon)* 215
Beliebte Spiele *(von Brendán Ó hEithir)* 218

Dublin

Was ist Dublin? *(von Liam McAuley)* 229
Geschichte Dublins in Zahlen 232
Dublins Schriftsteller *(von Hilary Cunningham)* 239
Dubliner Originale *(von Deirdre Purcell)* 246
Lebendige Musikszene *(von Michael Cunningham)* 249
Straßenleben *(von Mary Morissy)* 255
Brot und Spiele *(von Liam McAuley)* 263
Pubs *(von Mary Maher)* 265

REISELAND IRLAND
(bearbeitet von Henriette Stuchtey)

Gang durch Dublin 283

Der Südosten 287
Das Book of Kells 292
Bewley's Cafés 296
Dubliner Buchhandlungen 302
Religion in Dublin 307
Die Altstadt 313
Das Kampf um das historische Dublin 314
Die Guinness-Saga 324
Die Northside 331
Nachtleben in Dublin 336
Die Westside 345

Umgebung von Dublin

Südliche Vororte 355
Nördliche Vororte 363
Ausflüge in den Süden und Westen 371
Ausflüge in den Norden 381

Rundreise durchs Land

Der Süden und der Südosten 389
Der Südwesten 405
Der mittlere Westen 421
Die Midlands 429
Der Westen 437
Der Nordwesten 449
Zwei Ulster 459
Belfast und Umgebung 479

Literaturhinweise 498

Bildquellennachweis 502

Register 504

Karten
    Irland, Landschaftsgeschichte 16
    Moore und Moornutzung 27
    Verbreitung der irischen Sprache 32
    Irland, Wirtschaft 44
    Irland im Früh- und Hochmittelalter 52
    Irland, Topographie und Verwaltung 272
    Dublin und Umgebung 282
    Dublin
    – Southeast 288
    – Altstadt 316
    – Northside 332
    – Westside 346
    – Südliche Vororte 356
    – Nördliche Vororte 365

    Der Südosten 394
    Der Südwesten 408
    Der mittlere Westen 422
    Die Midlands 429
    Der Westen 438
    Der Nordwesten 449
    Nordirland 458/459
    Belfast 478/479

Lage, Größe und Verwaltung

Die Insel Irland liegt im Nordwesten Europas zwischen Atlantischem Ozean und Irischer See, die sie von der britischen Hauptinsel trennt. Die Verbindung zum offenen Meer wird im Norden durch den Nordkanal (North Channel), im Süden durch den Sankt-Georgs-Kanal hergestellt. Die Gesamtfläche der Insel beträgt 84 421 km², davon nimmt die Republik Irland 83 % (70 282 km²) und Nordirland 17 % (14 139 km²) ein. Von Nord nach Süd ist die größte Entfernung 486 km, von Ost nach West 275 km. Die Küste hat eine Länge von 3169 km.

Staatsrechtlich besteht die Insel aus zwei eigenständigen Teilen: der Republik Irland (Eire) und Nordirland, das zum Vereinigten Königreich von Großbritannien und Nordirland gehört. Die Hauptstadt der Republik ist Dublin, die von Nordirland Belfast. Die Insel umfaßt vier historische Provinzen (Ulster, Leinster, Connacht und Munster); durch die Teilung der Insel kamen drei ganz zur Republik, die vierte – Ulster – wurde aufgeteilt: drei Grafschaften (Donegal, Cavan und Monaghan) kamen zur Republik, die übrigen sechs bilden das britische Nordirland. Die Provinzen haben heute keine Verwaltungsfunktion mehr. Die Republik Irland ist heute in 26 Grafschaften (Counties) und fünf grafschaftsfreie Städte (County Boroughs) gegliedert. In Nordirland wurden die Grafschaften 1973 durch 26 Distrikte ersetzt.

Vorherige Seite und links: Einstimmung auf Irland.

Verwaltungsgliederung der Republik Irland
(und Verwaltungssitze, soweit anderslautend)
– englische und irische Namen –

Provinz Connaught/Connacht

Galway/Gaillimh [1]
Leitrim/Laitroim
 (Carrick-on-Shannon/Cara Droma Rúisc)
Mayo/Maigh Eo
 (Catlebar/Caisle-án an Bharraígh)
Roscommon/Ros Comáin
Sligo/Sligeach

Provinz Leinster/An Laighin

Carlow/Ceatharlach
Dublin/Baile Átha Cliath [2]
Dublin-Belgard [3]
Dublin-Fingal [3]
Dun Laoghaire-Rathdown [3]
Kildare/Cill Dara
 (Naas/An Nás)
Kilkenny/Cill Chainnigh
Laois/Laois
 (Portlaoise/Port Laoise)
Longford/An Longfort
Louth/Lú
 (Dundalk/Dún Dealgan)
Meath/An Mhí
 (Trim/Baile Átha Troim)
Offaly/Uíbh Fhailí
 (Tullamore/An Tulach Mhór)
Westmeath/An Iarmhí
 (Mullingar/An Muileann gCearr)
Wexford/Loch Garman
Wicklow/Cill Mhantáin

Provinz Munster/An Mhumhain

Clare/An Clár
 (Ennis/Inis)
Cork/Corcaigh [1]
Kerry/Ciarraí
 (Tralee/Trá Lí)
Limerick/Luimneach [1]
Tipperary/Tiobraid Arann
 bildet zwei Counties:
  T. North Riding (Neagh)
  T. South Riding (Clonmel)
Waterford/Port Láirge [1]

Provinz Ulster/Ulaidhi (in der Republik)

Cavan/An Cabhán
Donegal/Dún na nGall
 (Lifford/Leifear)
Monaghan/Muineachán

[1] County und County Borough; [2] County Borough; [3] Verwaltungssitz: Dublin

Geologie und Landschaftsbild – Erbe der Eiszeit

Irland zählt in weiten Teilen zum Rumpf des Kaledonischen Gebirges, das im Silur (vor etwa 400–450 Mio. Jahren) gefaltet wurde. Auch Wales, Schottland und der Westen Skandinaviens sind Teile dieses Gebirgssystems, das entwicklungsgeschichtlich zum zweitältesten in Europa zählt. Nur der Südrand Irlands liegt im sogenannten Armorikanischen Faltenbogen, einem Zweig des Variskischen Gebirgssystems, der über die Bretagne zum Zentralmassiv reicht. Diese Phase der Gebirgsbildung, die im Devon/Karbon (vor etwa 350 Mio. Jahren)

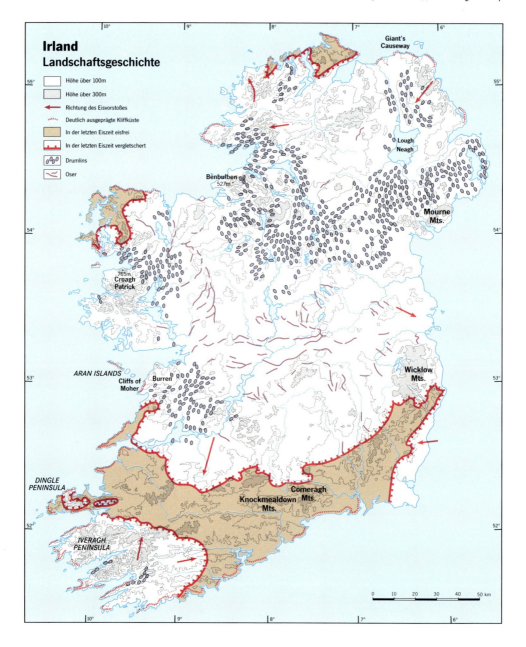

Geologie und Landschaftsbild – Erbe der Eiszeit **17**

Slea Head, die Südwestecke der Kliffküste der Dinglehalbinsel.

stattfand, schuf u. a. auch die Vogesen und den Schwarzwald. Im Tertiär, als sich die Alpen bildeten (vor etwa 30–65 Mio. Jahren), fanden in Irland Krustenbewegungen statt, die zur Heraushebung der bereits stark abgetragenen randlichen Gebirgszüge führten.

Die im Norden bzw. Westen gelegenen Bergländer von Donegal und Connemara (Grafschaft Galway) sind eingerumpfte kaledonische Gebirge mit kristallinen Gesteinen (metamorphe Schiefer, Gneis, Granit, Quarzit). Besonders markante Bergformen sind im harten Quarzit entstanden, z. B. der »Pilgerberg« Croagh Patrick, der Nephin (Mayo), Errigal (Donegal) und die Twelve Bens (Connemara). Die Mourne Mountains an der Südostküste Nordirlands und die Wicklow Mountains an der Ostküste der Insel dagegen werden aus noch älteren paläozoischen Schiefern aufgebaut. Die durch die variskische Gebirgsbildung entstandenen Bergländer von Cork und Kerry bestehen aus Sandsteinen und Schiefern, die als Abtragungsmaterial des Kaledonischen Gebirges gefaltet wurden. Das zentrale Tiefland wird aus sog. Kohlenkalk aufgebaut, einem Ablagerungsprodukt des unterkarbonischen Meeres, das einen großen Teil Irlands bedeckte.

Im Tertiär traten vulkanische Aktivitäten auf, durch die das Basaltplateau von Antrim entstand. Es entstammt einer Serie von mächtigen Spaltenergüssen, die im nördlichen Atlantik einst mächtige Lavadecken gebildet hatten. Mittlerweile sind diese Bereiche im Meer versunken. Das Basaltplateau von Antrim liegt an der Nordostküste, wo die Brandung prächtige Kliffe in das schwarze Gestein hineingearbeitet hat. Der Basalt zeigt eine meist sechskantige Säulenstruktur, die bei der Abkühlung der Lava durch Kontraktion entstanden ist. Am Giant's Causeway (»Straße des Riesen«) an der Küste Nordirlands hat die Brandung die senkrecht stehenden Säulen in etwa gleicher Höhe abgetragen, so daß der Eindruck einer gepflasterten Straße entsteht. In diesem Bereich befinden sich etwa 40 000 Basaltsäulen, die in Gruppen angeordnet bis zu 24 m hoch aufragen und phantastische Felsformen bilden.

Das heutige Landschaftsbild Irlands wurde hauptsächlich durch die Eiszeiten geprägt. Wie auf der benachbarten Insel Großbritanni-

en sind in Irland zwei Hauptvereisungen festgestellt worden. Die ältere (Eastern General Glaciation) bedeckte fast die ganze Insel, während die jüngere (Midland General Glaciation) im Süden etwa im Bogen der Wicklow, Galty und Mullaghareirk Mountains zum Stillstand kam. In Donegal und Connemara hat das nach Westen abfließende Inlandeis U-Täler (Trogtäler) hinterlassen, die später teilweise vom Meer überspült und dadurch zu Fjorden wurden (z. B. Killary Harbour). Im Südwesten entstanden durch den nacheiszeitlichen Meeresspiegelanstieg langgestreckte Buchten, Rias genannt.

Die Insel wurde durch verschiedenartige Tätigkeiten des Inlandeises geformt: in den Bergländern entwickelten sich durch die erosive Kraft der Gletscher Hohlformen wie Trogtäler und Kare, gleichfalls führte die Schleifwirkung des Eises zur Glättung der Felsoberflächen. Dadurch entstanden z. B. die eindrucksvollen Trogtäler des Glendalough in den Wicklow Mountains.

In den Tiefländern dagegen hinterließ der von den Gletschern transportierte Gesteinsschutt recht verschiedenartige Ablagerungen. So durchziehen Endmoränenwälle die Landschaft, wie etwa auf der Linie Dingle Bay – Cork. Eine weitere, häufig auftretende glaziale Form ist der Drumlin, ein langgestreckter stromlinienförmiger Rücken aus Moränen- und Schottermaterial, der vom vorstoßenden Eis geformt wurde und nahe dem Endmoränenwall auftritt. Typische Drumlinlandschaften finden sich im Norden und Westen der In-

Oben: Oser durchziehen wie Walrücken das Land, hier bei Clonmacnoise. Rechts oben: Der Ben Bulbin nördlich von Sligo, ein Zeugenberg aus Karbonkalk in der Schichtstufenlandschaft im Nordwesten der Insel. Unten: Muckros Bay, eine der zahlreichen Buchten der Küste von Donegal.

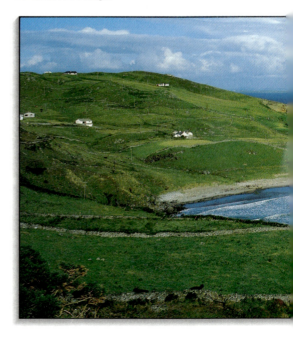

sel. Der Name Drumlin stammt übrigens vom irischen Wort *druim* für Hügel. Weiterhin prägen auch die Ablagerungen der Schmelzwasser das irische Landschaftsbild. Zu ihnen gehören Oser (englisch Esker) und Kames. Oser sind relativ schmale, gewundene Kiesrücken von einigen Meter Höhe, die sich bahndammartig durch die Landschaft ziehen. Sie können einige Kilometer lang sein. Oser entstanden durch Ablagerungen der Gletscher in Schmelzwassertunnels unter dem Eis. Große Osersysteme in Irland sind u. a. Tullamore-Daingean und Dunmore-Ballyhaunis. Kames bildeten sich im Gegensatz zu den Oser bei starkem Eisrückgang: Zwischen den zerfallenden Gletscherzungen häuften die Schmelzwasserflüsse breite, hügel- oder wallartige Massen von geschichteten Sanden, Kiesen und Schottern an.

Durch die flächenmäßig große Verbreitung von Kalksteinen gibt es in Irland eine ganze Reihe von Verkarstungsformen. Im zentralen Tiefland liegt das anstehende Gestein unter einer Decke von glazialen Ablagerungen und Mooren verborgen, so daß es sich weitgehend um »bedeckten Karst« handelt. In diesem Bereich sind die *Turloughs* (irisch: *tuar loch* = trockener See) anzutreffen. Turloughs sind größtenteils schüsselförmige, geschlossene Einsenkungen in der Landoberfläche, die sich zeitweise mit Wasser füllen und in denen sich periodische Seen bilden. Sie ähneln den Poljen in Slowenien, sind aber kleiner und gehen wohl außer auf Verkarstung auch auf die eiszeitliche Vergletscherung (Ausschürfung durch das Gletschereis) zurück.

In den Hochplateaus, die aus besonders widerständigen Kalksteinen aufgebaut sind, findet man auch Formen des nackten Karstes. Eine solche Region bildet der Burren (irisch: *boireann* = steiniger Platz), der nahe der Mitte der Westküste liegt. Es handelt sich um ein Plateau aus 700–900 m mächtigen karbonzeitlichen Kalksteinen. In dieser Landschaft, die sehr felsig und zerklüftet ist, findet der größte Teil der Entwässerung unterirdisch statt, was

sich in Höhlensystemen, Trockentälern, Karren, Rinnen, Dolinen, Poljen u.a. Karsterscheinungen dokumentiert.

Das Landschaftsbild Irlands kann insgesamt mit einer großen Schüssel verglichen werden: Die zentrale Ebene wird in Küstennähe von Bergen eingerahmt; die höchste Erhebung bildet der Carrauntoohil mit 1041 m.

Seen und Flüsse gibt es in Irland überall. Die Gletscher haben zahlreiche Seen hinterlassen, die heute etwa 2 % der Inseloberfläche bedecken. Die fünf größten sind: Lough Neagh, Lough Corrib, Lough Erne, Lough Ree und Lough Mask; der Lough Neagh ist mit 396 km² auch der größte See der Inselgruppe (im Vergleich dazu bedeckt der Bodensee eine Fläche von 538 km²). Viele dieser nacheiszeitlichen Seen sind allerdings auch verlandet und später vermoort. Die Flüsse, die in der zentralen Tiefebene von einem See zum anderen fließen, haben wegen des geringen Gefälles eine geringe Fließgeschwindigkeit. Im Mündungsgebiet stürzen sie sich jedoch meistens über Kaskaden oder Stromschnellen ins Meer.

Der längste Fluß (auch der Britischen Inseln insgesamt) ist der Shannon; er entspringt im Norden der Grafschaft Leitrim und fließt gemächlich durch Seen und Sümpfe. Zwischen Killaloe und Limerick fällt er dann 30 m ab. Der Shannon ist 368 km lang und entwässert ein Fünftel der ganzen Insel.

Eine weiteres charakteristisches Landschaftselement Irlands bilden die durch die Arbeit des Meeres geformten Küsten. Besonders beeindruckend sind die Kliffküsten, unter ihnen die Cliffs of Moher, die auf 8 km Länge als Steilfelsen (in unterkarbonischen Sandsteinen und Schiefertonen) bis zu 200 m hoch über den Meeresspiegel herausragen. Die Kliffküsten wechseln häufig mit Buchten ab, in denen sich Sand- oder Geröllmaterial der Kliffe ablagert. Dünenstrände kommen nicht so häufig vor; man findet sie hauptsächlich an der Ostküste im Bereich von Dublin und Arklow Head. Meist liegen die Dünen heute durch Strandhaferbewuchs fest. Eine große Rolle bei der Küstenformung spielen die Gezeiten; der Tidenhub erreicht an der West- und Südküste 3,5 bis 5,5 m Höhe.

Binnengewässer in der Grafschaft Kerry, dramatisch (links) und lieblich (oben).

Das irische Klima – Regen und kein Ende?

Wegen der Insellage hat Irland ein feucht-gemäßigtes (maritimes) Klima, das mild und ausgeglichen ist. Die Sommer sind nicht so heiß, und im Winter wird es nicht so kalt wie in Kontinentaleuropa. Beeinflußt wird dieses Klima im wesentlichen durch zwei Faktoren. Zum einen sorgt der Ausläufer des Golfstroms, der im Westen relativ warmes Meerwasser an die irische Küste spült, für höhere Durchschnittstemperaturen im Winter, zum anderen bringen die vom Atlantik über Irland hinwegziehenden Tiefdruckgebiete reichlich Niederschläge. Hinzu kommt, daß kein Ort mehr als 100 km vom Meer entfernt liegt und zudem der ozeanische Einfluß durch zahlreiche Meeresarme und Buchten weit in die Insel eindringen kann. Schnee fällt sehr selten, auch gibt es kaum Frost.

Die Winter sind in Irland stets sehr mild. Im Südwesten liegen die mittleren Temperaturen im Januar, bedingt durch den Golfstrom, bei 7 °C, im Nordosten bei 4 °C. Während im zentralen Tiefland die tiefsten Tagestemperaturen im Januar (im Mittel) 1–1,5 °C betragen, zeigt das Thermometer an der stärker maritim geprägten Westseite Werte von 3,5–4,5 °C und an der Ostseite Werte von 2–3,5 °C an. Im Sommer ist es eher kühl mit Julimitteln von 16 °C im Südosten und Süden sowie 14 °C und darunter im Nordwesten. Die Mittelwerte der maximalen Tagestemperaturen im Juli liegen im Westen bei 17 °C, steigen dann im Binnenland auf 20 °C an und sinken wieder auf 18,5–19,5 °C an der Ostküste ab. Im langjährigen Mittel treten an der Süd-, West- und Nordküste nur 10 Tage im Jahr mit Frost auf, im zentralen Tiefland können es über 50 Tage sein. Die Temperatur des Meerwassers um Irland sinkt nie auf den Gefrierpunkt; das heißt, die Küstengewässer sind ganzjährig eisfrei.

Der westliche Teil Irlands erhält zwar das Maximum der Niederschläge, doch fällt auch im zentralen Tiefland und im Osten noch genügend Regen. Grund dafür ist die zu geringe Höhe der Berge an der Westküste, die für die anstürmenden Fronten keine wirkliche Barriere bilden. Im Westen liegen die jährli-

chen Niederschlagsmengen zwischen 1200 mm und 2000 mm, teilweise können die Werte im Südwesten auf über 2000 mm ansteigen. Im Osten fallen dagegen nur 750–1000 mm pro Jahr (Berlin: 600 mm pro Jahr); eine Ausnahme bilden die Wicklow Mountains, die wesentlich höhere Niederschlagsmengen empfangen. Durchschnittlich regnet es im April am wenigsten und im Dezember am meisten. Als »trockenste« Monate gelten Februar bis

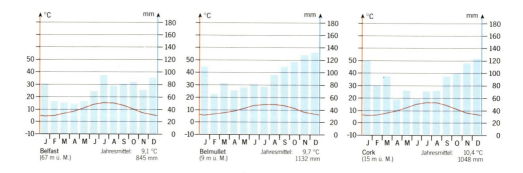

Belfast (67 m ü. M.) — Jahresmittel: 9,1 °C, 845 mm
Belmullet (9 m ü. M.) — Jahresmittel: 9,7 °C, 1132 mm
Cork (15 m ü. M.) — Jahresmittel: 10,4 °C, 1048 mm

	Mittleres tägliches Temperaturmaximum [°C]			Mittleres tägliches Temperaturminimum [°C]			Relative Luftfeuchtigkeit morgens [%]		Mittlere tägliche Sonnenscheindauer		
	Jan.	Juli	Jahr	Jan.	Juli	Jahr	Jan.	Juli	Jan.	Juli	Jahr
Belfast	6,0	18,4	12,3	1,5	11,0	5,8	90	79	1,5	4,4	3,5
Belmullet	12,8*	22,2*	26,6*	-6,4*	5,1*	-6,4*	84	81	1,9	4,6	3,8
Cork	8,5	19,9	14,1	2,4	12,0	6,7	82**	78**	1,9	5,3	3,9
Dublin	7,6	19,6	13,5	1,3	11,0	5,6	84	75	2,0	5,3	4,1
Rosslare	7,6	17,6	12,6	3,5	11,8	7,6	84	80	2,2	6,2	4,6
Valentia	9,4	17,7	13,5	4,5	12,3	8,0	82	81	1,6	4,7	3,7

* absolute Maxima und Minima (mittlere Werte nicht verfügbar); ** nachmittags

Juli. Die Zahl der Regentage liegt bei 250 im Westen und 175–200 im Osten. Unverändert hoch ist stets die relative Luftfeuchtigkeit, die kaum unter 80 % fällt.

Der Wind bläst fast ständig aus Westen. Der Nordwesten ist der windigste Teil der Insel, hier kann die Windgeschwindigkeit bis zu 7,5 m/sec (15 Knoten) betragen. Im Inland flaut der Wind ab und erreicht Werte um 3,5 m/sec (7 Knoten). Juni bis September sind die Monate mit der geringsten Luftzirkulation, die Monate November bis März dagegen die windstärksten. Dank der vorherrschenden Westwinde, die wenig Schadstoffe über den weiten Atlantik transportieren, ist die Luftverunreinigung über Irland gering.

Die sonnigsten Monate sind Mai und Juni mit durchschnittlich 5–6 Stunden Sonnenschein pro Tag. Das sonnigste Gebiet ist der Südosten, wo es im Mai über sieben, im Juli und August etwa sechs Stunden Sonnenscheinstunden täglich gibt.

Die Durchschnittswerte der Wassertemperatur an den Küsten liegen bei 8 °C im Winter und bei 13 °C im Sommer. Die Wassertemperaturen der Süd- und Westküste sind durch den Golfstrom um durchschnittlich zwei bis drei Celsiusgrade höher.

Das Wetter sorgt in Irland ständig für Gesprächsstoff: es ist die Wechselhaftigkeit von Wind, Sonne, Wolken, Sturm und Regen. Selten endet ein Tag so, wie er begonnen hat. Es kann vorkommen, daß man alle vier Jahreszeiten an einem Tag erlebt. Die Iren leben mit diesem Wettergeschehen, und bei ihnen sind lange Regenphasen genauso unbeliebt wie wochenlang nur blauer Himmel und Sonne. Die Launen des irischen Wetters können mit dem menschlichen Gemüt verglichen werden: *A tear and a smile* (eine Träne und ein Lächeln) wechseln einander ab. Für den erfahrenen Reisenden ist ohnehin klar, daß er Irland nicht wegen seines ausgeprägt sonnigen Wetters oder zu einem Badeurlaub besucht.

Links: Gegen den ständigen Wind hat der Besitzer das Dach seines Hauses fest angebunden. Folgende Seiten: Aufziehende Regenwolken, ein fast alltägliches Bild.

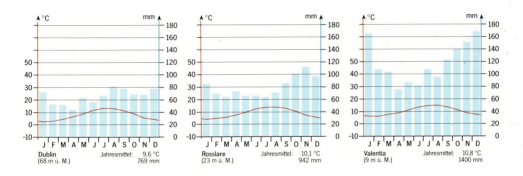

Dublin (68 m ü. M.) — Jahresmittel: 9,6 °C — 769 mm
Rosslare (23 m ü. M.) — Jahresmittel: 10,1 °C — 942 mm
Valentia (9 m ü. M.) — Jahresmittel: 10,8 °C — 1400 mm

Landschaftsbestimmend: Die Moore

Irland ist ohne seine Torfmoore genauso wenig denkbar wie beispielsweise die Schweiz ohne die Alpen. Nach Finnland ist Irland das moorreichste Land in Europa, etwa 17 % der Landesfläche (13 000 km^2) sind mit Mooren bedeckt. Da der in den Mooren gebildete Torf seit Jahrhunderten als Brennstoff verwendet wird, sind die Begriffe Moor und Torf eng mit dem Leben auf dieser Insel verknüpft. Auf die wirtschaftliche Bedeutung des Torfs wird später noch ausführlich eingegangen. In Irland

– Ein See liegt in einer Moränenlandschaft. Auf dem Seeboden reichern sich Schlammablagerungen an.
– Sumpfpflanzen breiten sich vom Ufer her in den See aus; ihre abgestorbenen Teile sinken auf den Seeboden, wo sie, da von der Luft abgeschlossen, nicht mikrobiell abgebaut werden können; es bildet sich Torf. Ein Niedermoor entsteht.
– Das Niedermoor wächst über den Grundwasserspiegel hinaus und wird langsam

können drei verschiedene Moortypen unterschieden werden: Hochmoore *(raised bogs)*, Deckenmoore *(blanket bogs)* und Niedermoore *(fens)*.

Die Hochmoore nehmen etwa 4% der Inselfläche (3000 km^2) ein und sind v. a. im zentralen Tiefland verbreitet. Dieser Moortyp entstand vor etwa 7500 Jahren, als in Irland ein niederschlagsreiches Klima herrschte, das eine Feuchtigkeitszunahme des Bodens zur Folge hatte. Die tonigen Böden der Tiefländer und die relativ jung glazial überformte Landschaft mit ihren Vertiefungen bildeten ideale Voraussetzungen zur Vermoorung. Im folgenden sei die Entwicklung von Hochmooren in Irland kurz erläutert:

nährstoffarm. Es siedeln sich anspruchslose Pflanzen an (u. a. Birken, Kiefern). Das Niedermoor wird zum Übergangsmoor.
– Das Übergangsmoor wird anschließend zum Hochmoor, dessen Wachstum im Gegensatz zum Niedermoor allein von den Niederschlägen abhängt. Unter der zunehmenden Versauerung entsteht eine Pflanzengesellschaft, die sich im wesentlichen aus Torfmoos *(Sphagnum)* zusammensetzt, das das Wurzelgeflecht der Bäume erstickt; immer mehr Bäume sterben ab. Die Torfmoose bilden bald geschlos-

Torf begegnet man im Landesinneren ständig. Oben: Torfstich in Connemara, rechts: traditioneller Torftransport.

sene Polster, die ständig höher wachsen, während ihre unteren Teile absterben und zu Torf werden. Schließlich entsteht eine flache Aufwölbung, deren Flanken relativ trocken sind.
– Aus dem Niedermoor ist ein Hochmoor geworden, das vollständig mit Torfmoos bedeckt ist.

Deckenmoore sind auf einer Fläche von etwa 9000 km² (11 % der Fläche) verbreitet. Das Wachstum der Deckenmoore begann in Irland vor etwa 4500 Jahren. Ausschlaggebend war die Rodung des Waldes für den Ackerbau, die schon 1000 Jahre vorher angefangen hatte. Das entwaldete Gebiet war nun vor dem Regen ungeschützt, und es setzte eine Versauerung der ehemals gut entwässerten Böden der Hochländer ein. So entstand infolge der intensiven Verwitterung und Auswaschung ein stark saurer, nährstoffarmer Boden (Podsol), der schließlich von dicken Torfschichten bedeckt wurde. Der Name Deckenmoor ist von der äußeren Erscheinung abgeleitet: Wie eine Decke bedeckt es ohne Rücksicht auf das Relief Berg und Tal. Die *blanket bogs* überziehen die Hänge West- und Nordirlands, v. a. in Donegal, Mayo, Galway und Kerry. An Pflanzen findet man auf den Deckenmooren Wollgras, Besenried, Kopfried, Schnabelried und Heidekraut. Als Grundvoraussetzung für die Entstehung von Deckenmooren ist ein jährlicher Niederschlag von mindestens 1250 mm anzusehen. Diese Bedingung ist nur an der Westküste gegeben sowie an höher gelegenen Gebirgshängen.

Die Niedermoore *(fens)* haben den geringsten Anteil an den irischen Mooren; sie bedecken eine Fläche von etwa 1000 km². Durch fortschreitendes Moorwachstum bildeten sich vielfach auf den Niedermooren die klassischen Hochmoore.

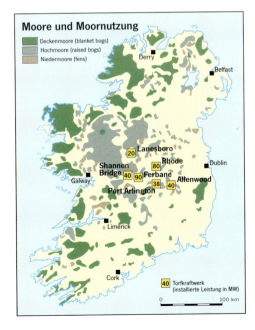

Pflanzen- und Tierwelt – die »Grüne Insel«

Irland trägt oft den Beinamen »Grüne Insel«. Diese Bezeichnung sollte jedoch nicht den Eindruck entstehen lassen, daß diese Insel weitflächig mit einer üppigen, artenreichen natürlichen Vegetation aufwartet. Das Grün rührt heute v. a. vom Weideland her und ist damit ein Hinweis auf die vorherrschende Viehwirtschaft.

Die irische Pflanzenwelt hat wesentlich weniger Arten als die britische und diese wiederum weniger als die kontinentaleuropäische. Während der Eiszeiten bildeten die Britischen Inseln untereinander und mit dem europäischen Festland eine zusammenhängende Landmasse. Durch den nacheiszeitlichen Anstieg des Meeresspiegels nahm das Meer zunächst den Sankt-Georgs-Kanal wieder ein und später auch den Nordkanal. Diese Abtrennung, die vor etwa 8000 Jahren stattfand, unterbrach die noch nicht abgeschlossene Einwanderung der Pflanzenarten aus Schottland und Wales. Da Großbritannien erst 2000 Jahre später von Kontinentaleuropa getrennt wurde, konnten sich hier mehr Pflanzenarten ansiedeln.

Irland weist neben den europäischen Küstenländern und der britischen Hauptinsel v. a. atlantische Pflanzenarten auf. Zu diesen Arten zählen u. a.: Nabelkraut, Stechginster, Echte Glockenheide und Graue Glockenheide. Durch das milde Klima wachsen auch mediterrane Arten, wie Bambus, Erdbeerbaum, Hanfpalmen und Oleander. Weiterhin kommen auch arktisch-alpine Pflanzenarten vor, bei denen es sich um Überreste aus dem Eiszeitalter handelt. Mit einer Besonderheit warten die Küstenbereiche im Südwesten Irlands auf: Die sehr milden Winter und kühlen Sommer ermöglichen das Nebeneinander von mediterranen und arktisch-alpinen Pflanzen. Auch im Burren südlich der Galwaybucht treten arktisch-alpine Pflanzen, wie die Silberwurz und der Frühlingsenzian, auf.

Da Irland wegen der geographischen Lage zur sommergrünen Laub- und Mischwaldzone mit 8–11 Monaten Vegetationszeit zählt, müßte die natürliche Vegetation eigentlich der Wald sein. Aber nur 4 % der Gesamtfläche der Insel sind vom Wald bedeckt. Die nach der letzten Eiszeit vorherrschenden Eichenwälder wurden im Zuge der Intensivierung der Landwirtschaft ab dem 17. Jh. durch Grasländer abgelöst. Doch restlos von Wald bedeckt war Irland nie. An der Küste konnte er sich wegen der ständigen Westwinde nicht halten, und im Landesinnern, wo die Baumgrenze bei 300–600 m liegt, verhindern die Moore die Ansiedlung von Bäumen. Natürliche Waldbestände mit Eiche, Esche, Birke und Eibe gibt es nur noch in Restbeständen im Glendalough- und im Killarney-Nationalpark. Der übrige Wald entstammt staatlichen Aufforstungspro-

grammen mit schnellwüchsigen Weichhölzern wie Kiefer, Fichte und Lärche. Die natürlichen Waldgesellschaften sind je nach Bodenbeschaffenheit der Traubeneichenwald auf eher sauren, silikatreichen Böden und der Eschen-Stieleichen-Wald auf kalkreichen Böden.

Das zentrale Tiefland ist vorwiegend von Grasland bedeckt und wird intensiv als Viehweide genutzt. Je nach Kalkgehalt und Wasservorkommen dominieren unterschiedliche Gräser. Der nahezu kalkfreie Südosten eignet sich dagegen hervorragend zum Ackerbau, so

Oben: Strandnelke auf dem kalkigen Untergrund des Burren. Rechts: Im Killarney-Nationalpark: Efeuumwachsene Eichen und eine üppige Bodenvegetation.

daß hier fast keine natürliche Vegetation anzutreffen ist.

Irland bildet durch die exponierte Randlage ein Paradies für unzählige Vogelarten. Große Scharen von Seevögeln nisten im Sommer auf den Kliffen der Küsten. Auf der Insel Little Skellig, die vor der Küste Kerrys liegt, leben die größten Baßtölpel-Kolonien der Erde. Für Naturfreunde ist es ein eindrucksvolles Schauspiel, den Zug der Sturmtaucher, Eissturmvögel und Krabbentaucher zu beobachten. Im Herbst landen im Süden und Südwesten amerikanische Sumpf- und Singvögel, die über den Atlantik dorthin gezogen sind. Im Winter finden sich an den Seen, Flußmündungen und in

misch wie der Graureiher, der Eisvogel und die Löffelente.

Während in Kontinentaleuropa etwa 150 Arten von Säugetieren vertreten sind, gibt es in Irland – Seehunde und Wale nicht mitgerechnet – nur 28 Arten. Diese Verarmung beruht, wie auch die geringere Pflanzenvielfalt, auf der durch den nacheiszeitlichen Meeresspiegelanstieg verursachten Abtrennung Irlands vom damaligen europäischen Festland. Unter den Raubtieren ist das Irische Hermelin am meisten verbreitet, das von den Iren *weasel* genannt wird. Weiterhin kommen Baummarder, Dachs, Fischotter, Rotfuchs und Nerze vor. Der Irische Hase hat gegenüber dem Feldha-

Feuchtgebieten Tausende von Wasservögeln aus der Arktis und dem kalten Nordeuropa ein. Unter den Zugvögeln sind Goldregenpfeifer, Schwarzhalstaucher, Ringelgänse, Sing- und Zwergschwäne zu finden. Aus Skandinavien und dem Baltikum kommen Scharen von Wildenten und anderen Zugvögeln wie Kiebitz, Drosseln und Finken.

Von den einheimischen Vogelarten sind besonders der irische Eichelhäher, die Wasseramsel, die Tannenmeise und das Moorschneehuhn zu nennen, denn sie unterscheiden sich durch leichte Varianten von den entsprechenden kontinentalen Arten und gelten somit als irische »Spezialitäten«. Der vom Aussterben bedrohte Wachtelkönig ist ebenso hei-

sen ein kürzeres, dichteres Haar und auch kürzere Ohren (»Löffel«). Die Fellfärbung des *Irish hare* ist schokoladenbraun, im Winter dagegen grauweiß.

Einheimisches Rotwild ist v. a. im Killarney- und Connemara-Nationalpark anzutreffen. Vereinzelt trifft man auch auf Damwild. In den Wicklow Mountains, im Killarney-Nationalpark und in Westirland leben teilweise auch verwilderte Ziegen. Der bekannte irische Riesenhirsch soll ebenfalls nicht unerwähnt bleiben, auch wenn er längst ausgestorben ist. Er war hier vor etwa 10 000 Jahren, von der späten Eiszeit bis in die frühe Nacheiszeit, heimisch; sein schaufelartiges Geweih hatte eine Spannweite von bis zu vier Metern.

NATIONALPARKS IN IRLAND

Name	Lage	Größe (ha)
The Burren	an der Westküste (Grafschaft Clare), südlich der Galwaybucht; Informationszentrum in Kilfenora	50 000
Connemara	an der Westküste (Grafschaft Galway), nördlich der Galwaybucht; Besucherzentrum am Parkeingang, nahe Letterfrack	2 000
Glenveagh	im Nordwesten (Grafschaft Donegal), westlich von Letterkenny; Besucherzentrum nahe dem Lough Beagh. Naturlehrpfade	10 000
Killarney	im Südwesten (Grafschaft Kerry), südlich und westlich von Killarney; Besucherzentrum Muckross House	10 000
Wicklow Mountains	südlich von Dublin (Grafschaft Wicklow), in der Nähe von Glendalough (dort Informationszentrum)	3 700

Geologie und Landschaft	Fauna	Flora
felsiges, zerklüftetes Tafelland aus ungefaltetem Karbonkalk, großartige Karstlandschaft mit Karren, Dolinen, Poljen, Höhlen (zugänglich nur Aillwee Cave) und unterirdischen Wasserläufen; da nicht bewaldet, früh besiedelt (schon vor etwa 4000 Jahren), heute nur sehr geringe Bevölkerung	interessante Insektenfauna; seltene Schmetterlinge (Perlmutterfalter, Eulenfalter)	vegetationsarm, wenig Bäume (Krüppelwuchs); eigenartige Mischung arktisch-alpiner und mediterraner Pflanzen; Silberwurz, Stinkende Nieswurz, Bärentraube; Frühlingsenzian; Orchideen (Ragwurz-, Knabenkrautarten, Waldhyazinthe, Nestwurz)
Bergland aus präkambrischen Gesteinen (Gneise, Granite, Quarzite) mit Heidevegetation; im Tiefland Feuchtmoore	Tiere der Moore wie Wiesenpieper, Feldlerche, Steinschmätzer, Schwarzkehlchen; Turmfalken, Sperber; Connemara-Ponys	Moor- und Heidepflanzen wie Sonnentau, Wasserfenchel, Gagelstrauch, Heidekraut, Glockenheide
Bergland mit tief eingeschnittenem Gletschertal des Glenveagh; Gesteinsuntergrund vorwiegend Granit; Deckenmoore; höchster Gipfel: Slieve Snaght (615 m)	größter Rotwildbestand Irlands; Kolkraben, Moorschneehühner, Wiesenpieper, Schwarzkehlchen, Wander- und Zwergfalken; Dachse, Füchse, Hermeline	Hänge mit Torfmoosen, Gräsern und Heidekraut bedeckt; Blutwurz, Moor-Junkerlilie; am See Veagh alte Eichen- und Birkenbestände
glazial geprägte Berg- und Hügellandschaft mit Karen und Moränenstauseen; größter See ist der Lough Leane	letzte wildlebende Rotwildherden, japanische Sikahirsche; in den Seen- und Feuchtgebieten viele Vogelarten (Zwergtaucher, Wasserralle, Graureiher, Eisvogel, Wasseramsel); im Winter großer Zustrom von Zugvögeln	ausgedehnte Eichenwälder, Eiben; üppiges Wachstum von Farnen und Moosen; viele exotische Pflanzen (Erdbeerbaum, Orchideen)
Bergland aus älteren, paläozoischen Schiefern (niedrige Hügel und Ebenen) und Quarzit (scharfkantige Formen); im Zentrum Granitmassiv (rundliche Formen); im Lugnaquillia Mountain 926 m ü. M.; glazial überformt (Kare, Hänge- und Trogtäler); in höheren Lagen Deckenmoore und Grasländer; westlich des Ortes Glendalough das kulturgeschichtlich bedeutende Tal Glendalough (= Tal der zwei Seen)	typische Tierarten der Moore wie Raben, Waldschnepfen, Feldlerchen, Wiesenpieper; Wander- und Zwergfalken	alte Eichenwaldbestände; typische Moor- und Heidepflanzen (im Tal Glenealo spezielle Moor- und Heidekraut-Schutzgebiete)

Bevölkerung und Gesellschaft

Auf der Insel wohnen (1993) 5,1 Mio. Menschen – so viele wie in Dänemark. Davon leben 3,5 Mio. in der Republik und 1,6 Mio. in Nordirland, Einwohnerzahlen, die etwa denjenigen von Berlin bzw. Hamburg enstprechen. Allerdings stehen den Iren in der Republik fast 69 000 km² und in Nordirland 14 000 km² zur Verfügung, das ist insgesamt fast die doppelte Fläche Dänemarks. Die Bevölkerungsdichte liegt so auch in der Republik nur bei 50, in Nordirland bei 114 Einwohnern pro km², während in Deutschland 227 Einwohner sich eine solche Fläche teilen müssen. Irland hat damit nach Norwegen und Schweden die geringste Bevölkerungsdichte in Europa.

Ohnehin hinkt der Vergleich mit Deutschland, da der größte Teil der irischen Bevölkerung immer noch auf dem Lande lebt. Selbst die irische Statistik, nach der Orte mit über 50 bewohnten Gebäuden bereits zu den *towns* gerechnet werden, weist mehr als 40 % der Bevölkerung als nicht in Städten lebend aus. Großstädte gibt es kaum, nur Dublin erreicht 1,1 Mio. Einwohner. Belfast hat etwa 350 000 und die zweitgrößte Stadt der Republik, Cork, bereits nur noch 127 000 Einwohner; Limerick und Galway kommen allenfalls auf 50 000. Weite Bereiche, v. a. im Westen, sind ausgesprochen dünn besiedeltes Streusiedlungsland mit Einzelhöfen, wo es nur gelegentlich kleinere Orte gibt, die sich um eine Kirche oder ein Pub herum gruppieren. Bevölkerungsleere Räume gibt es zwar so gut wie gar nicht, aber verdichtete Räume ebenso wenig.

Der relativ geringe Verstädterungsgrad Irlands trägt für viele Touristen aus den dichtbesiedelten Regionen Europas zum besonderen Reiz der Insel bei. Für die Iren selbst bedeutet das dagegen ein Leben in ländlichen Kleingemeinschaften oder in Kleinstädten, die häufig weit vom zentralen Geschehen entfernt liegen und in denen man sich auf Nachbarn verlassen muß; die Arbeit auf dem Lande bestimmt das Leben, und die Freizeitgestaltungsmöglichkeiten sind begrenzt – oder positiv ausgedrückt:

überschaubar. Dennoch: Der ländliche Raum ist wegen des Fehlens von Arbeitsmöglichkeiten nach wie vor überbesiedelt, auch wenn das bei der geringen Siedlungsdichte paradox erscheint. Die große Zahl kleiner Höfe führte zu dieser Übervölkerung, Abwanderung in nahe gelegene städtische Siedlungen war und ist die Lösung. Zurück bleiben meist die älteren Menschen und allenfalls Neusiedler, die in die Städte pendeln, sowie Besitzer von neuen Zweitwohnungen und Ferienhäusern.

Dabei ist die irische Bevölkerung vergleichsweise jung – oder besser gesagt: es gibt relativ viele Kinder. 28,6 % der Bevölkerung sind unter 15 Jahre alt – was in Deutschland nur 14,6 % von sich sagen können. Damit sind allerdings auch gleich die beiden Extreme in Europa genannt; der Durchschnitt liegt bei 17,8 %. Der hohe Anteil Jugendlicher liegt natürlich an der immer noch relativ hohen Geburtenrate in Irland, die zwar von 1970 bis 1992 von 22 auf 15 Geburten pro 1000 Einwohner gesunken ist, im Vergleich zu allen anderen Ländern der EU aber noch unübertroffen bleibt. Zum Vergleich: In Deutschland ging sie im gleichen Zeitraum von 14 auf 10 zurück. So wenige Kinder wie in Deutschland gibt es nur noch in den Mittelmeerländern Spanien, Italien und Griechenland, so viele wie in Irland nirgendwo. Zwar ist in den südeuropäischen Ländern die Lebenserwartung um etwa 1 Jahr höher, aber Irland liegt mit seinen Werten im europäischen Durchschnitt. Damit muß man in Irland von einer weiterhin stark wachsenden Bevölkerung ausgehen.

Auswanderung – Lösung eines Dauerproblems?

Das ist aber nichts Neues. Ganz im Gegenteil, es muß eher erstaunen, daß nur 5 Mio. Iren auf der Insel leben. Vor 150 Jahren lebten 8,5 Mio. hier – eine heute unvorstellbare Zahl. Noch in diesem Jahrhundert sank die Einwohnerzahl von 3,22 Mio. im Jahre 1901 auf 2,97 Mio. im Jahre 1926 und 2,955 Mio. im Jahre 1946 und schließlich auf 2,88 Mio. im Jahre 1966 (Zahlen für das Gebiet der Republik). Bis zum Ende der sechziger Jahre dieses Jahrhunderts überstieg die Auswanderungsrate den relativ hohen Geburtenüberschuß. Man schätzt, daß etwa 16 Mio. aus Irland stammende Menschen in aller Welt leben, insbesondere in den USA, aber auch in Kanada, Australien, Neuseeland und anderswo. Einige dieser Auswandererfamilien brachten es sehr weit, wie etwa die Politikerfamilie der Kennedys und andere Familien, aus denen ebenfalls Präsidenten der USA stammen: Andrew Jackson (Präsident 1829–37), Woodrow Wilson (1913–21) oder Ronald Reagan (1981–89). Das sind zwar Ausnahmen, aber das irische Element war und ist doch insbesondere in der amerikanischen Politik und Gesellschaft von großer Bedeutung. Weniger erfolgreich, weil weniger gern gesehen, waren dagegen die Iren, die nach Großbritannien auswanderten. England war v. a. wegen der Arbeitsplätze in der Industrie lange Zeit ein Ziel irischer Auswanderer. Dort blieben sie aber häufig armseliges Proletariat, billige Arbeitskraft und »katholisches Pack« und lebten unter erbärmlichen Bedingungen in den städtischen Slums.

Die Tradition der Auswanderung begann mit der Großen Hungersnot um die Mitte des vergangenen Jahrhunderts. In einem Land, in dem die überwiegende Zahl der Menschen von der Landwirtschaft lebte, mußte die Bevölkerungszunahme einen großen Druck auf die kleinbäuerlichen Betriebe ausüben. Sie wurden durch Aufteilung immer kleiner, die Pachtzahlungen wurden immer drückender, der Anbau von Kartoffeln als Volksnahrungsmittel nahm zu. In dieser Situation kam es durch einen eingeführten Pilz, der sich im irischen Klima bestens ausbreiten konnte, zu Kartoffelmißernten, als deren Folge 1 Mio. Tote zu beklagen waren. Zahlreiche Menschen

wurden von ihren Hofstellen vertrieben, weil sie die Pacht nicht mehr bezahlen konnten, für viele Überlebende blieb nur der Weg der Auswanderung. Über hundert Jahre lang war Auswanderung das Ventil für den Geburtenüberschuß, und selbst die ersten fünfzig Jahre nach der Unabhängigkeit brachten hier keinen Wandel. Dennoch muß man auch die britische Kolonialpolitik für diese Tendenzen verantwortlich machen, da sie die irische Wirtschaft in bewußter Rückständigkeit hielt, was die ersten irischen Regierungen so schnell nicht ändern konnten. Allerdings waren und sind die natürlichen Voraussetzungen der Insel für eine

Oben: Der stolze Vater mit seinen 14 Kindern.

Intensivierung der Landwirtschaft auch nicht besonders geeignet – und lange Zeit gab es keine anderen Arbeitsmöglichkeiten.

Erst in den siebziger Jahren dieses Jahrhunderts änderte sich das, und es kam für eine kurze Zeit sogar zu einem Einwanderungsüberschuß (durch Rückwanderung). Allerdings lag das wohl u. a. auch an den ungünstigen wirtschaftlichen Verhältnissen in den Zielländern Großbritannien und USA. Neuerdings nimmt der Strom der irischen Auswanderer in die anderen Länder der EU zu. Auch hat sich die regionale Herkunft der irischen Auswanderer geändert. Bis in die sechziger Jahre kamen die Auswanderer überwiegend aus den ländlicheren Regionen, heute kann man das nicht mehr so eindeutig feststellen. Auch aus den städtischen Bereichen, in denen in den letzten Jahrzehnten industriell-gewerbliche Arbeitsplätze und v. a. Qualifizierungsmöglichkeiten geschaffen wurden, besteht ein Auswandererstrom. So ist der heutige irische Auswanderer nicht mehr nur der Bauernsohn, der vom Hof weggehen muß, sondern auch der Facharbeiter, der sein Glück in einem anderen Land der EU sucht.

Besonders hoch ist natürlich der Auswandereranteil bei den Alleinstehenden und Verheirateten ohne Kinder; etwa 70 % der Auswanderer gehören der Altersgruppen der 15 bis 25jährigen an. Zusammen mit der mittlerweile durchaus guten Qualifikation gehen dem irischen Arbeitsmarkt somit die innovativsten Menschen verloren. Zu Rückwanderungen kommt es bis heute meist erst im Ruhestandsalter; aber auch hier ist eine größere Mobilität der jüngeren Jahrgänge zu verzeichnen. Es wäre zu hoffen, daß diese Menschen in Zukunft ihre Erfahrungen im Ausland nach einer Rückwanderung in eine erstarkte irische Wirtschaft einbringen könnten!

Daß als Ziele bei den Auswanderern bisher die englischsprachigen Regionen der Erde dominierten, liegt an der sofortigen Verständigungsmöglichkeit. Jeder Ire spricht Englisch, auch wenn es da noch die eigene, irische Sprache gibt. Dabei ist diese in der Republik nach der Verfassung sogar die erste Amtssprache. Das betrifft aber nur die offiziellen Veröffentlichungen, Namen von Ministerien o. ä.; im täglichen Gebrauch wird Englisch als erste Sprache benutzt, wenigstens in den meisten Regionen. Bei Umfragen geben nur etwa ein

Das Hurling-Team hofft auf eine große Zukunft.

Bevölkerung und Gesellschaft 35

Drittel der Bevölkerung an, *Irish speakers* zu sein – zwei Drittel bevorzugen, *non-Irish speakers* zu bleiben. Schon 1911 sprach nur noch ein Achtel der Bevölkerung Irisch. Die irische Unabhängigkeit hat in diesem Bereich durchaus zu Erfolgen geführt. So wie in den vorangegangenen Jahrhunderten das Irische verboten (so z. B. 1831 in den Schulen) und zurückgedrängt worden war, so wurde es in diesem Jahrhundert gefördert. Irisch wurde zum Pflichtfach in der Grundschule, einige Fächer werden in Irisch unterrichtet, und wer das berühmte Trinity College in Dublin besuchen will, muß Irisch sprechen können. Im Norden und Westen der Republik gibt es einen irischen Rundfunksender *Raidió na Gaeltachta,* in Galway gibt es irischsprachige Theater und Colleges. Ohnehin ist es gerade der irische Westen und Norden, in dem die Sprache überlebte und wo es auch heute noch den höchsten Anteil an Irischsprechenden gibt; diese Gebiete werden die *Gaeltacht* (auch *Ghaeltacht*) genannt. Hier findet der Tourist dann auch die unverständlichen Straßenschilder mit Namen, an denen man sich schier die Zunge zerbricht.

Das irische Gälisch ist mit dem schottischen Gälisch verwandt und gehört mit einigen anderen Randsprachen Nordwesteuropas (wie Walisisch oder Bretonisch) zum keltischen Zweig der indoeuropäischen Sprachgruppe. Iren und Schotten können sich leichter miteinander verständigen als Schotten und Waliser. Im Irischen dominieren (im Gegensatz zum Walisischen) die Vokale. Das hängt damit zusammen, daß die irischen Mönche, als sie die lateinische Schrift übernahmen, nur 18 Buchstaben (überwiegend Vokale) verwendeten. Schrift und Aussprache divergieren sehr, und für Außenstehende besteht kaum ein Zusammenhang zwischen beiden. Dun Laoghaire (Hafenstadt bei Dublin) wird beispielsweise »Dan Lihri« ausgesprochen; Baile Átha Cliath, die gälische Version von Dublin, spricht sich »Bla Kli«. Man kann die mit der Aussprache verbundenen Probleme erkennen, wenn man auf Straßenschildern im Westen die irische Version englischer Namen sieht – z. B. Cill Fhionnabrach für Kilfenora. Dabei kann man sich noch freuen, wenn beide Namen angegeben sind; häufig genug wird in entlegenen Gebieten nur die irische Version geboten. Denn gerade in den entlegenen, wirtschaftlich rückständigen, extrem isolierten Regionen – eben der Gaeltacht – hat sich die Sprache auch zu Zeiten englischer Unterdrückung gehalten. Hier wird auch heute durchaus Irisch gesprochen, ohne daß es »von oben« verordnet wäre. Und wenn man schon Englisch spricht, dann hat das auch seinen ganz eigenen, irischen Klang.

Der Rückgriff auf die keltische Sprache seit der Unabhängigkeit der Republik hängt natürlich stark mit dem Wunsch zusammen, sich endlich von den früheren britischen Herrschern zu lösen. Dabei wird gerne übersehen, daß es schon in vorkeltischer Zeit Siedler in Irland gab und daß auch später immer wieder Einwanderungsströme ins Land kamen. Die meisten Städte gehen so auf die Wikinger zurück, und Normannen, Engländer und Schotten blieben über die Jahrhunderte natürlich nicht unter sich, sondern vermischten sich mit der einheimischen Bevölkerung. Das ging den britischen Herrschern zu weit, so daß sie bereits 1366 in den Statuten von Kilkenny den Engländern im Lande verboten, irisch zu sprechen oder irische Bräuche anzunehmen, wozu insbesondere die Haartracht und die Kleidung gehörten. Offensichtlich bestand aus englischer Sicht Anlaß zu einem solchen Apartheidsgesetz. Ehen zwischen Iren und Engländern wurden verboten, Iren mußten in eigenen Siedlungen, *Irish towns,* untergebracht werden. Lange hielt das jedoch nicht vor, so

Die Religionszugehörigkeit der Iren (1991)		
	Republik Irland	Nordirland
Römisch-kath. Kirche	91,6 %	38,4 %
Kirche von Irland (Anglikaner)	2,3 %	17,7 %
Presbyterianer	0,4 %	21,4 %
Methodisten	0,2 %	3,8 %
andere oder keine Angaben	5,5 %	18,7 %

Bevölkerung und Gesellschaft

daß sich über die Jahrhunderte eine mehr oder weniger starke Vermischung auf allen Ebenen ergab.

Religion – keine Privatsache

Nachhaltiger war die Trennung im Bereich der Religion. Das Bekenntnis der Briten zur anglikanischen Variante des Protestantismus wurde von der einheimischen Bevölkerung nicht mitgemacht. So lebten zur Zeit der Erlangung der Unabhängigkeit in der Republik rund 300 000 Protestanten, die die Oberschicht bildeten. Einige wanderten nach Großbritannien aus, die meisten blieben aber. Im Geschäftsleben und in der Kultur sind sie auch

Die Zugehörigkeit zur Kirche ist nicht zuletzt durch diese Überlagerung mit politischen und sozialen Machtstrukturen wichtig für das Gemeinschaftsgefühl der Unterdrückten wie der Unterdrücker oder einfach der sich feindlich gegenüberstehenden Gruppen. Fälschlich wird dann oft die religiöse Differenz als die Ursache der Probleme angesehen. Dabei sind die Probleme zwischen Iren und Briten, wie sie sich im Nordirland-Konflikt heute nach wie vor wieder präsentieren, zu vielschichtig, als daß man sie nur auf religiöse Unterschiede zurückführen könnte. Sie gehen auf die anglonormannische Eroberung Irlands zurück, erhielten ihre regionalen Schwerpunkte in

heute noch überrepräsentiert. Die große Mehrheit in der Republik ist aber katholisch, genau 93,1 % sind es (1991). In Nordirland sind es dagegen nur 38,4 %, und hier stehen den Katholiken zwei starke protestantische Gruppierungen gegenüber: die aus Schottland stammenden Presbyterianer (21,4 %) und die aus England stammenden Anglikaner, die die Church of Ireland (17,7 %) bilden. Auch heute noch ist der Gegensatz katholisch-protestantisch weitgehend auf die Unterschiede irisch-britisch zurückzuführen.

Religion gehört zum Alltag, als Pilgerfahrt zum Croagh Patrick (links) und als stille Andacht (rechts).

Nordirland durch gezielte Ansiedlungen von Schotten und Engländern in Ulster und setzten sich in vielen Einzelhandlungen fort. Der britisch-irische Konflikt bekam dadurch auch soziale Dimensionen, weil die Iren der Unterschicht angehörten, und letztlich eben auch eine religiöse Komponente, weil die Iren katholisch und die Briten protestantisch sind.

Die Kirchen – v. a. die katholische in der Republik, aber auch die protestantischen in Nordirland – spielen also eine große Rolle in der Gemeinschaftsbildung, in der jeweiligen Identität als Ire. Daher ist es auch nicht verwunderlich, wenn man, v. a. in den ländlichen Regionen, sonntags auf volle Kirchen stößt. Der Gottesdienst ist das überragende wöchentliche Sozialereignis – auf dem Lande gibt es neben dem Fernsehen und dem Pub wenig Zerstreuung – daher ist es eben auch das Wir-Gefühl, das die Kirche vermittelt. Der hier gestiftete soziale Zusammenhalt erstreckt sich weit über das kirchliche Leben hinaus in weite Bereiche des privaten und wirtschaftlichen Lebens; er wird sichtbar im Vereinsleben, bei Festivitäten aller Art, in der Erziehung und der gemeinschaftlichen Weltanschauung. In den Städten entfällt diese soziale Komponente teilweise, und der Kirchgang wird zum rein religiösen Ereignis. Nicht zuletzt unter diesem Gesichtspunkt kommt der zunehmenden Verstädterung in Irland auch eine große gesellschaftliche Bedeutung bei: die Rolle der Kirchen könnte zurückgehen. Im Vergleich zu unserer Gesellschaft ist dieser Weg aber noch weit. Wer würde nicht staunen, wie selbstverständlich in Irland noch Nonnen und Mönche zum Alltagsbild auf den Straßen gehören.

Eine Staatskirche gibt es jedoch nicht, die Verfassung auch der Republik garantiert Religionsfreiheit. Dennoch hat die katholische Kirche erheblichen Einfluß auf das soziale und politische Leben in der Republik. Die Kirche

organisiert viele Bereiche des sozialen Lebens, insbesondere im Bildungs- und Gesundheitswesen. Geistliche gehören einer Vielzahl von Gremien und Kommissionen an, die Schulen sind zu einem großen Teil konfessionell, zahlreiche Krankenhäuser ebenfalls. Die Kirche hat erheblichen Einfluß in der Familiengesetzgebung, besonders spürbar an ihrem Widerstand gegen jede Art der Geburtenregelung. Bis vor kurzem waren laut Verfassung die Ehescheidung und jeglicher Schwangerschaftsabbruch verboten. Allerdings sieht es so aus, als ob die Macht der katholischen Kirche in der letzten Zeit in diesen Bereichen zurückgedrängt würde. Im November 1992 stimmten zwar noch 65,5 % der Bevölkerung der Republik gegen eine Regierungsvorlage, die einen Schwangerschaftsabbruch im Fall einer akuten Lebensgefahr für die Mutter erlaubt hätte, aber daß es eine solche Regierungsvorlage gab, war schon erstaunlich. Der heiß diskutierte Fall, daß eine schwangere Jugendliche nicht zur Abtreibung ins Ausland reisen durfte, hatte nämlich die Wellen hochschlagen lassen. Und so waren dann auch bei derselben Abstimmung 62,6 % der Wähler für eine ungehinderte Ausreise von Schwangeren und 60 % für den Zugang zu Informationen über mögliche Schwangerschaftsabbrüche im Ausland. In Irland selbst möchte man es nicht haben, aber wer denn dafür ins Ausland gehen will ... Der rechtskatholische Generalstaatsanwalt, der das Mädchen seinerzeit an der Ausreise hinderte, ist inzwischen zurückgetreten. 1992 fand eine neue Abstimmung statt (vgl. S. 138).

In Nordirland ist es natürlich nicht die katholische Kirche, die das Sagen hat, aber sowohl katholische als auch protestantische Parteien und Parteiführer mischen bei den Konflikten kräftig mit. Dabei ist für Nordirland eben auch besonders auffällig, daß die religösen Unterschiede auch mit entsprechenden Wohnvierteln und Ghettos zusammenfallen. So leben die 30 % Katholiken in Belfast zur Hälfte in nur vier Bezirken: Dock, Smithfield, Falls und Saint Anne. In Smithfield und Falls sind über 90 % der Bevölkerung Katholiken. Die Katholiken Nordirlands fühlen sich nicht nur politisch in einer benachteiligten Lage, sondern auch im sozialen Bereich. Das fängt bei den Schulen an und hört bei der Arbeitssuche auf. Andererseits ist ihre Lage stabiler als die der Protestanten in der Republik: ihre Zahlen und Anteile an der Gesamtbevölkerung gehen nicht zurück.

So wie es gegenwärtig aussieht, daß eine Lösung des Irland-Konflikts auf den Weg gebracht zu sein scheint, so erstaunlich ist auch die Tatsache, daß eine Frau 1990 vom Volk zur Staatspräsidentin gewählt wurde. Die irische Gesellschaft ist weitgehend männerdominiert. Man braucht nur auf die klassischen Freizeitvergnügungen hinzuweisen: *races, rugby, gaelic football, snooker* sind klassische Männervergnügen. Und in den irischen Pubs wurde früher keine Frau gesehen – es gab, wenn denn schon Frauen in die Wirtschaft wollten, eigene Räume für sie. Politikerinnen sind eher die Ausnahme. Und dann ist diese Präsidentin nicht einfach eine Vorzeigefrau, sondern eine, die für die Rechte der Frauen kämpft. Sie setzt sich engagiert für eine politische Liberalisierung ein, auch gegen den zum Teil erbitterten Widerstand der (katholischen) Kirche. Als Präsidentin der Frauenvereinigung *Women's Political Association* kämpfte sie u. a. gegen das Verbot der Ehescheidung. Auch unternahm sie als erstes Staatsoberhaupt eine Reise in das von der Republik Irland beanspruchte Nordirland. MARY ROBINSON paßt so gar nicht in die festgefügten Vorstellungen über Irland und die Iren.

Frau Robinson war 1969 als Juristin und Romanistin die jüngste Professorin am Trinity College in Dublin. Diese bedeutendste Universität der Insel wurde unter Königin Elisabeth I. 1591 gegründet und war damals den Angloiren vorbehalten. Die ersten Iren durften 1793 ans Trinity College; heute muß man irisch sprechen können, um aufgenommen zu werden. Neben der University of Dublin mit dem Trinity College gibt es noch die National University of Ireland mit Colleges in Dublin, Galway und Cork. Insgesamt studieren über 20 000 Studenten an diesen Universitäten. Auch das Schulsystem ist hervorragend ausgebaut, wobei gewisse Parallelen zum britischen System (nicht nur in Nordirland) bestehen. Zusätzlich zu diesen guten allgemeinen Bildungseinrichtungen sind in den letzten Jahrzehnten im beruflichen Bildungswesen enorme Anstrengungen unternommen worden. Irland verfügt heute über sehr gut ausgebildete Techniker in allen Sparten, und die oben erwähnte Auswanderung einer beruflich gut ausgebildeten Mittelschicht in die anderen Länder der EU hängt auch mit diesem Fortschritt zusammen. Im Lande selbst sieht man diesen Brain-Drain natürlich nicht gerne – man hatte gehofft, eine qualifiziert ausgebildete Facharbeiterschaft für den wirtschaftlichen Aufschwung im Lande selbst nutzen zu können.

Zweierlei Tradition. Links: Mühsamer Zugang zum Trinkwasser, rechts: Das alte Haus bleibt aus Pietät neben dem neuen stehen.

Wirtschaft und Verkehr 41

Wirtschaft und Verkehr

Innerhalb der Europäischen Union gehört die Republik Irland, wie auch Portugal und Griechenland, zu den benachteiligten Randgebieten, die mehr aus der Gemeinschaftskasse erhalten als sie selbst einzahlen. Das sieht man an vielen Stellen im Lande, wo von der EU geförderte Bauvorhaben zur Regionalentwicklung anzutreffen sind. Von 1993 bis 1999 erhält Irland aus dem Struktur- und Kohäsionsfond (Subventionen für wirtschaftlich rückständige Gebiete) rund 6 Mrd. Irische Pfund, besonders für Investitionen in den Bereichen Verkehr, Telekommunikation und Umweltschutz. Die Fördermittel betrugen 1993 5,5 % des Bruttoinlandsprodukts und waren pro Kopf die höchsten in der Union.

Randlage und koloniales Erbe – Hürden auf dem Weg zum Wohlstand

Zusätzlich zur ohnehin nachteiligen Lage am Rande Europas tritt noch die Tatsache, daß die Insel nach dem Bau des Kanaltunnels zwischen England und Frankreich heute das einzige Mitgliedsland ist, das nicht auf dem Landweg erreicht werden kann. Alles das führt zu hohen Transportkosten und geringerer Wettbewerbsfähigkeit im europäischen Rahmen. Das Bruttoinlandsprodukt – also die Summe aller im Lande erzeugten Waren und Dienstleistungen – erreicht lediglich 69 % des europäischen Durchschnitts. Das bedeutet auch mehr Armut und höhere Arbeitslosigkeit. Mitte der neunziger Jahre lag letztere bei über 15 %, was auch an der Wirtschaftsrezession in Großbritannien lag, da Irland traditionsgemäß seine hohe Geburtenrate durch Auswanderung auf die Nachbarinsel ausgleicht, da im Lande keine Arbeitsmöglichkeiten bestehen. Als sich dort die Wirtschaft wieder etwas erholte, nahm die Auswanderung zu und die Arbeitslosenrate in Irland wieder etwas ab.

Die traditionell schwierige wirtschaftliche Lage Irlands hängt mit einer ganzen Reihe von Faktoren zusammen, wovon die genannte periphere Lage nur einer ist. Dazu kommen Rohstoffmangel und das historische Erbe der jahrhundertelangen Abhängigkeit von Großbritannien. Während in England im 18. Jh. die industrielle Revolution ihren Anfang nahm, wurde Irland von den dortigen Herrschern aus politischen und wirtschaftlichen Gründen zum agraren Ergänzungsraum bestimmt. Unter kolonialen Verhältnissen und den Bedingungen des industriellen Frühkapitalismus entstand eine Arbeitsteilung, bei der Irland die Rolle des Zulieferers von Agrarprodukten (und billigen Arbeitskräften) und des Abnehmers von industriellen Gütern zu übernehmen hatte. Die arbeits- und kapitalintensiven Wirtschaftszweige siedelten sich in Großbritannien an, Irland blieb nur die extensive Weidewirtschaft übrig. Vordergründig ließ sich das auch mit der naturräumlichen Ausstattung begründen, die eine intensivere Landwirtschaft nur in den seltensten Fällen zuläßt. Die Abhängigkeit vom britischen Markt konnte auch in den ersten Jahren der politischen Unabhängigkeit nicht verringert werden; erst mit dem Beitritt zur Europäischen Gemeinschaft im Jahre 1973 gelang es, den Exportmarkt irischer Erzeugnisse auszuweiten. Gingen 1973 noch 66 % der Ausfuhren nach Großbritannien, so waren es 1993 nur noch 27 %. Der Anteil des restlichen Europa stieg im gleichen Zeitraum von 13 % auf 43 %.

Vorherige Seite: Fischverarbeitung in einer Fabrik in Howth. Rechts: Der Leuchtturm auf Fanad Head an der Nordküste.

Wenngleich es in den letzten Jahrzehnten zu einem wirtschaftlichen Strukturwandel größeren Ausmaßes gekommen ist, bestimmt die Landwirtschaft noch weite Teile der irischen Landschaft. Die »grüne« Insel ist eine große Weidefläche, 13 % der Beschäftigten arbeiten noch heute in der Landwirtschaft (zum Vergleich: in Deutschland 2,8 %; 1961 waren es in Irland allerdings noch 36 %!). 7 Mio. Rinder und 8 Mio. Schafe erbringen 75 % der landwirtschaftlichen Erträge, Rindermast und Molkereiwirtschaft sind die wichtigsten Zweige der Landwirtschaft. Der EG-Beitritt sicherte auch hier durch die gemeinsame Agrarpolitik Absatzmärkte und bessere Preise für die meisten Erzeugnisse – früher gingen Rinder überwiegend als Lebendvieh in die britischen Schlachthöfe. Die starke Zunahme der Schafhaltung deutet aber auf eine weitere Extensivierung in vielen Landesteilen hin. Schuld daran sind auch die geringen Betriebsgrößen. Durch immer wieder neue Teilung entstanden häufig Kleinstbetriebe, die kaum noch wirtschaftlich zu halten sind, weil sie zu geringe Einkommen erbringen. Diese kleinen Familienbetriebe sind teilweise aber erst durch die Zerschlagung der Großbetriebe der britischen Landlords um 1870 entstanden und somit emotional belastet. So bleibt das Land möglichst in der Familie, daher sind Betriebsvergrößerungen durch Landzukauf häufig schwierig. Dennoch nahm die Zahl der landwirtschaftlichen Betriebe allein zwischen 1970 und 1986 um 50 % ab, viele Betriebe werden nur noch von älteren Menschen erhalten, während die jungen bereits in die Städte gezogen sind. Mehr als die Hälfte aller Landwirte sind über 50 Jahre alt, potentielle Betriebsnachfolger wandern ab. Bestehende Betriebe überleben häufig nur durch Subventionszahlungen wie Renten, Arbeitslosengeld für Familienmitglieder, Überweisungen von Angehörigen, Subventionen zur Landverbesserung etc. In den nächsten Jahrzehnten ist hier mit einem weiteren Strukturwandel zu rechnen, die Betriebe werden größer werden müssen, viele Landwirte werden aufgeben.

Zunehmen wird auch die Rolle der Forstwirtschaft, die bisher nur in Randbereichen eine Rolle spielt. In den letzten Jahrhunderten sind alle nur möglichen Wälder gerodet worden, um Land für die Ernährung der zunehmenden Bevölkerung zu schaffen. So wurden ausgedehnte und bald landschaftsbestimmende Weiden angelegt, aber in den klimatisch günstigeren Regionen des Südens und Ostens wurden auch, wo immer möglich, Ackerflächen geschaffen. Und bei jedem Hof wurde ein Kartoffelacker angelegt, die Kartoffel wurde zum Hauptnahrungsmittel für die arme Landbevölkerung. Um so katastrophaler waren dann die Folgen, als durch den Kartoffelpilz die Ernten über mehrere Jahre ausfielen. Hungersnöte und Auswanderungswellen be-

stimmten über Jahrzehnte das Leben auf dem Lande. Auch heute noch findet man bei jedem Hof einen Kartoffelacker – viel mehr leistet der magere Boden kaum.

Torf – der Reichtum der Iren

Daneben gehört zu jedem Kleinbetrieb im irischen Westen und Norden auch noch ein Torfacker – ein Stück Land, auf dem der

Hausbrand gewonnen wird. Torfmoore sind charakteristisch für die feuchten Regionen des Westens wie auch für das Tiefland im Zentrum der Insel. Früher war das private Torfstechen noch erheblich weiter verbreitet, ohne den eigenen Hausbrand lief nichts. Ganz anders nehmen sich dagegen die riesigen Torffelder im zentralen Tiefland aus. Hier wird Torf in großem Umfang maschinell abgebaut und zur Energieerzeugung in Kraftwerken verfeuert. 1950 wurde bei Portarlington erstmals ein auf Torfbasis arbeitendes Elektrizitätswerk gebaut, bis dahin war Torf lediglich als Hausbrand verwendet worden. Heute erkennt man schon von weitem die öden Landschaften, die der kommerzielle Abbau dieses einzigen Energierohstoffs der Insel hinterlassen hat: riesige, leere, braune Abbauflächen und Kraftwerke mit ihren stinkenden Schornsteinen und den großen Kühltürmen. In wenigen Jahren werden aber diese Vorräte aufgebraucht sein, die über Jahrtausende hier gebildet worden sind.

Irland ist ein rohstoff- und energiearmes Land. Außer neuen Erdgasfunden im südlichen Schelfbereich gibt es nur unbedeutende Steinkohlevorkommen. In den Randgebirgen stehen ein paar Wasserkraftwerke; im zentralen Tiefland stellt aber wegen des geringen Gefälles der Flüsse nur der Unterlauf des Shannon ein nutzbares Wasserkraftpotential dar. Andere Energieträger müssen eingeführt werden. 10 % der in Irland produzierten Energie stammt aus Torfkraftwerken. Andere Bodenschätze sind nur begrenzt vorhanden; Kupfererz wurde schon in der Bronzezeit verwertet. Am wichtigsten sind die Blei-Zink-Erzvorkommen, die bei Navan seit 1977 abgebaut werden.

Neue Chancen durch Europa

Um so erstaunlicher ist die Tatsache, daß die irische Wirtschaft 1995 mit rund 7 % eine der höchsten Wachstumsraten in der Europäischen Union hatte. Weder Landwirtschaft noch rohstofforientierte Wirtschaftszweige führten zu dieser Entwicklung, sondern Maschinenbau, Elektro- und Pharmaindustrie waren die bedeutendsten Wachstumsbranchen. Diese Entwicklung ist für die Republik relativ neu, während Nordirland bereits Ende des vergangenen Jahrhunderts auf der Basis der Textilindustrie und der Schwerindustrie (Werften) eine eigene industrielle Revolution im kleinen Maßstab erlebte. Dort hat man aber zu sehr auf die heute veralteten Industrieanlagen gesetzt, so daß die neuere Entwicklung in technologisch fortgeschrittenen Bereichen verpaßt wurde. Die Republik und nicht Nordirland ist heute eine industriell wachsende Region.

Die Entwicklung Nordirlands war auf eine spezielle Förderung dieser Provinz durch die britische Kolonialpolitik zurückzuführen. Bis zu Beginn des Jahrhunderts wurde lediglich die Industrie im Norden gefördert – der Rest der Insel wurde als agrarisches Ergänzungsland angesehen. Zur Zeit der Erlangung der Unabhängigkeit gab es im Gebiet der späteren Republik keine bedeutenden Industriezweige. Die dann folgende nationalistische, antibritische Politik der Republik in den ersten Jahrzehnten war eher auf eine rückwärtsorientierte, »keltische« Welt ausgerichtet, offensive Industrialisierung stand nicht auf der Prioritätenliste. Dennoch kam es naturgemäß zu einer Ausweitung dieses Wirtschaftssektors, allerdings im Rahmen einer protektionistischen Politik, die irische Firmen dem Wettbewerb des Weltmarktes fernhielt. Für eine solche

Schutzpolitik war aber der heimische Markt zu klein, und exportieren konnte man nicht, weil die Produkte nicht konkurrenzfähig waren. Hochwertige Produkte mußten weiterhin eingeführt weden, als Exportgüter standen immer noch nur landwirtschaftliche Erzeugnisse zur Verfügung. Die wenigen Betriebe, die entstanden, wurden im Osten um Dublin gegründet, der Rest der Insel blieb »industriefern«.

Erst eine Änderung der Wirtschaftspolitik brachte in den sechziger Jahren dann den Wandel. Es war klar, daß das nicht allein aus eigener Kraft, mit den im Lande bestehenden Unternehmen, gelingen würde. Man mußte ausländische Firmen, ausländisches Kapital sem betriebswirtschaftlich günstigen Standort aus einen ungehinderten Zugang zum gesamten europäischen Binnenmarkt zu haben. Heute werden mehr als 50 % der Industrieprodukte Irlands von ausländischen Firmen hergestellt, rund 45 % der Industriearbeiter arbeiten bei ausländischen Firmen.

Das Standort-Marketing übernahm die staatliche *Industrial Development Authority (IDA)*, die auch heute noch überall ihre Hand im Spiel hat und z. B. in Deutschland Büros in Köln, Stuttgart und München unterhält. Sie entwickelt einzelne Standorte für Interessenten oder auch ganze Standortkomplexe, sogenannte Industrieparks *(industrial estates)* mit-

und Know-how ins Land holen. Irland bot für solche Firmen zunächst einmal billige und gut ausgebildete Arbeitskräfte, eine verbesserte Transport- und Kommunikationsstruktur sowie eine gezielte staatliche Industrialisierungspolitik an. Diese bestand zum einen in finanziellen Anreizen, zum anderen in einem geschickten Standort-Marketing. Großzügige Steuernachlässe (z. B. 15 Jahre Steuerfreiheit für Exporterlöse) und staatliche Zuschüsse in Höhe von bis zu 40 % der Investitionskosten sowie geringe Körperschaftssteuern von nur 10 % zogen ausländische Investoren an. Außerdem reizte es internationale Firmen, von diesamt der notwendigen Infrastruktur und auch vorgefertigten Industriegebäuden, die gemietet werden können. Bekanntestes Beispiel eines solchen Industrieparks ist der Shannon Industrial Estate, der auf dem Freihandelsgelände des gleichnamigen Flughafens angelegt wurde und als regionaler Entwicklungspol für den wirtschaftlich schwachen Westen dient. Dublin hat sich nämlich dank seiner günstigen Lage zu Großbritannien und seiner Hauptstadtfunktion in den letzten Jahrzehnten zum überragenden Wirtschafts- und Finanzzentrum des Landes entwickelt. Von anderen Industrieparks in Galway, Waterford und Wexford gehen ähnliche regionale Entwicklungen aus; sie sind erfolgreich bei der An-

Oben: Neuer Industriepark.

siedlung ausländischer, technologieorientierter Betriebe.

Die Republik ließ mit dieser Politik die üblichen Industrialisierungsphasen Schwerindustrie und Produktion von Massengütern einfach aus, für die in dem kleinen Land mit seinen langen, über See führenden Verbindungen der Markt ohnehin fehlte. Die Marktlücken und Nischen, die die irische Industrie fand, lagen v. a. im Bereich moderner Wachstumsindustrien wie Computertechnologie, pharmazeutische Industrie, Maschinenbau und tech-

nologieintensive Konsumgüterindustrie. Die Hälfte aller amerikanischen Elektronikfirmen, die in Europa investieren, sowie eine zunehmende Anzahl japanischer Investoren sind in Irland vertreten; weltbekannte Firmen wie Intel, Apple, IBM, Digitel, NEC, Amdahl, Motorola, Microsoft u. a. haben Niederlassungen in Irland. Dabei ist die Phase der »verlängerten Werkbänke«, als man lediglich Produktionsbetriebe ansiedelte, längst vorbei, und die meisten Firmen unterhalten in Irland eigene Forschungs- und Entwicklungsabteilungen. Dazu kommen Spin-off-Effekte, durch die auch irische Firmen als Zulieferer interessant wurden. Irland hat sich zu einem High-Tech-Land entwickelt, ohne daß das in weiten Bereichen des Landes spürbar oder direkt sichtbar wäre. Der Charakter des ländlichen Raumes ist durch solche Entwicklungen kaum verändert worden.

Irland – Reiseland der Fans

Das wäre auch einem weiteren expansiven Wirtschaftszweig abträglich gewesen: dem Tourismus. 1994 besuchten rund 3,6 Mio. ausländische Touristen Irland, was gegenüber 1993 einen Anstieg von 11 % bedeutet. Und man hat noch mehr vor: Von 1993 bis 1999 investiert die Regierung 1 Mio. Irische Pfund und erwartet dadurch eine Erhöhung der Tourismuseinnahmen um 65% sowie die Schaffung von 35 000 Arbeitsplätzen. Zahlen, über die man nur staunen kann; aber wenn man an das Image der Insel denkt, so ist es genau das, was hier vermarktet werden soll. Europäer aus den verdichteten Regionen werden v. a. mit dem Bild der naturnahen Landschaft, der intakten Umwelt und der »Ländlichkeit« umworben. Moore, weite grüne Felder, Gebirge, sauberes Wasser, Kliffküsten, Wind und Regen (!) gehören in das Bild dieser Werbung. Ein zweites Standbein hat die Tourismusbranche in der historisch-kulturellen Tradition des Landes, einer Attraktion für den Bildungsurlauber, gefunden, wobei wahrscheinlich gerade die Mischung von Natur und Kultur den besonderen Reiz ausmacht. Aber nicht nur die gestreßten Europäer werden umworben, sondern auch die vielen Verwandten weltweit, die Nachfahren der Auswanderer. Etwa ein Drittel aller Touristen kommt, um Familienangehörige oder Freunde zu besuchen. Mit diesen drei Standbeinen (Natur, Kultur, »back to the roots«) dürfte das Tourismuskonzept auch in Zukunft abgesichert sein.

Die staatliche Tourismusförderung der Republik ist seit 1955 in der Hand des Board Failte Eireann, in Nordirland ist das Northern Ireland Tourist Board zuständig. Der britische Teil der Insel hat in den vergangenen Jahrzehnten unter den politischen Unruhen gelitten, so daß der Tourismus hier keine so große Rolle spielt. Bei einer zu erwartenden Beruhigung dieser Situation kann Nordirland aber im

Prinzip mit den gleichen Attraktionen aufwarten wie die Republik: Landschaft und Kultur, Tradition und Geschichte.

Sowohl für den Tourismus als auch für die Industrie war und ist es notwendig, eine gute Verkehrsinfrastruktur zu haben. In Nordirland ist das seit Jahrzehnten einer der von London aus am stärksten geförderten Bereiche: hier findet man die am besten ausgebauten Straßen der Insel. Allerdings sind bisher die Entfernungsangaben in Nordirland in Meilen angegeben; in diesem Bereich ist die Republik dagegen an den Kontinent angepaßt: man rechnet bereits mit Kilometern. Genaugenommen trifft das aber nur auf die Hauptstrecken zu; im entfernten Westen der Insel findet man auch heute noch Meilenangaben und sogar die alte Straßennumerierung, die (eigentlich) bereits vor vielen Jahren durch eine neue ersetzt worden ist. Der Verkehr auf irischen Straßen ist auch heute noch häufig voller Überraschungen: Ans Linksfahren gewöhnt man sich schnell, an die vielen unübersichtlichen, engen, kurvenreichen Straßen nur sehr viel schwerer. Dennoch: Auch in diesem Bereich wurde in den letzten Jahren mit Hilfe der Europäischen Union vieles verbessert. Insgesamt verfügt die Insel über ein gut ausgebautes Straßennetz von etwa 100 000 km – und ein knapp 2000 km langes Eisenbahnnetz. Auch die Anbindung an den Kontinent ist über eine Vielzahl von Fährverbindungen über Schottland, England, Wales und Frankreich gegeben, und schließlich verfügt Irland über eine größere Zahl internationaler Flughäfen (Shannon, Dublin, Belfast, Cork u. a.). Ein relativ wenig bekannter Flughafen, der sogar für den internationalen Flugverkehr mit Jumbojets ausgestattet ist, befindet sich in Knock, einem Wallfahrtsort, den sogar Papst Johannes Paul II. schon besucht hat. Über 1 Mio. Pilger kommen jährlich hierher.

Mit den Entwicklungen im Bereich High-Tech und Tourismus hat Irland die Schwelle vom Agrarland zum modernen Industriestaat mit breitgefächertem Dienstleistungsbereich geschafft, nicht zuletzt aufgrund der Orientierung über Großbritannien hinaus zum Festland hin und auch dank der Förderung durch die Europäische Gemeinschaft. Industrie und Dienstleistungen erwirtschaften zusammen 91 % des Bruttoinlandsprodukts, die Landwirtschaft nurmehr 9 %. 87 % der Erwerbstätigen sind in nichtlandwirtschaftlichen Bereichen beschäftigt. Wäre nicht der anhaltend hohe Geburtenüberschuß, könnte man hoffen, daß Irlands Uralt-Problem Arbeitslosigkeit (1995: 12,75 %) auch ohne die Uralt-Lösung Auswanderung gemildert werden könnte.

Wirtschaftsfaktor Meer. Links: Aquafarming, Fischzucht in stillen Meeresbuchten. Unten: Hausboote, bewegliche Freizeitquartiere für Touristen; der Shannon ist hierbei besonders beliebt.

Die Kulturlandschaft Irlands und ihre Entwicklung

Die Mannigfaltigkeit der irischen Kulturlandschaft ist das Ergebnis von Umwelteinflüssen im weitesten Sinne, denn diese umfassen die natürliche, die halbnatürliche, die anthropogen gestaltete Umwelt und schließlich die gesellschaftliche Sphäre. Zu letzterer gehören nicht nur die unterschiedlichen Organisationsformen der Menschen, sondern alle Faktoren seiner Kultur, also auch Religion, Politik einschließlich Krieg, Recht, Technik, Wissenschaften und als Grundlage und Folge all dieser Bereiche Größe und Mentalität der Bevölkerung. Alle Faktoren stehen miteinander in wechselseitiger Abhängigkeit und sind veränderliche Größen.

Die Geschichte der irischen Kulturlandschaft ist gekennzeichnet durch mehrere Epochen mit grundlegenden Veränderungen. Sie umfaßte neben Perioden des Aus- und Umbaus mit einer Verbesserung der Lebensbedingungen für die Bevölkerung auch mehrere Phasen eines starken Niedergangs, einer Regression. Aus fast allen Epochen seit Beginn der bäuerlichen Wirtschaft sind als deren Erbe sichtbare Objekte in der gegenwärtigen Kulturlandschaft zurückgeblieben. Aus dem bedeutenden mentalen Bereich reichen manche Landschafts-, Orts- und Flurnamen wie in Deutschland bis in die vor- und frühgeschichtliche Zeit zurück. Je näher wir der Gegenwart sind, desto mehr Objekte, Funktionszusammenhänge und Denkinhalte besitzen Wurzeln in der Vergangenheit.

Alle Faktoren, die kulturlandschaftliche Strukturen und Prozesse schaffen, verändern und auslöschen, sind von demographischen, gesellschaftlichen, politischen, wirtschaftlichen und kulturellen Rahmenbedingungen abhängig und verändern sich mit ihnen.

Frühe Zentren, heutige Städte

Die irischen Großklöster umfaßten in ihrer Blütezeit um 1000 bis zu einige hundert Insassen, darunter neben den dem Abt unterstehenden Mönchen, Theologiestudenten und Laien auch Handwerker und Landarbeiter. Viele Klöster lagen an Verkehrsknotenpunkten, so daß sich bei einigen auch Handelsplätze entwickelten, zumal jene Klöster Mittelpunkte größerer Grundherrschaften waren. Von der irischen Forschung werden sie deshalb als *monastic towns* angesprochen, obwohl sie noch nicht die ausgereifte Stadt des Hochmittelalters verkörperten. Das heute aufgegebene Clonmacnoise gibt durch seine eindrucksvollen Überreste eine Vorstellung vom Gefüge jener in Europa einmaligen Siedlungen. Mehrere haben sich zu Mittelstädten fortentwickelt, darunter das kirchliche Zentrum Armagh, ebenso Kells und Kildare. Diese und andere Städte zeigen noch im kreisförmigen oder ovalen Verlauf des heutigen oder ihres älteren Straßengefüges die Umrisse der ehemaligen Monastic town. Neben jenen Anlagen haben die um die gleiche Zeit blühenden wikingischen Niederlassungen einen wesentlichen Anteil an der Entwicklung des älteren Städtesystems in Irland. Dank ihren Verbindungen zur Insel Großbritannien und zur skandinavischen Welt haben die Wikinger und ihre Nachfahren den Fernhandel in diese Räume gebracht und dadurch erstmals irische Städte, namentlich Dublin und Limerick, in einen großen europäischen Handelsraum eingegliedert. Als um 1000 in Dublin ein skandinavischer König residierte, eine Münzstätte und eine Kathedrale (die heutige Christ Church) errichtet wurden, bedeutete dies einen großen Zuwachs an zentralen Funktionen, der sich später noch verstärken sollte und Dublin seitdem den ersten Platz unter den irischen Städten hat einnehmen lassen. Seit 1962 sind große Teile des wikingerzeitlichen Dublin ausgegraben worden.

Erheblich größer ist der Anteil der Anglonormannen an der Entwicklung des irischen Städtesystems. In ihrer Wirkungszeit, sie dauerte von 1169 bis 1300, haben sie von den 116 heutigen Städten mit über 3000 Einwohnern 30 % entweder neu gegründet oder die aus der Wikingerzeit überkommenen weiter ausgebaut, namentlich als Handels-, Verkehrs- und Verwaltungszentren und als befestigte Plätze. Der Schwerpunkt der anglonormannischen Aktivitäten lag zwar in den fruchtbaren Tiefländern des Ostens und Südostens, doch wurden auch strategisch wichtige Siedlungen an

Vorherige Seite: Industrieller Torfabbau in der Grafschaft Kildare. Rechts: Die prähistorische Verteidigungsanlage Dun Aengus an der 90 m hohen Kliffküste der Araninsel Inishmore.

der West- und Südküste zu befestigten Hafen- und Handelsplätzen: Sligo, Galway, Limerick, Cork. Einige hatten solche Funktionen bereits unter den Wikingern: Waterford und Wexford. Die wehrhaften Burgen von Trim und Carrickfergus geben eine Vorstellung vom hohen Stand der Kriegstechnik der Anglonormannen. In Nordirland war ihr Einfluß nach Westen kaum über den Fluß Bann hinausgegangen. Bedeutend war der anglonormannische Anteil an der Entfaltung des Handels mit Frankreich, Flandern und England, zu dessen Kulturraum sie gehörten. Im 13. Jh. erlebte in den fruchtbareren Gebieten die Landwirtschaft mit ihren herrschaftlichen Gutsbetrieben *(manors)* eine Blütezeit, u.a. gekennzeichnet durch intensiven Ackerbau mit Dreifelderwirtschaft und hoch entwickelter Viehhaltung, v. a. mit Rindern und Schafen. Letztere lieferten die für den Fernhandel nach England, Frankreich und in die Niederlande wertvolle Wolle. Die Iren beherrschen auch auf dem Höhepunkt anglonormannischer Macht ungefähr 35 % des Landes: besonders den Norden und große Teile des eher unwirtlichen Westens; im Osten waren Sumpfgebiete und waldreiche Bergländer, wie die Wicklow Mountains südlich von Dublin, Rückzugsgebiete irischer Clans. Herrschaft und Kultur der Anglonormannen ging in den Jahrzehnten vor und nach 1300 nahtlos in die der Engländer über, aus deren Reich sie ja gekommen waren und zu deren Kultur- und Wirtschaftsraum sie gehörten.

Das 14. und 15. Jh. waren für den englischen Siedlungsraum eine unruhige Zeit. Aus ihr stammen die meisten der mehrere tausend befestigten Wohntürme *(tower houses);* sie sind als aufragende Ruinen noch heute eines der markantesten Elemente im ländlichen Irland. Die weitergehende wirtschaftliche Rezession begünstigte Gegenstöße der zahlenmäßig überlegenen Iren *(Gaelic Resurgence)*. Die nun einsetzenden Scharmützel und Kriege führten in Verbindung mit Seuchen, Abwanderung der englischen Bevölkerung und einer wirtschaftlichen Depression bis um 1500 zum Rückzug der Engländer auf die etwa 2000 km² des *Pale* um Dublin.

Unter britischem Einfluß

Als England, ausgehend vom relativ kleinen Brückenkopf des englisch beherrschten Pale, im Jahre 1534 begann, Irland militärisch, administrativ und kulturell zurückzuerobern, änderte sich im Verlauf der nächsten 150 Jahre die Landschaft bezüglich der Verteilung und Dichte der Bevölkerung und des Gefüges der Siedlungen und Agrarräume grundlegend.

Von tiefgreifendem Einfluß war die Reformation mit der Aufhebung der Klöster und ähnlicher religiöser Institutionen. Da es von ihnen einige hundert gab und diese teilweise auch geistige und agrarwirtschaftliche Zentren

von Grundherrschaften waren, bedeutete diese Maßnahme einen tiefgreifenden Einschnitt in bestehende Beziehungsgefüge. Zahlreiche Klosterruinen (u. a. Dunbrody, Mellifont), v. a. in Klein- und Mittelstädten und inmitten von Agrarland, sind Überreste dieser Struktur der Kirche Irlands im Mittelalter. Die seit den 1970er Jahren gründlich restaurierte Holycross Abbey (bei Cashel) ermöglicht die wohl beste Vorstellung von einem mittelalterlichen Kloster. Den englischen Heereszügen, die unter Oliver Cromwell zu einem vernichtenden Krieg ausarteten, folgten die anglikanische Kirche, die britische Administration und die Niederlassung schottischer und englischer Protestanten mit Schwerpunkt im nordirischen Ulster. Ihnen wurden große Ländereien enteigneter irischer Adeliger zugewiesen. Zum vorhandenen urbanen Gefüge kamen neu gegründete Städte, in die bevorzugt Ein-

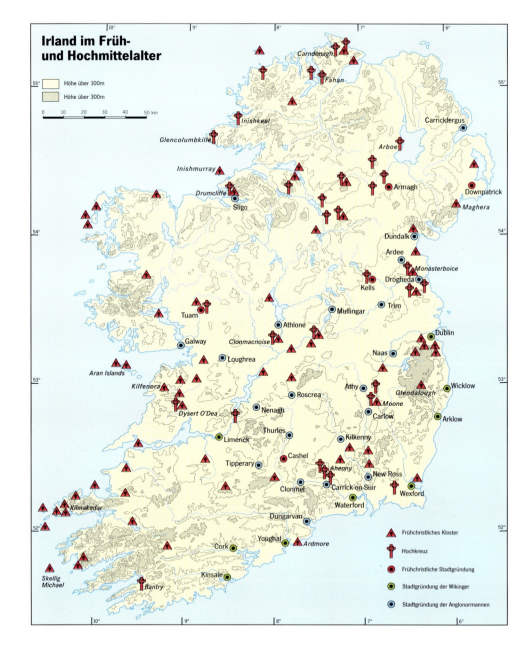

wanderer aus Großbritannien, vereinzelt auch protestantische Flüchtlinge aus Frankreich und Flandern, einzogen. Von den heutigen Städten mit über 3000 Einwohnern sind 45 % solche *plantation towns*. Die meisten, darunter Belfast und Londonderry, wurden in der fast ganz Nordirland einnehmenden Provinz Ulster gegründet, aus der ein besonders großer Teil der irischen Bevölkerung, der zuvor enteignet worden war, in rauhere, gebirgige und weniger fruchtbare Landstriche des Westens umgesiedelt wurde. Jene beiden Städte lagen ebenso wie andere in günstiger Verkehrslage für Handel und Militär. Die Landwirtschaft im britisch beherrschten und durchsiedelten Osten und Südosten war fortschrittlich, auf Märkte und Gewinn ausgerichtet. In den Landschaften, in denen altirische Sitten und Wirtschaftsweisen vorherrschten, namentlich in den agrarischen Ungunsträumen westlich des Flusses Shannon, waren in Kleindörfern *(clachans)* Kleinbetriebe mit Subsistenzwirtschaft, geringem Ackerbau und stärkerer Viehhaltung verbreitet.

Landwirtschaft und Gewerbe – frühe Industrie

Nach Abschluß der militärisch unterstützten Anglisierung kehrte unter britischer Administration ab etwa 1690 allmählich Frieden ein, so daß die Voraussetzungen für eine Entfaltung von Landwirtschaft, Gewerbe und Handelsverkehr gegeben waren. Die Landwirtschaft stand unter der Herrschaft von überwiegend britischen Großgrundbesitzern *(landlords)*, die, vielfach über Zwischenpächter, eine größere Schar sehr abhängiger Mittelbauern und Kleinpächter unter sich hatten. Die Bevölkerung als wichtigster Faktor jeglicher Kulturlandschaftsentwicklung nahm, begünstigt durch Aufsplittrung von Agrarbetrieben und frühe Heirat, im 18. und frühen 19. Jh. so erheblich zu, daß um 1815 die Auswanderung begann, zunächst nach Übersee und später auch nach Großbritannien. Sie ist, nur von wenigen Phasen des Stillstandes unterbrochen, bis heute ein wesentliches Mittel zur Lösung von Problemen, die durch Bevölkerungsüberschuß und Arbeitslosigkeit entstehen. Viele Bürger in den USA, in Kanada und in einigen englischen Hafenstädten, namentlich Liverpool, besitzen daher irische Vorfahren.

Das Straßennetz ist in seinen Grundzügen im 18. und frühen 19. Jh. entstanden. Es sollte als Verbindung der Städte v. a. deren zentrale Funktionen, namentlich ihren Handelsverkehr, stärken. Die um 1800 zur Beherrschung der Wicklow Mountains erbaute Heerstraße ist heute eine beliebte Fremdenverkehrsroute. Das Verkehrsnetz wurde durch den Bau von Schiffahrtskanälen und die Schiffbarmachung von Flüssen wesentlich erweitert. Das mittelirische Tiefland bietet für die Anlage künstlicher Wasserstraßen gute Voraussetzungen, so konnten 1804 der Grand Canal und 1817 der Royal Canal als bedeutende Kanäle fertiggestellt werden. Ersterer verbindet die Haupt- und Hafenstadt Dublin über den Shannon mit dem Atlantik. Im nordirischen Ulster wurde der große See Lough Neagh Zentrum eines kleineren Kanalnetzes. Der einst rege Güterverkehr auf den Schiffahrtskanälen ist in den 1950er Jahren eingestellt worden, auf dem Shannon 1960, doch haben die meisten Binnenwasserstraßen durch den Freizeitverkehr, an dem sich auch zahlreiche Ausländer beteiligen, eine neue Funktion erhalten. Diese neuerliche Inwertsetzung der alten Wasserwege fördert den Fremdenverkehr besonders in den Siedlungen, in denen Bootsvermietungen und Bootshäfen *(marinas)* eingerichtet wurden.

Ab 1834 entstand ein dichtes Eisenbahnnetz, dessen Hauptknotenpunkte die beiden größten Hochseehäfen, Dublin und Belfast, wurden. Der Netzausbau war bis auf Nebenstrecken und Kleinbahnen um 1870 abgeschlossen, so daß auch alle Mittelstädte und zahlreiche Kleinstädte einen Bahnhof besaßen. Bereits um 1920, verstärkt seit Ende der fünfziger Jahre, ist das bis dahin dichte Eisenbahnnetz bis auf wenige Hauptstrecken abgebaut worden, so daß seit den sechziger Jahren weite Teile des ländlichen Raumes einschließlich vieler seiner Städte weitab von einem Bahnanschluß liegen. Deshalb steht seitdem das Kraftfahrzeug als Massenverkehrsmittel mit weitem Abstand an der Spitze. Zum radikalen Rückzug der Bahn aus der Fläche hat in der Republik die aus Jahrhunderten ererbte Siedlungsstruktur mit zahlreichen Kleinsiedlungen, Hofgruppen und Einzelhöfen wesentlich beigetragen. Sie sind heute weitgehend an ein dichtes Busnetz angeschlossen.

Die Landwirtschaft war weiterhin, namentlich im Gebiet der späteren Republik, vorherrschender Arbeitgeber und landschaftsgestaltender Faktor. Um 1750/60 griff in den agrarischen Gunsträumen des Ostens eine grundlegende Neuordnung der Flureinhegungen von Großbritannien auf Irland über, die *enclosures*. Das Land wurde in Parzellen aufgeteilt, und diese wurden zum Schutz vor fremder

Nutzung mit Hecken umgeben. Die oft adeligen und selbstherrlichen Großgrundbesitzer führten sie rasch durch, sobald sie die damit verbundene Erhöhung der weidewirtschaftlichen Nutzung erkannt hatten, zumal 1759 die Beschränkung des Viehexports nach England aufgehoben worden war. Auch nach Kontinentaleuropa und Amerika erhöhte sich jetzt der Viehabsatz. Auch die für den Markt produzierenden, überwiegend vom Landlord abhängigen bäuerlichen Betriebe übernahmen bald die Neuerung. Das damals entstandene Flurgefüge mit großen, blockförmigen Parzellen, die durch Wallhecken mit Gräben begrenzt werden, bestimmt bis heute weite Teile des ländlichen Raumes. Zusammen mit der Anlage jenes neuen Parzellengefüges wurde vielerorts das landwirtschaftliche Kulturland durch Umbrechen von Heide und Entwässern von Feuchtland ausgedehnt. Die großen und besitzrechtlich aneinanderschließenden Parzellen ließen sich am besten bewirtschaften, wenn die zugehörigen Betriebsgebäude am Rande oder inmitten des arrondierten Besitzes lagen. Daher wurden viele Kleindörfer aufgelöst und statt deren neue Einzelhöfe errichtet. Oft liegen sie aufgereiht an einer Nebenstraße mit fester Decke, denn mit der Einhegung mußte auch ein neues Netz von Wegen und Straßen geschaffen werden.

Die Landwirtschaft konnte der seit etwa 1760 rasch wachsenden Bevölkerung, namentlich im armen Norden und Westen, nicht genügend Arbeitsplätze bereitstellen, obwohl auf ehemaligen Allmenden mit ungepflegtem Weideland, Heiden und feuchtem Gelände zahlreiche Kleinbetriebe mit kümmerlicher Selbstversorgung entstanden waren. Auch die traditionellen Gewerbebetriebe, wie Mühlen und Gerbereien, Brennereien und Brauereien, konnten im ländlichen Raum nur ungenügend zusätzliche Beschäftigung bieten. Daher wuchs nicht nur die Zahl der Auswanderer rasch an, sondern auch die der Saisonarbeiter. Diese gingen überwiegend nach England, zum Teil auch auf die größeren Agrarbetriebe im östlichen und südöstlichen Irland.

Belfast verzeichnete schon in den 1830er Jahren eine jährliche Bevölkerungszunahme von 2000 Personen. Hier hatte sich, bedingt durch den bedeutenden Hafen und seinen Handel mit anderen irischen Häfen sowie mit Großbritannien, Nord- und Mittelamerika, dem Ostseeraum und Städten am Schwarzen Meer und Mittelmeer, schon im frühen 19. Jh. eine hafenständige Industrie niedergelassen. Allein 37 000 Personen waren in der Baumwollindustrie der Stadt und ihrer näheren Umgebung beschäftigt. Hinzu kamen Betriebe, die dafür Maschinen, Farben und Chemikalien herstellten. Bedeutende Arbeitgeber waren auch die Werften mit ihren Zulieferern, die Schiffsausrüster, Brennereien, Brauereien und die Tabakwarenindustrie. Über 5000 Personen waren in der Leinenfabrikation beschäftigt. Sie ermöglichte ebenfalls im ländlichen Raum, wo Klein- und Kleinstbauern für den Leinenmarkt spannen und webten, eine hohe Bevölkerungsdichte. Belfast hatte sich zum Zentrum des nordirischen Leinenhandels entwickelt. Von dort strahlte die Industrialisierung auf benachbarte Städte aus. Hinter Belfast stand Dublin als weltweit operierende Handelsstadt weit zurück. Über seinen Hafen wurden überwiegend Produkte der einheimischen Landwirtschaft und der diese verarbeitenden Industrie verschifft. Dublins Größe – um 1840 das Vierfache von Belfast – beruhte auf seiner Funktion als Oberzentrum für ganz Irland mit dem irischem Parlament (bis 1799; erneut seit 1919/22), der Landesverwaltung, zwei Erzbischöfen, dem höchsten Gericht, einer Börse, der Bank of Ireland und weiteren Banken, einer alten Universität und wissenschaftlichen Gesellschaften, mehreren Theatern und weiteren zentralen Einrichtungen.

Die Große Hungersnot

Die Große Hungersnot, die Irland in den Jahren 1845–50 heimsuchte, war damals in ihren Ausmaßen und Folgen einzigartig in den Ländern Europas. Von 1780 bis 1841 hatte sich die Bevölkerungszahl in Irland verdoppelt und erreichte 1845 mit fast 8,5 Mio. das bisher nie wieder erreichte Maximum. Damals war Irland, gefolgt von den Niederlanden, das am dichtesten bevölkerte Land Europas. Die herrschende landwirtschaftliche Grundlage bewirkte in Verbindung mit unzureichenden Betriebsgrößen (45 % aller Höfe waren kleiner als 1,2 ha), daß die Hälfte der Bevölkerung am Rande des Existenzminimums oder bereits darunter lebte. Viele Kleinstbetriebe besaßen nicht einmal eine Kuh; ihre wichtigste Ernährungsgrundlage waren die regional bereits seit 1640 angebauten Kartoffeln, die vorwiegend mit Wasser gegessen wurden. Große Armut herrschte besonders in den großen Städten, wo sich in den Außenbezirken sogenannte Hüttenstädte *(cabin towns)* gebildet hatten; viele Bewohner lebten dort unter mangelhaften hygienischen Verhältnissen auf engstem Raum, ohne eigenes Bett und arbeitslos. Ein kleiner Anstoß hätte bereits genügt, um jenes sehr anfällige Gesellschafts- und Wirtschaftssystem einstürzen zu lassen. Indessen ereignete sich eine Katastrophe.

Als ab 1845 in mehreren Jahren landesweit die für Millionen Menschen lebenswichtige Kartoffelernte durch eine epidemische Fäule, verursacht durch Pilzbefall *(Phytophora infestans)* vernichtet wurde und Mißernten bei Getreide, Steckrüben und Heu hinzukamen, entstand eine große Hungersnot. Neben Skorbut und Hungerödemen brachen verbreitet Typhus, Ruhr, Rückfallfieber und Cholera aus, verbunden mit weiteren Epidemien (u. a. Scharlach, Keuchhusten, Masern). Die britische Regierung blieb untätig. In wenigen Jahren sank die Bevölkerung um fast ein Viertel: Etwa 1 Mio. Menschen starben, und ebenso viele wanderten nach England aus, stärker noch in die USA, ferner nach Kanada. Da v. a. die Familien mit Kleinbetrieben ausgestorben oder ausgewandert waren, konnten die verbliebenen Betriebe erheblich vergrößert werden, so daß die Zahl der Mittelbetriebe (mit 12 und mehr Hektar Land) auf das Dreifache anstieg. Als weitere positive Folgen der Hungersnot hörten die Betriebsteilungen auf, und das Heiratsalter erhöhte sich, gleichzeitig hielt aber auch die Auswanderung an – mit Unterbrechungen bis zum heutigen Tage. Zeugnisse jener Katastrophe sind noch heute in der Landschaft zu sehen: Ruinen von Kleinstbauernhöfen mit Spuren ihres ehemaligen Kulturlandes oberhalb der heutigen Siedlungs- und Kulturgrenze und am Rande von Feuchtgebieten. Den tiefsten Stand seiner Bevölkerungszahl in neuerer Zeit, verbunden mit einem gehobenem Lebensstandard, erreichte Irland 1926; sie betrug damals die Hälfte der Zahl von 1845.

Das vielbesuchte Blarney Castle bei Cork, ein 1446 errichteter Festungsbau.

Bodenreformen und Industrialisierung

Tiefgreifende Agrarreformen haben v. a. in den Jahren von 1903 bis 1925 in ganz Irland das besitzrechtliche und parzellare Gefüge des Agrarraums und damit die agrarsozialen Verhältnisse grundlegend verändert. Bis dahin besaßen rund 700, überwiegend englische Großgrundbesitzer über die Hälfte des Landes, das großenteils verpachtet war. Besonders im Westen befand sich der überwiegende Teil der Kleinbetriebe unterhalb des Existenzminimums. Das Ziel, das mit legislativer, organisatorischer und finanzieller Unterstützung der Regierung angestrebt wurde, bestand im Erwerb zahlreicher Gutsbetriebe und in ihrer

Parzellierung, um das Land zur Aufstockung vorhandener und zur Gründung neuer, leistungsfähiger Familienbetriebe einzusetzen.

Die schon im 18. Jh. ausgeprägte Industrialisierung im östlichen Nordirland, begleitet von Siedlungsverdichtung und Wachstum der Städte, hatte als ein dominierender Faktor der Kulturlandschaftsentwicklung vor dem Ersten Weltkrieg einen Höhepunkt erreicht. Nachdem Nordirland durch den Anglo-Irischen Vertrag 1921 vom übrigen Irland getrennt worden war, wurde dessen Wirtschaftsentwicklung hinfort durch den Verbleib beim nunmehr verkleinerten Vereinigten Königreich von Großbritannien und Nordirland und damit der Zugehörigkeit zu einem der führenden Industrieländer maßgebend bestimmt. Alles überragende Stadt mit den Funktionen in Verwaltung, Kultur und Bildung, Industrie (u. a. Werften, Textil- und Maschinenindustrie), Handel und Verkehr war Belfast, wo ein Drittel der Bevölkerung lebte und es im Umland und Hinterland weitere Verdichtung der Bevölkerung gab. In den 1960er Jahren war in Nordirland bereits ein großer Teil der Erwerbstätigen im Dienstleistungssektor beschäftigt, während die Land-, Forst- und Fischereiwirtschaft als Arbeitgeber nur noch eine untergeordnete Rolle spielte.

Völlig anders war – als Erbe einer jahrhundertelangen Entwicklung – die Situation im jungen Freistaat, der heutigen Republik. Hier gingen die Maßnahmen zur Verbesserung der Agrarstruktur bis um 1960 weiter. Das war schon deshalb erforderlich, weil noch um 1950 46 % der Erwerbstätigen Landwirtschaft betrieben, während im industriellen Sektor nur 13 % tätig waren, im Dienstleistungsbereich 36 %. Diese Zahl erscheint relativ hoch, doch waren damals häusliche Dienste noch weit verbreitet, und auch eine große Zahl von Kleinstbetrieben im Handel zählte zu diesem Sektor. Eine radikale Abkehr vom Protektionismus staatlicher Industriepolitik führte in den fünfziger und sechziger Jahren zum Aufbau einer modernen Industrie unter Beteiligung von 1000 ausländischen Firmen, darunter vielen Weltkonzernen mit Spitzentechnologie; wesentlicher Anreiz waren die hier vorhandenen billigen Arbeitskräfte. Da die Republik, anders als Nordirland, keine umfangreiche Schwer-, Investitions- und Konsumgüterindustrie älterer Prägung besaß, war der Aufbau einer modernen Industrie weniger schwierig als in Nordirland. Dort verlief die erforderlich gewordene zweite Industrialisierungsphase wegen der bereits vorhandenen, aber nicht mehr zeitgemäßen Industrieanlagen problemreicher. Da in der Republik die Industrialisierung zur Ansiedlung zahlreicher Betriebe in Ober- und zahlreichen Mittelzentren führte, hat sich in den letzten Jahrzehnten, auch durch zusätzliche Innenstadterneuerung, das Gesicht vieler Städte im Kern und an der

Peripherie erheblich verändert. Dazu haben ebenfalls die Erneuerung der Einzelhandelsstruktur und eine durch Planung gelenkte Anlage neuer Wohnbezirke beigetragen. Gleiches gilt für Nordirland.

Die irische Kulturlandschaft, feste Größen und längerfristige Entwicklungen

Überblickt man die gut 5000 Jahre umfassende Kulturlandschaftsentwicklung Irlands aus heutiger Sicht, dann lassen sich wenige Konstanten und eine Reihe längerfristiger Entwicklungen herausstellen. Eine feste Größe ist die geographische Lage. Da die Westküste Schottlands bis 21 km an Nordostirland heranreicht, ist es seit urgeschichtlichen Zeiten immer wieder zu engen Wechselbeziehungen zwischen Irland und Schottland gekommen. Diese machten sich zunächst und v. a. im Osten der Insel bemerkbar. Dennoch bot das am westlichen Rande Europas gelegene Irland in seiner Frühzeit durch seine Insellage einen gewissen Schutz. Weder die römischen noch die ihnen folgenden angelsächsischen Eroberer haben die Irische See, die Großbritannien von Irland trennt, überschritten. Daher blieb Irland seit dem 5. Jh. christlich, zu einer Zeit, da der größte Teil Englands durch die angelsächsische Invasion wieder heidnisch geworden war. Schutz bedeutete jedoch nicht Isolierung, denn ab dem 6. Jh. missionierten Iren in Schottland, England, Frankreich und Deutschland. Dies war die einzige Epoche in der irischen Geschichte, in der wesentliche geistige Impulse von Irland ins Ausland ausstrahlten.

Die ältesten weltlichen und kirchlichen Zentren lagen eher im Binnenland. Mit der innovativen Erfindung schneller, wendiger und seetüchtiger Schiffe durch die Wikinger brach für Irland ein neues Zeitalter an. Denn nun wurden die neu gegründeten Hafenorte Schwerpunkte für Wirtschaft und Handelsverkehr; und sie sind es, vermehrt durch zahlreiche Neugründungen und erheblich weiterentwickelt, bis zur Gegenwart geblieben. Die fünf größten Städte der Republik und die größten Nordirlands, darunter die Hauptstädte Dublin und Belfast, besitzen große Seehäfen. Für die meeresbezogene Lage Irlands ist bezeichnend, daß keine Stadt weiter als 90 km von einem Hochseehafen entfernt liegt. Alle wirtschaftlich bedeutenden Städte besitzen selbst einen Hafen oder einen in ihrer Nähe. Seit der 1973 begonnenen Integration der beiden Irland in die EG (EU) ergibt sich, wie mehrfach in der Geschichte, eine Begünstigung der Häfen an der Ost- und Südküste. Der schon seit über 250 Jahren bestehende Überseehandel mit außereuropäischen Erdteilen begünstigt dagegen die Häfen der Süd- und Westküste und wird sich dank der europäischen Brückenlage Irlands für weltweiten Handel durch die weiter zunehmende Verflechtung der Weltwirtschaft noch verstärken.

Eine weitere Konstante irischer Kulturlandschaftsentwicklung ist die naturbedingte Zweiteilung der Insel in eine östliche, durch Böden und Klima begünstigte Hälfte und eine westliche, jenseits des Shannon. Diese wird durch stark atlantisches Klima, viele Gebirge und kärgliche Böden gekennzeichnet. Gewiß, jene Konstante hat seit 30 Jahren durch den verminderten Anteil der Landwirtschaft an der nationalen Wertschöpfung (in der Republik 1993: 8 %) an Gewicht verloren, doch wird der Westen trotz einiger Wachstumspole (Limerick, Galway, Sligo) den Lagevorteil des Ostens und Südostens schwerlich ganz ausgleichen können.

Der bronzezeitliche Steinkreis von Drombeg bei Rosscarbery inmitten der Agrarlandschaft an der Südküste von Cork. Folgende Seite: Die Ruinen von Moyne Abbey an der Killala Bay nördlich von Ballina.

Jahre vor heute	Ereignis	Folgen
	Herrschaft der Naturlandschaft	
1,7 Mio.	Beginn des Eiszeitalters	Meeresspiegel sinkt
75 000–10 000	Letzte Eiszeit (Midlandian), entspricht der Würm-Eiszeit in Süddeutschland	Vier Fünftel der Landesfläche sind mit Eis bedeckt. Tundrenvegetation; Höhen von Boden entblößt; Ablagerung als Moränen im Tiefland
um 10 000	Ende der letzten Eiszeit	Tiere, höhere Pflanzen, darunter Baumarten, kehren zurück; Anstieg des Meeresspiegels
um 9000	Es wird wärmer und feuchter; erste Menschen in Irland	Wachstum der Moore beginnt; mittelsteinzeitliche Jäger und Fischer
8000/7000	Die letzte Landbrücke nach Großbritannien wird überflutet	Die Einwanderung vieler Tier- und Pflanzenarten wird dadurch unterbunden (in Frankreich heute 3500, in Irland 815 Wildpflanzenarten)
	Entwicklung von Kulturlandschaften	
ab 5700	Bauernkulturen mit vorherrschendem Weidebetrieb	Beginn der Kulturlandschaftsgeschichte: Seßhaftigkeit, Rodungen für den Ackerbau; Waldvernichtung durch Viehweide
ab 4800	Megalith- oder Großsteingräberkultur	Bevölkerungszunahme, weitere Waldvernichtung durch Weidebetrieb, Ackerbau breitet sich aus, viele Großsteingräber und einzelne Ackerrelikte erhalten
um 2600	Die keltische Gesellschaft etabliert sich	Die keltische (gälische/irische) Sprache wird noch um 1800 n. Chr. von 50 % der Bevölkerung gesprochen; sie ist heute neben Englisch Staatssprache, aber im täglichen Leben unbedeutend
ab 2700/2400	Hakenpflugkultur	Landwirtschaft mit Ackerbau wird intensiviert, Bevölkerungswachstum
Jahre n. Chr.		
bis 500 um 300	Errichtung von Befestigungen Einführung des *Sech* (Pflugeisen, *coulter*)	Zahlreiche Ringwälle sind erhalten, 30 000 befestigte Bauernhöfe *(raths)* konnten aufgrund ihrer Wälle nachgewiesen werden; Intensivierung der Landwirtschaft
um 430–460	Palladius und Patricius missionieren	Irland wird christlich; 17. März, Saint Patrick's day, heute Nationalfeiertag

KULTURLANDSCHAFTSENTWICKLUNG VOM EISZEITALTER BIS 1500

Jahre n. Chr.	Ereignis	Folgen
um 500	Entstehung von Regionalkönigreichen	Daraus entwickelten sich die späteren Provinzen Ulster, Connacht, Leinster, Munster
um 600	Einführung des Streichbrettpflugs	Ausdehnung des Ackerbaus auf schwerere Böden
um 750–1100	Gründung von Großklöstern	Sie bilden religiöse, künstlerische, geistige, wirtschaftliche und politische Zentren; aus einigen entwickeln sich Städte, u. a. Armagh, Kells
ab 837	Die Wikinger legen Niederlassungen an	manche wurden Städte: u. a. Dublin, Wicklow, Wexford, Waterford, Limerick
ab 1169	Eroberung durch Anglonormannen *(angli)* aus Wales, Beginn des englischen Eingreifens in Irland	Bis um 1300 waren etwa zwei Drittel des Landes unter englischem Einfluß. Der König von England ist oberster Lehnsherr. Anlage bedeutender Burgen und fortschreitende Verstädterung; Intensivierung der Landwirtschaft; bis 1320 Ausbreitung religiöser Orden; wachsende Anglisierung
um 1290–1500	irische Expansion *(Gaelic Resurgence);* Seuchen greifen um sich	Das englische Herrschaftsgebiet wird bis 1537 auf 2000 km² um Dublin zurückgedrängt; Fehden, Rückgang der Bodenkultur und Besiedlung, Wüstungen

Jahr	Ereignis	Folgen
1534–1660	England unterwirft Irland in erneuter Eroberung	Anglisierung; Einführung und Ausbreitung der Reformation, Auflösung der Klöster, Etablierung englischen Rechts und der anglikanischen Kirche
1649/50	Oliver Cromwells Vernichtungsfeldzug	Rückgang der Bevölkerung und Landeskultur, Zerstörungen in Städten und auf dem Lande; (ländliche Wüstungen und zahlreiche Kloster- und Burgruinen aus jener Zeit); Umsiedlung eines Teils der Bevölkerung, namentlich aus dem nördlichen Ulster, in den Westen der Insel (»ethnische Säuberungen«); Gründung neuer Städte *(plantation towns)*; schottische und englische Siedler (Protestanten) in Stadt und Land, besonders in Ulster (Grundlage des Nordirlandproblems); starker Waldverbrauch durch Siedlungen, Gewerbe und Schiffsbau
1690–1845	Befriedung Irlands; Wirtschaftsaufschwung; beträchtliches Bevölkerungswachstum	Im 18. Jh. Erblühen von Landwirtschaft, Industrie und Verkehr (Landstraßen, Kanäle); weiterhin Waldverbrauch. Um 1815 Beginn der später stark zunehmenden Auswanderung
ab 1750/60	Einhegungen *(enclosures)* der Flurstücke im Osten	neues Flur- und Siedlungsgefüge im ländlichen Raum
ab 1800	Frühindustrialisierung in und um Belfast	regionale Disparitäten wachsen
ab 1804/1817	Bau von Wasserstraßen	Wirtschaftlicher Aufschwung. Heute beliebte Freizeitgewässer
ab 1834	Anlage des Eisenbahnnetzes mit Anschluß der wichtigen Häfen	wachsender Ex- und Import; Industrie in größeren Städten
1845–50	Große Hungersnot als Folge von Kartoffelfäule und Mißernten	Seuchen, Auswanderung, katastrophaler Bevölkerungsrückgang; Verarmung; zahlreiche Wüstungen
ab 1850	zunehmende Industrialisierung im östlichen Nordirland, darunter Werften – in der späteren Republik weiterhin vorwiegend agrarische Basis	im Nordosten Verdichtung der Bevölkerung und des Verkehrsnetzes, Anwachsen von Städten, enge Wirtschaftsverflechtung mit England; Nordirland und die spätere Republik nehmen strukturell unterschiedliche Entwicklung

KULTURLANDSCHAFTSENTWICKLUNG VON 1500 BIS 1994

Jahr	Ereignis	Folgen
1903–1925	Agrarreformen in ganz Irland	Große Güter werden zugunsten mittlerer und kleinerer, aber existenzfähiger Betriebe unter Einsatz staatlicher Mittel aufgeteilt
1921	Anglo-Irischer Vertrag führt zur Abtrennung von Nordirland (und Vereinigung mit Großbritannien) und zur Gründung des Irischen Freistaates (= Irland)	Dominanz der Protestanten und Unionisten in Nordirland verstärkt sich, ein weiterer Schritt zum Nordirlandproblem. Im Freistaat erfolgt eine bescheidene Industrialisierung
1949	Irland wird auch formal Republik und verläßt das Commonwealth. Nordirland weiterhin bei Großbritannien	Zunehmende Lösung Irlands vom britischen Einfluß und ab 1958 Öffnung für ausländische Investoren; Aufbau moderner Industrie
ab 1969	Unruhen in Nordirland	Große Arbeitslosigkeit in Industrie und Gewerbe; Rückgang des Fremdenverkehrs; große Personen- und Sachschäden. Erst 1994 Waffenruhe und Beginn von Verhandlungen über die Zukunft Nordirlands
1973	Nordirland als Teil des Vereinigten Königreichs und die Republik Irland werden Mitglied der EG (jetzt EU)	In der Republik verstärkte Hinwendung zu Kontinentaleuropa; Zunahme von Investitionen aus dem EG-Raum und aus Übersee. Moderne Industrie neben bedeutendem Dienstleistungssektor. Die Republik bleibt im 1979 gegründeten europäischen Wechselkurssystem (während Großbritannien 1992 austritt): verstärkte wirtschaftliche Verflechtung mit Kontinentaleuropa. Torfkraftwerke bauen die großen Moore ab
1994	Wirtschaftlicher Aufstieg der Republik dauert an; erhebliche Unterstützung aus dem europäischen Strukturfonds. In Nordirland Modernisierung der Industrie weit fortgeschritten	Dank günstiger Finanzlage der Republik stehen erhebliche Mittel für eine durchgreifende Modernisierung der Straßen, Häfen, Flughäfen und der Bahnlinien bereit. Zahlungsbilanzüberschuß dank moderner Industrie. Weiterhin enge Handelsverflechtungen mit Großbritannien, daneben wachsender Handel mit anderen Ländern der EU. In Nordirland, wo die älteren Industriezweige (u.a. Werften, Textil) stark abgenommen haben, entsteht ebenfalls eine zeitgemäße Industriestruktur

Irische Kunst – Der Glanz der frühen Jahre

Unter irischer Kunst im engeren Sinne versteht man i. a. die Kunst aus der Zeit vom 5. Jh., dem Beginn der Christianisierung der keltischen Bevölkerung Irlands, bis zur anglonormannischen Eroberung im Jahr 1171. Da Irland nie von römischen Truppen besetzt war und so nicht unter den Einfluß römischer Kultur gelangte, war zunächst die La-Tène-Kultur mit ihrer Fischblasen- und Spiralornamentik, dem Flechtband und dem Treppenmuster der Anknüpfungspunkt für eine weitgehend eigenständige künstlerische Entwicklung. Ein anderer Faktor war das fast völlige Fehlen von städtischen Siedlungen. Die Feudalisierung setzte erst spät ein und vollzog sich langsam. In irischen Klöstern wurden wissenschaftliche Studien betrieben, man las die Klassiker und unterhielt bedeutende Schreibstuben. Ein besonderer Wesenszug des irischen Christentums war der Hang zur Zurückgezogenheit oder zu heimatloser Wanderung (Peregrination) und auch zur Mission. Irische Mönche gründeten schon im 7. Jh. Klöster in England (Lindisfarne), auf den Hebriden (Iona) und auf dem Festland, so in Sankt Gallen, Regensburg und Wien. Die Missionare (auch *Skoti* genannt, denn Irland hieß bis zum 11. Jh. *Hibernia* oder *Scotia*) kamen möglicherweise sogar bis in den Vorderen Orient – vielleicht waren die Beziehungen aber auch nur literarischer Art – jedenfalls kam es schon früh zu einem kulturellen Austausch.

Klosterbaukunst

Dies wird auch in der Klosterbaukunst augenfällig. In der Vita des hl. Columban wird berichtet, die Klosteranlage auf der Insel **Inishmurray** (Grafschaft Sligo) sei nach dem Plan eines syrischen Klosters errichtet worden. Tatsächlich ist hier noch eine frühchristliche Anlage aus dem 6. Jh. zu sehen. Auch Beziehungen zum koptischen Klosterwesen in der ägyptischen Wüste lassen sich aus irischen Klosterbauten ablesen.

Zu den ältesten Zeugnissen irischer Baukunst zählt eine Klostersiedlung auf der Felseninsel **Skellig Michael** (Grafschaft Kerry) im Atlantik. Die gut erhaltene Siedlung wurde im 9. Jh. vom hl. Finan gegründet und im 12. Jh. aufgegeben. Sechs Bienenkorbhütten, die die Mönche aus Trockenmauerwerk

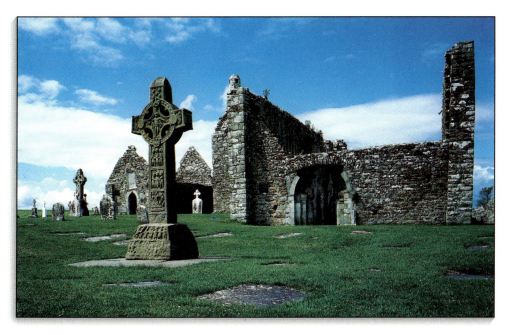

Links: Die Felseninsel **Skellig Michael** vor der Küste der Grafschaft Kerry mit Resten der Siedlung des hl. Finan. Unten: Die Klostersiedlung **Clonmacnoise**, mit Steinkreuzen aus dem 9./10. Jh.

ohne Mörtel errichteten, und zwei bootsförmige Betzellen sind erhalten. Die Reste einer Kirche werden ins 12. Jh. datiert.

Ebenfalls in der Grafschaft Kerry liegt die bergige Halbinsel **Dingle**. An ihrer Südostküste steht auf einem Felsvorsprung die alte Burg *Dun an Oir.* Auf dem Friedhof der romanischen Kirche (12. Jh.) des im 7. Jh. gegründeten Klosters in Kilmalkedar stehen ein großes monolithisches Kreuz und ein Stein mit Oghamschriftzeichen (4.-7. Jh.). – 3 km südlich liegt Gallarus Castle aus dem 16. Jahrhundert.

Im 6. oder 7. Jh. wurde das **Gallarus Oratory,** ein besonders frühes Beispiel der ehemals zahlreichen zellenartigen Kirchen Irlands, errichtet. Das Trockenmauerwerk wölbt sich mit einer Wandstärke von mehr als 1 m über einer 3 x 4,5 m großen Bodenfläche, Licht gibt die Türöffnung. Diese Bethäuser erinnern von außen an ein kieloben liegendes Boot und dienten wohl zunächst nur der persönlichen Andacht.

In der kleinen Marktstadt **Kells,** nordwestlich von Dublin, ist aus der Zeit um 800 Saint *Columb's House* erhalten, ein rechteckiges Oratorium aus Bruchstein mit innerem Tonnengewölbe und einem Steindach. Der Rundturm wurde vor 1076 erbaut; in der Nähe zwei Steinkreuze des 9. Jh. In diesem Kloster wurde zunächst das Book of Kells aufbewahrt.

Ein Meisterwerk der Steinmetzkunst des 12. Jh ist das Westportal der Kirche der im 6. Jh. gegründeten Abtei von **Clonfert** (Grafschaft Galway). Das Stufenportal – Halbsäulen tragen Archivolten mit reichem Baudekor – wird gekrönt durch einen Wimperg mit Blendarkaden und zahlreichen menschlichen Köpfen, die in der Dreiecksmusterung des oberen Teils zwischen rosettenförmigen Blättern und Blüten wiederholt werden.

Rundtürme

Eine Besonderheit der irischen Baukunst ist der mehrgeschossige Rundturm, er wurde zum Wahrzeichen des Landes. Etwa 80 Türme sind ganz oder teilweise erhalten. Die 20 bis 30 m hohen, schlanken, der Verteidigung dienenden *round* oder *bell tower* wurden etwa seit 950 bis ins 12. Jh. v. a. in den *monastic towns* errichtet. Die sich nach oben verjüngenden und mit einem kegelförmigen Steindach versehenen Türme hatten einen hoch über dem Boden liegenden Eingang und waren meist Speicher, Flucht- und Schutzorte. Der irische Name *Cloigtheach* – Glockenturm – deutet auf eine weitere Verwendung hin: Durch Glocken konnte man die Mönche von der Feldarbeit zum Gebet rufen oder sie vor drohendem Unheil warnen. Einige dieser geschmiedeten oder gegossenen Handglocken mit viereckigem Querschnitt und konvexen Seiten haben sich erhalten (u. a. im Nationalmuseum in Dublin). Die Türme waren früher durch vier und mehr Zwischenböden gegliedert und konnten innen mit Holztreppen und Leitern bestiegen werden, die höheren Geschosse hatten schmale Fenster, die jeweils in eine andere Himmelsrichtung zeigten.

Nördlich von Drogheda (Grafschaft Louth) liegt der ehemalige Klosterbezirk von **Monasterboice** mit mehreren Kirchenruinen des 6.–12. Jh. Auf dem alten Friedhof steht noch ein Rundturm – heute helmlos – mit einem Durchmesser von 15 m und einer Höhe von 33 m. Der besteigbare Turm ist über eine Treppe zugänglich. Neben einer Sonnenuhr sind v. a. die drei Hochkreuze von kunstgeschichtlicher Bedeutung: Das Nordkreuz, von dem nur das Oberteil und ein Teil des Schaftes erhalten sind, das 6,45 m hohe *Tall Cross* (Westkreuz) und v. a. das 5,30 m hohe monolithische *Muireadach's Cross* (Südkreuz) aus dem 10. Jh., das mit biblischen Szenen und Flechtwerk überaus reich in feinem Sandsteinrelief dekoriert ist.

Mehrere ehemalige Klostersiedlungen lagen in **Glendalough** (Tal der zwei Seen, Grafschaft Wicklow), deren älteste auf eine Gründung des hl. Kevin im 6. Jh. zurückgeht. Die Klöster hatten eine wechselvolle Geschichte; durch Wikingerüberfälle und Brände wurde vieles zerstört. Die meist einzelligen Kirchenbauten gehören v. a. dem 11. und 12. Jh. an. *Saint Trinity* und *Saint Kevin's Church* mit Tonnengewölbe, steinernem Dach und Giebeldachreiter sind sicher noch älter. Baumaterial der kleinen Kirche war Glimmerschiefer. Der 33,5 m hohe Rundturm ist weitgehend im Urzustand erhalten. Im Klosterbezirk stehen mehrere Steinkreuze (6. oder 7. Jh.) sowie ein Hochkreuz aus dem 12. Jahrhundert.

Clonmacnoise bei Drogheda (Grafschaft Offaly), heute Ruinenstätte einer zwischen 544 und 548 vom hl. Ciaran gegründeten Klosteranlage, war im 11./12. Jh. ein bedeutender geistiger Mittelpunkt mit Skriptorien und Werkstätten früher Handwerkskunst. Von 12 Kirchen (10.–15. Jh.) des ummauerten Klosterbezirks sind noch sieben erhalten, darunter die 904 begonnene Kathedrale. Das zellenartige Bethaus des hl. Ciaran birgt wahrscheinlich das Grab des Klostergründers; Überreste einer Burg (1214) und des Bischofspalastes (13. Jh., von Cromwell zerstört). Der 17 m hohe Rundturm wurde 1124 errichtet, ein weiterer,

Links: Der Rundturm von **Ardmore** aus dem 12. Jh.
Unten: Das im 6. oder 7. Jh. aus Trockenmauerwerk errichtete **Gallarus Oratory** auf der Halbinsel Dingle.

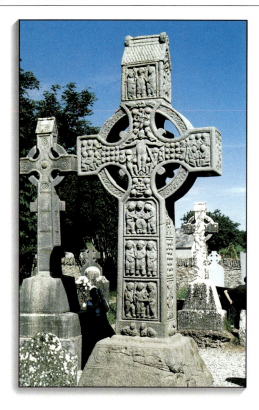

Die ehemalige Klosteranlage von **Ardmore** (Grafschaft Waterford) wurde von Oliver Cromwell zerstört. Erhalten blieb ein fast 29 m hoher Rundturm aus dem 12. Jh., der als einer der schönsten gilt. Am Westgiebel der Kathedrale Reliefschmuck mit biblischen Themen in zwei Arkadenreihen, die mit den Darstellungen auf den Steinkreuzen verwandt sind.

Die ehemalige Zisterzienserabtei **Holy Cross** am Ufer des Suir (Grafschaft Tipperary), im 12. Jh. gegründet, war schon früh Ziel einer Wallfahrt, da zu ihren Reliquien ein Splitter vom Kreuz Christi zählte.

Unter dem Einfluß der Baukunst der Zisterzienser, die 1142 vom hl. Malachias ins Land geholt wurden, steht auch der Ostabschluß der *Christ Church Cathedral* in **Dublin**. *Saint Patrick's Cathedral,* die größte Kirche Irlands, wurde 1213 in frühgotischen Formen begonnen und gehört bereits der frühen englischen Kunst an. In dieser Zeit entstanden auch eine Reihe bedeutender Bettelorden-Kirchen in meist ländlicher Umgebung.

Steinmetzkunst

Besondere Bedeutung hat die irische Steinmetzkunst; hier ist die Entwicklung der Grabplatten der irischen Großklöster von besonderem Interesse. Die Ursprünge sind umstritten. Es läßt sich jedoch eine Entwicklung von einfachen Schmuckformen aus keltischer Zeit zu den freistehenden, großformatigen und skulptierten **Hochkreuzen** des 9. und 10. Jh. verfolgen. Im 8. Jh. kommen erstmals freistehende Radkreuze vor. Sie sind mit ornamentalem Schmuck versehen, der von den Metallarbeiten der Zeit bekannt ist. Die Grab-

O'Rourke's Tower, steht am Ufer des Shannon. Im Klosterbezirk befinden sich zahlreiche frühchristliche Grabsteine (6.–12. Jh.), einige von ihnen tragen Oghamschriftzeichen. Besondere Beachtung verdienen drei reichdekorierte Hochkreuze, darunter das *Cross of the Scriptures* aus dem 9./10. Jahrhundert.

Cashel in der Grafschaft Tipperary, eine der ältesten Städte des Landes, wird durch den Granitkegel *Rock of Cashel,* einem alten keltischen Königssitz, überragt. Die von Bischof Cormac MacCarthy 1127–34 erbaute und nach ihm benannte Kapelle ist im Stil der anglonormannischen Architektur vollständig durch Blendbögen gegliedert. Die 1169 begonnene Kathedrale ist heute Ruine, an der Westseite ist ein im 15. Jh. als bischöflicher Palast errichtetes Turmhaus erhalten. Der an das nördliche Querschiff angebaute 28 m hohe Rundturm ist gut erhalten. Am Eingang zu dem Gebäudekomplex steht das Saint-Patrick-Kreuz, vielleicht an der Stelle, an der der hl. Patrick König Aengus taufte.

Oben: **Muireadach's Cross** (10. Jh.) aus dem Klosterbezirk von **Monasterboice**. Rechts: Alte Grabplatte mit Ritzzeichnung aus Clonmacnoise.

Glossar zur irischen Kunst

Buckelzier, Buckelung, durch Treiben hervorgehobene Buckel bei Metallarbeiten.

Cuir-bouilli-Technik, Verfahren, bei dem das Leder zunächst gekocht wird, um es zu härten; danach kann es in eine Form gepreßt und mit Mustern versehen werden.

Émail champlevé, Grubenschmelz, mittelalterliche Technik der Emailkunst, bei der aus dem Metallgrund Gruben herausgeätzt wurden. Der farbige Glasfluß wurde eingeschmolzen und geschliffen, die Metallflächen ziseliert und vergoldet.

Evangeliar, Buch mit dem vollständigen Text der vier Evangelien.

Fibel, Gewandschließe in geschlossener oder offener Form.

Filigran, Ziertechnik, bei der aus rundem gekörntem, geperltem oder gezwirntem Gold-, Silber- oder Kupferdraht Muster auf eine Metallplatte aufgelötet werden; auch als Geflecht in durchbrochener Arbeit.

Granulation, Ziertechnik, bei der Gold- und Silberkügelchen auf einen Metalluntergrund aufgelötet werden.

Hort- oder Depotfunde, Ansammlungen von Gegenständen, die unter anderen im Erdboden, in Mooren oder Quellen gefunden wurden. Es handelt sich meist um kultisch-religiöse Depots, aber auch um Schatzverstecke; meist aus vorgeschichtlicher Zeit.

Kanontafel, Übersicht, die in zehn Tabellen alle parallelen Stellen der vier Evangelien zeigt; sie ist den Evangelienhandschriften vorangesetzt. Die Kolumnen mit den Verweiszahlen sind durch eine Folge von meist 12 oder 16 Säulenarkaturen gerahmt.

Majuskeln, die gleich hohen Großbuchstaben der Schriften des lateinischen Alphabets.

Millefiori-Technik, Verfahren der Glasherstellung, bei dem Bündel von farbigen Glasstäben zusammengeschmolzen werden. Aufgeschnitten zeigt der Querschnitt geometrische (blumenähnliche) Muster.

Minuskeln, Kleinbuchstaben der Schriften des lat. Alphabets mit Ober- und Unterlängen.

Niello, eine Dekorationstechnik, bei der einem Metallgegenstand eine schwärzliche Legierung u. a. aus Silber, Blei, Kupfer in eine gravierte Zeichnung eingeschmolzen wird.

Oghamschrift, Buchstabenschrift der ältesten irischen Sprachdenkmäler (4.–7. Jh.). Die ursprünglich 20 Buchstaben (5 Vokale, 15 Konsonanten) wurden später auf 25 erweitert. Im späten Mittelalter bedeutete *Ogham* auch die geschriebene Form des Irischen.

Psalter, das Buch der Psalmen im Alten Testament; auch ein mittelalterliches liturgisches Textbuch, das die Psalmen und die entsprechenden Antiphonen zur Rezitation im Stundengebet enthält.

Trockenmauerwerk, Mauerung aus sorgfältig behauenen und geschichteten Steinen ohne Mörtel.

Urnesstil, nach den Schnitzereien an der Stabkirche von Urnes in Norwegen: stilisierte kämpfende Tiere, verschlungen mit Bandornamenten.

Wimperg, giebelförmiges Bauteil zur Bekrönung von Portalen und Fenstern.

Stein mit Oghamschriftzeichen und ihre Entsprechungen im lateinischen Alphabet.

platten waren Bestandteil mittelalterlicher *monastic towns;* es handelte sich zunächst nicht nur um Grabkreuze im herkömmlichen Sinn, sondern wohl auch um Zeichen der Frömmigkeit und der Belehrung. Eines der frühen Hochkreuze (8. Jh.) steht heute am Ortsrand von **Carndonagh** (Grafschaft Donegal), die Kreuzform des sockellosen Steins ist durch Flechtwerk angedeutet, in der unteren Hälfte steht eine Figur mit ausgebreiteten Armen über kleineren Nebenfiguren. Neben dem Kreuz stehen zu beiden Seiten kleinere Standsteine mit Reliefschmuck. Der reich mit Flechtwerk und Buckelzier dekorierte Schaft des *North Cross* in **Ahenny** (Grafschaft Tipperary), erhebt sich bereits über einem Sockel mit figürlichem Schmuck, es läßt sich wohl ebenfalls ins 8. Jh. datieren.

Bei diesen Hochkreuzen wurden der aus einem Block gehauene Schaft und die Kreuzarme durch einen Steinring verbunden, der häufig ein Kruzifix oder die Darstellung Christi als Weltenrichter umschließt. Die bis 9 m hohen Kreuze wurden über einem Steinsockel aufgerichtet. Das Material war meist feinkörniger Sandstein aus der Gegend von Kells (Grafschaft Meath) und Monasterboice (Grafschaft Louth), der leicht zu bearbeiten war. Wurde der härtere Granit verwendet, wie bei dem 5 m hohen Kreuz von **Moone** (Grafschaft Kildare), wurden die Reliefs flacher gehalten, dargestellt sind hier die drei Jünglinge im Feuerofen, die Flucht nach Ägypten und die wunderbare Brotvermehrung.

Bei der Dekoration der frühen Ornamentkreuze wurden flache Flechtwerkstreifen, Spiralen, Rosetten und Tierornamente bevorzugt. Bei den bis zu 6 m hohen Bibelkreuzen des 9.–11. Jh. kommen Szenen aus dem Alten und Neuen Testament hinzu, die in mehrere Felder unterteilt auf den Flächen des Schaftes dargestellt sind. Zu diesem Typ gehören das *South Cross* von **Kells** (9. Jh.) mit Darstellung des Sündenfalls, Daniel in der Löwengrube und einer Kreuzigung.

Um 1000 wurde das *High Cross* von **Drumcliff** (Grafschaft Sligo) errichtet, es zeigt in seinem Ornamentschmuck biblische Szenen wie Adam und Eva, Kain und Abel, Daniel in der Löwengrube, Christus in der Glorie sowie Flechtwerk und Fabeltiere.

Seit dem 11. Jh. wird häufig auf eine Einteilung der Bibelszenen in Felder zugunsten der Darstellung von einzelnen Figuren verzichtet, in den ornamentalen Zonen finden sich jetzt auch Blattranken, die an die spätrömische Kaiserzeit erinnern. Das *Doorty Cross* (12. Jh.) von Kilfenora (Grafschaft Clare) zeigt eine Kreuzigungsszene sowie reiches Ornament, an der Ostseite sind drei Bischöfe dargestellt. Bei dem *High Cross* in Dysert O'Dea, ebenfalls Grafschaft Clare, deutet der in ein faltenreiches Gewand gehüllte Gekreuzigte die Kreuzesarme an, auf dem Schaft ein Bischof mit Krummstab. Dieses Hochkreuz steht heute etwas abseits der Kirche in einer Wiese. Die Gestaltung der irischen Hochkreuze entwickelte sich aus einfachen Formen zu einem üppigen Höhepunkt, um dann wieder im 12. Jh. zu einfacheren Formen zurückzukehren. Viele Hochkreuze wurden in den Zentren der neuen Bischofssitze (Cashel, Tuam, Glendalough) aufgestellt.

Buchmalerei

Auch die Miniaturmalerei, so genannt nach der im frühen Mittelalter für Randleisten und Initialen verwendeten roten Mennigfarbe (lateinisch *minium*), die vor allem Ornamentik in keltischer Formgebung – wie Fischblasen- und Spiralmuster – gekannt hatte, nahm in der 2. Hälfte des 7. Jh. germanische Flechtband- und Tierornamentik sowie figürliche Darstellungen auf. Auffällig ist die starke und reine Farbigkeit (Purpurrot, Hellrot, Smaragdgrün, Dunkelblau, Gelb). Die menschliche Gestalt erscheint stark stilisiert und wird in farbige Flächen aufgelöst. Sie gleicht sich in ihrer

Unten: Portal der Kirche in **Clonfert** (um 1160).
Rechts: Schmuckseite aus dem **Book of Durrow** (Dublin, Trinity College).

Ornamentierung optisch den reich geschmückten Zierseiten und Initialen an, die ihre Dekorationsmotive aus der Emailkunst der Gold- und Silberschmiede beziehen. Ein frühes Zeugnis der irischen Buchmalerei ist die Ende des 6. Jh. entstandene und in Bruchstücken erhaltene Psalmenkopie *Cathach* des hl. Columban (Dublin, Royal Irish Academy); hier treten erste Schmuckformen bei den Initialen auf, die in Rot und einem schwärzlichen Braun gehalten sind. Die Hochblüte der Buchmalerei in Irland war zwischen 650 und 800. Das *Book of Durrow,* um 675 in Majuskeln geschrieben (Dublin, Trinity College), entstand wohl in einem Skriptorium eines Benediktinerklosters in Northumbrien, es ist die früheste erhaltene Handschrift der irischen Buchmalerei und das früheste der vollständig dekorierten Evangelienbücher. Es enthält Kanontafeln, reine Schmuckseiten und ganzseitige Bilder der Evangelistensymbole. Das *Stowe Missale* ist ein lateinisches Meßbuch, es wurde um 800 in kursiver Minuskel- und eckigen Majuskelschrift geschrieben und umfaßt 67 Pergamentblätter. Wahrscheinlich in der 1. Hälfte des 8 Jh. ist in Irland das *Echternacher Willibrord-Evangeliar* entstanden, das durch Missionare auf das Festland gelangte (Paris, Bibliothèque Nationale). Die ganzfigurigen Darstellungen der Evangelisten – anstelle ihrer Symbole – verraten ikonographisch und motivisch die Kenntnis spätantik-frühbyzantinischer Werke. Unübertroffen ist der ornamentale Phantasiereichtum des *Book of Kells* (vgl. S. 292).

Aufbewahrt werden in der Bibliothek des Trinity College in Dublin neben zahlreichen Handschriften auch das *Book of Dimma,* das im frühen 8. Jh. in Minuskeln geschrieben wurde und dessen Entstehungsort noch unbekannt ist. Das Book of Dimma wird wegen seines Formates (175 x 142 mm, 74 Pergamentseiten) als Taschenreliquiar bezeichnet. Außerdem ist zu dieser Handschrift ein späteres Reliquiar aus Bronzeplatten erhalten. Vom *Book of Armagh* weiß man, daß es 807 im Kloster Armagh in Majuskeln auf 217 Pergamentseiten (195 x 145 mm) geschrieben wurde. Es war für den Abt Torbach bestimmt und ist heute in zwei Bände gebunden. Zu dieser Handschrift hat sich eine in Cuir-bouilli-Technik dekorierte Ledertasche erhalten, die ins 15. Jh. datiert wird. Man vermutet, daß solche Behältnisse zu alle Handschriften existierten, da die kostbaren Werke in den Klöstern in Beuteln, hängend an der Zellenwand aufbewahrt wurden oder auch gut geschützt auf die Reisen mitgenommen werden konnten. Die Taschen waren wohl auch beschriftet und – um sie einfacher zuordnen zu können – gefärbt, so kam das *Gelbe Buch von Leccan* zu seinem Namen.

Entstanden sind diese kostbaren Schriften in den Skriptorien der mittelalterlichen Klöster. Geschrieben oder auch abgeschrieben wurde in Minuskeln oder Majuskeln auf Pergament – meist für den eigenen Bedarf. Benutzt wurde zunächst Tinte, die durch Kochen von Eisensalzen mit Gerbsäuren in wäßriger Lösung gewonnen wurde; um ein schwärzliches Braun zu erzielen, wurde Ruß beigemischt. An einem Werk waren oft mehrere Schreiber beteiligt, deren Namen sich in den Nachbemerkungen *(Colophon),* die über den Ort und Umstand der Entstehung den Schriften beigefügt waren, belegt sind. Hier – und gelegentlich auf den Randstreifen – wird Klage geführt über schlechtes Licht, Kälte, fehlende Gesundheit, unzureichendes Material oder erzwungene Eile, wie wir aus der Entstehungsgeschichte des Book of Dimma wissen.

Nur in diesen Schreibstuben konnten bis zum 12. Jh. Bücher entstehen. So ist im Klosterplan von Sankt Gallen (820) für das Skriptorium ein Raum unter der Bibliothek mit einem größeren Tisch in der Mitte und sieben Schreibtischen an den Fenstern vorgesehen. Hier erfolgte auch die Illumination – die farbige Ausgestaltung der Handschriften – durch die Buchmaler.

Für diese heiligen Bücher – besonders, wenn sie für Äbte oder Standespersonen bestimmt waren – wurden kostbare Kästchen (Reliquiare) gefertigt, die man im Nationalmuseum in Dublin bewundern kann.

In vorchristlicher Zeit benutze man in Irland Oghamschriftzeichen, Gruppen aus an Steinkanten eingeschnittenen Kerben. Für die Jahre um 600 ist bereits eine lateinische Grammatik bezeugt, aus dieser Zeit stammen auch die ältesten erhaltenen irischen Bibeltexte und Bußbücher, in denen man nachlesen konnte, welche Strafen zu erwarten waren. Zum Beispiel konnte man für bestimmte Missetaten mit Strafmilderung rechnen, wenn man eine Nacht im Wasser stand, oder auf Nesseln oder Nußschalen seine Nachtruhe suchte.

Rechts: Darstellung aus dem **Book of Kells**: Die Versuchung Christi durch den Teufel und der Tempel in Jerusalem (Dublin, Trinity College).

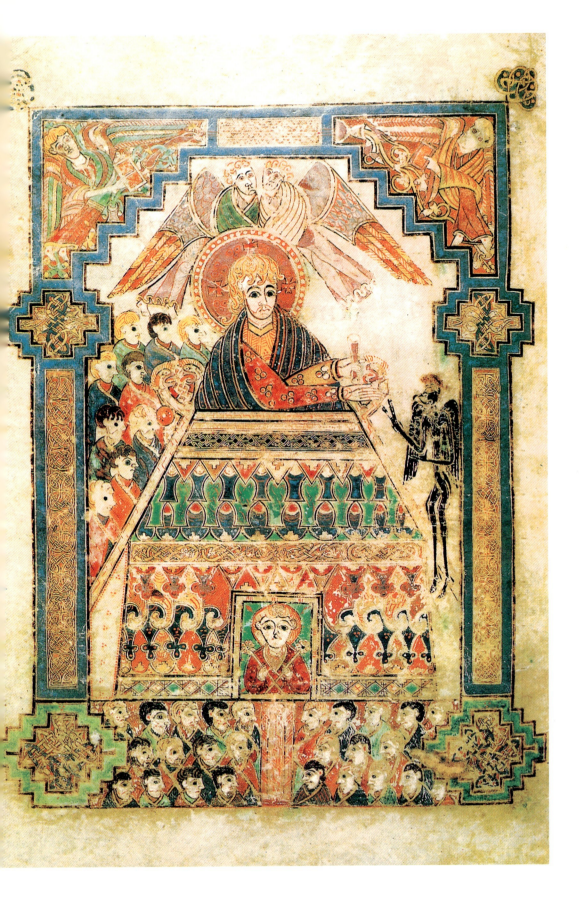

Insgesamt sind die oft mit strahlenden Farben geschmückten Werke der irischen Buchmalerei wohl in einer düsteren und durch kriegerische Überfälle bestimmten Zeit entstanden. Für die Aussicht auf einen Platz im Paradies war man zu Entsagung und Opfer bereit.

Metallarbeiten

Die in frühchristlicher Zeit entstandenen Metallarbeiten stehen noch in der hochentwickelten keltischen Tradition. Die Arbeiten sind heute vor allem in Dublin im Nationalmuseum ausgestellt. Unter den kunstvollen Stücken befinden sich zahlreiche frühe Krummstäbe, Schmuckgegenstände, Vortragekreuze, Handglocken und aus Bronzeplatten zusammengefügte Reliquiare. Die Dekorationsmethoden umfassen: Bronzeguß und Gravuren oder Kerbschnitt, aufgelötetes Filigran, Granulation, Vergoldung und Versilberung. Farbigkeit wurde unter anderem mit rotem Émail champlevé und Millefiori-Plättchen sowie Bernstein und Schmucksteinen erzielt.

Unter den zahlreichen Fibeln ist die *Tara-Fibel* aus dem 8. Jh. von besonderer Schönheit. Die silbervergoldete geschlossene Ringfibel hat ein Gewicht von 224 Gramm. Die Vorderseite ist mit Flechtwerk und Tierornamenten aus Goldfiligran dekoriert, die Fassungen wurden mit farbigem Glasfluß und Bernstein gefüllt.

Aus einem 1868 in der Nähe von Ardagh (Grafschaft Limmerick) entdeckten Hort, der wohl im 10. Jh. bei einem Wikingereinfall vergraben wurde, stammt unter anderem der silberne, mit Ornamenten aus Gold, vergoldeter Bronze und Einlegearbeiten geschmückte *Kelch von Ardagh* (8. Jh., Höhe 17,8 cm). An ihm läßt sich noch die hohe Kunst der Dekoration mit Glasfluß erkennen, die neben Verzierungen aus Bergkristall, Bernstein und Glimmer stehen. Der Kelch zählt mit dem Book of Kells und der Tara-Fibel zu den bedeutendsten Werken der irischen Kunst.

Erwähnenswert sind auch die Schreine der Handglocken der hl. Patrick und Senan sowie das Prozessionskreuz von Cong (Grafschaft Mayo), das Turlough O'Connor, König von Connaught – der zehn Frauen, 18 Söhne und 59 Enkel hatte – 1123 in Auftrag gab. Das 75 cm

Kelch von Ardagh aus dem 8. Jh. (Dublin, National Museum).

hohe Kreuz besteht aus vergoldeten Bronzeplatten, die an einem Holzkern befestigt sind. Ein in der Kreuzmitte eingesetzter Kristall-Cabochon schützte die Reliquie, einen Splitter vom Kreuz Christi. Die Flächen des Kreuzes sind u. a. mit Filigran, Niello und emaillierten Buckeln dekoriert. Das 39 cm hohe Armreliquiar des hl. Lachtin (1. Viertel des 12. Jh.) hat einen hölzernen Kern, der mit gegossenen und gravierten Bronzeplatten bedeckt ist.

Viele kunstvolle Arbeiten kamen durch Raub und Plünderung der Wikinger im 9. und 11. Jh. nach Norwegen. Zum Teil traten sie als Grabbeigaben wieder ans Licht. Nach dem Einfall der Wikinger im 9. und 11. Jh. kamen aber auch neue Techniken ins Land, z. B. Niello. Von den skandinavischen Stilarten wurde u. a. der Urnesstil übernommen. Die Betonung des Zierwerks blieb in der Metallkunst (Handglocken, Buch- und Reliquienschreine) über das 10. Jh. hinaus verbindlich.

Als Handwerker dieser kunstvollen Arbeiten, die zum großen Teil im Dienste der Kirche entstanden, kommen auch Kleriker in Frage. Aus Überlieferungen wissen wir, daß ein Gefährte des hl. Patrick Silberschmied war, dessen Arbeiten aus mehreren Kirchen bezeugt sind. Irland konnte zu dieser Zeit bereits auf eine reiche Tradition im Goldschmiedehandwerk zurückblicken; üppige Halsgeschmeide, Armbänder, Ohrgehänge und Gewandschließen sind schon aus Hortfunden aus der Bronzezeit (2000–1500 v. Chr.) bekannt. Großen Einfluß auf die Arbeit der Mönche in den Schmieden hatten sicher die Kenntnisse ihrer Brüder vom Festland und v. a. aus Südeuropa. Der reiche Bestand an Schmuckstücken und Fibeln kann auch aus weltlichen Werkstätten stammen. Das früheste – ungefähr datierbare – Stück ist die Tara-Fibel, die in der Nähe des heutigen Seebades Bettytown in der Grafschaft Meath gefunden wurde.

Unter englischer Herrschaft

Nach 1171 nahm die Kunst an der Entwicklung der Nachbarinsel teil. Es entstanden Kirchen im gotischen Stil, wie z. B. in Dublin *Christchurch Cathedral* und *Saint Patrick's Cathedral*. Auf die im frühen 12. Jh. auf die Insel gekommenen Zisterzienser – ihnen unterstand von 1180 bis 1540 Jerpoint Abbey in der Graf-

Vorderseite der **Tara-Fibel** aus dem 8. Jh. (Dublin, National Museum).

schaft Kilkenny – folgten Dominikaner und Franziskaner. Von ihren Gründungen zeugen Ruinen wie die des 1290 gegründeten Franziskanerklosters in Claregalway in der Umgebung von Galway; beide gehören zu den National Monuments.

Der Adel baute Landsitze wie Ormonde Castle bei Carrick-on-Suir (Grafschaft Tipperary and Waterford), das 1568 als Erweiterung eines Festungsbaus errichtet wurde. Als Sommerresidenz wurde 1633 Jigginstown House bei Naas (Grafschaft Kildare) als Backsteinbau begonnen, die geplante Frontlänge von 114 m hätte es zu einem der größten Herrenhäuser von Irland gemacht; leider blieb der Bau unvollendet, der Bauherr wurde 1641 enthauptet. In derselben Grafschaft steht Castletown House, 1722 für einen irischen Parlamentarier erbaut. Es ist der Sitz der Irish Georgian Society, die sich um den Erhalt der Bausubstanz des Georgian style verdient macht. Dieser klassizistische Baustil des 18. Jh. ist nach den englischen Königen des Namens George benannt. Die schlichten Ziegelfassaden mit den sparsamen Gliederungsformen waren v. a. in der irischen Wohnhausarchitektur beliebt. Von Dublin sagt man, daß es die schönste

georgianische Großstadt ist – oder war, denn viele der Gebäude sind gefährdet.

Auch die in England beliebte Neugotik – Gothic revival – fand ihren Weg nach Irland, Beispiel sind in Belfast die *Queen's University*, in Cork *Saint Finbarr's Cathedral* sowie in Dublin das *Trinity College Museum*.

Zu Beginn des 20. Jh. enstehen Industriebauten. Der aus der Tradition von Arts and Crafts und dem englischen Landhausbau kommende Sir EDWIN LUTYENS führt 1905–12 Arbeiten an Gartenanlagen unter anderen von Howth Castle (Dublin) aus. Erste Bauten von Michael Scott entstehen.

Irland stellte zahlreiche seiner historischen Bauwerke als National Monument unter den Schutz des Staates. Man findet sie, wenn man den grün-weißen Wegweisern folgt.

Irische Kunst – heute

Seit 1937 ist der Südteil der Insel ein souveräner Staat. Langsam entwickelte sich wieder ein eigenes Kulturschaffen. Bereits die Gründung der Königlichen Akademie in Dublin 1823 förderte diese Bestrebungen.

Die *Exhibition of Living Art* (1943) steht am Anfang der modernen irischen Kunst. Diese Vereinigung wollte sich solcher Werke annehmen, die bei den jährlichen Ausstellungen der Königlichen Akademie keine Würdigung fan-

Oben: **Ledertasche** für das **Book of Armagh** mit Dekoration in Cuir-bouilli-Technik (Dublin, Trinity College).
Links: Liturgische **Handglocke** aus Bronze, wohl aus dem 9. Jh., Höhe 34 cm, Gewicht 6 kg (Dublin, National Museum).

den. Initiatoren waren u. a. die Maler EVIE HONE, MAINIE JELLETT und NORAH MCGUINNESS, die ihre Ausbildung zum Teil noch in Paris erhalten hatten. Living Art wurde auch das Forum für Bildhauer, in deren Werke sowohl traditionelle irische – OISÍN KELLY und HILARY HERON – als auch internationale Einflüsse zu erkennen sind. Aus der Fülle der Namen seien stellvertretend für die 1960/70er Jahre BRIAN KING und ALEXANDRA WEJCHART genannt. In den achtziger Jahren wurden neben Malerei und Bildhauerei auch Objekte der Videokunst und Performance, vertreten durch EILIS O'CONNELL, ausgestellt. Eine starke expressionistische Strömung wird durch die *Independent Artist Group* vertreten: Michael Kane, Patrick Hall, Brian Maguire, Patrick Graham, Eithne Jordan, Michael Mulcahy und Michael Cullen; Bildhauer sind Michael Bulfin, John Behan, Edward Delaney, Conor Fallon und John Burke.

Die moderne Architektur hat sich durch die langsame Industrialisierung nur schleppend entfalten können.

Zu den bedeutenden zeitgenössischen Architekten Irlands gehört MICHAEL SCOTT; mit dem Bau des Busbahnhofes (1953), dem Neubau des *Abbey Theatre* (1966) und der Bank of Ireland (1973) hat er in Dublin Akzente gesetzt. JOHN JOHANSEN errichtete 1962 den Rundbau der Botschaft der Vereinigten Staaten im Vorort Ballsbridge. Ebenfalls in Dublin bauten PAUL KORALEK, u. a. die neue *Berkeley Library* (1967), und SHAY CLEARY; von ihm ist das 1991 fertiggestellte *Irish Museum of Modern Art*. Michael Scott ist auch der Architekt des *Opera House* (1965) in Cork. In Galway entstand 1965 ein Kirchenbau mit dem schönen Namen *Catholic Cathedral of Saint Nicholas and Our Lady Assumed into Heaven*. PETER & MARY DOYLE traten auf dem Gebiet der Schulbauten mit der *Community School* (1980) in Birr (Grafschaft Offaly) hervor. Für den modernen Kirchenbau in Irland lieferte LIAM MCCORMICK mit *Saint Aonghas* (Aengus) in Burt (Grafschaft Donegal) ein wichtiges Beispiel. Gut in das jeweilige Umfeld fügen sich die Werke von O'DONNELL und TUOMEY ein.

Die irische Architektin und Designerin EILEEN GRAY wurde v. a. durch ihre Entwürfe zu Inneneinrichtungen international bekannt.

Blackwood Golf Centre, 1994 von O'Donnell and Tuomey.

Irische Besonderheiten

»Woran erkennt man einen Iren in der Autowaschanlage? Daran, daß er auf dem Motorrad sitzt.«

Iren reagieren mit diebischer Freude auf Witze, die man über sie macht. Die besten davon drucken sie sogar auf Geschirrtücher, die man dann zu ausgefallenen Preisen in Souvenirläden kaufen kann. Letzteres erklärt natürlich diese Freude – das Bekenntnis zum Klischeebild bringt Geld, und wer sich selbst begriffsstutzig gibt, kann Nutzen aus der Begriffsstutzigkeit anderer ziehen.

Millionen von Besuchern verfallen diesem fast hinterhältigen Charme und verlieben sich auf den ersten Blick in Irland. Die irische Begrüßungsformel für Touristen, *Céad Míle Fáilte,* »hunderttausendmal willkommen«, erfüllt sich ständig und überall, und die legere Freundlichkeit der Iren macht es dem Besucher außerordentlich leicht, sich wohl zu fühlen. Unmittelbar nach Erringung der Unabhängigkeit von Großbritannien im Jahr 1921 drückten die frischgebackenen Republikaner ihre lockere Lebensphilosophie auf den staatlichen Münzen aus – statt irgendwelcher Herrscherköpfe sah man darauf Schweine, Hühner, Hasen und Lachse.

Aber das galt nur für einen Teil des Landes, denn noch immer gibt es zwei Irland. Da ist zum einen die Republik Irland mit ihren 26 Grafschaften, die ständig an dunkles Bier, grünen Klee, Sonnenuntergänge an der Galway Bay und an Marienbilder denken lassen. Aber da ist auch das andere Irland, die unter britischer Verwaltung stehenden restlichen sechs Grafschaften Nordirlands. Jahrelang haben Terroranschläge diese Gebiete erschüttert, und erst seit dem Waffenstillstand der IRA kehrt dort allmählich Normalität ein, auch wenn die politische Situation noch unklar ist.

Die durch historische Umstände entstandenen irischen Paradoxien sind ineinander verschachtelt wie russische Babuschka-Puppen. Unweigerlich stellen sich dem Besucher schon bald Fragen und Rätsel. Z. B., warum ein Katholik in Dublin aller Wahrscheinlichkeit nach alles Britische haßt, aber die Engländer respektiert, während sich ein Protestant in Belfast zu allem Britischen bekennt, aber die Engländer verflucht.

Ein englischer Journalist, der nach Nordirland geschickt wurde, um herauszufinden warum sich die protestantischen und katholischen Gemeinden anfeinden, berichtet: Sie sind zu einem Außenstehenden um vieles freundlicher als jedes andere Volk auf den Bri-

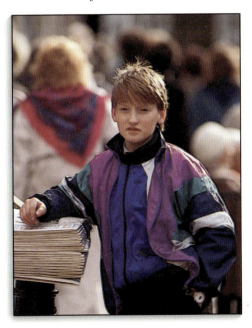

tischen Inseln. Sogar die Terroristen haben exzellente Manieren.

Aber im Umgang miteinander haben sich die Einwohner des einen und des anderen Irland so sehr in Streitigkeiten verwickelt, daß sie sich nicht einmal über die Länge der gemeinsamen Grenze einigen können. Die nordirische Seite spricht von 485 km, die Iren im Süden dagegen von 448 km.

Aber darüber macht sich offensichtlich niemand ernsthafte Sorgen. HEINRICH BÖLL hat in seinem *Irischen Tagebuch* zwei charakteristische irische Redewendungen notiert: »Es könnte schlimmer sein« und »Mach dir keine Gedanken«. Einer Welt, die in die Brüche zu gehen scheint, hat Irland mehr zu bieten als

Vorherige Seiten: Feierabend für die Stallburschen im Gestüt von Kildangan Castle, südwestlich von Kildare. – Schuljungen vom Rockley College, Fermoy. – Feuerwehrhaus in Fethard, Tipperary. Links: Eröffnung eines Footballspiels im Croke Park, Dublin.
Oben: Zeitungsjunge in Belfast.

Schweine, Priester, Kartoffeln und Patrioten – nämlich ungebrochenen Optimismus.

Selbstverständlich haben die Iren auch dies auf den erwähnten Geschirrtüchern festgehalten. Da heißt es z. B.: »Man braucht sich nur über zwei Dinge Gedanken zu machen: ob es einem gut geht oder ob man krank ist. Wenn es dir gut geht, brauchst du dir keine Gedanken zu machen. Aber wenn du krank bist, mußt du dir um zweierlei Sorgen machen: Entweder wird es dir wieder besser gehen oder du wirst sterben. Wenn es dir besser geht, besteht kein Grund zur Sorge. Wenn du stirbst, gibt es nur zwei Möglichkeiten: Entweder du kommst in den Himmel oder in die Hölle. Falls du in den Himmel kommst, ist sowieso alles in Ordnung. Wenn du jedoch in die Hölle kommst, wirst du so damit beschäftigt sein, Freunden die Hand zu schütteln, daß du gar nicht zum Nachdenken kommst. Was soll's also?«

Nimm nie einen Clown ernst

Das Naturell der Iren ist ebenso schwer faßbar wie die märchenhafte Goldtruhe am Ende des Regenbogens, und ihre Redeweise ist wie ein unvollständiges kompliziertes Puzzlespiel. Daran ist Hollywood nicht unschuldig – es hat in zahlreichen Filmen das Klischee vom theatralischen und komödiantischen Iren geschaffen, der den Genuß des Alkohols und den Streit liebt, meistens beides gleichzeitig. Aber den Iren war das nur recht. Bereitwillig benahmen sie sich wie dümmliche Hollywood-Figuren: Sie lächelten süßlich und verbargen schlau ihre Gerissenheit.

Zweifellos haben die Iren einen starken Hang zum Theatralischen, zur Übertreibung und zur Gewagtheit. Ständig versuchen sie, jemanden auf den Arm zu nehmen. Der bekannte Reiseschriftsteller HENRY VOLLAM MORTON kam zu der Erkenntnis, daß in Irland eine lustige Geschichte so wichtig sei wie in England eine Aufsichtsratssitzung.

Aber im irischen Charakter existiert auch das Gegenstück dazu: ein Hang zur Melancholie, wie ihn GEORGE BERNARD SHAW, selbst Ire, in *John Bulls andere Insel* dargestellt hat: »Dein Verstand kann nicht vernebelt werden in dieser weichen feuchten Luft, auf diesen weißen kleinen Straßen, an diesen braunen Mooren, auf den steinigen Hügeln mit ihrem violetten Heidekraut. Euer Himmel hat nicht dieselbe Farbe, nicht diesen Reiz in der Ferne und die Traurigkeit an den Abenden. Oh das Träumen! das Träumen! das quälende, herzschütternde, niemals befriedigende Träumen, Träumen, Träumen.«

Diese Seite des irischen Charakters erlebt man gelegentlich in einem Pub, wenn nach einem anspruchsvollen und geistreichen Gespräch die gesellige Stimmung plötzlich in

Schwermut und Selbstversunkenheit umschlägt. Dann ist es Zeit zu gehen. Diesen Widerspruch hat GILBERT KEITH CHESTERTON in seiner *Ballade vom weißen Pferd* eingefangen, in der es heißt: »Denn die großen Gälen von Irland hat Gott als Verrückte geschaffen, deren Kriege fröhlich und deren Lieder traurig sind.«

Diese Widersprüchlichkeit im irischen Charakter hat den Philosophen SØREN KIERKEGAARD zu der Äußerung veranlaßt, daß er gern ein Ire geworden wäre, wenn er nicht bereits ein Däne wäre. »Denn die Iren bringen es nicht fertig, ihre Kinder richtig zu taufen. Sie möchten sich ein bißchen Heidentum bewahren. Deshalb tauchen sie die Kinder nicht ganz ins Wasser, sondern halten den rechten Arm heraus, damit sie im Jenseits noch ein Schwert ergreifen und ein Mädchen im Arm halten können.«

Die Iren selbst sehen ihre Heimat weniger schrullig. Der Dichter LOUIS MACNEICE beschreibt Irland als eine Nation, die aus Gewalt und blutigen Fehden hervorgegangen ist. Seit 1969, als es zu den ersten Terroranschlägen im Nordosten der Insel kam, ist diese dunkle Seite des irischen Wesens deutlicher in den Vordergrund getreten als zu den Zeiten, wo JOHN WAYNE in dem Film *The Quiet Man* (Der Sieger) von 1952 durch die grüne Landschaft Irlands stapfte.

Unwirtliche Einsamkeit

Vielleicht hat die geographische Lage der Insel damit etwas zu tun. »Mit Ausnahme vielleicht von Malta und Island«, schrieb Micheál MacLiammóir, »liegt keine europäische Insel so ungünstig und einsam wie Irland. Es gibt keinen Nachbarn zur Rechten außer dem britischen Eroberer, und zur Linken erstreckt sich nur der endlos scheinende Atlantik bis nach Amerika.«

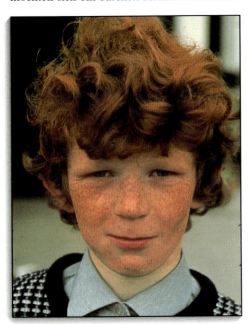

Einen »armseligen Erdklumpen, abgebrochener Teil eines größeren Brockens, der wiederum vom Westrand Europas abgebrochen ist«, hat Shaw Irland genannt. Lange Zeit hat die Weltöffentlichkeit die »Probleme«, unter denen Nordirland zu leiden hat, als Ausdruck unverständlicher Religionsstreitigkeiten aufgefaßt, als einen Rückfall in das Zeitalter der Reformation. Aber was heute wie ein Religionskrieg aussieht, hat in Wirklichkeit nicht nur mit religiösen, sondern v.a. mit politischen und wirtschaftlichen Schwierigkeiten zu tun. Die Protestanten fühlen sich den Briten und die Katholiken der Republik Irland zugehörig. Zum einen liegen die Gründe dafür in einer nicht voll entwickelten nationalen Identität,

Links: Kinder in Nationalfarben. Oben: Junge und alte Gesichter.

zum anderen im noch immer nicht überwundenen Clan-Denken, dem es um den eigenen Vorteil geht.

Aus allen diesen Gründen kann man nicht von einem irischen Nationalcharakter sprechen. Im allgemeinen gilt ein nordirischer Protestant als ernster und phantasieloser denn ein nordirischer Katholik, dem man seinerseits nachsagt, er sei weniger kontaktfreudig und impulsiv als ein südirischer Katholik. Die Iren selbst treiben diese Unterschiede manchmal auf die Spitze und messen ihrer Herkunft ein Gewicht bei wie sonst wohl kaum jemand auf der Welt. Wenn sich zwei Iren irgendwo treffen, versuchen sie hartnäckig bis ins Detail herauszufinden, woher der andere stammt.

Vielen Iren ist Irland zu klein. Immer wieder gingen irische Patrioten ins Exil, um dem Gefängnis zu entgehen. Für ehrgeizige Jugendliche war die kulturelle Enge in diesem wohl konservativsten und religiösesten westeuropäischen Land Grund genug, ihre Heimat zu verlassen. EDNA O'BRIEN schrieb über die in der Engstirnigkeit und Beschränktheit ihrer Heimat liegenden Gründe für ihre Emigration: »Ich kann stundenlang an Irland zurückdenken. Bis in Einzelheiten hinein sehe ich vor mir, was Tag und Nacht in irgendeiner irischen Kleinstadt vor sich geht. Ich könnte Ihnen sogar mit ziemlicher Sicherheit sagen, was jetzt gerade meine Freunde dort machen, so genau festgelegt ist der Lebensrhythmus in Irland.«

Aber nicht nur den Iren selbst, sondern auch Besuchern gefällt dieser Lebensrhythmus. Er wirkt wie ein fernes Echo auf das Lebenstempo des 18. Jh. Hier herrscht eine Atmosphäre, in der man nach wie vor einem Pferderennen mehr Aufmerksamkeit zollt als einem Rolls Royce. Sie spiegelt sich wider in der Antwort eines Schalterbeamten, der auf die Beschwerde eines Reisenden sagte: »Wie engherzig müssen Sie sein, daß Sie mich wegen einer lächerlichen Zugverspätung belästigen, anstatt währenddessen irgendwo in der Stadt Ihren Freunden einen Drink auszugeben.«

J. P. DONLEAVY hat die irische Lebensphilosophie in *The Ginger Man* sehr liebenswert ausgedrückt: »Wenn ich sterbe, möchte ich mich in einem Faß Porter-Bier auflösen, aus dem in allen Dubliner Pubs ausgeschenkt wird. Und dann möchte ich gern wissen, ob sie merken, daß ich in ihren Gläsern schwappe.«

Ein Tag beim Pferderennen.

Irische Besonderheiten 87

Die Eroberung Irlands

Man sagt, daß Irland keine historischen Annalen kenne – seine Geschichte sei stets gegenwärtig, und die Mythen von gestern prägen das Heute in einer erstaunlich unmittelbaren Weise. Wer sich mit der irischen Geschichte beschäftigt, bewegt sich dem Historiker MACAULAY zufolge »auf einer dünnen Kruste, unter der noch immer heiße Lava fließt«. Und der bekannteste irische Historiker des 19. Jh., W. E. H. LECKY, bemerkte einmal, die Geschichte seines Landes sei eine Geschichte der Verlierer, eine Abfolge von Niederlagen und ungenutzten Möglichkeiten.

Das prüft man am besten, indem man in einer Bar eine Bemerkung über die bewegte Vergangenheit Irlands macht. Dann hört man von Blutfehden, Machtansprüchen, Märtyrern und geschichtlichen Wendepunkten. Es gibt kaum ein anderes Land auf der Welt, wo die politischen Ereignisse der Gegenwart so eingehend vor dem Hintergrund von Ereignissen beurteilt werden, die zwei, fünf oder gar zehn Jahrhunderte zurückliegen.

Der Grund dafür liegt in der Abneigung, die schon immer zwischen Irland und England bestanden hat, denn die Geschichte Irlands ist eine Geschichte des Widerstands gegen die englische Herrschaft. Aber zugleich haben die Iren die Engländer immer auch wegen ihrer Errungenschaften bewundert und bis ins späte 19. Jh. nicht ernstlich versucht, die Verbindung mit England vollständig zu lösen.

Das Ganze ist zweifellos eine große geschichtliche Tragödie. Schon der englische Premierminister W. E. GLADSTONE stellte im 19. Jh. in einer Parlamentsrede resigniert fest, daß in vielen Ländern der Erde das Verhalten Englands gegenüber Irland mit scharfer Verachtung verurteilt wurde. Gladstone war dann auch einer der ersten großen englischen Politiker, die sich eingehend mit dem irischen Problem befaßten. Er warb für mehr Verständnis für die irische Geschichte.

Den archäologischen Funden nach zu schließen wurde die Insel erstmals nach der letzten Eiszeit, um 7000 v. Chr., besiedelt.

Vorherige Seiten: 2000 Jahre alter Dolmen bei **Poulnabrone**. Links: Tod Christi aus dem **Book of Kells**. Oben: Der Hügel von **Tara,** Sitz des irischen Hochkönigs. In den Ringanlagen innerhalb des ovalen Befestigungswalles standen Holzbauten (Königsresidenz und Versammlungsstätte); am Rand der »Grabhügel der Geiseln«, ein kleines Ganggrab aus der Bronzezeit.

Nach diesen mittelsteinzeitlichen Jägern und Sammlern brachten im 4. Jt. neue Zuwanderer Ackerbau und Viehhaltung hierher. Auf diese jungsteinzeitlichen Siedler folgte um 2000 v. Chr. die Bronzezeit und schließlich, nach 500 v. Chr., mit der Einwanderung der Kelten aus Frankreich und Spanien die jüngere Eisenzeit. Die Kelten brachten ein ausgeprägtes Stammesdenken und Stammesstrukturen mit.

Doch die alten Traditionen der Magie und Zauberei blieben ungebrochen. Noch heute werden mancherorts heilige Brunnen und von Feen bewohnte Baumgruppen verehrt. Es existieren auch Zeugnisse einer noch älteren Urbevölkerung v. a. in Form von megalithischen Grabkammern. Das Newgrange-Kuppelgrab im Boyne-Tal wird auf ein Alter von etwa 5000 Jahren geschätzt. Aus der Bronzezeit, als Irland einer der wichtigsten Metallproduzenten war, stammen kunstvoll gearbeitete blattförmige Schwerter und Goldornamente.

Erstaunlicherweise gelangten die nahezu das ganze Europa beherrschenden Römer nicht bis nach Irland. Die römischen Legionen mußten den südlichen Teil der Britischen Inseln gegen die eindringenden Schotten verteidigen. Das hatte weitreichende Konsequenzen, denn vermutlich würden sich Irland und seine Geschichte nicht so stark vom benachbarten England unterschieden haben, wenn Julius Caesar auch diese Insel erobert hätte. In seinem berühmten Buch *De bello Gallico* (52 v. Chr.) ist die erste Erwähnung des lateinischen Namens für Irland, »Hibernia«, nachweisbar.

Die Unterschiede zwischen den beiden Kulturen vertieften sich im Mittelalter. Das Christentum gelangte angeblich durch einen in England geborenen Missionar nach Irland, den HL. PATRICK, der als Junge nach Irland entführt wurde und dort Schafe hüten mußte. Später unternahm er weitläufige Reisen nach Frankreich und Italien, ehe er 432 nach Irland zurückkehrte, um das Christentum zu verbreiten. Sein Todestag ist nicht belegt (möglicherweise im Jahre 493), wird aber traditionell am 17. März, dem nationalen Feiertag, begangen. Im Gegensatz zu jedem anderen westeuropäischen Land wurde Irland ohne den Tod eines einzigen Märtyrers und in relativ kurzer Zeit missioniert. Der hl. Patrick gründete Kirchen und Klöster, wodurch er die christliche Kirche etablierte, die zur gleichen Zeit in England von den angelsächsischen Eroberern abgeschafft wurde. Eine wichtige Leistung der von Patrick begründeten Missionierungen lag daher auch in der späteren Rechristianisierung Englands und Schottlands sowie in dem Einfluß, den gelehrte irische Mönche auf dem Kontinent ausübten. Das Kloster Sankt Gallen in der Schweiz ist ein berühmtes Beispiel dafür. Vermutlich führte der hl. Patrick selber die meisten Missionierungen im Norden Irlands durch. Er fand in diesem Land, dessen Schutzheiliger er später werden sollte, ein Volk, das ständig zu Machtkämpfen zwischen Provinzkönigreichen bereit war. Diese resultierten aus der Nichterblichkeit der Königswürde; sie wurde jeweils durch Wahlen verliehen. Bei einer Gesamtbevölkerung von 500 000 Menschen gab es mehr als 150 ver-

schiedene Könige auf der Insel, die zwar der Form nach regierten, aber nicht immer auch herrschten. Konnte die irische Kirche eine religiöse Einheit herstellen, so lehnte sie es indes von ihrem Selbstverständnis her ab, für eine politische Einigung zu sorgen.

Da es keine römische Stadtkultur gegeben hatte, entwickelten sich die Klöster zu gesellschaftlichen Zentren. Selbst die Könige bewahrten ihre Schätze dort auf, was die Klöster zum Ziel plündernder Wikinger machte. Aus dieser Zeit stammen viele der heute noch erhaltenen Rundtürme, die zugleich als Wacht-, Glockentürme und Zufluchtsstätten dienten. Erhalten geblieben sind auch einige der von den Mönchen illustrierten Manuskripte wie das *Book of Kells* und das *Book of Durrow*. Den Wikingern trat kaum Widerstand entgegen, weil dafür zwei Voraussetzungen fehlten: eine Flotte und wehrfähige Städte. Insofern läßt sich als eine positive Folge der ansonsten verheerenden Wikingerinvasionen feststellen, daß sich in Irland die ersten Städte erst aus an Flußmündungen gegründeten Wikingersiedlungen entwickelten, die dann – wie beispielsweise Dublin, Wexford, Cork und Limerick – bald zu einflußreichen Handelszentren wurden. Erst im Jahre 1014 wurde mit der Schlacht von Clontarf die Wikingerherrschaft beendet. Dem legendären Hochkönig BRIAN BORU war es kurzzeitig gelungen, die Iren im Kampf gegen die Fremdherrschaft zu einigen, doch diese Einheit war nicht von langer Dauer.

Infolge der normannischen Invasion Englands im 11. Jh. wurde Irland aus seiner Isolation gelöst und nicht nur politischer Teil der Britischen Inseln, sondern auch in religiöser Hinsicht an der westeuropäischen, christlichen Kultur beteiligt. Im Spätmittelalter und insbesondere in der Zeit nach der Reformation wurde die Gültigkeit dieses kulturellen Zusammengehörigkeitsgefühls wieder aufgehoben. Fast unverändert geblieben ist dagegen bis heute die durch die kirchliche Reformbewegung des 12. Jh. eingeführte territoriale Hierarchie der Diözesen. Auf der Synode von Kells 1152 wurde die Kirchenstruktur bekräftigt und vier Erzbistümer (Dublin, Cashel, Tuam, Armagh) gegründet. Dem religiösen Enthusiasmus der Reformbewegung folgten Neugründungen von Klöstern, für die v. a. die Augustiner und Zisterzienser verantwortlich waren. Die normannischen Herrscher führten den Templerorden ein. Infolge des Schwarzen Todes (1348/49) und zahlreicher Hungersnöte im 14. Jh. kam die Klosterbewegung bis zur Reformation zum Erliegen. Dublin spielte im Machtkampf zwischen den normannischen Adligen und der englischen Krone eine besondere Rolle. Der Invasion selbst lagen wirtschaftliche und soziale Mißstände sowie das durch die Kriege zwischen den Provinzialkönigen hervorgerufene Machtvakuum in Irland zugrunde. Aber v. a. ist die Bitte um militärische Hilfe, die der aus Irland geflohene König von Leinster, DERMOT MAC MURROUGH, an den englischen König Heinrich II. richtete, ein wichtiger Anlaß gewesen, die anglonormannische Herrschaft in Irland zu etablieren.

HEINRICH II. mußte dabei seinen Anspruch auf die eroberten Gebiete Irlands gegen die Errichtung unabhängiger Fürstentümer verteidigen, doch schon bald war der Herrschaftsbereich der Krone auf das Gebiet um Dublin, den »Pale«, begrenzt. Im Unterschied zu den

Das Ringfort **Grianan of Aileach** wurde im 19. Jh. rekonstruiert.

frühen Invasionen der Wikinger (seit 795) waren die anglonormannischen Eroberungen in Irland sehr viel eingreifender. Die Einführung des Feudalsystems und die Gründung von Burgen und Städten im Landesinneren, ein Prozeß, der Anfang des 14. Jh. abgeschlossen war, schloß lediglich die Provinz Ulster aus. Doch wegen der ständigen normannischen Kriege um Territorien und Erbfolgerechte war die Landnahme in Irland nicht so systematisch, wie sie es seit 1066 in England gewesen war.

Im Laufe des 14. Jh. war die Assimilierung der Iren an die anglonormannischen Herrscher weit fortgeschritten. Die Krone und das englische Parlament erließen 1366/67 die sogenannten »Statuten von Kilkenny« und Ende des 15. Jh. »Poynings' Law«, Gesetze, die ihren Einfluß auf Irland bestätigen sollten. Das letztere Gesetz besagte, daß ein irisches Parlament nur mit der Zustimmung der englischen Krone einberufen werden durfte. Etwa 2/3 der Insel wurden von den anglonormannischen Siedlern beherrscht, die sich mittlerweile als Angloiren definierten.

Während des 16. Jh. blieb Irland mit Ausnahme des Gebietes um Dublin von der Reformation relativ unberührt. Das lag u. a. auch daran, daß die englischen Könige zwar an der Aufrechterhaltung ihrer Macht und an der Einführung des Anglikanismus in Irland interessiert waren, ihren Einfluß aber immer erst dann geltend machten, wenn irische Unruhen die Sicherheit Englands bedrohten. In der irischen katholischen Kirche gab es Reformbestrebungen, die besonders auf die erste Siedlerschicht, die »Old English«, einwirkten, denn gerade hier bildeten sich starke Ressentiments gegen die von der Krone beanspruchte weltliche und geistliche Autorität.

Spätestens seit Königin ELISABETH I. verfolgte England deshalb eine massive militärische und diplomatische Machtpolitik in Irland. Als Ende des 16. Jh. eine von den nordirischen Grafen Hugh O'Neill und Hugh O'Donnell angeführte Rebellion ausbrach, die

von der spanischen Flotte unterstützt wurde, entsandte Elisabeth ein großes Heer. Die Niederlage der Iren 1603 und die »Flucht der Grafen« 1607 hinterließen ein Machtvakuum und ungeklärte Besitzverhältnisse in Ulster. König JAKOB I. ließ daher Siedler aus Schottland, die überwiegend presbyterianischen Glaubens waren, im Norden Irlands ansässig werden. Damit waren der Auslöser und die Grundlage für die sozialen, konfessionellen und wirtschaftlichen Konflikte in Nordirland geschaffen, die bis in die jüngste Vergangenheit reichen.

Englands König Richard II. machte zwei Expeditionen nach Irland (1394/95 und 1399).

Die Angloiren

Der Begriff »angloirisch«* bezeichnet vornehmlich die Menschen, die im 18. Jh. die irische Gesellschaft dominierten und sowohl in den Städten, besonders in Dublin, als auch auf dem Land viele imposante Bauwerke hinterlassen haben.

Sie sind die Nachkommen von Einwanderern, die in mehreren Wellen ins Land kamen – elisabethanische Abenteurer, Soldaten Cromwells, hugenottische Flüchtlinge, Siedler oder Händler wie Jervis Yeats aus Yorkshire, der Vorfahre eines großen Dichters Irlands. Nicht-Iren sind oft überrascht, daß nicht alle dieser Einwanderer dem Landadel angehörten, daß auch Kleinbauern, Ladenbesitzer und Geschäftsleute unter ihnen waren. An der Bemerkung von Brendan Behan, daß ein Angloire »ein Protestant auf einem Pferd« sei, ist durchaus aber etwas Wahres.

Die Idee eines unabhängigen Irland faßte zuerst unter den Angloiren Fuß. Ihre Macht beruhte auf der Enteignung der »Old English« des 17. Jh. Dies waren die Nachkommen der ersten normannischen Invasoren, die sich dem Leben der Iren angepaßt hatten. Alle, die sich ihre Eigenheiten bewahrten, gingen während der Reformation unter – es war ihnen unmöglich, am katholischen Glauben festzuhalten und zugleich loyaler Untertan zu sein. Als die Zugehörigkeit zum Protestantismus ausschlaggebend für Macht und Wohlstand war, wurden sie enteignet. Die Landenteignungen unter Königin ELISABETH I., König JAKOB I. und OLIVER CROMWELL sicherten den Protestanten die Macht.

Der Sieg des protestantischen Königs WILHELM über den katholischen JAKOB II. in der Schlacht am Boyne 1690 festigte ihre Position. Als neue Anbaumethoden die Erträge ihrer Güter im folgenden Jahrhundert steigerten, brachten es die »New English« zu Reichtum. Auf den Britischen Inseln nahm Dublin nun nach London den zweiten Platz ein. Im »goldenen Zeitalter« des 18. Jh. entstanden großartige öffentliche Bauwerke und Privathäuser; Theater und Konzertsäle hatten großen Zulauf.

Seit der Reformation sahen sich die »New English« als Iren. Als ihre wirtschaftliche Macht und ihr politischer Einfluß gefestigt waren, setzten sich HENRY GRATTAN und seine Zeitgenossen im irischen Parlament (1782–1800), das in der Gesetzgebung unabhängig, aber der englischen Krone untergeordnet war, für die Schaffung eines irischen, jedoch protestantischen Staates ein. Ein weiterer protestantischer Patriot, WOLFE TONE, hatte andere Vorstellungen: Von den Idealen der Französischen Revolution inspiriert, gründete er die United Irishmen und kämpfte für Unabhängigkeit und Gleichheit, unabhängig von Klasse und Religion. Seine Rebellion scheiterte, und die Engländer lösten das irische Parlament auf.

Im 19. Jh. stand die Frage der Landverteilung im Mittelpunkt. Wie überall in Europa, war das Land im Besitz einer privilegierten Minderheit. Doch in Irland war die Kluft zwischen reichen angloirischen Großgrundbesitzern und ihren bettelarmen Pächtern besonders tief. Die Bauern versuchten verzweifelt und oft vergeblich, die Wuchermieten zu bezahlen.

Auch als die Landeigner allmählich an Macht verloren, behandelten einige ihre Pächter noch immer wie Leibeigene. So war es unausweichlich, daß der Kampf gegen die Grundherren mit dem Streben nach einem unabhängigen Staat Hand in Hand ging. Es war ein protestantischer Angloire, CHARLES STEWART PARNELL, der diese Kampagne anführte. Der protestantische Patriotismus des 18. Jh. wurde jetzt aber im 19. Jh. vom katholischen Nationalismus abgelöst. Protestantische politische Führer aus der Schicht der Angloiren wurden eine Seltenheit.

Zu den großen Angloiren gehören der Philosoph GEORGE BERKELEY, die Schriftsteller JONATHAN SWIFT und OLIVER GOLDSMITH, die Parlamentarier GRATTAN und EDMUND BURKE und viele andere. Sie haben im Geschäftsleben, in der Justiz und der Medizin viel bewirkt, das Leben am Trinity College geprägt und über Jahrhunderte die bedeutenden kulturellen Leistungen Irlands vollbracht. Ihre letzte Großtat, die literarische Renaissance unter WILLIAM BUTLER YEATS und Lady ISABELLA AUGUSTA GREGORY um die Jahrhundertwende, liegt weit zurück. Außer SAMUEL BECKETT, der überdies in Paris lebte, haben die Angloiren seit Yeats' Tod wenig zur Literatur beigetragen.

---

* Dagegen meint »anglo-irisch« eine Beziehung zwischen England und Irland (wie z.b. die Anglo-irischen Verträge).

Unter der Herrschaft Londons

Dublin im 17./18. Jahrhundert

Im Jahr 1633 wurde THOMAS WENTWORTH, der spätere Graf von Strafford, Lord Deputy. Er verwandte einen Großteil seiner siebenjährigen autokratischen Amtsperiode darauf, Reformen einzuleiten und Dublin zu einer eleganten Hauptstadt werden zu lassen – die Stadt erhielt damals ihr erstes Theater. Doch die Herrschaft Straffords fiel in eine Zeit der Krisen. Seine Bemühungen wurden durch den Krieg zunichte gemacht, er selbst endete auf dem Schafott.

In den ersten Jahren des Konflikts flohen viele Protestanten vor dem Aufstand der Katholiken 1641 nach Dublin, dessen Einwohnerzahl rasch anstieg. Obwohl Dublin die einzige große Stadt in Irland war, die nicht eingenommen wurde, erlitt sie später erhebliche Schäden und verlor viele ihrer Bewohner. Die Pest, die jede Woche an die 1300 Opfer forderte, tat ein übriges. Mindestens die Hälfte der Häuser wurde zerstört oder verfiel.

In den Jahren des Commonwealth, der Zeitspanne von 1649 bis 1660, erholte sich Dublin erstaunlich schnell von den Folgen des Krieges. Doch erst mit der Wiederherstellung der Monarchie erlebte es seine neue Blüte als Hauptstadt. Im Juli 1662 traf der Herzog von Ormonde in Dublin ein, wo er begeistert aufgenommen wurde. In seiner Amtszeit als Lord Deputy setzte er Straffords Ideen in die Tat um und brachte ein ehrgeiziges Bauprogramm auf den Weg. Während ein Großteil der alten Stadtmauern abgerissen wurde, schuf ein Netz neuer Straßen den Rahmen für stattliche öffentliche Bauten wie das Royal Hospital und die Blew Coat School.

Der Handel, v. a. mit Leinen und Wolle, wurde gefördert und bescherte der Stadt einen gewissen Wohlstand. Das literarische und kulturelle Leben erhielt neue Impulse: Buchhandlungen eröffneten, neue Zeitungen erschienen, die Dublin Philosophical Society wurde gegründet, und im Theater, das während des Krieges seine Aktivität eingestellt hatte und erst in die Smock Alley, später an andere Orte der Stadt zurückkehrte, wurden dem Publikum von Dublin wieder Aufführungen geboten.

Der Krieg von 1690 und der anschließende Einbruch in der Wirtschaft zögerte die Entwicklung Dublins hinaus. Anderseits entstanden in dieser Zeit Bauwerke, die heute zu den Wahrzeichen der Stadt zählen, u. a. das Mansion House, das Custom House an den Kais und das Parlament am College Green.

Eines der prächtigsten Gebäude jener Epoche ist die Marsh's Library, die William Robinson im Auftrag von Erzbischof Narcissus Marsh errichtete. Gegenüber dieser Bibliothek sind die Backsteinmauern der Dekanei zu sehen, wo JONATHAN SWIFT lebte.

Nur widerstrebend war Swift 1713 nach Dublin zurückgekehrt, als er zum Dekan der Saint Patrick's Cathedral ernannt wurde. Nach und nach söhnte er sich mit seiner Geburtsstadt aus, in der ihm sein Einsatz für die Armen rund um die Kathedrale das Wohlwollen seiner Mitbürger einbrachte. Sein Verstand, sein sarkastischer Humor, seine literarischen Werke und sein Anprangern der Übel Irlands verschafften ihm den Ruf, der größte Dubliner zu sein. Die Mittellosen schätzten ihn v. a. wegen seines praktischen wie auch persönlichen karitativen Engagements. Immer hatte der Autor von *Gullivers Reisen* und der *Drapier's Letters* einige Münzen für Bedürftige in der Tasche.

Power was never in his thought
And wealth he valued not a groat.

Die schwere Krankheit, an der Swift litt, hatte bereits ihr letztes Stadium erreicht, als HÄNDEL nach Dublin kam. Am 13. April 1742 fand unter allgemeinem Beifall die Uraufführung des »Messias« statt, die als das größte Musikereignis in die Geschichte Dublins einging. Das melodiöse »Halleluja!«, das in der weiß und goldfarben gestalteten Music Hall in der Fishamble Street erklang, läutete das goldene Zeitalter Dublins ein. Das Zeitalter der Vernunft, in dem Ordnung und Rationalität an erster Stelle standen, fand in der irischen Hauptstadt in einer Epoche berauschender Architektur ihren Niederschlag.

Dublins goldenes Zeitalter

In diesen Jahren bereicherten begnadete Architekten – Richard Cassels, Thomas Ivory, James Gandon u. a. – die Stadt mit vornehmen Bauwerken wie der Royal Exchange, dem Four Courts und der Westfront des Trinity College. Hohe Adlige gaben Stadthäuser wie das Charlemont House, Belvedere House, Leinster House oder Powerscourt House in Auftrag. Die Vornehmen beteten in klassizistischen Kirchen, während für die Armen Hospitäler entstanden, wie etwa Swifts Anstalt für Geisteskranke sowie ein Wöchnerinnenhospital mit goldener Wiege auf dem Dach, dem Symbol des Kinderreichtums.

Das Handwerk erlebte eine Blüte und brachte Möbel, Silber und Glas von hervorragender Qualität hervor. Es war das Zeitalter der Gecken, Dandys, Duellanten, Schwerenöter, Lebemänner, Prasser und Gelehrten.

Die Angloiren, die dieses Zeitalter eingeleitet hatten und von ihm profitierten, repräsentierten jedoch nur einen Teil der Gesellschaft. Zwar entwickelte sich eine katholische Mittelklasse, und viele Katholiken kamen zu Reichtum, da man ihnen aber ihre angestrebten Rechte auch weiterhin verwehrte, wuchs die Gefahr, daß sie die Ungerechtigkeit mit Gewalt beantworten würden.

Aufstand von Iren und Angloiren

Zum Ausbruch kamen diese Konflikte erstmals 1641, als Katholiken in Portadown in der Hoffnung rebellierten, ihre beschlagnahmten Ländereien zurückzugewinnen. Es entstand die Legende, es habe ein Pogrom der

Vorige Seiten: Karte Irlands aus dem Mercator-Hondius-Atlas (1606). Links: Inventar in der Christ Church Cathedral, die ursprünglich um 1230 errichtet wurde. – Detail der Kanzel der Saint Werburgh's Church. Oben: Walter Devereux, Erster Graf von Essex, wurde 1573 von Elisabeth I. nach Ulster geschickt, um es zu kolonisieren.

Katholiken an den Protestanten gegeben. Was immer damals geschah – für die Protestanten in Irland sind die Ereignisse von 1641 bis heute Anlaß von Gedenkveranstaltungen.

Die gälischen Iren hatten nach der Hinrichtung KARLS I. hinreichend Grund, sich Sorgen zu machen, als die neuen puritanischen Herrscher Englands mit der Unterdrückung des Katholizismus begannen. Damit entfachten sie eine neue Rebellion unter den katholischen Iren. Die »Great Rebellion« wurde von Lord-Protector Oliver Cromwell brutal unterdrückt. Bis 1652 war ein Drittel der irischen Katholiken getötet und ihr Land den protestantischen Siedlern übergeben worden. Die die Ziele Jakobs, insbesondere das der Zulassung von Katholiken in höhere Staatsämter, zu vereiteln.

Eine verfolgte Mehrheit

Seit 1690 wurden die Katholiken in Irland zu einer verfolgten Mehrheit. Ihr Anteil am Landbesitz sank von etwa 60 % im Jahr 1641 auf 15 %. Der Anteil der Katholiken an der Bevölkerung betrug damals rund 75 %; davon waren nur etwa 10 % altenglischer Herkunft. Eine neue antikatholische Gesetzgebung, die *Penal Laws* (1695–1727), schloß Katholiken weitgehend von Ämtern und dem öffentlichen Leben aus. Sie hatten kein Recht, Land zu

ansässigen irischen Bauern mußten dagegen in die unfruchtbaren Gebiete von Connacht und Clare übersiedeln, woher der zeitgenössische Spruch kommt: »To hell or to Connacht«.

Auch die Wiederherstellung der Monarchie unter KARL II. enttäuschte die Mehrheit der irischen Katholiken, denn dieser unterstützte zu ihrem Leidwesen die Protestanten, weil seine Macht von ihnen abhing. Zwar weckte sein katholischer Nachfolger JAKOB II. Hoffnungen durch ein neues Gesetz, das die protestantischen Siedler entmachten sollte, aber noch ehe es in Kraft treten konnte, wurde Jakob in der Schlacht am Boyne 1690 von Wilhelm von Oranien geschlagen. Die herrschenden Kreise in England hatten ihn ins Land gerufen, um kaufen oder rentabel zu pachten. Das zu vererbende Land ging nicht an einen, sondern an alle in Frage kommenden Erben (falls nicht der älteste Sohn zum Protestantismus konvertierte), so daß es immer kleiner wurde und Pacht und Ertrag in ein zunehmend ungünstiges Verhältnis gerieten. So richteten sich die antikatholischen Gesetze v. a. gegen die noch in Irland verbliebenen katholischen Landbesitzer, die dadurch politisch entmachtet wurden. Durch das Verbot, Schulen und Universitäten zu besuchen, wurde die katholische Bevölkerung systematisch ungebildet gehalten.

Die katholische Kirche, die ebenfalls zahlreichen Beschränkungen unterworfen war, gewann an Macht gegenüber der englischen Verwaltung, weil sie sich als eine Widerstand organisierende und leistende Institution begriff. Während die meisten Punkte der *Penal Laws* Ende des 18. Jh. wieder abgeschafft waren, durften Katholiken bis 1829 keinen Parlamentssitz innehaben.

Die *Penal Laws* übten eine nachhaltige Wirkung auf die wirtschaftliche Beschaffenheit Irlands aus, weil die landwirtschaftlichen Erträge nicht im Land blieben. Die kleine Schicht der protestantischen Gutsbesitzer, die Absentee Landlords, lebten nur die kürzeste Zeit des Jahres in Irland, ließen die Pacht von Agenten einholen und hatten kein wirkliches Interesse am Land außer seiner finanziellen Ausbeutung. Ihr Reichtum manifestierte sich in den großen klassizistischen Herrenhäusern.

Überdies war Irland umfangreichen Handelsbeschränkungen unterworfen und durfte seine Waren folglich nur nach England verkaufen. Das traf angesichts des ausreichend versorgten englischen Marktes insbesondere die so wichtige irische Wollproduktion. Auch der Ausbau der Weidewirtschaft gegenüber dem Ackerbau, welcher sich vornehmlich auf die Kartoffel beschränkte, wirkte sich nachteilig aus, denn die explosionsartig wachsende Bevölkerung konnte nicht mehr ausreichend ernährt werden und Irland wurde vom Warenimport abhängig. Mißernten waren entsprechend zu jährlich einkalkulierbaren Existenzgefahren für ganze Bevölkerungsschichten geworden.

Bezeichnenderweise betrachtete das irische Volk jedoch nicht den König als Feind, sondern die protestantischen Großgrundbesitzer. Als 1776 die amerikanischen Kolonien ihre Unabhängigkeit erklärten, bekräftigten die Katholiken ihre Treue gegenüber Georg III. Die Mittelklasse erlebte einen Aufschwung.

Links: **Ashford Castle** bei Cong (Mayo), im 19. Jh. anstelle einer Normannenburg für die Guinness-Familie in viktorianischer Gotik erbaut, ist heute Hotel. Oben: Wilhelm von Oranien, der Sieger am Boyne.

Aber Unruhen waren vorprogrammiert. Immer häufiger kam es vor, daß gewalttätige Gruppen nachts über Land ritten, um sich an ihren Unterdrückern zu rächen – sie verstümmelten das Vieh der Großgrundbesitzer, brannten Scheunen nieder und schossen durch die Fenster. Diese Geheimgesellschaften, die sich Whiteboys oder Ribbonmen nannten, verhinderten letztlich, daß sich der Unmut der Massen auf weitergehende politische Ziele konzentrierte. Mehr politische Weitsicht hatte da schon Jonathan Swift Anfang des 18. Jh. bewiesen. Er unterstützte den Aufruf an seine Landsleute, außer der Kohle alles Englische zu verbrennen, und setzte sich für ein eigenständiges irisches Parlament ein.

Der Freiheitskampf

Der Ruf nach politischen Veränderungen wurde hingegen von der protestantischen Oberschicht, z.B. den Patrioten im Kreis um HENRY FLOOD und HENRY GRATTAN, erhoben. Grattan hatte wie fast alle Mitglieder der anglo-irischen Oberschicht am Trinity College in Dublin studiert und war von der politischen Philosophie dieser Gesellschaftsschicht geprägt. Diese äußerte sich schon seit Ende des 17. Jh. mit den Werken Swifts und Wilhelm Molyneuxs darin, parlamentarische Unabhängigkeit für Irland anzustreben bei gleichzeitiger Anerkennung eines gesamtbritischen Dachverbands, den die Monarchie gewährleisten sollte. Grattan starb 1820 in London, wo er in der Westminster Abbey begraben liegt.

Nachdruck erhielt er durch das Anwachsen der irischen Freiwilligenarmee, die 1782 eine Stärke von 80 000 Mann erreicht hatte. Westminster gab nach und stimmte 1782 der Errichtung eines irischen Parlaments in Dublin zu. Endlich hatte Irland eine relative Souveränität erreicht – allerdings nur auf der Ebene der Gesetzgebung, denn die Treuepflicht gegenüber der Krone bestand weiter. Nach wie vor aber blieben der katholischen Mehrheit alle politischen Mitbestimmungsrechte verweigert.

Aber nicht nur war sie von der Volksvertretung ausgeschlossen, sondern überdies waren 2/3 der Parlamentssitze an die Nominierung durch Patrone gebunden und erheblich der Korruption ausgesetzt. Das nach Grattan benannte Parlament entsprach insofern nicht seinen ursprünglichen Vorstellungen von schrittweiser, konstitutioneller Gleichsetzung von Katholiken und Protestanten. So zeichnete es sich zum Ende des 18. Jh. allmählich ab, daß nicht der gemäßigte Verfassungspatriotismus der protestantischen Oligarchie, sondern der entstehende, radikalere Nationalismus eine Veränderung der angloirischen Beziehungen herbeiführen würde. Denn das Echo der Französischen Revolution hallte in Irland wider. Eine Zeitlang sprachen sich wohlsituierte Dubliner als »Bürger« an, und die Forderung nach Gleichberechtigung der Katholiken griff um sich. Die Regierung in London antwortete darauf mit der Verabschiedung zweier Catholic Relief Acts, die den Katholiken das einge-

Links: Die Nelsonsäule in der Sackville Street (heute O'Connell Street) in Dublin im 19. Jh. Oben: **Powerscourt** in der Grafschaft Wicklow war eines der größten angloirischen Landhäuser.

schränkte Wahlrecht und das Recht auf Landkauf oder -pacht gaben. Die Katholiken begannen, Land in Ulster zu kaufen und trieben dadurch die Preise in die Höhe. Das alarmierte die Protestanten, die eine eigene Miliz bildeten und gewaltsam gegen die Katholiken vorgingen. Die Katholiken reagierten ihrerseits mit einer eigenen Miliz. Die Weichen für einen bis heute andauernden militanten Konflikt waren endgültig gestellt.

Geburt einer Geheimgesellschaft

Im Jahr 1791 kam es zu einem ernsthaften Versuch, Katholiken und Protestanten im Kampf um Reformen zusammenzuschließen.

Aber der Klub in Belfast wollte nicht aufgeben. Er wandelte sich in eine Geheimgesellschaft um, deren Ziele die Unabhängigkeit Irlands sowie eine republikanische Regierung waren.

Die United Irishmen hatten Tone, der sich eigentlich als Bauer in Philadelphia niederlassen wollte, überredet, in Frankreich bei der Revolutionsregierung Unterstützung gegen die Engländer zu gewinnen. Es gelang Tone, die Franzosen davon zu überzeugen, daß ihre Landung in Irland einen nationalen Aufstand auslösen würde. Am 16. Dezember 1796 stach eine französische Flotte in Richtung Irland in See.

WOLFE TONE, ein protestantischer Anwalt aus Dublin, gründete die Society of United Irishmen, zunächst in Belfast und kurz darauf auch in Dublin. Beide hatten den Charakter aufklärerischer Debattierklubs und fanden regen Zulauf, bis sie vom englischen Premier Pitt verboten wurden. Dieser erkannte die große Gefahr eines Bündnisses zwischen Irland und dem mit England Krieg führenden revolutionären Frankreich. Für Tone war das Gedankengut der Französischen Revolution maßgebend, nicht Grattans elitäre Politik. Er plante gemeinsam mit dem Kleriker William Jackson eine französische Invasion in Irland; als Jackson wegen Hochverrats verhaftet wurde, mußte Tone nach Amerika fliehen.

Doch das Wetter kam England zu Hilfe. Zuerst zerstreuten schwere Stürme die französische Flotte über das Meer, dann machten sie eine militärische Landung unmöglich. Hinzu kam, daß die Bevölkerung der zerklüfteten Südwestküste die wenigen gelandeten französischen Truppen keineswegs freudig empfing. Pitt, der eine zweite französische Militärexpedition fürchtete, verhängte das Kriegsrecht über Ulster. Die Armee, die zu 80 % aus katholischen Bauern bestand, verhaftete die Führer der Organisation. In den Dörfern wurden hölzerne Dreiecke errichtet, auf denen die Opfer nackt mit gespreizten Armen und Beinen festgebunden und solange geschlagen wurden, bis sie ihre Kameraden verrieten.

Im Jahr 1795 kam es bei Armagh zu einem blutigen Zusammenstoß zwischen protestantischen Peep O'Day Boys (benannt nach ihrer bevorzugten Operationszeit in den frühen Morgenstunden) und katholischen Defenders. Daraufhin gründeten die Protestanten die Orange Society, die nach Wilhelm von Oranien benannt wurde. Diese unternahm blutige Rachefeldzüge gegen Katholiken und brachte den United Irishmen schwere Verluste bei.

Die »Great Rebellion«

Im Mai 1798 gipfelte die Unzufriedenheit mit der englischen Herrschaft in einer Revolte. Zu diesem Zeitpunkt saßen jedoch so viele Führer der United Irishmen im Gefängnis, daß die meisten der Aufstände im ganzen Land nur schlecht organisiert werden konnten. Nach knapp sechs Wochen war der Aufstand durch massiven englischen Einsatz gebrochen. Etwa 50 000 waren gefallen und wurden zu Helden vieler Balladen, die den Heroismus einer kleinen Nation im Kampf um ihre Unabhängigkeit verherrlichten. Auch in der irischen Geschichtsschreibung und politischen Rhetorik v. a. des 19. Jh. und bis nach dem Zweiten Weltkrieg wurden die Ereignisse von 1798 immer wieder zum Gegenstand der Anklage der englischen Mißverwaltung und der Unterdrückung der irischen Freiheit.

Bedrängt von Wolfe Tone stimmte Napoleon einer weiteren französischen Militärexpedition nach Irland zu. Tone selbst landete mit einer anderen Militärabteilung bei Donegal, wurde gefangengenommen und starb nach einem Selbstmordversuch im Gefängnis. Sein Märtyrertum änderte nichts daran, daß die Ausrufung einer irischen Republik durch die Franzosen ebenso wirklichkeitsfern blieb wie so mancher irische Traum vorher und nachher.

Pitt reagierte auf die Ereignisse mit dem Plan, Irland politisch mit England zu verschmelzen. Das 300köpfige irische Parlament sollte abgeschafft werden und statt dessen sollten 100 irische Abgeordnete in Westminster vertreten sein. Iren, Waliser, Schotten und Engländer sollten im britischen Parlament angeblich gleichberechtigt sein. Die öffentliche Meinung in Irland war gespalten – weniger aus patriotischer Überzeugung, sondern eher aus kühler Abwägung individueller Interessen. Aber der Entschluß Londons stand fest, und alle, die noch unschlüssig waren, wurden bestochen.

Innerhalb nur eines Jahres gelang es, die Mehrheit des irischen Parlaments für eine

Links: Thomas Robinsons »Battle of Ballinahinch« zeigt die gewaltsame Niederschlagung der »Great Rebellion« in der Grafschaft Down (1798).
Oben: Protestantische Häftlinge werden in Wexford hingerichtet.

Union mit England zu gewinnen, die am 1. Januar 1801 in Kraft trat. Dieser Unionsabschluß wurde beispielsweise von Grattan vehement abgelehnt und später nur unter der Bedingung akzeptiert, daß er der katholischen Bevölkerung die politische Emanzipation bringen würde. Er bedeutete eine erstmals parlamentarisch bestätigte und festgefügte Verbindung zwischen Irland und England, wie sie vergleichsweise schon 1707 zwischen Schottland und England stattgefunden hatte. Nun war neben die Krone das Londoner Parlament als legitimierte Kontrollinstanz über Irlands Anliegen in Erscheinung getreten. Weil aber die protestantische Oberschicht Irlands durch die

Auflösung ihres Parlaments in den Hintergrund gedrängt bzw. politisch teilnahmslos wurde, erstarrte das vor der Jahrhundertwende noch so aktive politische Leben zunächst und wurde dann überwiegend eine Angelegenheit des katholisch dominierten irischen Nationalismus.

Dublin im Freiheitskampf

Mit der Union stieg Dublin fast über Nacht von einer dynamischen Hauptstadt zur tristen Provinzstadt ab. Die Auswirkungen des Massenexodus einer wohlhabenden Gesellschaft auf die Ökonomie waren nur zu offenkundig: Der Handel stagnierte, das Handwerk lag danieder, die leeren Villen des Adels wurden in Schulen und Wohnhäuser umgewandelt.

1820 hatte sich der wirtschaftliche Niedergang Dublins durch das Ende der Napoleonischen Kriege beschleunigt. Doch es gab auch gewisse Fortschritte. 1832 wurde die Gasbeleuchtung eingeführt. Die Mittelklasse zog aus dem Stadtzentrum in die Gebiete nördlich und südlich der Kanäle; eine Bahnlinie zwischen Dublin und Kingstown stellte die Verbindung zu den neuen Vororten her.

1815 errichtete man die Mary's Pro-Cathedral. 1829 stellten die Katholiken 70 % der Bevölkerung.

Slums boten lange Zeit einen vertrauten Anblick in Dublin. Im vorigen Jahrhundert verschlechterte sich die Situation noch mehr. Für die Opfer der vielen Typhusepidemien standen nicht genügend Hospitäler zur Verfügung. Es gab weder sanitäre Anlagen noch eine geregelte Wasserversorgung. Unzählige Brennereien und Brauereien leisteten der Trunksucht Vorschub; die Donnybrook Fair, ein jährliches Fest, das auf königlichen Erlaß 1204 eingeführt worden war, hatte sich zu einem ausschweifenden Gelage entwickelt. 1855 wurde es abgeschafft, doch lebt es in der englischen Sprache in Form des Wortes »donnybrook«, das für Tumult oder Schlägerei steht, weiter. Überall sah man Bettler.

Im Rahmen des Irish Poor Relief Act wurden 1838 Armenhäuser eingeführt, in denen saubere, wohlgenährte und dankbare Bedürftige untergebracht werden sollten. Doch meist waren diese unbeliebten Einrichtungen nicht ausgelastet. Erst nach der Kartoffelmißernte im Winter 1846 strömten Tausende von Menschen vom Land in die Stadt. Bald waren die Armenhäuser überfüllt und konnten keine Hungernden mehr aufnehmen, die nun in den berüchtigten Volksküchen und anderweitig eine Linderung ihrer Not suchen mußten. Typhus, andere Fieberkrankheiten und eine Choleraepidemie stürzten die Stadt in noch größeres Elend.

Der Gegensatz zwischen Aufbegehren und Loyalität sowie die Präsenz britischer Soldaten in der als Garnison dienenden Stadt waren kennzeichnend für das Dublin des 19. Jahrhunderts.

Links: **Daniel O'Connell** (1775–1847), der Führer des erwachenden irischen Nationalismus.

Die Entstehung einer Nation

Die Probleme Irlands wurden durch die politische Union mit England indes nicht gelöst. Die Bauern bestellten weiterhin Land, das ihnen nicht gehörte; andere Beschäftigungsmöglichkeiten gab es auch nicht.

Das war die Lage, als ROBERT EMMET 1802 aus Frankreich zurückkehrte. Emmet, Sohn eines protestantischen Arztes, war stark von den United Irishmen beeinflußt und hatte einen Plan zur Eroberung von Dublin Castle, dem Machtzentrum der Briten in Irland.

Ein Aufstand im Jahr 1803 endete jedoch wieder mit einer Niederlage für die Iren. Ein Grund dafür war die übertriebene Geheimhaltung durch Robert Emmet. Es fanden sich deshalb zu wenige Mitkämpfer. Zudem ging die Organisation äußerst dilettantisch vor. Emmet selbst wurde gefangengenommen und zum Tode verurteilt.

Seine Rede auf der Anklagebank ist in die Geschichte eingegangen: »Niemand soll meine Grabinschrift verfassen«, rief er in den Gerichtssaal, »ehe nicht mein Land seinen Platz unter den Nationen dieser Welt eingenommen hat. Dann, erst dann, soll sie geschrieben werden.«

Eine friedlichere Lösung versuchte DANIEL O'CONNELL zu finden, ein katholischer Rechtsanwalt aus einer wohlhabenden Familie in Kerry. Ihm ging es weder um eine Revolution in Irland noch um eine Trennung von der britischen Krone. Er kämpfte mit seiner mitreißenden Rednergabe für das Recht der Katholiken, Parlamentsabgeordnete werden zu können. Schnell gerieten die irischen Grundbesitzer durch den Erfolg von O'Connells Catholic Association in Unruhe, besonders, nachdem er bei den Parlamentswahlen 1828 einen überwältigenden Sieg errungen hatte. Der britische Premier Peel sah sich gezwungen, die Catholic Emancipation Bill 1829 zu verabschieden.

Sobald er im Unterhaus war, begann O'Connell sofort mit seiner nächsten Kampagne, um die Union mit England zu Fall zu bringen. Da sein Plan im Parlament auf wenig Gegenliebe stieß, trug er seine Argumente auf riesigen Massenversammlungen vor. Bei einer Veranstaltung in Tuam, die von 300 000 Menschen besucht wurde, wehte der Union Jack am Kirchturm, um zu unterstreichen, daß O'Connell nicht der Krone die Loyalität aufkündigen, sondern lediglich das Recht durchsetzen wollte, daß Irland seine inneren Angelegenheiten selbst regeln durfte.

Ohne daß O'Connell dies wohl so beabsichtigt hatte, polarisierten sich die katholischen und protestantischen Positionen immer mehr. Durch die vollständige Aufhebung der *Penal Laws* und die Einführung eines nationalen Schulsystems wurde die katholische Bevölkerungsmehrheit am öffentlichen Leben betei-

ligt. O'Connells Ziel war eine pazifistisch basierte Unabhängigkeitsbewegung, die radikalen Methoden der United Irishmen vor ihm und der Young Irelanders hätte er abgelehnt.

»Es darf keine Gewalt geben«, beschwor er die Massen – aber die konservative Regierung Peels mußte wohl zu der Überzeugung gelangen, O'Connell rufe zu einem Bürgerkrieg auf. So verbot die englische Regierung eine Versammlung mit O'Connell ausgerechnet bei

Vorherige Seite: Emigranten auf dem Weg zu einem neuen Leben in Amerika. Oben: Zur selben Zeit knechteten Landbesitzer mitleidlos ihre zahlungsunfähigen Pächter. Rechts: Daniel O'Connell. Rechtsaußen: Eine irische Küche um 1840.

Clontarf, dem Schauplatz des historischen Sieges von Brian Boru über die Wikinger im Jahre 1014. O'Connell gab nach und wurde kurze Zeit später unter die Anklage der Aufwiegelei gestellt.

In die Geschichtsbücher ist er als »Der Befreier« eingegangen. O'Connells größter Erfolg war die Emanzipation der Katholiken, doch die Aufhebung der Union sollte ihm nicht gelingen. Das nachhaltigste Ergebnis seines Wirkens liegt sicher darin, dem irischen Volk, das so viele politische Niederlagen gewohnt war, Erfolge in seinem Souveränitätsstreben gebracht zu haben und zu zeigen, wieviel letztlich in seiner eigenen Macht und an der Wahl der richtigen politischen Führer lag. Das war auf dem langen Weg zur Unabhängigkeit eine wichtige Etappe.

Irlands größte Tragödie

Die im Jahr 1845 einsetzende Hungersnot war eine Hungersnot der großen Landbevölkerung, aber selbst auf ihrem Höhepunkt wurden Weizen und Gerste in großen Mengen nach England verschifft, ebenso wie Tausende von Rindern, Schafen und Schweinen. Die irischen Bauern hatten jedoch nichts davon. Was sie erwirtschafteten, wurde ihnen von zahllosen Mittelsmännern abgenommen. Die Bauern konnten sich bestenfalls die selbst angebauten Kartoffeln leisten. Als allerdings die Kartoffelernte ausblieb, verhungerten viele oder mußten auswandern.

20 Jahre vor der Hungersnot schrieb der Dichter Sir Walter Scott über die irischen Bauern: »Ihre Armut wurde nicht übertrieben, sie leben wirklich am Rande des menschlich ertragbaren«. Und das Elend wuchs in dem Maß weiter, wie sich die Bevölkerung vermehrte – allein im Zeitraum von 1800 bis 1840 von 4 auf 8 Mio. In den 1870er Jahren, nach der Auswanderungswelle, hatte sich die Bevölkerung dagegen auf etwa 5,5 Mio. Menschen reduziert.

Als die Bauern nach der ersten Kartoffelmißernte ihre hohen Pachten nicht mehr be-

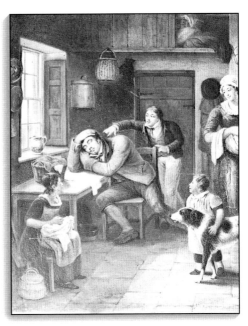

zahlen konnten, begannen die ersten Landvertreibungen. Auch die nächste Ernte schlug fehl und führte zu Verhältnissen, die ein Zeitgenosse folgendermaßen beschrieb: »Jung und Alt, Frauen und Männer sieht man zu Tausenden auf den Straßen herumkriechen und um einen Bissen Brot winseln.« Angesichts dieses unvorstellbaren Elends ist die damalige Weigerung Englands, Abhilfe zu schaffen, kaum noch nachzuvollziehen.

Die Große Hungersnot forderte 1 Mio. Tote. Weitere tausende Iren wanderten nach Amerika, Australien und Kanada aus. Diese oftmals als »Großer Hunger« bezeichnete Katastrophe von 1845 bis 1849 ist in der irischen Geschichte eine nach wie vor offene Wunde und gehört zu den traumatischsten Erfahrungen in der langen Zeit der kolonialen Abhängigkeit von England. Die Kartoffelpest suchte auch andere Länder in Europa und Nordamerika heim, doch nirgendwo spielte die Kartoffel eine so überlebenswichtige Rolle wie in Irland. Die englische Regierung unter Lord John Russell, die sich dieser wirtschaftlichen Lage und damit politischen Instabilität des Landes durchaus bewußt war, betrachtete die Hungersnot als eine innere Angelegenheit Irlands und verfuhr nach dem merkantilistischen Prinzip des Laisser-faire. Besonders dramatisch verschlechterte sich die Nahrungsmittelversorgung, als die Quaker ihre Hilfeleistungen

sammen. O'Connell selbst starb 1847 im Alter von 71 Jahren als gebrochener Mann.

Die Young Irelander waren eine nationale Bewegung, deren Mitglieder sich zunächst aus der einflußreichen Zeitung »The Nation« rekrutierten und eine Auflösung der Union von 1800 anstrebten. Sie lösten sich bald von O'Connells gemäßigten politischen Ideen, weil sie dessen Zweckallianz mit den englischen Whigs nicht akzeptieren konnten. Zur Young-Ireland-Bewegung gehörte auch John Mitchel, der in seinen Schriften einen gewaltsamen Aufstand forderte. Die von ihm gegründete Zeitschrift »United Irishmen« wurde indes 1847 verboten.

nicht länger fortführen konnten. Erst 1849, ungeachtet zahlreicher Epidemien und der Cholera, besuchte Königin Viktoria Irland.

In Irland selbst wechselte etwa ein Drittel des Landes den Besitzer. Die neuen Herren, zumeist Iren beider christlichen Religionen, waren jedoch noch rücksichtsloser bei der Erhöhung des Pachtzinses. O'Connells Idee eines gewaltlosen Nationalismus war tot, und es war nur zu begreiflich, daß nach der Überwindung der Hungersnot neue politische Organisationen gegründet würden, die den Kampf gegen die englische Regierung wieder aufnehmen sollten.

Eine Gruppe seiner jüngeren Anhänger schloß sich im Young Ireland Movement zu-

Das Revolutionsjahr 1848 brachte überall in Europa nationale Erhebungen. Auch in Irland kam es zu einem neuerlichen Aufstand in Kilkenny, der jedoch leicht niedergeschlagen werden konnte.

Revolution liegt in der Luft

Immer wieder stellten die irischen Abgeordneten im Unterhaus die Frage nach den Rechten der Pächter.

1849 kehrte JAMES STEPHENS, Eisenbahningenieur aus Kilkenny, aus Frankreich zurück und begann mit seiner Rundreise durch Süd- und Westirland, um eine unabhängige Republik Irland zu propagieren. Da er weder bei der irischen Gentry noch bei den kleinen

Pächtern auf Interesse stieß, wandte er sich den Arbeitern zu, um sie zur Revolution aufzurufen. Am Saint Patrick's Day 1858 gründete er eine Organisation, die unter dem Namen Irish Republican Brotherhood bekannt wurde. Ihr Ziel war eine unabhängige demokratische Republik Irland. Eine amerikanische Gruppe wurde gegründet, die sich nach alten gälischen Kriegern die Fenians nannten. Seit einem Scharmützel der Fenians in Kanada wurden sie als Irish Republican Army bezeichnet. Kritik an den Aktivitäten der Fenier kam aus den Reihen der katholischen Kirche, insbesondere vom Dubliner Erzbischof Cullen und von Papst Pius IX., die das Ausweiten der Gewalt befürchteten. Der niedere irische Klerus aber stellte sich auf die Seite der Nationalisten und unterstützte beispielsweise ihre Zeitung »The Flag of Ireland«. Die Irish Republican Army hat in dieser Organisation ihre Wurzeln, obwohl sie selbständig erst 1916 in Erscheinung trat.

Stephens wurde als Führer abgesetzt, nachdem es ihm nicht gelungen war, von Amerika aus eine Befreiungsarmee aufzustellen, obwohl dort arbeitslos gewordene Offiziere irischer Abstammung bereits standen. 1867 existierten in ganz Irland bewaffnete und gut ausgebildete Kampftruppen. Für den Februar des gleichen Jahres war ein Aufstand geplant. Man wollte Waffen und Munition aus dem Chester Castle in England rauben. Aber Denunzianten gaben den britischen Behörden einen Hinweis, und so kam der Aufstand nicht zustande.

Einen Monat später scheiterte ein weiterer Aufstand. Auch dieser war verraten worden. Während der Kämpfe wurden einige Züge zum Entgleisen gebracht. Das markierte den Beginn einer für Irland neuen Kampfform: den Guerillakrieg. Im gleichen Jahr erlebte England zum erstenmal, was es bedeutete, die Probleme Irlands vor der eigenen Haustür zu haben. Ein Gefangenenwagen mit zwei Revolutionsführern geriet bei Manchester in einen Hinterhalt, wobei ein Polizist erschossen wurde. Als drei der Beteiligten gefangen und zum Tode verurteilt wurden, ließ sie ihr leidenschaftliches Plädoyer für die Gerechtigkeit ihrer Sache schnell zu Märtyrern werden.

Ehrgeiz und Überheblichkeit

Es war nicht der Terrorismus, der in diesen Tagen der irischen Sache nützte. Die Lösung der Probleme wurde v. a. von zwei Männern vorangetrieben: von W. E. GLADSTONE, der erstmals 1868 britischer Premierminister wurde, und von CHARLES STEWART PARNELL,

Links: Die Spinnerinnen teilen sich den Platz mit Kühen. Oben: **W. E. Gladstone** (1809–98) und **C. S. Parnell** (1846–91).

einem privilegierten protestantischen und in England erzogenen Grundbesitzer aus Wicklow.

Gladstone ging an das Irland-Problem ganz anders heran als seine Vorgänger. Seine erste Maßnahme galt der Beseitigung der protestantischen Kirche Irlands als Staatskirche, da diese nur ein Sechstel der Gesamtbevölkerung repräsentierte. Als nächstes ließ er 1870 ein Landgesetz verabschieden, das es den Grundbesitzern erschwerte, Pächter von ihrem Land zu vertreiben. Diese Maßnahmen gaben den irischen Nationalisten neuen Auftrieb, und sie forderten erneut ein eigenständiges Parlament für alle innenpolitischen Fragen. Ihre Forderungen wurden unter dem Begriff *Home Rule* bekannt.

Gladstone war ohne Zweifel einer der genialsten englischen liberalen Politiker und einer der wenigen, die wirkliches Verständnis für Irland hatten. Schon nach der Hungersnot der 1840er Jahre hatte er erkannt, daß das irische Problem nicht nur politische, sondern auch soziale und religiöse Fragen für das Selbstverständnis Englands und des Empire aufwerfen würde. Gladstone brachte im englischen Unterhaus zweimal Home-Rule-Gesetze für Irland ein, die jedoch beide Male abgelehnt wurden. Aber so wie sich die irischen Nationalisten Vorteile von seiner Politik erhofften, so war er auf ihre Stimmen als Mehrheitsbeschaffer im Parlament gegen die konservative Partei angewiesen. Im Streit über die irische Frage entzweite sich schließlich die Liberale Partei und verlor zunehmend an Macht.

Parnell verfügte über eine starke Persönlichkeit und einen ausgeprägten politischen Pragmatismus. Während einer Parlamentssitzung im Jahr 1875 geißelte er die betuliche Arbeitsweise des Unterhauses. Einmal gelang es ihm, das Parlament in eine 41stündige Debatte zu verwickeln. Aber Parnell hatte gute Gründe, sich Sorgen um Irland zu machen. Nach mehreren guten Ernten gab es 1877 einen extrem feuchten Sommer und eine entsprechend schlechte Ernte. Hinzu kam, daß die neuen

Dampfschiffe aus Amerika billigeres Getreide heranschafften. Dadurch sanken die Erzeugerpreise so tief, daß die kleinen Pächter abermals ihre Pacht nicht bezahlen konnten. Eine neue Welle von Landvertreibungen bahnte sich an. In dieser Situation gründete Parnell gemeinsam mit MICHAEL DAVITT die National Land League of Ireland.

Ähnlich wie Gladstone von englischer Seite übte Parnell von irischer Seite maßgeblichen Einfluß auf den Lauf der politischen Entscheidungen aus. Er war der Führer der Irischen Parlamentarischen Partei von 1880 bis 1890 und verstand es, zwischen den Interessen der englischen Konservativen und Liberalen die bestmöglichen Vorteile für Irland herauszuholen. Allerdings war seine Politik nicht unumstritten, und vermutlich gerade wegen seiner kompromißlosen Position bezüglich der Home Rule war ein Ausgleich mit den Unionisten immer unrealistischer. Parnell kontrollierte die National Land League, deren Ziele vorrangig eine Landreform und die Kontrolle über die regionale Verwaltung sowie eine Erweiterung des Wahlrechts waren.

1852, als Davitt gerade fünf Jahre alt war, wurden seine Eltern von ihrem Land vertrieben und emigrierten nach Lancashire in England. Als er nach Irland zurückkehrte, war er Anhänger der Fenians und davon überzeugt, daß die einzige Hoffnung für die kleinen Bau-

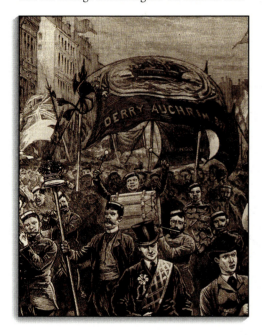

ern in der drastischen Senkung der Pachtzinsen und in einem langfristigen Plan bestand, sie allmählich zu Eigentümern des von ihnen bestellten Landes zu machen.

Das Schicksal von Captain Boycott

Wieder kam es zu Massendemonstrationen in ganz Irland. Im Unterhaus bedauerte Parnell offiziell die Gewalt, während ein anderer irischer Abgeordneter das Schießen auf Grundbesitzer nur deshalb ver-

Links: Eine Saint-Patrick's-Parade in New York (1847) zeigt eine Büste von O'Connell. Oben: Orangemen auf ihrem Demonstrationszug gegen die Home Rule zum Rathaus von Belfast (1886).

urteilte, weil dabei oft die Falschen getroffen würden. In Irland selbst konnte ein wertvoller Verbündeter gewonnen werden: der katholische Klerus, der sich bisher von der nationalistischen Bewegung ferngehalten hatte. Bald existierten Gebiete, die der Gerichtsbarkeit der Land League unterstellt waren. Ein neues politisches Kampfmittel wurde entwickelt, um jeden zu ächten, der die Felder eines vertriebenen Pächters übernahm – gegen einen Captain BOYCOTT aus der Grafschaft Mayo wurde es 1880 so erfolgreich – zumindest vorübergehend – praktiziert, daß sein Name für entsprechende Aktionen in die internationale Umgangssprache aufgenommen wurde.

Gladstones Landgesetz von 1881 wurde als nahezu revolutionär betrachtet. Es garantierte den Pächtern einen grundsätzlichen Anspruch auf ihr Land sowie eine Gewinnbeteiligung, wenn sie zur Verbesserung des Bodenertrags beitrugen. Außerdem sollte der Pachtzins von den Land Courts und nicht mehr von den Grundbesitzern festgelegt werden. Parnell unterstützte dieses Gesetz, weil es für die irischen Pächter eine große Errungenschaft bedeutete. Um jedoch alle, die sich hartnäckig für die irische Unabhängigkeit einsetzten, zu besänftigen, warf er der englischen Regierung vor, daß ihre Maßnahmen völlig unzureichend seien. Daraufhin steckte ihn die Regierung ins Gefängnis und unterdrückte die Land League.

Wieder in Freiheit, gründete Parnell die Irish National League, um endlich die Home Rule Wirklichkeit werden zu lassen. Die Wahlen des Jahres 1885 stellten ihn auch an die Spitze von 85 der 103 irischen Abgeordneten im Unterhaus und machten seine Partei zum Zünglein an der Waage im Machtkampf zwischen Liberalen und Konservativen. Plötzlich erlangte die Frage der Home Rule eine immense Bedeutung für die englische Politik.

Die Konservativen sahen in der Home Rule den Einstieg Irlands in die Unabhängigkeit. Daraus folgerten sie aber eine Gefahr nicht nur für die Stabilität des politischen Systems der Britischen Inseln, sondern auch für das Empire insgesamt. In Ägypten, Südafrika und Indien bahnten sich koloniale Probleme an, deren Explosivität mittelbar mit der irischen Unabhängigkeitsbewegung zu tun hatte. In Irland als ältester Kolonie Englands war die Situation allerdings insofern anders, als hier schon Generationen von englischen Siedlern das Land geprägt hatten.

Ulster in Alarmbereitschaft

Home Rule wäre für eine wichtige Bevölkerungsgruppe in Irland nicht akzeptabel gewesen. Es gab immerhin eine Million Protestanten in Irland, fast die Hälfte davon in Ulster. Home Rule hätte für diese Minderheit erhebliche Machteinbußen bedeutet.

Obwohl ihre Besitzungen in Irland im wesentlichen garantiert waren, lebten diese Nachkommen schottischer Siedler aus dem 17. Jh. ständig in der Angst, eines Tages von der katholischen Minderheit enteignet zu werden. Zweifellos hatten sie viel zu verlieren, denn die industrielle Revolution hatte in Ulster Fuß gefaßt. Da es in England keine konkurrenzfähige Leinenproduktion gab, konnte sie in Belfast aufblühen und der Stadt Wohlstand bescheren. So erklärt sich das Anwachsen der Bevölkerung von 20 000 auf 100 000 von 1800 bis 1850. Ab 1850 nahm die Schiffbauindustrie in Belfast einen rapiden Aufschwung. Innerhalb von wenigen Jahren unterschied sich Belfast völlig von Dublin. Kein Wunder, daß die Protestanten im Norden ihren Wohlstand durch jeden bedroht sahen, der die Beziehungen mit England lockern wollte.

Diese Befürchtung kommt bis heute im Kampfruf der Orange Order zum Ausdruck: »Kein Papsttum, keine Unterwerfung!« Zwar verlieh die Mitgliedschaft des Earl of Enniskillen den Orangemen Seriosität, aber das konnte nicht über den gewalttätigen Charakter der Organisation hinwegtäuschen. Im Namen der Konservativen verkündete Lord Randolph Churchill lautstark gegenüber den Protestanten, falls die Home Rule in Kraft träte, würde Ulster für eine gerechte Sache kämpfen. 1886 wurde die Home Rule Bill abgelehnt.

Die den Orangemen so teuren Werte Englands stießen im Süden auf Ablehnung. Hier fand eine Renaissance der keltischen Kultur und Mythen statt, in deren Gefolge es auch zu einer Aufwertung der bisher als vulgär verpönten irischen Sprache kam. W. B. YEATS veröffentlichte Sammlungen von volkstümlichen Erzählungen, die die so oft verspotteten irischen Bauern in einem ganz anderen Licht erscheinen ließen. Die von DOUGLAS HYDE und JOHN (später EOIN) MACNEILL 1893 gegründete Gälische Liga förderte das Wiederaufleben der irischen Sprache und Kultur. Hyde und MacNeill hofften, damit eine unpolitische Organisation zu schaffen, die vor dem gemeinsamen kulturellen Hintergrund die politischen und konfessionellen Divergenzen und das Sektierertum überbrückte. Die Gaelic League war sehr erfolgreich und bewirkte, daß Irisch in die Schullehrpläne als Pflichtfach aufgenommen wurde. Doch die spätere Politisierung der Liga führte zur Resignation vieler Mitglieder, weil sie Irlands Spaltung nicht verhindern konnten.

Für die Home-Rule-Partei gab es zunächst viele Rückschläge. Als seine langjährige Liaison mit Kitty O'Shea bekannt wurde, war Parnell ab 1889 als politischer Führer diskreditiert. Die von O'Sheas Ehemann angestrengte Scheidungsklage gab Gladstone die Gelegenheit, Druck auf die Irische Partei auszuüben. Par-

nell starb zwei Jahre später an den Folgen einer Erkältung, die er sich bei einer politischen Versammlung in Galway zugezogen hatte. Gladstone zog sich 1893 im Alter von 84 Jahren von der politischen Bühne zurück und widmete sich ausschließlich seinen Bibelstudien. Auch sein zweites Home-Rule-Gesetz war am Widerstand des House of Lords gescheitert. Erneut lag die Lösung der irischen Frage in den Händen der nächsten Generation.

Ein neuer Aufschwung

Zu Beginn des 20. Jh. weckte die neue konservative Regierung keinerlei Hoffnungen auf Durchsetzung der Home Rule. So wurden zwar Königin Viktoria 1900 und Edward VII.

1903 bei ihren Besuchen in Dublin freundlich aufgenommen, aber erneut sammelten sich nationalistische Kräfte unter ARTHUR GRIFFITH, einem Dubliner Drucker und Journalisten, und JOHN MCBRIDE, einem alten Republikaner, der schon im Burenkrieg gegen die Briten gekämpft hatte. Beiden ging es um ein wirtschaftlich und politisch unabhängiges Irland, das zugleich die konstitutionelle Verpflichtung mit England aufrechterhalten sollte. Griffith schwebte ein Konzept nach dem Vorbild des Österreichisch-Ungarischen Ausgleichs von 1867 vor, und er befürwortete ein Doppelkönigtum für England und Irland. Wichtige Punkte seines politischen Pro-

gramms wurden von der 1905 gegründeten Partei Sinn Féin aufgenommen.

Zwei Wahlen im Jahr 1910 brachten im britischen Unterhaus eine Pattsituation zwischen Konservativen und Liberalen. Das gab der Irischen Nationalpartei unter ihrem gemäßigten Führer JOHN REDMOND erneut die Möglichkeit, sich als Zünglein an der Waage vehement für die Home-Rule-Lösung einzusetzen. Zu diesem Zeitpunkt war das Recht des House of Lords, Entscheidungen des Unterhauses zu verhindern, bereits auf zwei aufeinanderfolgende Legislaturperioden begrenzt. Deshalb hatte die 1912 vom Premier Herbert Asquith vorgelegte Home Rule Bill gute Aussichten, in Kraft treten zu können.

Die Protestanten in Ulster erkannten die Gefahr und bewaffneten sich. Ihr Führer wurde der Anwalt und Abgeordnete SIR EDWARD CARSON, der sich als zweiter Kronanwalt unter der konservativen Regierung besonders im Prozeß gegen Oscar Wilde hervorgetan hatte. Wozu eigentlich noch eine Home Rule Bill, fragte Carson, wo doch inzwischen die meisten Iren Eigentümer ihrer Höfe und alle wichtigen Probleme gelöst seien, ja sogar eine katholische Universität in Dublin existiere? Carson, seit 1910 Führer der irischen unionistischen Partei, war einer der vehementesten Verfechter des Unionismus und gehörte zu den ersten irischen Politikern, die bei einer Einführung der Home Rule grundsätzlich die Trennung der nördlichen von den südlichen Provinzen befürworteten. Ab 1914 spielte er auch im Kriegskabinett eine einflußreiche Rolle.

Mehr als 440 000 Männer und Frauen unterzeichneten Resolutionen, in denen stand, daß sie niemals ein Home-Rule-Parlament anerkennen würden. 1913 wurde mit der Aufstellung einer 100 000 Mann starken Freiwilligenarmee in Ulster begonnen, und tagtäglich trafen Waffen in Irland ein. »Dieses Land ist ein Militärlager«, kommentierte Carson. Im Süden Irlands reagierte man darauf mit der Schaffung einer Gegenarmee zur Ulster Volunteer Force, den Irish Volunteers. Die protestantische Mehrheit wollte um jeden Preis die britische Oberherrschaft beibehalten und war bereit, dafür zu kämpfen. Die katholische Minderheit in Ulster wollte ebenso wie die katholische Mehrheit im restlichen Irland mehr politische Unabhängigkeit. Beides war unvereinbar.

Als einer der ersten schlug WINSTON CHURCHILL, damals Minister der liberalen Regierung, eine realistische Lösung vor. Sechs der insgesamt neun Ulstergrafschaften sollten von der Home-Rule-Regelung ausgeschlossen sein, und zwar diejenigen, die seit Ende des 16. Jh. überwiegend von protestantischen Siedlern bewohnt waren. John Redmond, der Führer der Irischen Nationalpartei und ehemalige Vertraute von Parnell, ging darauf ein, allerdings mit der Einschränkung, daß diese Regelung zunächst nur für sechs Jahre gelten solle.

Links: **Sir Edward Carson** auf einer Versammlung protestantischer Ulstermen gegen die Home Rule.
Oben: **James Connolly,** Organisator und einer der Rebellionsführer von 1916.

Er hoffte dabei auf die Einsicht der Menschen in Ulster, daß es besser sei, sich wieder dem restlichen Irland einzugliedern. Es war ein verhängnisvolles Zugeständnis.

Verzögerung durch den Ersten Weltkrieg

Der Ausbruch des Ersten Weltkrieges 1914 stellte England plötzlich vor ganz neue Probleme. Deshalb einigte man sich darauf, einen Home-Rule-Act zu verabschieden, dessen Inkrafttreten jedoch bis zum Kriegsende oder dem Zeitpunkt, wo es bessere Vorschläge zur Lösung der Ulster-Frage geben sollte, vertagt wurde. Auf diese Weise wurde kurzzeitig ein Kompromiß hergestellt, und es meldeten sich

Dazu gehörte auch der erfahrene Organisator JAMES CONNOLLY, der 1868 als Sohn einer nach Schottland emigrierten irischen Familie geboren wurde und schon mit 14 Jahren in der britischen Armee gekämpft hatte. Er war Sozialist und hatte eine irische Bürgermiliz zum Schutz von streikenden Arbeitern gegen Polizeiübergriffe aufgestellt. Auch als Theoretiker hatte sich Connolly einen Namen gemacht, 1896 die Irish Socialist Republican Party gegründet und zahlreiche Zeitschriften u. a. Veröffentlichungen über den Sozialismus herausgegeben. Angesichts der Erfahrungen aus der irischen Geschichte strebte er eine gewaltlose Schlichtung der Konflikte an. PÁDRAIC

in Irland mehr Freiwillige für den Kriegseinsatz als sonstwo im Königreich. Daß im ersten Kriegsjahr insgesamt 17 Victoria-Orden an Iren verliehen wurden, bestärkte Redmond in der Hoffnung, die Einheit mit den Menschen in Ulster herbeiführen zu können.

Aber es kam anders. Carson, inzwischen Mitglied des Kriegskabinetts, betrachtete die Verluste der Ulster-Regimenter im Krieg als ein Faustpfand für das Verbleiben von Ulster innerhalb des Königreiches. Doch in Irland erinnerten sich viele an die alte Weisheit, daß das Unglück Englands ein Glück für Irland sein konnte. Es kam erneut zu einer nationalistischen Sammlungsbewegung unter Führung von Arthur Griffith.

PEARSE, hatte hingegen zur Überzeugung gefunden, daß Irland nur durch Blutvergießen befreit werden könne.

Der Aufstand vom Ostermontag 1916 (24. April) dauerte nur etwa eine Woche und verfehlte sein Ziel, eine Revolution über ganz Irland auszubreiten. Er war im Gegenteil allein auf Dublin beschränkt. Fünf Bataillone der Irish Republican Brotherhood unter Pádraic Pearse sowie eine Volksarmee von etwa 200 Soldaten unter Führung von James Connolly nahmen die wichtigsten Punkte der Stadt ein. Sie riefen die Irische Republik aus, und Pearse ernannte sich selbst zum Präsidenten einer provisorischen Regierung. Doch es kam zu heftigen Straßengefechten mit den britischen Soldaten, denen sich die recht unorganisierten Rebellen, die vergeblich auf die versprochene deutsche Unterstützung gehofft hatten, bedingungslos ergeben mußten.

Die britischen Soldaten gingen entschlossen gegen die Rebellen vor. Als Pearse sich ergeben mußte, wurden 64 Rebellen, 134 Soldaten und Polizisten und mindestens 220 Zivilisten als Tote gezählt. Der Stadtkern Dublins war zerstört. 4000 Menschen wurden inhaftiert, und es wurde das Kriegsrecht verhängt.

Ungeachtet der Appelle an die britische Regierung, auf Hinrichtungen zu verzichten, wurden Anfang Mai 1916 zahlreiche der Anführer des Aufstandes, darunter auch Pearse

Weihnachten desselben Jahres entließ Lloyd George, der neue Premierminister Englands, als Ausdruck der Bereitschaft zum Einlenken 560 irische Rebellen aus dem Gefängnis. Unter ihnen befanden sich Arthur Griffith und MICHAEL COLLINS, ein ehemaliger Regierungsbeamter in London. Collins sollte weniger beim Osteraufstand als später im Bürgerkrieg eine zentrale Position als Finanzminister einnehmen sowie als Mitglied der IRA an dem Versuch beteiligt gewesen sein, das britische Spionagesystem im Dubliner Schloß auszuschalten. Zu Ostern des folgenden Jahres wurden weitere politische Gefangene amnestiert, unter denen sich auch Eamon de Valera be-

und Connolly, erschossen. Connolly mußte vor dem Erschießungskommando sitzen, weil eine Kugel während der Kämpfe seinen Knöchel zerschmettert hatte. Niemand wußte, wie lange die Hinrichtungswelle weitergehen würde. Allmählich schlug der Spott über die gescheiterte Rebellion in Sympathie und schließlich in Unterstützung um. In einem berühmten Gedicht schrieb W. B. Yeats: »Eine schreckliche Schönheit ist geboren worden.«

Links: Die O'Connell Street nach einem schweren Angriff eines britischen Kanonenbootes während des Osteraufstandes in Trümmern. Oben: Irlands Unabhängigkeit beendete keineswegs das Blutvergießen auf Dublins Straßen, sondern führte zu einem ausufernden Bürgerkrieg.

fand. Dieser wurde kurz nach seiner Befreiung Parlamentsabgeordneter von Sinn Féin, deren provisorischer Regierung er auch als Präsident von 1919 bis 1922 vorstand. Die Ziele von Sinn Féin wurden mit der sich zunehmend abzeichnenden Auswegslosigkeit der Home Rule republikanisch, sie weigerte sich, ihre Abgeordneten nach Westminster zu schicken und bildete eine alternative Verwaltung. Elemente dieser Ideologie gingen 1926 in die dann von de Valera gegründete Partei Fianna Fáil über.

Beginn des Hungerstreiks

Bei Nachwahlen stellte Sinn Féin eigene Kandidaten gegen die Irische Nationalpartei von J. Redmont auf, die als zu moderat empfunden wurde. Diese Kandidaten gewannen die Wahlen in der Folgezeit immer häufiger. Als die britische Regierung die Forderung inhaftierter Sinn-Féin-Anhänger nach Anerkennung als politische Gefangene ablehnte, traten diese in den Hungerstreik. Als der erste von ihnen starb, organisierte Collins eine massenhaft besuchte Begräbnisfeier. Überall wurden jetzt Waffen gehortet.

Auf dem Land verbreitete sich der gleiche Geist der Gesetzlosigkeit wie am Ende des 18. Jh. Nach Redmonds Tod im März 1918 gab es zunächst keine Hoffnungen mehr, die Unabhängigkeit Irlands auf friedlichem Weg herbeiführen zu können.

Die neugewählten Abgeordneten boykottierten das britische Unterhaus und bildeten ein eigenes Parlament in Dublin, das Dáil Eireann. Zum ersten Präsidenten der neuen Republik wählten sie Eamon de Valera, dessen ungebrochene Popularität inzwischen noch gestiegen war.

Hinter Sinn Féin standen die Volunteers, auf dem Land unter dem Namen Irish Republican Army bekannt. Die IRA besaß ihre Vorläufer in der Irish Republican Brotherhood, wurde aber erst 1919 im Zuge der Errichtung des Parlaments als Armee der Republik anerkannt. Rein militärisch konnte sich die IRA keinen Erfolg gegen die britischen Soldaten ausrech-

Nach schweren Niederlagen in Frankreich dehnte die englische Regierung einen Monat darauf die allgemeine Wehrpflicht auch auf Irland aus. Zur Beschwichtigung versprach sie eine neue Home-Rule-Regelung. Grundlage dafür sollte eine Teilung des Landes sein. Die allgemeine Wehrpflicht wurde von der katholischen Kirche scharf verurteilt und entpuppte sich ohnehin als überflüssig, weil der Krieg zu Ende ging. Der Auszug der Irish National Party aus dem Parlament bedeutete den Verzicht auf eine demokratische Lösung der Probleme. Der Einfluß Sinn Féins verstärkte sich enorm; dies zeigte sich in einem überwältigenden Sieg bei den ersten Nachkriegswahlen im Dezember 1918.

nen, so daß sie sich in Verbindung mit Sinn Féin darauf konzentrierte, die britische Verwaltung in Irland unmöglich zu machen. Damit war sie so erfolgreich, daß der englische Premierminister Lloyd George die Initiative für den Friedensvertrag von 1921 ergriff. Dieser Kompromiß spaltete aber nicht nur die IRA, sondern ganz Irland in Befürworter und Ablehner, und es gründeten sich die Parteien Fianna Fáil und Fine Gael.

Die mit der Kennzeichnung »Von der IRA getöteter Spion« versehenen Leichen waren meist Iren. Frauen, die sich mit Polizisten oder englischen Soldaten eingelassen hatten, wurde der Kopf kahlgeschoren. Nach einem Anschlag auf den britischen Vizekönig in Irland begann England erneut, Sinn Féin zu unterdrücken. Aber dennoch brachten die Kommunalwahlen 1920 einen klaren Sieg für Sinn Féin.

Quittierte ein Teil der geächteten Polizisten den Dienst, wurde er von englischen Soldaten ersetzt, die großenteils auf den französischen Schlachtfeldern gekämpft hatten. Da es nicht genügend Uniformen für sie gab, trugen einige von ihnen Khakihosen und dunkle Jacketts, was ihnen bald den gefürchteten Spitznamen »Black and Tans« eintrug. Sie bildeten motorisierte Kommandos, die auf jede Guerillaaktion umgehend reagierten. Aber es gab bestimmte Gebiete, wo selbst sie sich nicht hinwagten.

Zivilisten, darunter den Kapitän der Mannschaft aus Tipperary. Der Guerilakrieg war außer Kontrolle geraten. Als »Bloody Sunday« sind seit diesem Novembertag mehrere Ereignisse in die irische Geschichte eingegangen, so z. B. auch im Juli 1921 und im Januar 1972. Sie sind synonym für Gewaltausbrüche von katholischer wie protestantischer Seite und forderten stets eine große Zahl von Todesopfern.

Im Mai 1921 hielten die Briten erstmals zwei getrennte Wahlen für ein Parlament im Norden und eines im Süden Irlands ab. Erwartungsgemäß eroberte Sinn Féin im Süden fast alle Sitze, und ebenso erwartungsgemäß sicherten sich im Norden die Unionisten die

Mehrheit. Die Teilung des Landes schritt damit unvermeidlich voran. Im Oktober desselben Jahres wurde eine Konferenz in London einberufen, um angesichts des drohenden Krieges zwischen Irland und England eine Kompromißlösung zu finden. Die Verhandlungen zogen sich endlos hin, aber im Morgengrauen des 6. Dezember 1921 wurde endlich ein Abkommen unterzeichnet, die »Articles of agreement for a treaty between Great Britain and Ireland«. Aus britischer Sicht bedeutete es eine weitere Etappe auf dem Weg zum Zerfall des Empire. Aber aus irischer Sicht konnte es zum Ende der achthundertjährigen Abhängigkeit und Unterdrückung von England führen.

Hier übten Volunteers die Polizeigewalt aus. Für die britische Regierung mit ihren 10 000 Polizisten und 50 000 Soldaten bedeutete dies eine tiefe Demütigung.

Schließlich beantworteten die Polizeikräfte jede Aktion der IRA mit brutaler Vergeltung. Am 21. November 1920, dem Blutigen Sonntag, hatte die IRA elf britische Offiziere erschossen. Im Gegenzug erschoß die Polizei am Nachmittag während eines gälischen Fußballspiels im Dubliner Croke Park wahllos zwölf

Links: Dubliner Kinder halten die amerikanische Flagge hoch, um das Ende des Krieges (1921) zu feiern.
Oben: Das **Custom House** in Dublin (Gemälde von James Malton) brannte während der Kämpfe 1921 völlig ab.

Leben in einem geteilten Land

Bei dem englischen Politiker LLOYD GEORGE weckte der Anglo-irische Vertrag die Hoffnung auf eine Lösung der vielen Probleme, weil er beiden Seiten gewisse Zugeständnisse machte. Doch die Hoffnung war trügerisch.

Das Abkommen brachte den irischen Nationalisten mehr, als sie erhofft hatten, nämlich einen irischen Freistaat mit dem Status eines Dominion innerhalb des Empire, ähnlich wie Kanada. Das ging über die alte Forderung nach Home Rule hinaus. Doch das Abkommen trug eine Hypothek mit sich. Sechs Grafschaften der Provinz Ulster – Antrim, Down, Tyrone, Fermanagh, Armagh und Derry – blieben Teil des britischen Königreiches.

Das war das Ergebnis des Government of Ireland Act von 1920. Bei einer Gesamtfläche von 14 160 km², d. h. etwa 17 % der gesamten Insel, war die Bevölkerungszahl von Ulster doch etwa halb so groß wie die der Republik. In den sechs Grafschaften gab es fast doppelt soviel Protestanten wie Katholiken (bis 1991 stieg der Anteil der Katholiken auf über 38 %).

Um den irischen Nationalisten die Teilung der Insel akzeptabler zu machen, schlug die britische Regierung eine Grenzkommission vor, die darüber entscheiden sollte, welche der von Katholiken dominierten Gebiete Nordirlands später den 26 Grafschaften des Freistaates Irland angegliedert werden sollten. Unter dieser Bedingung nahmen auch radikalere Nationalisten wie Michael Collins die Teilung zunächst an. Sie spekulierten darauf, daß nach Einverleibung der katholischen Gebiete der verbleibende Rest des nördlichen Staates kein lebensfähiges Gebilde mehr sein würde.

Aber nicht jedermann teilte die Hoffnungen Collins'. Es kam zu leidenschaftlichen Auseinandersetzungen, die den jungen Freistaat spalteten und in deren Verlauf aufgestaute persönliche Rivalitäten zum Ausbruch kamen. Auf der einen Seite standen die Befürworter des Abkommens unter dem provisorischen Regierungschef ARTHUR GRIFFITH, auf der anderen die Gegner, die sich hinter EAMON DE VALERA

(1882–1975) sammelten. Nach einer erbitterten zwölftägigen Redeschlacht im irischen Parlament wurde das Abkommen mit 64 zu 57 Stimmen ratifiziert.

Das war keine tragfähige Mehrheit, die Irland den Frieden sichern konnte, v. a. deshalb nicht, weil es auch innerhalb der IRA keine einheitliche Meinung dazu gab. Etwa die Hälfte schlug sich auf die Seite von Collins und wurde in die reguläre Armee des neuen Freistaates umgewandelt. Die andere Hälfte wollte die neue Regierung auf keinen Fall anerkennen.

1922 stand die O'Connell Street in Dublin erneut in Flammen, und 60 Menschen starben im Verlauf der achttägigen blutigen Kämpfe. Während der ersten sechs Monate ihrer Regierungszeit ließ die neue Regierung insgesamt 77 Republikaner hinrichten, also weit mehr als von den Briten im Verlauf des irisch-englischen Krieges exekutiert worden waren. Angesichts dessen lehnten die Protestanten im Norden neue Grenzen kategorisch ab. Auch in Nordirland brachen Kämpfe aus, und innerhalb von sechs Monaten gab es 264 Tote.

Irlands erster Premierminister erlebte das Ende der Kämpfe nicht mehr. Im August 1922

Links: Die Entfernung der Statue von Königin Viktoria vor dem irischen Parlament in Dublin 1921. Oben: Auf der Suche nach der irischen Identität gewann die irische Sprache wieder an Bedeutung.

brach Griffith wegen Überarbeitung zusammen und starb. Collins geriet in seiner Heimatgrafschaft Cork in einen Hinterhalt und wurde erschossen. Er hatte ein solches Ende bereits vorausgesehen. Nachdem er seinen Namen unter das englisch-irische Abkommen gesetzt hatte, schrieb er einem Freund: »Wird irgend jemand mit diesem Vertrag zufrieden sein? Irgend jemand? Ich glaube, diesen Morgen habe ich mein Todesurteil unterschrieben.«

Im Bericht der Grenzkommission wurden nur geringfügige Grenzverschiebungen vorgeschlagen, aber nie vorgenommen. De Valeras Beschreibung der Grenze als »einer alten Fe-

stung mit brüchigem Mauerwerk, das nur noch vom Mörtel der Fiktion zusammengehalten wird«, stellte sich als falsch heraus. Die Teilung Irlands war vollzogen.

Erst 1923 endete der Bürgerkrieg mit der Kapitulation de Valeras. Das Leben im Freistaat hat er entscheidend geprägt. Die beiden großen politischen Parteien heute, Fine Gael (Stamm der Gälen) und Fianna Fáil (Soldaten des Schicksals), sind die Nachfolgeorganisationen der damaligen Pro- und Kontrakräfte des Abkommens.

Da de Valera außerhalb des Parlaments keine Wirkungsmöglichkeiten mehr für sich sah, wurde er 1927 Fraktionsführer von Fianna Fáil im Parlament. Als Regierungschef leitete er im Jahre 1933 ein gemäßigtes Zeitalter ein und gelobte die Wiederbelebung der gälischen Sprache und Kultur. Seine Vision des neuen Irland war ein ländlich geprägter Staat, in dem der Industrie eine zweitrangige Funktion zugeteilt wurde. Die Menschen sollten nach biblischem Gebot ein arbeitsames und friedliches Leben führen. De Valera lehnte die westlichen Gesellschaftsvorstellungen, insbesondere den amerikanischen »way of life«, entschieden ab. Es war ein hohes Ziel, aber leider paßte es nicht in das 20. Jahrhundert.

In den folgenden drei Jahrzehnten baute de Valera die Fianna Fáil zu einer weitverbreiteten politischen Bewegung aus, die starke Unterstützung bei den Arbeitern und den kleinen Bauern fand. Die Wähler der Fine Gael waren v. a. unter den reicheren Bauern zu finden. Die Labour Party hatte es schwer, Wählerstimmen zu gewinnen, denn die Gewerkschaften sahen größere Vorteile darin, die Fianna Fáil zu unterstützen, und die antikommunistischen Kampagnen der Kirche verstärkten zusätzlich die Furcht vor den Linken.

De Valera betrieb eine stark nationalistische Wirtschaftspolitik und errichtete hohe Zollbarrieren gegenüber England. Sogar auf englische Zeitungen wurden Steuern erhoben. Der Auswanderungsstrom v. a. junger Leute, in erster Linie nach England und Amerika, hielt an.

Anfang der zwanziger Jahre lebten 43 % aller in Irland geborenen Menschen im Ausland. Aber nicht nur die Landarbeiter, die am unteren Ende der sozialen Stufenleiter standen, sondern auch die einst so wohlhabenden protestantischen Angloiren waren von der wirtschaftlichen Misere betroffen. Ihre »Big Houses«, die Herrenhäuser, Ausdruck ihres Wohlstands und ihrer Macht im 18. Jh., verfielen immer mehr.

Ein schmaler Pfad

Die Leute im Süden begannen allmählich zu zweifeln, ob und welche Alternative es zum derzeitigen politischen Zustand Irlands gab.

Um keine Zweifel aufkommen zu lassen, legte de Valera 1937 einen Verfassungsentwurf vor, in dem nicht mehr von der Treuepflicht gegenüber der britischen Krone die Rede war. Die Verfassung sollte für alle 32 irischen Grafschaften gelten. Zugleich schrieb sie die führende Stellung der katholischen Kirche fest und benachteiligte entsprechend die protestantische Bevölkerung.

Dank der neuen Verfassung kam es zu einem merkwürdigen Gleichgewicht. Während im Süden der Klerus konfessionsgebundenen und konservativen Druck auf das Parlament ausübte, hielten im Norden die Orangemen ihr Parlament unter Kontrolle.

Obwohl die Unionisten im Norden gar kein Interesse an politischer Selbständigkeit hatten, betonte LLOYD GEORGE ständig ihr Anderssein und gab ihnen ein eigenes Parlament, den Stormont. Bis dahin hatte eine parlamentarische Vereinigung in der Belfaster City Hall getagt, die letzte Sitzung des Stormont sollte dann im März 1972 stattfinden. Die katholischen Parlamentsabgeordneten boykottierten jedoch den Stormont, von dem die Unionisten behaupteten, es sei ein protestantisches Parlament für ein protestantisches Volk. Es war nur eine Frage der Zeit, wann der schwelende Haß zwischen Katholiken und Protestanten wieder aufflackern würde.

Zweifellos verschärften die Unionisten die Lage, indem sie den Boykott der katholischen Nationalisten ausnutzten und den Arbeits- und Wohnungsmarkt kontrollierten. Als es während der Wirtschaftskrise der dreißiger Jahre bei Hungermärschen von Arbeitslosen zu Ansätzen einer Verbrüderung zwischen Protestanten und Katholiken kam, wurden sie von fanatischen Führern wieder gegeneinander gehetzt. Die B-Specials, eine rein protestantische Freizeit-Miliz, unterhielt enge Verbindungen zum Orange Order und arbeitete mit der Polizei zusammen. 1938 begann die IRA mit Bombenanschlägen in England.

Neutralität um jeden Preis

Die Unionisten im Norden sahen sich bestätigt, als de Valera 1939 unmittelbar nach der britischen Kriegserklärung an Deutschland die Neutralität des irischen Freistaates verkündete. Hinter den Kulissen bot WINSTON CHURCHILL, der britische Kriegspremier, de Valera ein vereinigtes Irland nach Kriegsende an, falls der Freistaat ebenfalls in den Krieg eintrete und seine Häfen für britische Kriegsschiffe öffne. Aber de Valera lehnte ab, weil er durch eine neutrale Haltung die politische Unabhängigkeit Irlands bekräftigen wollte. Immerhin traten mehr als 50 000 Iren als Freiwillige in die britische Armee ein. Obwohl die Alliierten beständigen Druck ausübten, wurde diese Politik strikt eingehalten.

Eine bemerkenswerte Ausnahme von dieser Regel wurde 1941 gemacht, als die Dubliner Feuerwehr nach einem Bombenangriff der Deutschen ihren Kollegen in Belfast zu Hilfe eilte. Wie der Londoner »Daily Telegraph« berichtete, hatte diese Aktion »ein Band der Sympathie zwischen Nord- und Südirland (geschaffen), wie es kein britischer oder irischer Staatsmann in einer Generation zustande gebracht hatte«. Als sich britische Schiffe im selben Jahr weigerten, auch weiterhin Nahrungsmittel nach Irland zu liefern, fanden sich einige Handelsschiffe bereit, sich trotz der Gefahr durch U-Boote über die See zu wagen, um der Lebensmittelknappheit abzuhelfen.

Als der Automobilverkehr in Dublin wegen Benzinmangels praktisch zum Erliegen gekommen war, fuhren nur noch einige mit Gas oder Kohle betriebene Wagen. Da es keine Kohlevorräte gab, wurden im Phoenix Park Torfsoden gestapelt. »Glimmer men« kontrollierten, ob die Menschen ihre mageren Gasrationen überschritten hatten. Wer es sich leisten konnte, kaufte Fleisch, das reichlich zur Verfügung stand, weil das Schlachtvieh nicht exportiert werden konnte. 1943 wurden Kleidung und Brot rationiert. In der schlimmsten Phase standen den Menschen pro Woche 230 g

Links: **Eamon de Valera,** wichtigste Integrationsfigur (neben dem Papst) der Iren. Oben: **Sean Lemass** förderte den Beitritt Irlands zur Europäischen Wirtschaftsgemeinschaft.

Zucker, 170 g Butter und – was sie am härtesten traf – nur 14 g Tee zu. Die Löhne wurden eingefroren, die Haltung von Brieftauben – potentielle Nachrichtenüberbringer – verboten und eine zweite Art von Zensur eingeführt, so daß kaum mehr Informationen in die Zeitungen gelangten. In der trostlos wirkenden Stadt kursierten Gerüchte über ausländische Spione. Ab und zu fielen verirrte Sprengbomben der Deutschen auf die Stadt: In der Nacht des 30. Mai 1941 kamen 28 Menschen ums Leben, als eine 230 kg schwere Bombe am North Strand einschlug.

Nordirland blieb von deutschen Bombenangriffen ebensowenig verschont wie England.

mit Deutschland und Japan gemeinsame Sache gemacht zu haben. De Valera meinte, England sei stolz darauf, einige Jahre einem Aggressor standgehalten zu haben, was von Irland schon seit Jahrhunderten erwartet würde.

Im Laufe der Zeit wurde selbst der Name des Freistaats zum Streitpunkt. Lange Zeit war für Iren und Briten der gälische Name Eire gleichermaßen akzeptabel. Aber 1948 änderte eine Koalitionsregierung unter J. A. COSTELLO den Namen in »Republik Irland« um. Daraufhin wurde Irland von England aus dem Commonwealth ausgeschlossen und war damit, genauer gesagt 26 Grafschaften, endgültig zu einem unabhängigen Staat geworden.

Allein bei einem nächtlichen Angriff im April 1941 starben über 700 Menschen. Die nordirischen Unionisten behaupteten, der Süden helfe indirekt den deutschen Bomberpiloten, ihre Ziele im Norden zu finden, weil er keine nächtliche Verdunkelung eingeführt habe. Die Liste der gegenseitigen Vorwürfe war wieder ein Stück länger geworden.

Eine weltweite Unpopularität trug sich de Valera damit ein, daß er dem deutschen Botschafter in Dublin im April 1945 zum Tode Hitlers kondolierte. In Irland indes kompensierte er das mit einer vehementen Verteidigung der Haltung Irlands im Krieg, indem er Churchill Heuchelei vorwarf, welcher in der Siegeseuphorie de Valera beschuldigt hatte,

Das galt zumindest politisch. Wirtschaftlich und kulturell sah es anders aus. Der Bericht einer 1948 eingesetzten Kommission zur Untersuchung der Auswanderungswelle, die inzwischen ungeheure Ausmaße angenommen hatte, schilderte die Einsamkeit, Eintönigkeit und Trostlosigkeit des irischen Landlebens. Die staatliche und kirchliche Zensur indizierte allein 1954 über 1000 Bücher.

Die Protestanten in Nordirland kritisierten die im Süden üblichen und für sie nicht akzeptablen staatlichen Eingriffe in die Freiheit des einzelnen, wie das Scheidungsverbot und das Verbot von Verhütungsmitteln. Nach dem Ausschluß der Republik Irland aus dem Commonwealth hatte England versichert, Nordirland könne so lange Teil des Königreiches bleiben, wie es die Mehrheit des Volkes wünsche. Da es hier inzwischen doppelt so viele Protestanten wie Katholiken gab, konnte man dafür keinen Zeitpunkt bestimmen.

Manche Protestanten waren derart loyal gegenüber England, daß sie sich weigerten, jemals ihren Fuß auf den Boden der Republik Irland zu setzen. Andere hingegen, die unter der Nachkriegsrationierung der britischen Regierung litten, fuhren regelmäßig mit dem Zug über die Grenze, um in der Republik einzukaufen. Im Laufe der Zeit jedoch stiegen immer häufiger auch Leute aus dem Süden in den »Schmugglerzug« nach Norden.

schaffen, indem er das Land für ausländische Investoren und v. a. für Unternehmen der Leichtindustrie öffnete sowie für die pharmazeutische und elektronische Industrie günstige Bedingungen schuf. Die Vorstellungen de Valeras von einem ausschließlich ländlichen Irland verblaßten schnell. Das Interesse an gälischer Sprache und Kultur ging zurück. Statt dessen durchdrang die Sprache der Manager das Land. Die Iren konnten sich erstmals der Hoffnung hingeben, bald die Vorzüge einer Konsumgesellschaft genießen zu können.

Die Politik von Lemass schwächte die IRA in ihrem Kampf um ein vereinigtes Irland. Zwar gab es zwischen 1956 und 1962 eine Rei-

Die grünen Verbraucher

M it dem Wiedererstarken der englischen Wirtschaft während der fünfziger Jahre profitierte auch Nordirland von Industrieprojekten und dem Wohlfahrtsstaat, während die Republik weitgehend ein Agrarstaat blieb. Erst unter der Regierung von SEAN LEMASS (1899–1971), Premierminister 1959–66, entschloß sich Irland den Übergang von einem Agrar- zu einem Industriestaat in Angriff zu nehmen. Lemass versuchte, Arbeitsplätze zu

Links: Viele konnten sich nur Reihenhauswohnungen wie diese leisten. Oben: Hoffen auf einen Penny auf der Ha'penny Bridge in Dublin.

he von bewaffneten Auseinandersetzungen im Grenzgebiet, aber der Konflikt flaute allmählich ab. 1965 kam es zu einem freundschaftlichen Treffen zwischen Lemass und dem nordirischen Premier TERENCE O'NEILL. Schockiert war darüber eigentlich nur die kompromißlose Fraktion der Unionisten im Norden. Unterstützt von einigen Ministern und dem wortgewaltigen Pfarrer IAN PAISLEY erinnerten sie ihren Premier nachdrücklich daran, daß die Republik Irland nach wie vor Anspruch auf die sechs Grafschaften Nordirlands erhob.

O'Neill war nicht auf die Ereignisse vorbereitet, die drei Jahre später Irland in das Zentrum der weltöffentlichen Aufmerksamkeit stellten. Es begann ganz harmlos. In Caledon, Grafschaft Tyrone, vermietete ein von Unionisten kontrollierter Stadtrat eine Wohnung an eine junge protestantische Frau, obwohl unter katholischen Familien in dieser Gegend extreme Wohnungsnot herrschte. Dem Vorbild von Aktionen der Schwarzen in den USA folgend, veranstalteten örtliche Nationalisten ein Sit-in und anschließend eine Demonstration für Bürgerrechte. Eine zweite Demonstration in der Innenstadt von Derry war für Oktober 1968 geplant. Für Unionisten war dieses Gebiet von symbolischer Bedeutung.

Die Regierung O'Neill hielt die geplante Demonstration für eine nationalistische Verschwörung und ließ sie verbieten. Trotzdem setzten sich über 2000 Menschen in Bewegung und stießen auf massive Kräfte der Royal Ulster Constabulary (Polizei), die auch über zwei Wasserwerfer verfügte. Die sich daraus entwickelnde Schlacht konnten Fernsehzuschauer in aller Welt verfolgen, und es entstand der Eindruck, daß die Angehörigen der RUC wie entfesselt mit ihren Knüppeln auf die Demonstranten einschlugen. »Es war so, als ob sie 50 Jahre lang nur darauf gewartet hätten«, sagte später die junge nordirische Bürgerrechtlerin BERNADETTE DEVLIN, die 1967 die »Northern Ireland Civil Rights Association« mitgegründet hat. Diese Bewegung begann 1968, in regelmäßigen Veranstaltungen gegen die Politik der Regierung, besonders gegen die ungerechte Mietpolitik, und für die Gleichberechtigung der nordirischen Katholiken in einer mehrheitlich protestantischen Gemeinschaft zu demonstrieren.

Junge Katholiken, deren Ausbildung von den Errungenschaften des englischen Wohlfahrtsstaates geprägt war, waren nicht mehr bereit, den Status quo zu akzeptieren. Inspiriert von Martin Luther King organisierten sie im Januar 1969 einen Marsch über 100 km von Belfast nach Derry. 6 km vor ihrem Ziel, an der Burntollet Bridge, gerieten sie in einen von Protestanten gelegten Hinterhalt. Anschließend zogen RUC-Mitglieder randalierend durch die Bogside, ein katholisches Wohnviertel in Derry. Die Einwohner errichteten daraufhin Barrikaden und riefen die Gründung eines »Freien Derry« aus.

Auch in der Republik war die Empörung groß. Viele Iren forderten die Entsendung von irischen Truppen nach Nordirland, um den bedrohten Landsleuten zu Hilfe zu kommen, zumal in der seit 1937 unveränderten Verfassung der Republik die Zuständigkeit für die gesamte Insel in Anspruch genommen wird.

Die Wogen des Hasses begruben den Traum O'Neills von einer friedlichen Koexistenz zwischen beiden Irlands; er selbst wurde von fanatischen Unionisten aus dem Amt gedrängt. Sein Nachfolger, der Adlige James Chichester-Clark, war guten Willens, aber unfähig. Der Konflikt spitzte sich von Tag zu Tag immer mehr zu.

Truppen marschieren ein

Es war vorauszusehen, daß der alljährliche protestantische Gedenkmarsch zu Ehren der Schlacht am Boyne vom 12. Juli 1690 durch

die Innenstadt von Derry im August neue Gewalt auslösen würde. Die Kämpfe griffen auch auf die katholische Falls Road und die protestantische Shankill Road in Belfast über. Die RUC bat schließlich die britische Regierung um Unterstützung. Am 16. August 1969 entsandte diese nicht ohne Vorbehalte Truppen nach Belfast und Derry, um Ruhe und Ordnung wiederherzustellen. Damit wurde die britische Militärpräsenz bis heute gerechtfertigt.

Oben: **Bernadette Devlin,** Republikanerin und jüngste Westminster-Abgeordnete aller Zeiten (1969–74). Rechts: Reverend **Ian Paisley** auf einer Versammlung der Protestanten in den sechziger Jahren.

Leben in einem geteilten Land 127

Das moderne Irland

Diese Ereignisse hatten zum Wiedererstarken der IRA geführt. Als Kampftruppe hatte sie 1962 zu existieren aufgehört. Ende der sechziger Jahre war das erklärte Ziel des marxistischen Kerns der IRA der Sturz des konservativen Establishments in beiden Teilen Irlands, um anschließend einen sozialistischen Staat zu errichten. Angesichts ihrer waffenmäßigen Unterlegenheit war sie sich selbst bewußt, daß sie nicht in der Lage war, die Katholiken gegen protestantische Übergriffe zu beschützen. Bald kam es zu einer Spaltung innerhalb der IRA. Während sich die Officials weiterhin zu den traditionellen Idealen des irischen Nationalismus bekannten, setzten die Provisionals ausschließlich auf Gewalt.

Die Provisionals erhielten verstärkten Zulauf, als die britischen Soldaten begannen, in katholischen Wohngegenden von Belfast nächtliche Hausdurchsuchungen nach Waffen durchzuführen. Um die kämpfenden Parteien auseinanderzuhalten, errichteten sie einen Trennwall aus Bausteinen und Wellblech, den sie Friedenslinie nannten. Damals ließ sich niemand träumen, daß 15 Jahre später daraus ein Wall aus Stahl und Beton werden würde, der die Stadt in zwei unversöhnliche Blöcke aufteilte.

Es herrschte schon immer wenig Verständnis und Vertrauen zwischen den Nationalisten und den Unionisten, da die kulturelle Entwicklung so unterschiedlich verlaufen war. Auch heute noch gehen protestantische Kinder überwiegend auf staatliche Schulen, während katholische Kinder Schulen besuchen, die zwar ebenfalls vom Staat finanziert, aber von der katholischen Kirche betrieben werden. Katholiken lernen Irisch, Protestanten nicht. Zweifellos könnte ein integriertes Schulsystem für beide Konfessionen langfristig zur Überwindung des Hasses beitragen, aber seine Einführung scheint ein Ding der Unmöglichkeit zu sein. Vor allem die katholische Kirche hält an einer strengen katholischen Erziehung fest. Außerdem wohnen Katholiken und Protestanten kaum in den gleichen Wohnvierteln und Gemeinden friedlich zusammen.

Mit der Verbesserung der Lebensbedingungen setzten sich in Dublin liberalere Ansichten durch. Fernsehsendungen aus Großbritannien und der neuen staatlichen Fernsehanstalt Radio Telefis Eireann, die am 31. Dezember 1961 ihren Betrieb aufnahm, übten kulturellen Einfluß aus. 1967 lockerten sich die Zensurbestimmungen. Neben einer Art Gesamtschulsystem wurde der kostenlose Schultransport einge-

führt. 1970 hob die katholische Kirche endlich das Verbot für Katholiken auf, am Trinity College zu studieren. Die grundlegenden Änderungen, die sich aus dem Zweiten Vatikanischen Konzil ergaben, führten zur Verbreitung des ökumenischen Gedankens. Die Auswanderungswelle schien gestoppt. Der Wohlstand brachte entscheidende Veränderungen für Dublin, die Bevölkerung nahm um 30 % zu. Die Stadt dehnte sich weit über ihre bisherigen Grenzen aus; überall entstanden Supermärkte u.a. Einkaufszentren. Mit dem Bau von trostlosen Hochhäusern im Arbeiterviertel Ballymun wiederholte man die Fehler, die bereits in England und anderswo im öffentlichen Wohnungsbau gemacht worden waren.

Links: Weithin sichtbare Werbung für die Sinn Féin, Ulster. Oben: Offen bekennt sich diese Bürgerin aus Belfast zu ihrem Widerstand gegen engere Beziehungen zum südlichen Inselteil.

Zerstörung alter Bausubstanz

Inzwischen fielen weite Teile des georgianischen Dublin den Spekulanten zum Opfer. Nicht nur, daß die Behörden die Zerstörung dieser Gebäude nicht verhinderten, sie unterstützten sie sogar noch. Anfang der sechziger Jahre wurden 26 Häuser in der Fitzwilliam Street, der längsten und am besten erhaltenen georgianischen Straße, abgerissen, um für die neue Zentrale der Energieversorgungsbehörde Platz zu schaffen. Der Protest der Bürger war vergebens. Nicht viel erfolgreicher war eine Bürgerinitiative, die rund zehn Jahre verhindern wollte, daß die Überreste der wikingischen und der mittelalterlichen Stadt, die man bei Grabungen für den Bau des neuen Stadtratsgebäudes am Wood Quay nahe der Christ Church Cathedral zutage gefördert hatte, wieder zugeschüttet wurden. Heute verschandelt das unvollendete Gebäude den Blick vom Herzen der Stadt auf den Fluß.

Ein weiterer Akt der Zerstörung war symbolisch gemeint: die Sprengung der Nelsonsäule in der O'Connell Street 1966 zum 50. Jahrestag des Osteraufstandes.

Der wirtschaftliche Aufschwung der sechziger und frühen siebziger Jahre kam zum Erliegen, als die Regierungen mit großen Haushaltsdefiziten arbeiteten und riesige Schuldenberge anhäuften. Die großzügigen Zahlungen der EG für die Bauern flossen spärlicher, während neue Technologien Arbeitsplätze in der Industrie entstehen ließen. Folge war, daß die Republik Irland ihren kostbarsten Schatz vernachlässigte: die Jugend. Als 1962 die Beatles im Adelphi Cinema im Zentrum Dublins spielten, randalierten draußen Fans, die keine Karten bekommen hatten. 1987 tanzten die Teenager einer anderen Generation zum Rhythmus der weltbekannten Dubliner Rockgruppe U2. Zwischen dem Erscheinen von »Love Me Do« und »Sunday Bloody Sunday« entwickelte sich Dublin wegen der hohen Geburtenrate zur jüngsten Hauptstadt Europas. Die achtziger Jahre waren für die Jugend einer

Stadt, in der über ein Drittel der Bewohner in Armut lebt, nicht leicht: Drogenmißbrauch und Jugendkriminalität stiegen erschreckend an. Selbst das Schicksal schien gegen sie zu sein: 1981 kamen beim Brand in einer Disco 48 Jugendliche ums Leben.

Brain-Drain

Die Kürzungen der öffentlichen Ausgaben, mit denen die Staatsverschuldung reduziert werden soll, haben zunehmend Auswirkungen auf den sozialen Bereich. Man schätzt, daß trotz des ausgebauten Sekundarschulsystems nur 2 % der Arbeiterkinder eine Universität besuchen. In dieser Klassengesellschaft hat selbst die Jugend der Mittelklasse ihre Probleme, da auch qualifizierte Kräfte kaum Arbeit finden. Sichtbar wird der »Brain-Drain«, die Abwanderung der Akademiker, in den Schlangen vor der Amerikanischen Botschaft, in der sich Jugendliche um ein Visum bemühen; Tausende gingen in die USA, um dort illegal zu arbeiten, andere versuchten ihr Glück in Australien oder auf dem Kontinent. Einige wenige, die in den fünfziger Jahren auswanderten, profitierten vom Aufschwung in London; viele weniger Glückliche landeten in schlechtbezahlten Jobs oder schlossen sich den Ärmsten der Armen an.

Unter der Jugend, die hierbleibt, herrscht allerdings ein Gemeinschaftsgefühl, das sich oft in der Popkultur ausdrückt, die in Dublin so großen Anklang fand und zu der die Stadt mit Bob Geldof und U2 ihren eigenen Beitrag leistet. Manche Beobachter beurteilen die Rolle von Bands wie U2 skeptisch und sind der Ansicht, daß sie die Energie der Jugend in harmlose Bahnen lenken. Andere entdecken in den ernsten Liedertexten, die die Übel unserer Zeit anprangern, Idealismus und Reife.

Die Volkszählung 1991 machte Veränderungen deutlich. Der Anteil der Kleinkinder nahm ab. Den größten Zuwachs verzeichnete die Altersgruppe der 25- bis 44jährigen, die seit 1981 10 % zugelegt hatte. Mit 16 337 getrennt lebenden Dubliner Paaren, denen eine Scheidung verwehrt blieb, wies die Statistik auf ein ungelöstes Problem hin. Die sinkende Geburtenrate und die steigende Zahl der Auswanderer werden dazu führen, daß auf den Straßen Dublins wieder weniger junge Gesichter zu sehen sein werden.

Anfang der siebziger Jahre herrschten in Ulster teilweise Anarchie und Chaos. Es kam so weit, daß Ladenbesitzer erpreßt wurden, Schutzgelder zu bezahlen. Wer nicht bezahlte, mußte damit rechnen, sein Anwesen wenig später in Schutt und Asche vorzufinden. Gangstertum, das nichts mehr mit politischen Zielen zu tun hatte, heizte das Klima der Gewalt in Ulster weiter an.

1971 wurde Premier Chichester-Clark durch den pragmatischen BRIAN FAULKNER ersetzt. Zu diesem Zeitpunkt verschärfte die IRA den Kampf durch den Einsatz von Heckenschützen, unter Autos angebrachten Bomben und Terroranschlägen in überfüllten Bars. In den Wohnvierteln der Katholiken wurden die Aktionen der IRA mit dem makabren Refrain besungen: »Klatsch in die Hände, wenn du einen britischen Soldaten getötet hast.« Die protestantischen Terrorgruppen gingen ihrerseits dazu über, Gewalt mit Gewalt zu vergelten.

Links: **Stormont** ist das Symbol eines protestantisch-unionistisch dominierten Nordirland. Oben: Die Nelsonsäule in der Dubliner O'Connell Street wurde 1966 zur 50-Jahr-Feier des Osteraufstandes gesprengt.

Faulkner, der schnelle Erfolge suchte, überredete den britischen Premierminister Heath, des Terrorismus Verdächtige ohne Gerichtsverfahren internieren zu lassen. Diese vielleicht wirksame, aber juristisch riskante Methode versagte diesmal. Die Katholiken protestierten gegen diese Art Politik, und auch die internationale Öffentlichkeit empörte sich darüber, daß Häftlinge in den Internierungslagern geschlagen und gefoltert wurden. Ursprünglich als Vermittler gekommen, galt die britische Armee inzwischen als Feind.

Zu einer dramatischen Verschärfung der Lage kam es am 30. Januar 1972, als britische Soldaten das Feuer auf unbewaffnete Demonstranten eröffneten. Am Ende lagen 14 erschossene Zivilisten auf den Straßen von Derry. Dieser fortan *Bloody Sunday* genannte Tag wurde zu einem alljährlich begangenen irischen Gedenktag. Wenige Monate später fanden sieben Menschen bei einem als Vergeltung verübten Bombenanschlag auf die Aldershot-Kaserne in England den Tod. Wie schon Mitte des 19. Jh. und in den dreißiger Jahren wurde das irische Problem nicht nur in Irland, sondern auch in England ausgetragen.

Aufblühende Wirtschaft

In der Republik Irland, die vielen IRA-Leuten als Zuflucht diente, verurteilte man die Gewaltanwendung im Norden und wollte sich nicht in den Konflikt hineinziehen lassen. Denn der Süden erlebte zu dieser Zeit einen wirtschaftlichen Aufschwung, während Nordirlands Wirtschaft allmählich stagnierte.

Seit dem Eintritt Irlands in die Europäische Gemeinschaft Anfang 1973 flossen die Subventionen reichlich in den Freistaat. Ehemalige Landarbeiter verdienten mit dem Zusammenbau von Elektrogeräteteilen plötzlich viel Geld.

Auch kulturell blühte Irland auf. Schriftsteller und Künstler, früher auf der Suche nach geistiger Freiheit in die Emigration gegangen, wurden von der Einkommensteuer befreit. Einige bekannte Schriftsteller kehrten in die Heimat zurück. Aber etliche Schriftsteller hielten es nach wie vor für unerträglich, in einem Land mit Bücherindex zu leben.

Auch der Feminismus erreichte die Insel und konnte sich nun in einem Klima entfalten, das für die Emanzipation der Frau lange Zeit ein Hindernis gewesen war. In einer gelungenen Protestaktion irischer Feministinnen kündigten Frauengruppen öffentlich Fahrten nach Belfast an, um dort Verhütungsmittel einzukaufen. Nach Dublin zurückgekehrt, eröffneten sie den Zollbeamten freimütig ihren Verstoß gegen das geltende Gesetz. Als sie aufgefordert wurden, die Verhütungsmittel auszuhändigen, erzählten sie den verlegenen Zollbeamten, daß sie sie bereits im Körper trügen.

London übernimmt die Kontrolle

In Nordirland verschlechterte sich die Lage zunehmend. Zwei Monate nach dem *Bloody Sunday* löste der britische Premier Heath den genau 40 Jahre alten Stormont 1972 auf und unterstellte Nordirland der britischen Regierungsgewalt. Gleichzeitig versuchte er, protestantische und katholische Führer von der Notwendigkeit einer Teilung der politischen Macht zu überzeugen.

Für die Iren war dies jedoch unannehmbar. Die protestantischen Extremisten hielten eine Machtteilung für den ersten Schritt in Richtung auf ein vereinigtes Irland, die IRA dagegen für ein entscheidendes Hindernis auf dem Weg dorthin.

So war es nicht überraschend, daß der von Edward Heath 1974 zusammengestellten gemeinsamen Regierung von Protestanten und Katholiken kein langes Leben beschert war. Der Sturz kündigte sich an, als die Protestanten in Ulster bei einer von Heath initiierten Wahl mit großer Mehrheit Kandidaten wählten, die gegen eine solche Regierung waren. Den entscheidenden Schlag versetzten die protestantischen Arbeiter mit einem Generalstreik. Die Regierung trat zurück, und Ulster wurde erneut unter britische Direktherrschaft gestellt.

In der Folgezeit wurde die Diskriminierung der Katholiken bei der Vergabe von Wohnungen und Arbeitsplätzen und damit der ursprüngliche Auslöser für die Eskalation der Gewalt zwar weitgehend abgeschafft, aber schon längst hatte sich eine Eigengesetzlichkeit der Gewalt entwickelt. Zu viele Menschen hatten ein Eigeninteresse an ihrer Fortsetzung. Viele arbeitslose Jugendliche stürzten sich angesichts ihrer aussichtslosen Lage immer verbissener in den Kampf. Die Grausamkeiten häuften sich und trieben die Zahl der Todesopfer auf knapp 3000. Inzwischen lebt in Nordirland eine ganze Generation, die bis in die jüngste Vergangenheit noch nie Frieden gekannt hat. Keiner der unterschiedlichen politischen Lösungsvorschläge der britischen Regierungen wurde akzeptiert. Selbst die altbewährte Taktik des Hungerstreiks funktionierte nicht mehr; von Premierministerin Thatcher ignoriert, hungerten sich zahlreiche Häftlinge zu Tode.

Im irischen Alltag haben sich die Menschen an Gewalt gewöhnt. Seit sich die schätzungsweise 300 bis 400 Scharfschützen der IRA und der linksradikalen Irish National Liberation Army auf polizeiliche und militärische Ziele beschränken, kann der Durchschnittsbürger in Nordirland relativ ungefährlich leben. Statistisch gesehen ist das Risiko, in Nordirland auf der Straße getötet zu werden, geringer als in Frankreich oder den USA.

Die Ära Haughey

Im Jahre 1979 legte Jack Lynch, der Nachfolger von Sean Lemass an der Spitze von Fianna Fáil, das Amt des Taoiseach (Premierminister) nieder. Sein Nachfolger wurde nach innerparteilichen Auseinandersetzungen CHARLES HAUGHEY, dessen starke Persönlichkeit während der nächsten 13 Jahre die Politik der Republik beherrschte und das Land in zwei Lager spaltete. Haughey war nicht unumstritten: 1970 war er als Finanzminister der Vorbereitung illegaler Waffenimporte für den Einsatz in Nordirland angeklagt, aber freigesprochen worden.

Angesichts der Rezession und der verständlichen Abneigung von Unternehmern, in Nordirland zu investieren, wurde die Arbeitslosigkeit zu einem größeren Problem als der Terrorismus. In dieser Hinsicht ging es dem Süden nicht viel besser. Anfang der achtziger Jahre versiegten die Kapitalströme aus der EG, und die Auslandsverschuldung der Republik nahm bedrohliche Ausmaße an. Die Preise für beispielsweise Benzin und Whiskey stiegen dramatisch, und wieder war der Schmuggler-Expreß voll von Iren aus der Republik, die zum Einkaufen nach Belfast fuhren.

Oben: Soziale Probleme der achtziger Jahre: Die Opfer zerrütteter Familien suchen ein Zuhause.

Haughey war eine charismatische Persönlichkeit, wie das Porträt des Historikers J. J. LEE zeigt: »Von Beruf Rechtsanwalt, hatte er die Fähigkeit, die Dinge auf den Punkt zu bringen. Er besaß große Ausstrahlung, viel Phantasie und enorme Selbstbeherrschung in der Öffentlichkeit. Er griff gegen die Bürokratie mit einer Härte durch, die alle gegen ihn aufbrachte, die sich der Bestechlichkeit und dem bürokratischen Mittelmaß verschrieben hatten. Und er besaß enorme Energie, mit der er seinen unstillbaren Machthunger nährte. Er war der typische Taoiseach. Er umgab sich mit der Aura eines Renaissanceherrschers – sein Reichtum (den er nach seinem Eintritt in die Politik diskret erworben hatte), sein loyales

Gefolge, sein florentinischer Hang zu Flügelkämpfen, sein Mäzenatentum und seine schillernde Persönlichkeit, listig und konspirativ, robust, phantasievoll und unsicher zugleich.«

Die ersten Jahre der Ära Haughey waren von innenpolitischen Auseinandersetzungen geprägt. 1981/82 wurde in 18 Monaten dreimal gewählt. Minderheitsregierungen von Fianna Fáil wechselten mit Koalitionen von Fine Gael und der Labour Party unter GARRET FITZ GERALD, hinter dessen genialer Zerstreutheit sich ein kluger politischer Kopf verbarg.

Der letzten Koalition (1982–87) gelang ein großer politischer Erfolg: Sie handelte mit der britischen Premierministerin MARGARET te es nur eine Mehrheit von 88 zu 75 Stimmen gegeben. Doch das Abkommen führte zu zaghaften Gesprächen zwischen der irischen und der britischen Regierung und den »verfassungsmäßigen« (d.h. nichtgewalttätigen) politischen Parteien Nordirlands.

Die Regierung FitzGerald bemühte sich auch, das Steuerwesen zu reformieren, um die irische Wirtschaft zu beleben, aber die Labour Party widersetzte sich Kürzungen im Sozial- und Gesundheitshaushalt; die Koalition brach folglich auseinander. Die folgenden Wahlen gewann Fianna Fáil, und ironischerweise nahm nun Haughey, der in der Opposition noch FitzGeralds Pläne für eine Steuerreform

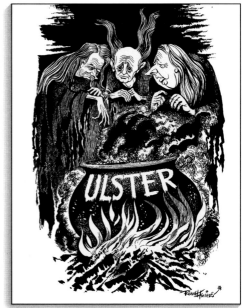

THATCHER das anglo-irische Abkommen vom November 1985 aus. Es räumt der irischen Regierung beratende Funktion bei der Verwaltung Nordirlands ein, verpflichtet die irischen und britischen Rechts- und Sicherheitskräfte bei der Bekämpfung des Terrorismus zusammenzuarbeiten und bestätigt, daß die sechs Grafschaften von Ulster so lange Teil des Vereinigten Königreiches bleiben, wie eine Mehrheit der Bevölkerung das wünscht. Das Abkommen wurde von gemäßigten Nationalisten in Nordirland unterstützt, doch von den Unionisten und der IRA entschieden abgelehnt. Aus Protest gaben deshalb alle 15 unionistischen Abgeordneten ihre Sitze in Westminster auf. Auch im Dubliner Parlament hat- blockiert hatte, selber eine solche Reform in Angriff.

Das Gesundheitssystem und der öffentliche Wohnungsbau hatten die Hauptlast der Kürzungen zu tragen, aber es funktionierte. Die Gewerkschaften stimmten im nationalen Interesse Lohnkürzungen zu, das Vertrauen der Wirtschaft kehrte zurück, und dank großzügiger Steueranreize strömte Kapital ausländischer Unternehmen ins Land. Der Export hatte Hochkonjunktur, und Ende der achtziger Jahre lag das Wirtschaftswachstum bei 7 % im Jahr, betrug also mehr als das Doppelte des EG-Durchschnitts.

Trotz des Konjunkturaufschwungs nahm die Arbeitslosigkeit zu. Es entstanden zwar neue

Arbeitsplätze, doch nicht annähernd genug, um die Flut junger Menschen zu bewältigen, die als Folge der hohen Geburtenrate in den sechziger und siebziger Jahren auf den Arbeitsmarkt strömte.

Der Aufschwung verhalf der Regierung und ihrem Führer zu Popularität, aber es gab erste Anzeichen dafür, daß Haughey sein politischer Instinkt im Stich ließ. 1989 ordnete er Parlamentswahlen an, weil er die absolute Mehrheit wollte, die er wegen des in Irland geltenden Verhältniswahlrechts nie erreicht hatte. Seit Bestehen des Staates verfügten nur sechs von 24 Regierungen über parlamentarische Mehrheiten.

wurde von den Medien eine Reihe von Wirtschaftsskandalen aufgedeckt. Ein Fernsehsender recherchierte bei einem Fleischkonzern und stieß auf Amtsmißbrauch, Steuerhinterziehung und Vetternwirtschaft.

Nach heftigen Angriffen im Parlament kündigte Haughey eine gerichtliche Untersuchung der Affäre an. Die Presse enthüllte, daß Direktoren der staatlich kontrollierten Zuckergesellschaft (inzwischen privatisiert) sich durch Aktienhandel bereichert hatten und der Präsident der Fernmeldegesellschaft Miteigentümer eines Grundstücks war, das die Gesellschaft später kaufte, wobei die Verkäufer große Gewinne machten. Die enormen

Fianna Fáil ging aus den Wahlen geschwächt hervor, und Haughey war zum erstenmal gezwungen, seine Partei in eine Koalition zu führen – ausgerechnet mit den Progressive Democrats, einer im Dezember 1985 von unzufriedenen Mitgliedern der Fianna Fáil gegründeten Partei.

1990 unterlag der Präsidentschaftskandidat von Fianna Fáil überraschend der linken Kandidatin MARY ROBINSON, einer bekannten Anwältin und Feministin. Im folgenden Jahr

Ganz links: Polizist im Einsatz. Links: Die drei Premierminister **B. Faulkner** (Ulster), **J. Lynch** (Irland) und **E. Heath** (Großbritannien) kochen ihr nordirisches Süppchen. Oben: Kriegsstimmung in Ulster.

Summen, die in diesem Zusammenhang zur Sprache kamen, wirkten grotesk angesichts der ständig wachsenden Schlangen vor den Arbeitsämtern – die Arbeitslosenquote näherte sich 20 %.

Haughey war zwar keine Verwicklung in diesen Affären nachzuweisen, aber die offene Freundschaft mit einigen Hauptverantwortlichen schadete seinem Ansehen, und auch sein eigener Reichtum machte ihn angreifbar. Die Unzufriedenheit wuchs, eine innerparteiliche Führungskrise im Herbst 1991 überstand er noch, aber Anfang 1992 mußte er sein Amt niederlegen. Nachfolger wurde ALBERT REYNOLDS, der vorher Industrie- und Handelsminister gewesen war.

Reynolds, eine eher unscheinbare Persönlichkeit ohne Haugheys Charisma, trat sein Amt mit dem Versprechen an, für Aufklärung zu sorgen und die irische Politik auf einen grundlegend neuen Kurs zu bringen. Aber die Regierung blieb im Schatten der Skandale, nicht zuletzt deshalb, weil Reynolds eine zentrale Rolle in den Vorgängen um den Fleischkonzern gespielt hatte.

Wenn er den Koalitionspartner in die Resignation treiben und so Parlamentswahlen erzwingen wollte, wurde ihm dieser Wunsch erfüllt: Vor dem Tribunal beschuldigte Reynolds den Führer der Progressive Democrats, DESMOND O'MALLEY, bei einer Zeugenaussage unter Eid die Unwahrheit gesagt zu haben. Kurze Zeit später schieden die Progressive Democrats aus der Regierung aus.

In der Wahl im November 1992 wurde der Wunsch der Bevölkerung nach einem Wechsel, der bereits zwei Jahre zuvor Mary Robinson die Präsidentschaft beschert hatte, bekräftigt. Die Bürgerkriegsparteien Fianna Fáil und Fine Gael verloren Stimmen, während die Labour Party die Zahl ihrer Parlamentsvertreter mehr als verdoppelte. Damit schien eine moderne Politik an Boden zu gewinnen. Doch Reynolds schaffte es, eine neue Koalition zusammenzustellen und wurde Anfang 1993 erneut Premierminister. Gegenwärtiger (1995) irischer Taoiseach ist JOHN BRUTON.

Die Abtreibungsdiskussion

Die Wahlen von 1992 waren noch aus einem anderen Grund von besonderer Bedeutung: Die Wähler sollten in einem Referendum in der Abtreibungsdiskussion entscheiden. Die Kontroverse war kurz nach Reynolds erstem Amtsantritt entbrannt, als bekannt wurde, daß der Generalstaatsanwalt (der oberste juristische Berater der Regierung) eine gerichtliche Verfügung beantragt hatte, um ein 14jähriges Vergewaltigungsopfer daran zu hindern, in England eine Abtreibung vornehmen zu lassen. Er war auf den Fall aufmerksam geworden, weil sich die Eltern des Mädchens bei

der Polizei erkundigt hatten, ob sich anhand einer Gewebeprobe des Fötus die Identität des Täters gerichtlich feststellen lasse.

Die Wurzeln dieser Affäre reichen bis in das Jahr 1983 zurück, als Abtreibungsgegner (Aktion »Pro-life«) der Regierung ein Referendum über eine Verfassungsänderung abgewannen, welche das Ziel hatte, legale Abtreibungen in der Republik Irland unmöglich zu machen. Im Dezember 1986 entschied schließlich der Dubliner High Court, daß es für Krankenhäuser strafbar sei, in Abtreibungsfragen zu beraten.

Vielen Menschen erschien dieser Vorstoß scheinheilig und gegenstandslos, denn jedes Jahr fahren schätzungsweise 4000 irische Frauen zur Abtreibung nach Großbritannien. Nach einer langen und heftig geführten, öffentlichen Diskussion wurde die Verfassung geändert, und der entsprechende Passus lautet jetzt: »Der Staat anerkennt das Recht des Ungeborenen auf Leben und garantiert – unter gebührender Berücksichtigung des gleichen Lebensrechtes der Mutter – dieses Recht gesetzlich zu respektieren und soweit wie möglich zu verteidigen und ihm Geltung zu verschaffen«. (Artikel 40.3.3)

Als der Generalstaatsanwalt von der geplanten Abtreibung des vergewaltigten Mädchens hörte, fühlte er sich als Wächter der Verfassung verpflichtet einzuschreiten. Zum allgemeinen Entsetzen bestätigte ein Richter des High Court die gerichtliche Verfügung und untersagte dem Mädchen und ihrer Familie, innerhalb der nächsten zehn Monate das Land zu verlassen. Doch nun forderte die Regierung selbst die Familie auf, vor dem Supreme Court (der höchsten Verfassungsinstanz) Berufung einzulegen.

Im Kreuzfeuer heftiger Kontroversen und gegenseitiger Beschuldigungen gab der Supreme Court der Berufung statt – allerdings nicht, wie erwartet, auf der Grundlage europäischen Rechts, das Freizügigkeit des Reisens innerhalb der Staatengemeinschaft garantiert, sondern mit der Begründung, daß Artikel 40.3.3 die Abtreibung bei einer tatsächlichen und stichhaltigen Gefahr für das Leben der Mutter zulasse (in diesem Fall Suizidgefahr). Die Verfassungsänderung von 1983 hatte also den Schwangerschaftsabbruch in Irland in gewisser Weise legalisiert – genau das Gegenteil von dem, was ihre Befürworter beabsichtigt hatten.

Unbeeindruckt forderten die Abtreibungsgegner, unterstützt von der katholischen Kirche, ein neues Referendum. Die Regierung stimmte dem Begehren zu, wohl auch, um zu verhindern, daß die in jenem Sommer anstehende Volksabstimmung über die Europäische Gemeinschaft (die Verträge von Maastricht) durch ein Protestvotum scheitern könnte. Sie verzögerte geschickt die Veröffentlichung der Abstimmungspunkte im Wortlaut, bis die Maastricht-Abstimmung unter Dach und Fach war.

Schließlich wurden den Wählern drei Punkte zur Abstimmung vorgelegt. Der erste garantierte die Reisefreiheit (und stellte damit sicher, daß Frauen auch weiterhin im Ausland abtreiben lassen können). Der zweite versprach Informationsfreiheit (über die legalen Möglichkeiten im Ausland). Der dritte und umstrittenste verbot einen Schwangerschafts-

Links: Unter dem Druck des Bürgerkrieges zog in Nordirland auch ein schwer bewaffneter Polizist ein sicheres Versteck vor. Oben: **Charles Haughey**.

abbruch, wenn er nicht nötig sei, »um das Leben, nicht aber um die Gesundheit der Mutter zu retten«. Ausdrücklich ausgeschlossen wurde auch die Gefahr eines Selbstmords, die der Supreme Court als Grund für eine Abtreibung anerkannt hatte.

Die »Pro-life«-Gruppen protestierten scharf, ihrer Meinung nach sollten die Wähler die Möglichkeit haben, Abtreibungen innerhalb des Landes ganz zu verbieten. Die Befürworter der Wahlfreiheit erhoben Einspruch gegen die zweifelhafte und herabsetzende Unterscheidung zwischen dem Leben und der Gesundheit einer Frau, gegen die Nicht-Anerkennung psychischer Probleme durch den

Ausschluß des Selbstmordrisikos und gegen die Tatsache, daß die Regierung sich für ein Referendum entschieden hatte, statt auf Grundlage der Auslegung des Artikels 40.3.3 durch den Supreme Court Gesetze zu erlassen.

Gemeinsam schafften es die widerstreitenden Fronten, daß dieser Punkt abgelehnt wurde. Die beiden anderen Anträge wurden angenommen. Abtreibung bleibt also in Irland gewissermaßen legal, allerdings nur unter ganz bestimmten und unklar definierten Umständen. Der Gesetzgeber aber war mit einem Problem konfrontiert worden, dem die meisten seiner Vertreter nur allzu gerne aus dem Weg gegangen wären.

Es war jedoch klar, daß das Referendum von 1992 nur eine Teilantwort auf eine Frage mit so entscheidenden Auswirkungen auf die Rolle der katholischen Kirche in der irischen Gesellschaft und v. a. auf den Status der Frau würde geben können. Das Auffälligste an der Abtreibungsdiskussion war, daß sie von einflußreichen Gruppen wie Politikern, Rechtsanwälten, Klerikern und Ärzten geführt wurde. Bezeichnend für die Wahlen im November 1992 war dann der Erfolg weiblicher Kandidaten.

Irlands hoffnungslose Jugend

Nicht nur Frauen kämpfen darum, in den Zentren der Macht Gehör zu finden, der Jugend geht es ebenso. Beobachter haben in den letzten Jahren immer wieder soziale Unruhen in Irland vorhergesagt. Die Hälfte der Bevölkerung sei unter 25, ein Ende der hohen Arbeitslosigkeit nicht in Sicht und eine gewaltsame Entladung der Probleme deshalb unvermeidbar. Aber sie ist ausgeblieben, vermutlich verhindert durch das Sicherheitsventil Emigration, einem Dauerphänomen in der irischen Geschichte und Gegenwart.

Aktueller ist der Fatalismus der jungen Auswanderer. Insgesamt gehen etwa 30 000 pro Jahr überwiegend nach Großbritannien und in die USA. Abgesehen davon, daß sie Arbeit brauchen, fühlen sie sich vom irischen Staat vernachlässigt. Sie sehen wenig Sinn darin, zu Hause zu bleiben und dort für Veränderungen zu kämpfen. »Dies ist kein Land für alte Leute«, hatte der Dichter W. B. Yeats über das Irland der zwanziger Jahre noch schreiben können. Das Traurige an der gegenwärtigen Situation aber besteht darin, daß so viele junge Menschen aus dem europäischen Land mit der jüngsten Bevölkerung merken, daß hier wenig Platz für die Jugend ist.

Wenn sich das ändern soll, müssen die Politiker schwierige Probleme in Angriff nehmen, die in der hohen Arbeitslosigkeit, sozialen Ungleichheit, im Fehlen persönlicher Rechte in Bereichen wie Scheidung, Homosexualität, Abtreibung liegen. Auch das Vertrauen der Öffentlichkeit in die politische Moral, heute vorwiegend Objekt des Zynismus, muß wiederhergestellt werden. Bis dahin bleibt die Verwirklichung der drei großen »nationalen Ziele«, die Eamon de Valera in der Wiederbelebung der Sprache, im Ende der Auswanderung und in der Wiedervereinigung der Insel sah, ein frommer Wunsch. Nicht einmal

100 000 Menschen – überwiegend an der Westküste – sprechen Irisch. Und der bisher ungelöste Konflikt in Nordirland kostete seit 1969 über 3000 Menschen das Leben.

Das große ungelöste Problem

In Irland wurde der Satz geprägt: Wenn Sie glauben, die irische Frage verstanden zu haben, liegen Sie garantiert falsch. Für die Lösung dieses Dilemmas böten sich mehrere Möglichkeiten an. England könnte die direkte Herrschaft aufrechterhalten, aber die Chancen, die IRA zu besiegen, erscheinen gering. Es könnte die Provinz ganz integrieren, doch das hieße, für immer in der Klemme zu sitzen.

Wie ist es möglich, daß die Iren in beiden Teilen der Insel, die den Fremden in ihrem Land so herzlich willkommen heißen, diesen endlosen Konflikt mit einer solchen Erbitterung führen? Macaulays Antwort darauf war: Unter der dünnen Kruste brodelte noch immer die heiße Lava einer 800jährigen Geschichte.

Diese hat erst mit den jüngsten Entwicklungen des Jahres 1994 wieder eine eigene, von den Traditionen losgelöste Dimension erhalten, als sich die irische und die britische Regierung im Kampf gegen den fortwährenden Terror zusammenschlossen und gegenwärtig über die Bedingungen einer gemeinsamen Nordir-

landpolitik verhandeln. Seit in Ulster die Waffen der protestantischen und katholischen Terrorgruppen schweigen, ist wieder Bewegung in die als aussichtslos erachtete Lage gekommen.

Ein wichtiger Schritt für den Dialog war die Aufnahme Sinn Féins als dem politischem Arm der IRA in die gemeinsamen Gespräche. Dafür forderte man allerdings einen generellen Gewaltverzicht, auf den Sinn Féin indes nach wie vor genauso wenig einzugehen bereit ist wie auf die Übergabe aller Waffen der IRA. Entsprechend liefen sich die Friedensgespräche im Sommer 1995 fest, denn London ist in diesem Punkt der IRA-Waffenarsenale zu keinem Kompromiß bereit.

Es könnte ein vereinigtes Irland erzwingen, doch dann ist mit dem bewaffneten Widerstand der nordirischen Protestanten zu rechnen. Es könnte die Grenze neu ziehen, doch dann gäbe es neue Flüchtlinge. Es könnte seine Truppen abziehen, aber dann besteht die Gefahr eines blutigen Bürgerkriegs, der möglicherweise auch auf englische Städte mit irischen Bevölkerungsteilen übergreifen würde. Es könnte Nordirland auch die Unabhängigkeit anbieten, doch wäre damit nur die Situation von vor 1969 wiederhergestellt.

Links: **Mary Robinson,** die erste irische Präsidentin. Oben: Frauen in Dublin protestieren gegen das Abtreibungsverbot.

Großen symbolischen Versöhnungscharakter hatten 1994 die Besuche der irischen Präsidentin Robinson beim Führer von Sinn Féin, GERRY ADAMS, und bei der britischen Königin Elisabeth II. Ein Treffen eines britischen mit einem irischen Staatsoberhaupt hatte es seit 1921 nicht mehr gegeben. Auch das Treffen von Adams mit dem amerikanischen Präsidenten Clinton im März 1995 setzte die englische Regierung unter Handlungsdruck.

Freilich wehren sich die Unionisten in Ulster, v. a. ihr radikaler Führer IAN PAISLEY, gegen eine Wiedervereinigung aller irischen Provinzen, doch vorerst gehen die Verhandlungen ohnehin nur in Richtung eines Austau-

daß durch den eingekehrten Frieden die Menschen in Nordirland zuversichtlicher und versöhnungsbereit sind, sich die Wirtschaft erholt und dem kulturellen Leben wieder Auftrieb gegeben wird.

Was die Menschen in Irland eint, ist ihre gemeinsame Hoffnung auf die Stabilität des Friedensprozesses. Als die IRA im Februar 1996 in London mehrere Bombenanschläge verübte, war die bis dahin 17 Monate währende Waffenruhe stark gefährdet. Die Regierungen mahnten, daß nur eine Wiederaufnahme der Verhandlungen einen dauerhaften Frieden garantieren könnte. Die ernsthafteste Gefärdung des Friedensprozesses besteht in der Vermei-

sches von Verzichtserklärungen aller Parteien: die Republik schwächt den Verfassungsanspruch auf Ulster ab, London reformiert das Nordirlandgesetz, das seit der Teilung die britische Oberhoheit über Nordirland festlegte. Dadurch könnte auch ein neues, provisorisches Parlament in Belfast wiedererrichtet werden.

Das Zusammentreffen der beiden Regierungschefs Major und Bruton Anfang 1995 in Belfast machte überdies deutlich, das beide Länder nicht länger bereit sind, den Bürgerkrieg weiter als gegebenen Zustand zu akzeptieren und vielleicht auch die schon 75 Jahre währende Teilung Irlands zu überwinden. Ein grundlegender Erfolg ist es jedenfalls bereits,

dung des Dialogs. Seit Meinungsumfragen im Laufe des Jahres 1995 ergeben haben, daß eine überwältigende Mehrheit auf den Britischen Inseln die Ausgleichspolitik zwischen London und Dublin gutheißt und sich folglich England allmählich aus der irischen Geschichte zurückziehen soll, wird den Protestanten Nordirlands jene Rolle zugedacht, mit der der Historiker Lecky ursprünglich ganz Irland charakterisierte: jene der Verlierer. Eigentlich aber können alle durch den neuen Frieden nur gewinnen.

Oben: Fast jeder zweite Ire ist unter 25 Jahre alt. Millionen sehen keine Perspektive auf der Insel. In den achtziger Jahren grassierte in vielen Wohnvierteln jugendlicher Wandalismus. Rechts: Die Taube, Symbol des ersehnten Friedens?

Geschichte Irlands in Zahlen

7. Jt. v. Chr. Erste Siedlungen in Irland.
4. Jt. v. Chr. Einwanderung kontinentaleuropäischer Bauern; Beginn der Jungsteinzeit; Megalithgräber.
um 350 v. Chr. Kelten wandern in Irland ein.
4.-6. Jh. n. Chr. Älteste Schriftzeugnisse in irischer Sprache.
432 n. Chr. Der hl. Patrick, der »Apostel der Iren«, beginnt in Irland zu missionieren.
7./8. Jh. Irland ist in etwa 150 selbständige Königtümer zerfallen. Die Klöster spielen eine wichtige Rolle.
7.-9. Jh. Irische Missionstätigkeit in Britannien und auf dem Kontinent.
795 Wikinger fallen in Irland ein, plündern die reichen Klöster und legen Militär- und Handelsniederlassungen auf der Insel an.
841 Die Wikinger gründen einen Stützpunkt am Liffey, das spätere Dublin. Es wird Hauptstadt eines Wikingerkönigreichs.
916-937 Erneuter Wikingereinfall.
1002 Erstmals wird ein König von ganz Irland anerkannt.
1014 Brian Boru, der Hochkönig von Irland, besiegt die Wikinger in der Schlacht von Clontarf und beendet deren Vormarsch in Irland.
1171/72 Anglonormannische Truppen besiegen die Wikinger.
1296 Das erste Parlament, eine Ständeversammlung der Angloiren, wird einberufen.
1366/67 Statuten von Kilkenny, durch die Iren und Engländer scharf getrennt werden sollten: Den englischen Siedlern war die Heirat mit Iren und die Übernahme der irischen Sprache und Kleidung sowie des Rechtssystems verboten. Die Statuten wurden 1613 wieder aufgehoben.
1494 Poyning's Law, nach dem Gesetze des irischen Parlaments nur in Kraft treten können, wenn sie vom englischen Parlament bestätigt worden sind.
1539 König Heinrich VIII. von England ordnet die Auflösung der irischen Klöster an.
1541 Heinrich VIII. läßt sich vom irischen Parlament den Titel eines »Königs von Irland« übertragen. Die irischen Großen müssen ihr Land vom König zu Lehen nehmen und englische Adelstitel führen.
1607 »Flucht der Grafen«. Hugh O'Neill, Graf von Tyrone, und Rory O'Donnell, Graf von Tyrconnell, deren Versuch, die Eroberung von Ulster durch die Engländer zu stoppen, mit einer Niederlage in der Schlacht von Kinsale endete, fliehen mit vielen anderen gälischen Führern auf den Kontinent. Ihr Land wird an englische und schottische Siedler verteilt.
1641 Katholische Rebellion, die sich rasch über weite Teile Irlands ausbreitet und der unzählige Protestanten zum Opfer fallen.
1649-1652 Oliver Cromwell verfolgt die irischen Katholiken, die im englischen Bürgerkrieg König Karl I. unterstützt hatten. Ländereien werden beschlagnahmt und an die Soldaten Cromwells verteilt.
1685 Der katholische König Jakob II. folgt seinem Bruder Karl II. auf dem englischen Thron.
1688 Glorreiche Revolution. Wilhelm von Oranien wird vom englischen Hochadel eingeladen, die Krone zu übernehmen. Jakob II. flieht nach Frankreich.
1690 Jakob II. versucht, von Irland aus mit französischer Hilfe seinen Thron zurückzuerobern. In der Schlacht am Boyne erleidet er eine Niederlage.
1692 Das irische Parlament schließt Katholiken aus und verabschiedet strenge antikatholische Maßnahmen, die Penal Laws.
1752 Erste reguläre Kutschenverbindung zwischen Dublin und Belfast, drei Tage Reisezeit für die Entfernung von 100 Meilen.
1782 Mit dem »Grattan's Parliament« erhält Irland das Recht auf eine unabhängige Legislative.
1791 Gründung der »Society of United Irishmen«. Thomas Paine veröffentlicht »The Rights of Man«, das in Irland starke Beachtung findet.
1800 Act of Union. Selbstauflösung des irischen Parlaments und Bildung des Vereinigten Königreichs von Großbritannien und Irland.
1803 Robert Emmets Dubliner Aufstand mit dem Ziel einer irischen Republik nach französischem Vorbild wird schnell unterdrückt.
1823 Daniel O'Connell gründet die Catholic Association. Diese fordert, auch Katholiken ins Parlament einziehen zu lassen.
1829 Die britische Regierung gibt O'Connells Forderungen nach: Katholikenemanzipation.
1843 O'Connell ruft »Monster Meetings« zum Protest gegen den Act of Union ein. Die Briten legen ihm nahe, eine Massenveranstaltung in Clontarf abzusagen. Um Gewalt zu vermeiden, willigt er ein und macht sich damit unbeliebt.
1847 Der Höhepunkt der Großen Hungersnot.
1848 Der Aufstand des Jungen Irland scheitert.

1867 Mitglieder der Irisch Republikanischen Bruderschaft (Fenier) zetteln in fünf Grafschaften, darunter Dublin, Aufstände an.
1875 C. S. Parnell zieht ins englische Parlament ein. Er unterstützt die Home-Rule-Bewegung und wird Führer der Irish National Party.
1886 Erster Gesetzentwurf zur Selbstbestimmung Irlands scheitert im britischen Parlament.
1893 Scheitern des zweiten Gesetzentwurfs zur Home Rule.
1912 Dritter Gesetzentwurf zur Home Rule vom britischen Parlament verabschiedet.
1916 »Osteraufstand«. Die Irish Volunteers und die Irish Citizen Army rufen eine Republik aus; sie werden nach einer Woche besiegt. Der Aufstand findet anfangs kaum Resonanz bei der Bevölkerung, stößt aber nach der Hinrichtung von 15 Anführern auf Sympathie.
1919 Das erste Dáil Eireann (Irisches Parlament) tritt im Mansion House zusammen, verabschiedet eine vorläufige Verfassung und wählt Eamon de Valera zum Präsidenten.
1919–1921 Die Irish Volunteers, die sich nun Irish Republican Army nennen, beginnen ihren Befreiungskampf gegen die Briten.
1920 Der Government of Ireland Act sieht für Nord- und Südirland ein eigenes Parlament vor.
1921 In London wird der Anglo-Irische Vertrag unterzeichnet. 26 Grafschaften werden als Freistaat Irland selbständiges Mitglied im britischen Commonwealth, sechs Grafschaften im Norden verbleiben im Vereinigten Königreich.
1922 Das Dáil billigt den Vertrag, doch einige Republikaner unter de Valera verweigern ihre Zustimmung. Das Four Courts wird von der IRA besetzt und von Truppen des Freistaats beschossen. Das irische Staatsarchiv brennt aus. Zwei Jahre herrscht Bürgerkrieg.
1927 Eamon de Valera zieht als Vorsitzender der neuen Partei Fianna Fáil (»Soldaten des Schicksals«) ins Dáil ein.
1932 Die Fianna Fáil gewinnt die Parlamentswahlen, und de Valera wird Premierminister.
1933 De Valera schafft den Treueid gegenüber dem englischen König ab.
1937 Aus dem Freistaat wird der souveräne Staat »Eire«.
1939–1945 Eire bleibt im Krieg neutral.
1948 Austritt aus dem Commonwealth.
1949 Mit dem »Republic of Ireland Act« tritt die volle Unabhängigkeit in Kraft.
1955 Beitritt zu den Vereinten Nationen.
1969 Unruhen in Nordirland führen zur Intervention britischer Truppen und zur Wiederbelebung der IRA. Der Ausbruch des Bürgerkriegs bedeutet die Auflösung des nordirischen Parlaments in Belfast und die Etablierung der britischen Militärpräsenz.
1970 Die Provisional IRA beteiligt sich erstmalig an Belfaster Straßenkämpfen, die bis 1994 in fast allen Teilen Nordirlands ohne Unterlaß weitergehen und über 3000 Opfer fordern.
1972 Irland wird gemeinsam mit Großbritannien Mitglied der EG.
1979 Charles Haughey von der Fianna Fáil wird Premierminister.
1985 Anglo-irisches Abkommen über den Status von Ulster und der zukünftigen gemeinsamen Beratung für die Lösung des Nordirlandproblems.
1986 Anglo-irisches Abkommen von Hillsborough. Die irische Regierung erhält ein gewisses Mitspracherecht in der Verwaltung Nordirlands.
1990 Mary Robinson wird zur Staatspräsidentin gewählt.
1992 Die Bevölkerung stimmt in einem Referendum für die Ratifizierung des Vertrags von Maastricht. A. Reynolds wird Premierminister.
1993 Gemeinsame Erklärung der irischen und britischen Regierung zur Nordirland-Frage: Allen nordirischen Parteien werden nach Einhaltung eines dreimonatigen Waffenstillstands Friedensgespräche angeboten.
1994 Anglo-irische Erklärung über eine gemeinsame Gestaltung der Zukunft Nordirlands; nach Waffenstillstand der IRA erstmals seit 25 Jahren Bürgerkrieg wieder Frieden. Reynolds wird von J. Bruton als Premierminister abgelöst.
1995 Rahmenabkommen der britischen und irischen Regierung für Allparteienverhandlungen über Nordirland. Streitpunkt: Entwaffnung der Untergrundverbände. Legalisierung von Informationen über Abtreibung im Ausland. 50,3 % der Bevölkerung stimmen für Zulassung der Ehescheidung (seit Juni 1996 ist sie definitiv legal).
1996 Bombenanschläge der IRA in England.
30. Mai 1996 Wahl eines 110köpfigen Forums in Nordirland, aus dem die Verhandlungsdelegation für Allparteiengespräche hervorgegangen ist.
10. Juni 1996 Beginn der Nordirland-Verhandlungen ohne Sinn Féin.

Familienforschung als Urlaubsziel

Die Zahl der Menschen aus aller Welt, die nach Irland kommen, um dort Ahnenforschung zu betreiben, ist seit Mitte der achtziger Jahre sprunghaft angestiegen. Unter den Amerikanern irischer Abstammung hat diesen Trend nicht zuletzt der Staatsbesuch des amerikanischen Präsidenten RONALD REAGAN im Jahr 1984 beflügelt, der das Haus seiner Vorväter in der Grafschaft Tipperary aufsuchte.

Ahnenforschung ist deshalb so beliebt, weil viele Menschen gerne wissen möchten, wo ihre Wurzeln sind, aus welcher Umgebung ihre Vorfahren stammen.

Den Suchenden steht dabei die größte irische Agentur für Ahnenforschung, die *Hibernian Research Company,* hilfreich zur Seite. Diese Firma war es auch, die das Dorf von Ballyporeen ausfindig machte, in dem die Vorfahren Reagans gelebt hatten. Ebenso schreibt sie sich das Verdienst zu, die Wurzeln des ehemals weltbesten Tennisspielers JOHN MCENROE (geboren 1959) in den Grafschaften Cavan und Longford herausgefunden zu haben.

Nach Angaben von Mr. Lindert, dem Direktor der Agentur, erhält sein Büro zwischen 150 und 200 Anfragen pro Woche. Amerikanischen Familienforschern gibt die Agentur Ratschläge, wie bei der Suche vorzugehen ist, und gegen eine Gebühr von fünf Pfund versendet sie schriftliche Hinweise.

Für die Hobbyforscher gestaltet sich ihre selbstgestellte Aufgabe, in alten Aufzeichnungen und Chroniken Nachforschungen anzustellen, oft schwierig und zeitraubend. Deshalb bietet die *Hibernian Research Company* eine weitere Dienstleistung an, die für die Firma finanziell erheblich besser zu Buche schlägt: Gegen die Zahlung von durchschnittlich 125 Pfund (die Gebühr richtet sich nach dem Zeitaufwand und nicht nach dem Resultat) kann man einen Genealogen der Agentur beauftragen, eine komplette Akte mit Stammbaum zu erstellen.

Die Suche nach der Familiengeschichte ist für US-Amerikaner, Australier und Neuseeländer irischer Abstammung zu einer eigenständigen Touristenattraktion auf der grünen Insel geworden. Reiseveranstalter haben in diesen Ländern entsprechende Pauschalreisen in ihr Programm aufgenommen, und in Irland selbst haben sich viele offizielle Stellen auf die zunehmende Zahl von Anfragen eingerichtet.

Ob man sich selbst auf die Suche begibt oder aber einen professionellen Ahnenforscher engagiert, es empfiehlt sich in jedem Fall, bereits zu Hause möglichst viele Informationen zusammenzutragen: Wie hieß der Angehörige, der auswanderte, wo lebte er davor in Irland, liegen irgendwelche Angaben über sein Geburtsdatum, seine Ehe oder seinen Tod vor? Welchen Beruf hat er ausgeübt, hat er Kinder gehabt? Erfolgversprechend sind Nachfragen bei älteren Familienmitgliedern und das Blättern in alten Tagebüchern und Fotoalben.

Irischstämmige Amerikaner konnten in vielen Fällen in den US National Archives erfahren, wann ihre Vorfahren in welchem Hafen die Neue Welt betraten. Die Listen der Einwanderungsbehörden und der Schiffahrtsgesellschaften geben Auskunft über Herkunftsland, Alter und Beruf der Neuankömmlinge und verzeichnen ebenso den Hafen, in dem die Betreffenden eingeschifft wurden.

Reisende vom europäischen Kontinent, die einen Spaziergang über einen der zahllosen alten irischen Friedhöfe machen, sollten sich nicht wundern, wenn sie zuweilen mit ganzen Busladungen von Genealogieforschern konfrontiert werden. Diese Geschichtshungrigen suchen dann aufgeregt die Gräber ab, um den eigenen Familiennamen zu finden. Manchmal werden auch Iren als vermeintliche Experten um Hilfe gebeten. Solch seltsam anmutendes Gebaren sollte jedoch nicht leichtfertig abgetan werden, ergibt sich doch hier die Gelegenheit, etwas über das Schicksal irischer Familien in Erfahrung zu bringen. Ist das Eis erst gebrochen, sind die Suchenden zu offenen Gesprächen bereit, die etwas von den persönlichen Implikationen der irischen Geschichte im letzten Jahrhundert erahnen lassen. Hier wird wieder einmal deutlich, daß Iren nichts von ihrer Liebe zur Insel verlieren, auch wenn sie bereits seit mehreren Generationen in der Fremde leben.

So manches vergilbte Familienfoto hat bei der Suche nach den Spuren der ausgewanderten Vorfahren wertvolle Dienste geleistet.

Die Rolle der Kirche

Die Namen der Wochentage im Englischen und im Deutschen entstammen einer bunten Mischung verschiedener Gottheiten, römischer und germanischer – von Saturn über Wotan bis zum Mond. Im Irischen dagegen sind drei Wochentage nicht nach Göttern, sondern nach religiösen Bußritualen benannt. Das irische Wort für Mittwoch bedeutet »erstes Fasten«, das für Freitag »das Fasten« und das für Donnerstag »der Tag zwischen den beiden Fastentagen«. Mittwoch und Freitag waren in den großen irischen Klöstern die Tage des Fastens und der Kasteiung.

Der irische Alltag wurde also weniger von fernen Göttern, sondern eher von handfesten religiösen Bräuchen bestimmt. Das Sakrale und das Weltliche waren in der irischen Geschichte lange untrennbar miteinander verbunden.

Der Katholizismus war in Irland nicht nur Religion, sondern gehörte zur Nationalität. Die Wörter »irischer Katholik« kennzeichnen nicht nur die Person eines bestimmten Glaubens, die in einem bestimmten Land geboren ist. Sie kennzeichnen darüber hinaus ein Land, eine Kultur, eine bestimmte Politik. In Irland war der Katholizismus zunächst eine Frage der gesellschaftlichen Identität, weniger eine des persönlichen Glaubens, und das Ringen darum, diese beiden Aspekte zu entflechten, prägt die irische Kirche heute.

In Irland wie auch in Polen oder Kroatien, wo das Nationalgefühl unterdrückt und die Eigenstaatlichkeit zerschlagen war, entwickelte sich die Kirche als einzige organisierte und institutionalisierte nationale Kraft zu einer Art Ersatzstaat. Das moderne Irland auf dem Weg zu einer europäischen, republikanisch verfaßten Demokratie muß sich damit auseinandersetzen, daß die Kirche vor dem Staat existierte, daß sie in bezug auf das Territorium ältere Rechte geltend machen kann. Der Staat ist erst 70 Jahre jung und zerbrechlich. Die Kirche ist alt und robust – so alt, daß ihre Sprache und Kultur, ihre Hierarchie und ihre Macht die gesamte Gesellschaft dauerhaft geprägt haben.

Die Kirche hat in Irland immer eine starke soziale Funktion gehabt; anläßlich des Meßbesuchs trifft man Bekannte und hört Neuigkeiten. Das war zwar früher in Mitteleuropa genauso; die Iren haben allerdings im Vergleich zur übrigen westlichen Welt ihre religiöse Kultur bis heute bewahrt. In Irland gehen jede Woche mehr Menschen in die Kirche (86 % der überwiegend katholischen Bevölkerung) als in irgendeiner jüdischen oder anderen christlichen Gemeinschaft.

Wenn es um den Glauben an die Existenz Gottes und der Seele, an das Leben nach dem Tod, den Himmel und das Gebet geht, liegen die Iren in Umfragen so weit vor dem Rest der entwickelten Welt, daß sie überhaupt nicht dazu zu gehören scheinen. Dieser Umstand hat jedoch nie zu Problemen geführt, denn diese Dinge, wie tief sie auch verwurzelt seien, bleiben Fragen des persönlichen Glaubens.

Ein politisches Problem stellte und stellt jedoch die staatstragende Funktion des Katholizismus dar. Das Ereignis, das zur Gründung des modernen irischen Staats führte – der Aufstand im Jahre 1916 – war ebenso ein religiöser wie ein politischer Akt und wurde von seinem Führer PÁDRAIC PEARSE auch so verstanden. Daß er symbolträchtig zu Ostern stattfand und die Symbolik von Opfer und Sühne beschwor, schuf ein katholisch geprägtes politisches Bewußtsein, das den sehr irdischen staatlichen Zielen vieler Revolutionäre widersprach.

Der irische Nationalismus, die treibende Kraft der irischen Politik während des größten Teils des 20. Jh., ist – in seinen verfassungsmäßigen ebenso wie in seinen gewalttätigen Manifestationen – eng mit dem Katholizismus verflochten. EAMON DE VALERA, der 40 Jahre lang die Politik des Landes bestimmte, hielt es für angebracht, JOHN CHARLES MCQUAID, den katholischen Erzbischof von Dublin, bei der Ausarbeitung der Verfassung zu konsultieren. In den frühen achtziger Jahren inszenierten IRA-Gefangene einen Hungerstreik, der in seinem Symbolgehalt und in seiner Wirkung die irisch-katholische Tradition von Buße und Martyrium nicht verleugnen konnte.

Auch auf der nur indirekt politischen Ebene war die Kirche von enormer öffentlicher Prä-

Vorherige Seiten: Pilger auf dem mühseligen Weg zum Gipfel des Croagh Patrick. – Prozession auf den Aran Islands. Links: Saint Patrick, der Schutzpatron Irlands.

senz. Der Soziologe Tom Inglis hat darauf hingewiesen, daß die katholische Kirche im 19. Jh. den irischen Bauern nicht nur sagte, was sie zu glauben, sondern auch wie sie sich zu verhalten hätten. Es war die Kirche, die eine von der Natur und dem Tagesablauf auf dem Lande geprägte Bevölkerung lehrte, die zeitlichen Abläufe innerhalb der modernen Industriegesellschaft zu respektieren. Während die Kirche die wilden Iren »zivilisierte«, lieferte sie auch das Gerüst für ein Staatswesen, wo noch kein Staat existierte. Die Kirche baute flächendeckend ein eigenes, Erziehungswesen unter der Kontrolle von Mönchen und Nonnen auf und begründete auch eigene Univer-

sitäten, denn Katholiken war zeitweise der Besuch der Universitäten verwehrt.

Fast jeder Ire ist in einem katholischen Krankenhaus geboren, wurde an einer katholischen Schule erzogen, hat in einer katholischen Kirche geheiratet und seine Kinder von einem Priester taufen lassen; im Falle einer Ehekrise geht er zum katholischen Eheberater, bei einem Alkoholproblem zum Entzug in eine katholische Klinik. Man läßt sich in einem katholischen Krankenhaus operieren und nach katholischem Ritus begraben. Die Betreuung des Menschen »von der Wiege bis zur Bahre«, Wesenszug der meisten modernen europäischen Sozialsysteme, wurde in Irland von der Kirche entwickelt. Entsprechend ist der gesellschaftliche Druck, den die kirchliche Autorität ausübt.

Die allgegenwärtige Macht der Kirche

Die von der Kirche zur Zeit der britischen Herrschaft aufgebauten Institutionen blieben ihr im unabhängigen Irland erhalten. Damit bewahrte sich die Kirche eine enorme Machtposition: Sie kontrolliert den größten Teil des Gesundheits- und Erziehungswesens und hat auf alle anderen sozialen Einrichtungen großen Einfluß. Die meisten Grundschulen gehören der Kirche, dazu 90 % der weiterführenden Schulen. Auch die Lehrerausbildung wird von der Kirche kontrolliert, ebenso die meisten Ausbildungskrankenhäuser für Schwestern und Ärzte. Die Kirche vermittelt so erfolgreich zwischen der privaten Welt von Erziehung und Bildung (Geist) sowie Krankheit (Körper) auf der einen und der unpersönlichen Welt staatlicher Leistungen und Institutionen auf der anderen Seite. Diese Stellung hat ihr eine große Machtfülle verschafft.

Doch die Irisch-Katholische Kirche ist nicht der mächtige Monolith, der sie zu sein vorgibt. Sie leidet unter starkem Autoritätsverlust. Ihre jahrhundertealte Stärke ist im Irland des späten 20. Jh. zur Schwäche geworden. Sie hat sich mit einem paradoxen Problem auseinanderzusetzen: Sie kann nicht darauf hoffen, ihre Macht zu erhalten, ohne Macht aufzugeben. Bollwerke sind zu Barrieren geworden.

Der irische Katholizismus begründete und bewahrte seine Macht über die Jahrhunderte nicht einfach als Fels Petri, sondern war und ist eher – um im Bild zu bleiben – eine geologische Schichtung, wo unter der Oberfläche die Schichten einander überlagern und sogar durchdringen. Die Blüte des frühen irischen Christentums z. B. basierte nicht darauf, daß man den keltischen Glauben auslöschte, sondern man nahm ihn in sich auf. Die Wallfahrt auf den Berg Croagh Patrick in der Grafschaft Mayo am letzten Sonntag im Juli ist eine Verehrung des Berggottes in katholischem Gewand. Die Spiritualität der frühen Christen Irlands ist von der Intimität einer Stammesgesellschaft und von der Verwendung von Naturbildern dicht am Pantheismus gekennzeichnet. So war ja auch Johannes Scotus Eriugena (der Name bedeutet Johannes der Ire, geboren in Irland), einer der bedeutendsten Philosophen und Theologen des frühen Mittelalters, des Pantheismus angeklagt worden. Sein Hauptwerk *De Divisione Naturae* wurde auf Befehl des Pariser Konzils von 1210 verbrannt und 1685 auf den Index gesetzt.

Diese Betonung des irischen Elements im »irischen Katholizismus« kommt in einem bekannten irischen Gedicht aus dem Mittelalter zum Ausdruck:

Who to Rome goes
Much labour, little profit knows.
For God, on earth though long you've saught him,
You'll miss at Rome unless you've brought him.
(Wer nach Rom geht, kennt viel Arbeit, wenig Lohn. Denn obwohl Du Gott auf Erden lange suchtest, in Rom wirst Du Ihn nicht finden, wenn Du Ihn nicht mit Dir brachtest.)

ne Menschen, daß sie den Druck der Veränderungen sofort zu spüren bekommt.

Auf der Ebene der Volksreligion und manchmal zum Ärger der katholischen Hierarchie ist der heidnisch beeinflußte frühe Katholizismus noch sehr lebendig. In vielen ländlichen Regionen verehrt man noch heute, wenn auch in christianisierter Form, heilige Quellen und die Überreste von Heiligtümern vergessener Quellgottheiten. Von Zeit zu Zeit breitet sich die Kunde von einem Wunder aus, wie etwa die Vorstellung von »sich bewegenden« Statuen der Hl. Jungfrau, die 1985 und 1986 einen großen Teil des Landes in ihren Bann zog.

Diese Tendenz zur lokalen Verwurzelung und zur Unabhängigkeit statt eines Aufgehens in einem universalen Katholizismus half den irischen Katholiken, während der Jahrhunderte der britischen Herrschaft Verfolgung und Isolation zu überleben. Andererseits wurde der Katholizismus dadurch stark von der irischen Gesellschaft abhängig. So lange die Gesellschaft verhältnismäßig stabil war, war diese Verwurzelung eine enorme Stärke. Doch in einer Gesellschaft im Umbruch bedeutet die enge Bindung der Kirche an das Land und sei-

Statuen und Monumente religiösen Inhalts sind wie hier in der Dame Street (links) und in der O'Connell Street (oben) in ganz Dublin anzutreffen.

An einigen Orten wie z. B. in Knock in der Grafschaft Mayo, wo Papst JOHANNES PAUL II. 1979 zu Gast war, hat die Kirche diese Wundergläubigkeit institutionalisiert. Im Gegenzug hierzu versucht man, magische Vorstellungen und Praktiken aus dem Katholizismus auszugrenzen, da man sich der Gefahr einer Verselbständigung dieses Phänomens nur allzu bewußt ist.

Die moderne irische Kirche wurde im 19. Jh. aufgebaut, indem man dem katholischen Glauben eine ausgeprägt autokratische Struktur, geprägt von zentralisierter Bürokratie und sexuellem Puritanismus überstülpte. Möglich wurde das durch das Trauma der Hungersnot, der großen Katastrophe Mitte des 19. Jh., die

die Bevölkerung innerhalb weniger Jahrzehnte auf die Hälfte reduzierte. Da Überbevölkerung zumindest eine Ursache für die Hungersnot gewesen war, war die neue Verbindung von französischem Jansenismus und englischem Puritanismus, die die Kirche nun predigte, rein ökonomisch betrachtet sinnvoll. Daß Irland in den fünfziger Jahren unseres Jahrhunderts die niedrigste Heiratsquote der Welt hatte, ist allerdings auch darauf zurückzuführen, daß zu jener Zeit viele junge Leute emigriert sind.

Auch die Institutionalisierung der Kirche als hervorragend organisierte und effiziente Bürokratie hat ihre Wurzeln in der Rolle der

Kirche nach der Hungersnot. Denn die Kirche war seinerzeit für die irischen Katholiken eine der wenigen Quellen des Wohlstands und Träger der Entwicklung und der sozialen Dienste. Auf der einen Seite bot ein Leben als Mönch oder Nonne eine akzeptable ökonomische Absicherung für Kinder, die man selbst nicht ernähren konnte. Andererseits entwickelte sich mit dem umfangreichen Bauprogramm für Kirchen und Schulen in der Zeit nach 1850 eine solide Infrastruktur.

So entwickelte sich die Religion, die ursprünglich v. a. lokal, persönlich und eher spirituell ausgerichtet war, zu einem hoch wirksamen Machtapparat. Zwischen 1850 und 1900 bis in die achtziger Jahre unseres Jahrhunderts stieg die Beteiligung an der Messe von etwa 30 bis 40 % auf 90 %. Doch wie Father JOHN J. O'RIORDAIN es ausgedrückt hat: »Man kann die Entwicklung in Irland im 19. Jh., die Erneuerung der Kirchenstrukturen, die Ausbildung des Klerus, die Kirchenneubauten, die Intensivierung des religiösen Lebens und die Umkehr zur Frömmigkeit als Triumphzug sehen. Doch meiner Ansicht nach ist die Wahrheit weniger schmeichelhaft. Zweifellos gab es Erfolge. Aber der Fortschritt war nicht wirklich verdient, er kam auf etwas unehrliche Weise zustande. Bestenfalls war es eine Zurschaustellung von ererbtem Reichtum.«

Das im 19. Jh. gelegte Fundament war die Basis für den Triumph der Kirche im unabhängigen Irland. Als es dann (seit 1922) einen irischen Staat gab, nahm die Kirche maßgeblich Einfluß auf die Sozialgesetzgebung, ließ das Verbot der Scheidung in der Verfassung festschreiben, forcierte eine scharfe Zensur von Filmen und Büchern, verschleppte die Legalisierung künstlicher Empfängnisverhütung bis 1979, behielt die Kontrolle über ihre Schulen und Krankenhäuser und widersetzte sich der Entwicklung zum Wohlfahrtsstaat.

Die Achillesferse der Kirche: Dieser enorme Erfolg trug den Keim des Scheiterns bereits in sich. Weil die Irisch-Katholische Kirche sich auf allen Ebenen durchsetzen konnte, hat sich keine Laienkultur entwickelt wie etwa in Frankreich, Spanien oder Italien.

Da die Medien sich gegenüber der Kirche überwiegend respektvoll gaben, bestand keine Notwendigkeit für katholische Rundfunksender. Die Gewerkschaften waren kaum von marxistischem oder radikalem Gedankengut durchdrungen, also schien es auch nicht notwendig, eine katholische Gewerkschaftsbewegung ins Leben zu rufen. Und weil alle politischen Parteien im Grunde vom Katholizismus geprägt waren, gab es keinen Bedarf für eine speziell katholische Partei. Irland, das fraglos katholischste Land Europas, besitzt keine dieser Organisationen und Einrichtungen.

Die katholische Kirche übte ihre Macht an der Spitze und an der Basis der Gesellschaft aus, nicht in der Mitte. An der Spitze zeigen geheime Treffen mit Ministern und führenden Politikern Wirkung. An der Basis garantierte die Kontrolle von Bildung und Erziehung langfristig die Macht.

In den achziger Jahren kamen die Kirchenvertreter auf beiden Ebenen in Schwierigkeiten. Auf der oberen Ebene nahm der politische Einfluß der Kirche ständig ab. Sie konnte zwar noch zwei große politische Siege verbuchen: durch eine Verfassungsänderung Abtreibungen verbieten lassen und die Verfassungsänderung für die Legalisierung der Ehescheidung verhindern. In beiden Fällen stand die Kirche auf der Seite der Sieger und konnte sich gegen den Vormarsch des weltlichen Liberalismus durchsetzen. Doch beide Erfolge waren Pyrrhussiege, ihr Preis war der Bruch des politisch-moralischen Konsenses. Das untergrub letzten Endes die Autorität der Kirche als einer »über der Politik stehenden Institution«. 1990 konnte es sich der Führer einer der großen irischen Parteien, die den christlich-demokratischen Parteien auf dem Kontinent nahestehen, leisten, in der Öffentlichkeit einen namentlich nicht genannten Bischof als »bastard« zu bezeichnen.

Was das Recht auf Scheidung angeht, so ist jetzt allgemein akzeptiert, daß Irland noch in den neunziger Jahren Scheidungsgesetze verabschieden wird, und selbst die treuesten Verfechter kirchlicher Positionen, die Partei Fianna Fáil, unterstützen diese Forderung. Die Verfassungsänderung von 1983, die das Lebensrecht des ungeborenen Fötus festschreibt, hat nicht nur dazu geführt, daß der Schwangerschaftsabbruch zum Thema einer öffentlichen Kontroverse wurde und dadurch die Forderung nach einer Liberalisierung des Abtreibungsrechts in der Öffentlichkeit zunehmende Unterstützung fand. Gleichzeitig wurde die Abtreibung selbst gewissermaßen legalisiert: 1992 entschied der Oberste Gerichtshof im Falle eines 14 Jahre alten Mädchens, das durch eine Vergewaltigung schwanger geworden und selbstmordgefährdet war, daß in diesem Fall auch ein Schwangerschaftsabbruch in Irland von der Verfassung gedeckt sei.

Beim Referendum, mit dem für die Zukunft solche Urteile verhindert werden sollten, war die Kirche zum erstenmal seit Menschengedenken gespalten und an den Rand gedrängt. Die überwiegende Zahl der Bischöfe billigte den Gläubigen Entscheidungsfreiheit zu, doch einzelne Bischöfe, darunter DESMOND CONELL, der mächtige Erzbischof von Dublin, vertraten einen restriktiven Kurs. Die amtliche Autorität der Kirche wurde untergraben.

Aus verschiedenen Gründen ist auch die Basis der Kirche schmaler geworden. Die Kontrolle über Schulen, Krankenhäuser und andere öffentliche Dienstleistungen ist zwar ein sehr effektiver Weg zu Machterhaltung, aber auch ausgesprochen personalintensiv. Die entsprechenden Leistungen konnte die Kirche nur erbringen, solange sie eine Art Massenrekrutierung von Klerikern und Nonnen betrieb: Bis in die frühen siebziger Jahre konnte fast jede irische Familie sich rühmen, einen Vertreter im geistlichen Stand zu haben. Dieser Zustrom ist seit den siebziger Jahren drastisch zurückgegangen.

Der kirchliche Orden, der sich der Kontrolle des Bildungswesens verschrieben hat, die Christian Brothers, steht kurz vor dem Aus-

sterben. Die Gemeinschaft hat kaum genug Neuaufnahmen zu verzeichnen, um ihre pensionierten Mitglieder zu versorgen, geschweige denn, um an Hunderten von Schulen zu unterrichten. Um den Nachwuchs an Nonnen und Mönchen ist es in den meisten Orden ähnlich schlecht bestellt. In den neunziger Jahren war die Kirche gezwungen, sich aus der Leitung vieler Schulen und Krankenhäuser zurückzuziehen.

Viele Ordensmitglieder denken nun liberaler. Die große missionarische Tradition, für die Tausende irischer Priester nach Afrika, Asien und Lateinamerika gingen, hat sich umgekehrt – die zurückkehrenden Missionare bringen neue Ideen mit, die die Position der Kir-

Links: Protest gegen die Freigabe der Abtreibung.
Rechts: Der Klerus verliert an Autorität.

che im irischen Machtgefüge eher bedrohen als stärken. In den neunziger Jahren wurden viele besonders engagierte Kampagnen gegen Armut und Ausgrenzung von der Conference of Major Religious Superiors, den Vertretern der großen Orden, initiiert.

Die Kirche und die Frauen: Eine noch stärkere Bedrohung für die institutionalisierte Macht der Kirche dürfte der lautlose Vormarsch des Feminismus in ihren Reihen sein. Die Nonnen, bis dato gehorsame Dienerinnen der Obrigkeit, beginnen, die Autorität der Kirche in Frage zu stellen. Als die irische Kirche erkannt hatte, daß ihre Macht an der Spitze und an der Basis bedroht war, kümmerte sie sich auch um die Mitte: das neue irische Bürgertum, das in den sechziger Jahren aus den Städten und neuen Industriebetrieben hervorgegangen ist. Noch nach 1960 hatte der Erzbischof von Dublin, John Charles McQuaid, seinen Schäflein nach der Rückkehr vom Zweiten Vatikanischen Konzil verkündet: »Seien Sie versichert, nichts wird die Ruhe Ihres christlichen Lebens stören.« Anfang der siebziger Jahre präsentierte man dann den Gläubigen das Image des aufgeklärten Bischofs, der in Talkshows auftritt.

Man hatte jedoch die Macht der neuen Medien unterschätzt. 1992 wurde Bischof EAMON CASEY aus Galway, der sich im Fernsehen am besten präsentierte und den man dazu bestimmt hatte, mit seinem freundlichen Gesicht die Autorität der Kirche zu beschwören, selbst ein Opfer des Widerstands der Medien gegen jede Autorität. Die »Irish Times« enthüllte, daß Bischof Casey der Mutter seines Sohnes in Amerika Zahlungen aus Mitteln der Diözese hatte zukommen lassen – ein Sex-Skandal auf höchster Kirchenebene.

Dieser Autoritätsverlust hat die irische Kirche auf einen wohl unumkehrbaren Weg zu institutionellen Veränderungen geführt. Die Machtposition der irischen Kirche ist ins Wanken geraten. Die kirchlichen Institutionen werden zunehmend von innen in Frage gestellt, und die politische Macht der Kirche, ob-

wohl immer noch beträchtlich, schwindet. Der Wunsch einer jungen Bevölkerung und einer pluralistischen Gesellschaft, sich von kirchlichen Bindungen zu lösen, wird auch den Griff der Kirche nach politischer Macht lockern.

Hier ist aber nur vom Niedergang der Kirche des 19. Jh. die Rede. Die Kirche, die darunter liegt – die persönliche, pantheistische und spirituelle Religiosität, die sich gegen Verfolgung und Armut unverwundbar erwiesen hat – zeigt keine Anzeichen für einen Niedergang.

Oben: Pilger im Wallfahrtsort Knock. Rechts: Solche Hochkreuze finden sich im ganzen Land.

Das Jugendproblem

Der Dichter W. B. YEATS schrieb 1926 in seinem berühmten Gedicht *Fahrt nach Byzanz* »Dies ist kein Land für alte Leute«. Über diese Behauptung können die meisten Jugendlichen, die im Nachkriegsirland aufgewachsen sind, nur ungläubig den Kopf schütteln. Zumindest in den fünfziger Jahren war Irland kein Land für junge Menschen, und das Postschiff hat viele von ihnen fortgebracht.

Die Emigration blieb nicht auf die gebildeten Stände beschränkt: Sie hat für einen tiefen Einschnitt in einer Gesellschaft gesorgt, die durch den Provinzialismus des Staatsgründers EAMON DE VALERA viel von ihrer Buntheit, Lebendigkeit und Lebensfülle verloren hatte. Damals war Irland, sozial gesehen, eine düstergraue Landschaft, geprägt von einem griesgrämigen Konservativismus, rückwärtsgewandt und ohne Zukunftsperspektive. Furcht beherrschte das Land. Die Architekten der neuen Republik hingen einem militanten Katholizismus an, der lebensfeindliche Züge trug. In den zwanziger und dreißiger Jahren hatte Irland sich von der Welt isoliert. Es war eine abgeschottete Gesellschaft, in der schöpferische Initiativen sofort erstickt wurden.

Ein dunkler Tunnel

In der Vergangenheit hatte der Mangel an Rohstoffen und Arbeitsplätzen zu einem Ausbluten der Bevölkerung geführt. Erst in den sechziger Jahren sahen die Iren Licht am Ende des Tunnels. Geld war die treibende Kraft in dieser Ära wirtschaftlicher Expansion, in der sich die Iren Hoffnungen machten, an der internationalen Entwicklung teilzuhaben. Der aufkommende Liberalismus schlug sich in der Gesetzgebung nur unmerklich nieder. Es gab kaum Ansätze, sich aus dem Klammergriff zu lösen, in dem die katholische Kirche zum Beispiel das Schulwesen hielt. Doch Eamon de Valera hatte seinen schwarzen Mantel und seine kühle Strenge mit in den Präsidentenpalast genommen und das Staatsruder dem jovialen Sean Lemass überlassen.

Es war eine Zeit der Aufregung, des Durcheinanders und der raschen Veränderung. Ausländisches Kapital floß ins Land, und die Ex-

Irlands Bevölkerungsexplosion bringt auch hohe Arbeitslosenraten mit sich.

portmärkte öffneten sich für irische Waren. Neue Einflüsse machten sich geltend. Aufgrund des Wirtschaftsbooms ging die Auswanderung zurück, und die Bevölkerung nahm wieder zu. Nirgendwo in Europa war die Geburtenrate so hoch wie in Irland. Die vielen Errungenschaften in dieser Zeit waren enorm. Obwohl Irland in gesetzgeberischer Hinsicht noch immer rückwärtsgewandt war, wurde es seit Beginn der achtziger Jahre zu einem modernen und dynamischen Land. Die kulturellen Einflüsse des Auslands zeigten mehr und mehr Wirkung und überlagerten oder absorbierten viele der traditionellen Werte Irlands.

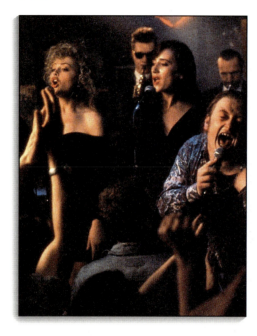

Auf der Suche nach dem Gral

Am greifbarsten waren die Auswirkungen in der Musikszene, wo es bereits eine reiche Tradition gab. Während der sechziger Jahre wuchs auch unter dem jugendlichen Pop-Publikum das Interesse an traditioneller Musik, das bis heute nicht nachgelassen hat. Das liegt an dem eigentümlich transzendent wirkenden Zauber der irischen Musik, der immer wieder in seinen Bann zieht.

Kein Wunder, daß Tausende junger Engländer, Amerikaner und Europäer vom Festland sich immer wieder auf den Weg machen, um im westlichsten Zipfel Europas auf »Gralssuche« zu gehen. Für viele ist Irland eine der letzten Zufluchtsstätten des Irrationalen, und das nicht ohne Grund. Zweifellos hat der Kältestrom der modernen Zivilisation die Lebensatmosphäre Irlands noch nicht erreicht oder weitgehend unversehrt gelassen.

In Irland waren 1976/77 fast 50 % der Bevölkerung jünger als 25 Jahre, und diese Tatsache war einer der Gründe für das steigende Tempo der Veränderung. Die Kinder der Sechziger-Generation wuchsen unter ganz anderen Bedingungen und mit anderen Erwartungen heran als die Nachkriegsgeneration. Die internationale Popkultur verdrängt in ihren Köpfen mehr und mehr den Einfluß der meist konservativ denkenden Eltern, der Schule und der Kirche. Neue, an den Bedürfnissen der Jugendlichen orientierte Zeitschriften, Rundfunk- und Fernsehprogramme haben die Jugendlichen weltoffener und informierter als ihre Eltern aufwachsen lassen.

Die irischen Jugendlichen haben keine Lust mehr, abzuwarten, daß sich die Dinge von selbst regeln. Der bemerkenswerte Erfolg der Popgruppe U2 und die Spendenaktion Bob Geldofs gegen den Hunger in der Welt haben Tausende von Jugendlichen motiviert, sich in der Musik-, Film-, Video- und Radioszene zu engagieren. Die Energie dieser Bewegung wurde in Alan Parkers Film *Die Commitments* sehr gut dargestellt, der den Aufstieg und den Fall einer Dubliner Band zeigt.

Das Tempo der Entwicklung

Die Popkultur zieht Jahr für Jahr Tausende von jugendlichen Besuchern an wie ein Magnet. Immer wieder lockt die Westküste alle, die vergeblich versucht haben, in anderen europäischen Ländern einen Hauch von Ursprünglichkeit zu finden. Ob es nun West-Cork, Dingle in Kerry, der Burren in Clare, Connemara in Galway oder Gweedore in Donegal ist – jeder Ort hat seinen eigenen Zauber. Aber das eigentliche Erlebnis liegt darin, lange an einem Ort zu bleiben, um ein Gefühl für die irische Kultur, die so ganz andere Lebensart und das gemächliche Lebenstempo zu bekommen.

Trotz des frischen Windes, der seit 25 Jahren durch das Land weht, ist Irland auch heute noch ein Land für alte Menschen; und dennoch ist es inzwischen auch ein Land für junge Leute geworden.

Oben: Szene aus dem Alan-Parker-Film »Die Commitments«. Rechts: Gesichter des jungen Irland.

Das fahrende Volk

»Als ich noch ein Kind war, wurden wir immer wieder von unseren Plätzen verjagt, und wir gingen nie mit denselben Freunden zur Schule. Die kleinen seßhaften Kinder liefen an unseren Lagern vorbei – sie hatten Angst vor den Landfahrern. Andere Leute hatten wegen der Pferde und bunten Wagen romantische Vorstellungen von uns. Sie fragten uns, ob wir aus fernen Ländern kämen, wie die Zigeuner, die sie in Filmen gesehen hatten. Sie dachten, daß die Landfahrer keinen Schmerz, keinen Hunger und keine Kälte spürten. Die Wahrheit ist, daß wir Menschen wie andere auch sind, nur sprechen wir eine andere Sprache, haben andere Traditionen und eine andere Lebensauffassung. Und so sollten wir behandelt werden und nicht wie Abschaum ...«

Aus *Traveller,* einer Autobiographie von NAN JOYCE.

Unter dem zunehmenden Angebot an Urlaubsmöglichkeiten in Irland sind inzwischen auch Fahrten mit dem Planwagen zu finden. Irgendwie hat es einen schalen Beigeschmack, wenn einerseits die Touristen über die Seitenstraßen ziehen, um sich dem vermeintlichen Vergnügen und der Muße des vielbesungenen »Zigeunerlebens« hinzugeben, während andererseits die wirklichen Landfahrer zum größten Teil in Armut und Schmutz dahinvegetieren.

Über 3500 Landfahrerfamilien gibt es in Gesamtirland, insgesamt fast 30 000 Menschen. Ungefähr ein Drittel dieser Familien lebt auf illegalen Stellplätzen – an den Straßenrändern, auf Brachland oder Bauerwartungsland. Sie sind eine winzige Minderheit, weniger als ein Prozent der Bevölkerung.

Sie werden in Irland bisweilen auch heute noch als »Tinkers« (Kesselflicker) bezeichnet; das erinnert an die Zeiten, in denen die fahrenden Händler als Kesselflicker ihren Unterhalt verdienten; ihre transportable Schmiedewerkstatt machte den bodenständigen Hufschmieden Konkurrenz. Doch die Verbreitung der Kunststoffe und der Niedergang des Handwerks erübrigte den Bedarf an Kessel-

Vorherige Seiten und rechts: Wo immer sie sich wohlfühlen, schlagen die Landfahrer ihr Lager auf.

flickern, und so ist die Bezeichnung zum Schimpfwort geworden.

Ihre Herkunft ist unbestimmt. Urkundlich erwähnt sind sie schon im 12. Jh. Einige Soziologen glauben, daß sie Nachfahren verschiedener Gruppen sind, die im Laufe der Jahrhunderte aus unterschiedlichen Gründen auf der Straße landeten, z. B. durch Enteignung infolge der englischen Umsiedlungspolitik. Es kursiert auch die Meinung, daß sie von umherziehenden Bänkelsängern abstammen, von denen in der irischen Literatur so oft die Rede ist, oder von einer besonderen Kaste der alten keltischen Gesellschaft. Keine Beziehung besteht jedenfalls zu den Sinti und Roma des restlichen Europa. Bisweilen werden sie auch als eigene ethnische Gruppe bezeichnet.

Früher waren die Unterschiede zur übrigen Bevölkerung Irlands größer. Bis in die sechziger Jahre lebten fast alle Landfahrer in buntbemalten Pferdewagen oder Zelten. Ihre Kleidung war anders, v. a. bunter. Sie beherrschten eine Geheimsprache, das Shelta, das noch immer auch von der jüngeren Generation gesprochen wird – dadurch können sie sich unterhalten, ohne von Außenstehenden verstanden zu werden.

In einer hauptsächlich agrarisch orientierten Gesellschaft spielten die Landfahrer eine wirtschaftlich definierte Rolle als Flicker und Ausbesserer, Korb- und Siebhersteller, Hausierer und Krämer, als Pferde-, Esel- und Altwarenhändler, als Landarbeiter und Musikanten. Sie wurden Opfer des schnellen sozioökonomischen Wandels der Folgezeit und verloren ihre wirtschaftliche Basis durch die Mechanisierung der Landwirtschaft und den Rückgang der Landbevölkerung. Deshalb siedelten sie sich verstärkt an den Rändern der Städte an, was immer mehr zu stärkeren Konflikten mit der seßhaften Bevölkerung führte.

Zugenommen hat in den letzten zwei Jahrzehnten auch ihre Zahl: sie wuchs um 150 %, die Gesamtbevölkerung nur um 25 %. Hierzu hat vermutlich auch die verminderte Auswandererquote beigetragen.

Mehr als die Hälfte der Landfahrer wohnt heute an einem festen Ort, sei es in einem Haus, in einem Schuppen oder auf einem offiziellen Wohnwagenplatz; gelegentliches oder saisonales Reisen gehört jedoch noch immer zu ihrem Lebensstil. Die übrigen leben in Wohnwagen auf illegalen Plätzen, von denen die größeren wie Slums in der dritten Welt anmuten. Es gibt dort kein Wasser und keine Elektrizität, weder sanitäre Einrichtungen noch eine Abfallbeseitigung; aber meist eine Unzahl von Ratten. Verschlimmert wird die Situation der Landfahrer dadurch, daß sie häufig gezwungen sind, ihre Standorte zu wechseln, weil sie von Anwohnern bedroht oder von Stadtverwaltungen verjagt werden.

Überwindung der Vorurteile?

Wie den meisten Minderheiten auf der Erde begegnet man auch den Landfahrern in Irland mit Vorurteilen. Man sagt, sie seien unehrlich, trunksüchtig, faul und schmutzig. Nach Aussagen der Polizei ist jedoch bei ihnen die Kriminalitätsrate nicht höher als bei der seßhaften Bevölkerung. Was die Trunksucht betrifft, liegen keinerlei Beweise vor, »daß der Alkoholmißbrauch größer oder auch nur so groß ist wie bei der Gesamtbevölkerung«. Immerhin wird ihnen in fast allen Pubs der Eintritt verwehrt. Zum Vorwurf der Faulheit ist zu entgegnen, daß die Frauen zur Verfügung gestellten Einrichtungen. Sauberkeit bleibt aber unerreichbar, wenn die Familien in Abfall und Schlamm leben müssen.« Dennoch bleiben die Vorurteile hartnäckig bestehen und verhindern eine Verbesserung der Situation.

Die Unterbringung ist dabei das Hauptproblem. Die meisten Landfahrer würden heute gerne in einem Haus leben, eine starke Minderheit jedoch auf angemessen versorgten Wohnwagenplätzen. Angesichts des großen Mangels an öffentlichen Wohnungen erscheint die Misere ausweglos: Von den Nachbarn würden sie wohl kaum mit offenen Armen empfangen werden.

sehr hart arbeiten müssen, um die meist großen Familien über Wasser zu halten. Und wegen der hohen Arbeitslosigkeit haben nur wenige Männer einen Arbeitsplatz, selten eine Ganztagsstelle; deshalb sind viele von ihnen unablässig bemüht, die Wohnwagen und Autos instandzuhalten und mit Altwarenhandel etwas zu verdienen.

Zur Sauberkeit vermerkte der Bericht einer Regierungskommission: »Im Gegensatz zur allgemeinen Annahme sind die Fahrenden von Natur aus hygienebewußt und benutzen die

Typische Berufe: der eine handelt mit Altmetall (links), der andere mit Pferden (oben).

Nicht anders sieht es bei der Versorgung mit Stellplätzen aus. Zwar hat der Dublin County Council 1982 und 1983 beschlossen, 17 solcher Anlagen einzurichten, doch deren Verwirklichung machte bisher nur geringfügige Fortschritte.

Es gibt aber Zeichen der Hoffnung. So verstehen es die Landfahrer heute besser, Unterstützung sowohl in den Medien als auch bei der Bevölkerung zu finden. Sie sind sich auch zunehmend bewußt, daß die Situation für sie selbst beschämend ist.

Die Solidarität der Iren mit der dritten Welt ist unübertroffen. Es fällt ihnen aber noch immer schwer, die Mitbürger im eigenen Land zu achten und zu unterstützen.

Männer im Marschtritt

Belfast am 12. Juli: Ein Ausländer fragt, warum Tausende an den Straßen stehen und mit britischen Fähnchen den vorbeimarschierenden Männern mit den orangefarbenen Schärpen zuwinken. »Geh' nach Haus und lies deine Bibel«, bekommt er zur Anwort.

Aber in Wirklichkeit hat das Ereignis nichts mit Religion zu tun. Es geht um den wichtigsten Gedenktag in der turbulenten Geschichte Irlands – den historischen Sieg des protestantischen WILHELM VON ORANIEN über die von Franzosen verstärkten katholischen Truppen von König JAKOB II. am 12. Juli 1690. Die Schlacht fand am Fluß Boyne in der Grafschaft Kildare statt, und noch heute, drei Jahrhunderte später, marschieren die protestantischen *Orangemen* in Ulster am 12. Juli durch die Stadt, um ihre ungebrochene Loyalität zur britischen Monarchie und zum protestantischen Glauben zu demonstrieren.

Schon Wochen vorher wird dieses Ereignis vorbereitet. An ruhigen Sommerabenden hört man aus den Hinterhöfen die dumpfen Klänge der Lambeg-Trommeln, die bis zur Erschöpfung geschlagen werden. Die Gehsteige sind überall in den britischen Farben Rot, Weiß und Blau bemalt; die Gärten sind mit Blumen in den »Loyalitätsfarben« geschmückt; in zahllosen Fenstern flattert der Union Jack, und Triumphbögen mit »King Billy« (Wilhelm von Oranien) auf seinem weißen Schlachtroß ragen in die wimpel- und girlandengeschmückten Straßen. Am Vorabend des großen Tages tragen die Menschen Kleidung, Hüte und Regenschirme in den britischen Farben und tanzen ausgelassen um lodernde Freudenfeuer.

Der Freudentag selbst beginnt sehr ernst. Die größte Demonstration findet in Belfast statt. Hier marschieren die Orangemen schon früh um sieben zu den einzelnen Sammelplätzen. Sie tragen orangefarbene Schärpen oder Krägelchen, dunkle Anzüge, Bowler, weiße Handschuhe und die unvermeidlichen Regenschirme. Etwas später stellen sich Musikkapellen auf, und riesige Fahnen, die von mehreren Männern getragen werden müssen, werden entrollt.

Zigaretten und Alkohol sind streng verboten, so daß die würdevoll dahinschreitenden Demonstranten in merkwürdigem Kontrast zur überschäumenden Begeisterung der Zuschauer am Straßenrand stehen, die ständig ihre trockenen Kehlen anfeuchten, während sie den zahllosen Kapellen zujubeln. Blechbläser, Trommler, Akkordeon- und Querflötenspieler und vor allem Dudelsackbläser im vol-

len Schmuck schottischer Highlanders treten hier auf.

Auch Königstreue aus Glasgow, Liverpool, Kanada, Australien und Neuseeland sind mit dabei und verbrüdern sich mit den Orangemen. Der Marsch durch Belfast dauert bis zu vier Stunden. Man schätzt, daß sich in ganz Ulster alljährlich etwa 100 000 Protestanten auf die Straße begeben, um den »heiligen Katholiken« zu zeigen, daß hier der Papst nie etwas zu sagen haben wird.

Umzüge und Demonstrationen

Irland zeichnet sich durch eine einzigartige Volkskultur aus – es gibt kaum ein Dorf ohne eigene Musikkapelle, und nirgendwo

Vorherige Seiten: Ein Lambeg-Trommler, Grafschaft Antrim. Die oppositionellen Gruppen der katholischen Hibernians (links) und der Orangemen (oben) veranstalten im Sommer lange und farbenprächtige Märsche durch Ulster.

sonst im Vereinigten Königreich sieht man die Einwohner auf den Straßen singen und tanzen. Während der sechziger Jahre, als man jahrhundertealte Spannungen verschwunden wähnte, betrachtete man die Umzüge als Lokalgepränge und Touristenattraktion.

Am 13. Juli ziehen die Black Men ihre Kostüme an, um King Billys Sieg über König Jakob im »Sham Fight« bei Scarva nachzuspielen. Die Black Men sind die Eliteeinheit des Orange Order, und ihr Aufmarsch am Black Saturday Ende August verläuft meist friedlich. Gefährlicher wird es am 12. August, wenn sich die Apprentice Boys zu ihrem Marsch durch Derry aufstellen, um der 13 Lehrlinge zu gedenken, die mit dem Ruf »No surrender!« die Stadttore schlossen, um den Gouverneur, »Verräter« Lundy, zu hindern, die Stadt an den »papistischen« König Jakob zu übergeben. Während der bis zum 12. August 1690 dauernden Belagerung waren die Stadtbewohner am Rande des Hungertodes.

Am 15. August ist der Lady's Day zu Ehren der Jungfrau Maria, der vom Ancient Order of Hibernians begangen wird. Mitglieder dieses Ordens werden oft auch Green Orangemen genannt. (Grün symbolisiert die katholische Republik Irland, Orange das protestantische Ulster.) Wie bei den Umzügen der Orangemen gibt es auch bei ihnen Musikkapellen und Fahnen, wenn sie mit ihren gelbumrandeten Schärpen und Kragen aufs freie Feld hinausmarschieren, um dort zu beten, Ansprachen zu halten und zu feiern. Zyniker behaupten, der Unterschied zwischen Orangemen und Hibernians bestehe darin, daß erstere nüchtern anfangen und betrunken heimkommen, während letztere betrunken losziehen und sternhagelvoll heimtorkeln.

Hierarchien und Rowdys

Es gibt aber noch eine weitere Ähnlichkeit zwischen beiden Organisationen. Zwar nehmen die Orangemen nur Protestanten und die Hibernians nur Katholiken auf, aber beide erwarten von ihren Mitgliedern ein Festhalten am Glauben und vorbildliches Benehmen. Die Orangemen sind in einer hierarchischen Struktur von 2000 Logen zusammengeschlossen, die Hibernians in 165 Abteilungen.

Die Ursprünge der Hibernians gehen auf das Jahr 1565 zurück, als die während der Reformation verfolgten irischen Katholiken bewaffnete Gruppen bildeten, um ihre Priester zu schützen. Diese »Defenders« vereinigten sich später mit den militanten Whiteboys und Ribbonmen auf dem Land. Aber erst 1838 schlossen sich alle katholischen Organisationen zum Ancient Order of Hibernians zusammen – ein Name, der von irischen Emigranten in Amerika stammt.

Beide Organisationen sind aus ländlichen Streitigkeiten hervorgegangen, und noch heute führen die Umzüge durch genau festgelegte Zonen und Gebiete der jeweiligen Bevölkerungsgruppe.

Die von englischen Herrschern enteigneten Iren massakrierten ihre protestantischen Landlords, während die protestantischen Peep O'Day Boys mit gleicher Grausamkeit zurück-

schlugen. 1795, nach der »Glorious Battle of the Diamond« in Armagh, formierten sie sich zur Geheimgesellschaft des Orange Order mit Freimaurersymbolen und -riten.

Ziel der Hibernians war von Anfang an die Wiedervereinigung der Insel. Aber da sie Gewalt ablehnten, verloren sie ihren Einfluß an die Extremisten. Heute gibt es nur noch etwa 20 000 Hibernians. Der immer mächtiger gewordene Orange Order hingegen konnte tatsächlich sein Ziel erreichen – »ein protestantisches Parlament für ein protestantisches Volk«, allerdings wurde es 1972, endgültig 1974 wieder aufgelöst.

Die Aufmärsche des Orange Order sind noch immer ein Ventil für die Frustration der protestantischen Arbeiter; die Mitgliederzahl dürfte heute bei mehr als 100 000 liegen.

Die für Außenstehende so befremdliche Abneigung der Orangemen gegenüber allem, was katholisch ist, hat religiöse, politische und auch wirtschaftliche Gründe. Für die Protestanten ist Christus der einzige Vermittler zwischen Gott und den Menschen, weshalb sie die katholische Marien- und Heiligenverehrung scharf ablehnen. Während die Katholiken an die Unfehlbarkeit des Papstes glauben und den starken Einfluß der Kirche in allen Lebensbereichen akzeptieren, lehnen es die Protestanten als autoritär ab, daß in der Republik Irland Bücher indiziert und sowohl Abtreibung als

auch Scheidung verboten sind. Sie sind davon überzeugt, daß ein von Priestern beherrschtes Land zur Armut verurteilt sei. In einem der bekannten Trinksprüche der Orangemen auf Wilhelm von Oranien heißt es: »Er hat uns gerettet vor Schurken und Schurkerei, Sklaven und Sklaverei, Messinggeld und Holzschuhen.«

Die Kinder sind bei den Aufmärschen dabei, sobald sie laufen können, und lernen die dazugehörigen Lieder, sobald sie sprechen können.

Der unbefangene Betrachter der beiden Bilder könnte meinen, diese Männer treffe er auf ein und derselben Veranstaltung, doch die Farben sind mehr als Dekoration – Orange kennzeichnet die Protestanten, Grün die katholischen Hibernians.

Man lockt die Jungen in die Junior Orange Lodges, wo es geheimnisvolle Abzeichen und Losungsworte gibt, wo kleine Orange-Kragen getragen werden, und wo man einmal im Jahr mit dem Großmeister der Loge ans Meer fahren darf.

Vor 25 Jahren war fast ein Drittel aller Schuljungen in Ulster als Mitglied eingetragen, heute sind es weniger als 10 %. Den größtenteils arbeitslosen Jugendlichen sind Prunk und Pomp des Orange Order weitgehend gleichgültig.

Diese arbeitslosen Jugendlichen verstehen sich zwar als Protestanten, aber sie halten immer weniger von der Loyalität zum britischen Königshaus. Ihre mehr als 2000 ausgelassenen Umzüge, die sie im Verlauf eines Jahres veranstalten, haben eher etwas mit der Suche nach kultureller Identität zu tun. Statt Bowlern findet man bei ihnen rote, weiße und blaue Haarspitzen; statt dunklen Anzügen Bluejeans und metallverzierte Lederkleidung.

Gelegentlich kommt es in sogenannten »shatter zones« zu kleineren Zusammenstößen zwischen protestantischen und katholischen Mod-Gruppen. Aber im allgemeinen bewegen sich die einzelnen Gruppen nur innerhalb der festgelegten Territorien und verhalten sich friedlich.

Die irische Begeisterung für Musik und Musikkapellen ist unverändert geblieben. Wer mit dem Auto über Land fährt, muß stets damit rechnen, auf lange Reihen von Männern mit Bowlern zu treffen, die feierlich trommelnd und dudelnd zu irgendeinem der vielen Wettbewerbe ziehen. Den ganzen Sommer über liegen schottische und gälische Dudelsackbläser in Dörfern und Kleinstädten im friedlichen Wettstreit miteinander.

Templemore und Britannia sind gefeierte Blasorchester, und auch der weltberühmte Flötist James Galway hat seine Karriere in einem Belfaster Blasorchester begonnen. Die Jugendlichen mögen v. a. Querflöten, Trommeln und Blechpfeifen. Das musikalische Spektrum ist breit gefächert: irische und auch schottische Folksongs, Militärmärsche und »blood and thunder«-Rhythmen.

In den Umzügen spiegelt sich die tiefe Spaltung der Kultur Ulsters wider. Dem Besucher mögen sie lediglich als Spektakel erscheinen, aber in der westlichen Welt gibt es wohl kaum ein Land, in dem die traditionelle Kultur so stark mit dem Alltagsleben verwoben ist wie in Irland.

Lieder und Tänze

Im 17. Jh. schrieb ein Engländer über die Vergnügungen der Landbevölkerung an einem Sonntagnachmittag: »Auf jedem Hof eine Geige, zu der die Mädchen tanzen, bis sie erschöpft sind.« Der Schreiber hat ohne Zweifel leicht übertrieben, aber seine Feststellung gibt den Eindruck unzähliger Besucher wieder und bestätigt die Ansicht, die Iren seien ein außergewöhnlich musikalisches Volk.

In jeder Stadt oder jedem Dorf findet der Reisende heute, vor allem an den Wochenenden, traditionelle Musikveranstaltungen in den Pubs. Und dabei handelt es sich nicht um Sondervorstellungen für Touristen, sondern um eine jahrhundertealte Tradition, eine Mischung aus lebhaftem Volkstanz, rührenden Balladen und schwermütiger Atmosphäre, die den Einfluß klassischer italienischer, ja spanischer Musik erkennen läßt.

Ein kleines Wunder: Während in anderen Ländern die Volksmusik unter dem Einfluß von Rock- und Popmusik immer mehr verkümmert, erlebt Irland in dieser Hinsicht ein kleines Wunder: Im ganzen Land haben Tausende von Jugendlichen die alten Melodien wieder aufgenommen und werden sie mitnehmen ins 21. Jh. Durch internationale Erfolge von Gruppen wie den Chieftains, Clannad und den Furey Brothers ist die irische Musik im In- und Ausland zu neuem Leben erweckt worden.

Aber was genau ist eigentlich traditionelle irische Musik? Auf diese Frage wissen selbst die Iren keine allgemein gültige Antwort. Die wahren Musikliebhaber würden wahrscheinlich bei Liedern wie »Galway Bay« oder »Danny Boy«, die als typisch irisch betrachtet werden, nur die Stirn runzeln. Sie behaupten, daß traditionelle Musik erst anfängt, wenn sie einige Jahrhunderte alt ist und in den eng definierten Rahmen von Spiel und Gesang hineinpaßt.

Aber der Fairneß halber sei erwähnt, daß man bei traditionellen Musikveranstaltungen auch Musik modernen Ursprungs hört, z. B. Lieder über die Auswanderung, patriotische Lieder, manchmal sogar neuere Kompositionen wie das schwermütige Antikriegslied »The Band Played Waltzing Matilda«. Dieses Lied stammt von ERIC BOGLE und handelt von einem Massaker australischer Truppen bei den Kämpfen an den Dardanellen während des Ersten Weltkriegs.

Unbestreitbar ist die Harfe das mit Irland am häufigsten in Verbindung gebrachte Musikinstrument. Als Staatswappen erscheint sie sogar auf Münzen und auf amtlichen Brie-

fen. Harfen tauchen bereits in Dokumenten aus dem 11. Jh. auf. Damals war es am Hof gälischer Könige und Prinzen üblich, die Werke irischer Dichter *(filidh)* mit der Harfe zu begleiten. Als die alte gälische Kultur unter dem wachsenden Druck der Engländer im 17. Jh. zusammenbrach, suchten sich die Harfenspieler neue Aufgaben. Viele wählten die Landstraße, reisten herum und unterhielten den Adel in den »Großen Häusern« der damaligen Zeit.

Ein anderes von den alten Iren verwendetes Instrument war der Dudelsack, der dem modernen schottischen Dudelsack ähnelt. In der Literatur finden sich viele Verweise auf den Dudelsack. Verwendet wurde er v. a. von Sol-

Vorherige Seiten: Fahrende Musikanten finden überall ihre Zuhörer, hier in Listowel. Links: Auch in der Hauptstadt duldet man die Straßenmusiker.
Oben: Irische Tänze beim Galway Oyster Festival.

Lieder und Tänze

daten, die in Schlachten zogen, oder aber bei Begräbnissen und Sportveranstaltungen. Mit der Zeit wurde er von einem einzigartigen irischen Instrument, den *Uillean Pipes* (»Ellenbogen-Pfeifen«), ersetzt. Sie werden statt mit dem Mund mit einem Blasebalg gespielt, der sich durch Pumpen mit dem Ellenbogen füllt. Heute sind sie das wichtigste Instrument traditioneller Musiker, weitere sind die Geige *(fiddel)*, Konzertina (eine kleine Ziehharmonika), Flöte, Blechflöte *(tin whistle)*, Gitarre und das *Bodhran,* eine mit Ziegenfell bespannte Trommel, die mit einem kleinen Stock geschlagen wird.

Die Pfeifer bestimmen den Ton

Eng verbunden mit dem Spielen traditioneller Musik war der irische Tanz, der in der zweiten Hälfte des 18. Jh. entstanden zu sein scheint. Aus zeitgenössischen Reiseberichten geht hervor, daß Tanzen unter der armen Bevölkerung weit verbreitet war. Tanzmeister, begleitet von einem Dudelsackspieler oder Geiger, zogen von Hütte zu Hütte und brachten den Bauernkindern gegen Bezahlung das Tanzen bei.

Jeder Meister hatte eine bestimmte Region, in der er sich bis zu sechs Wochen aufhielt und sicherstellte, daß während dieser Zeit ein Musikfestival oder eine Tanzveranstaltung stattfand. Man erzählt sich von rivalisierenden Tanzmeistern, die dann oft bei Volksfesten oder Sportveranstaltungen Solovorstellungen gaben, um sich gegenseitig zu messen. Ein Besucher der Grafschaft Kilkenny wußte von einer großen Menschenmenge zu berichten, die sich um zwei Tänzer scharte. Diese Männer tanzten auf den kleinen Deckeln eingeseifter Fässer und waren Tanzmeister, die sich ein Duell lieferten; dem Sieger sollte dann die Gemeinde zustehen.

Man tanzte hauptsächlich an Sonntagen auf Volksfesten, bei Sportveranstaltungen und natürlich bei Hochzeiten, wo die Musiker für ihre Vorstellung bezahlt wurden. Für viele von ihnen war dies tatsächlich die einzige Einnahmequelle. Die Tänze selbst waren Gruppen- oder Paartänze zu unterschiedlichen Melodien und Rhythmen. Heute heißen diese Tänze *Jigs, Reels* und *Hornpipes.* Es bestand auch ein großes Interesse an Solotänzen, die meist umringt von einer Menschenmenge stattfanden.

Begeisterte Dudelsackspielerin in Enniscorthy, Grafschaft Wexford.

Wenn es regnete, was ja in Irland nicht selten der Fall ist, verlagerte man die Veranstaltung in Scheunen. Bei schönem Wetter aber wurden diese Tänze auf ebenen Feldern oder – häufiger noch – auf Straßenkreuzungen aufgeführt.

Ansporn durch den Nationalismus

Ein weiterer Auftrieb erfolgte gegen Ende des Jahrhunderts mit dem Anwachsen des Nationalismus und dem wiedererwachten Interesse an der irischen Sprache und Kultur. Nach der Gründung der Republik wurde in den Schulen viel Wert auf den Musikunterricht gelegt; man lehrte Volksmusik und tradi-

tionelle Tänze. Die neue staatliche Rundfunkstation, Radio Telefis Eireann, räumte der irischen Kultur viel Sendezeit ein. In den sechziger Jahren haben Komponisten wie der verstorbene SEAN O'RIADA und seine Gruppe Ceoltoiri, die Vorläufer der Chieftains, ein neues Interesse an Traditionen ausgelöst.

Doch das größte Verdienst liegt eindeutig bei Comhaltas Ceoltoiri Eireann, einer Vereinigung, die sich um das traditionelle Liedgut kümmert. Regelmäßig organisiert man Festivals, deren Höhepunkt der »All Ireland Fleadh Ceoil« ist, ein dreitägiges Fest mit Wettbewerben für die einzelnen Instrumente. Diese Veranstaltungen finden meist im Sommer in den Städten im Westen des Landes statt. Mehr als 100 000 Menschen nehmen in der Regel daran teil und erfüllen damit die kühnsten Hoffnungen der Nationalisten. Mehr über diese Festivals erfährt man bei Comhaltas Ceoltoiri Eireann, Belgrave Square, Monkstown, Grafschaft Dublin.

Große Städte wie Dublin, Belfast und Cork veranstalten ihre eigenen Festivals. Meist haben sie mit einer besonderen Attraktion aufzuwarten. In Milltown Malbay, Grafschaft Clare, treten alljährlich im Juli *Uillean Pipers* auf; das Festival ist nach dem berühmtesten Dudelsackspieler aus Clare, WILLIE CLANCY, benannt.

In der Hochsaison organisieren viele Hotels abendliche Tanz- und Musikdarbietungen. In einigen mittelalterlichen Burgen finden solche Veranstaltungen im großen Rahmen statt, wie z.B. in der Nähe von Shannon Airport im Knappogue Castle, Quin (Grafschaft Clare), im Dunguaire Castle, Kinvara (Grafschaft Galway), und im Bunratty Castle, Bunratty (Grafschaft Clare).

Die Musiker spielen in erster Linie zu ihrem eigenen Vergnügen und strahlen daher eine besondere Lebendigkeit und Ursprünglichkeit aus.

In Hinterzimmern

Allein in Dublin finden Dutzende von regelmäßigen Veranstaltungen meist in den Hinterzimmern von Pubs statt. Pubs wie O'Donoghue's in der Merrion Row im Zentrum haben immer schon Liebhaber irischer Folklore angezogen (vgl. S. 266), und hier finden fast täglich Musiksessions statt. Ein guter Tip ist auch das »Brazen Head«, das an der Lower Bridge Street gelegene älteste Pub der Stadt, oder »Slattery's« in der Capel Street – nicht zu vergessen die »International Bar« in der Wicklow Street und »Mother Red Caps« bei Christ Church.

Nördlich der Stadt, in dem malerischen Fischerdorf Howth, liegt die »Abbey Tavern«, die wegen ihrer traditionellen Musik internationalen Ruf genießt; dort kann man einer Session in der alten Steinbar beiwohnen.

Oben: Moderne Musik fasziniert die Jugendlichen in Dublin. Rechts: Aber auch die traditionelle Musik hat viele Anhänger.

Die Iren und ihre Sprache

Die Iren sind bekannt für ihre Fähigkeit, mit der englischen Sprache außergewöhnliche Kunststücke zu vollbringen. Diese Gabe reicht von professionellen Redewendungen eines Sachbuches über die schaumschlägerischen Sprüche eines Dubliner Kellners bis hin zu Meistern der Konversation wie OSCAR WILDE oder SIR JOHN MAHAFFY oder gar zu den Literaten von Weltruhm, GEORGE BERNARD SHAW, EDMUND BURKE und SAMUEL BECKETT.

Doch der Virtuose der englischen Sprache, JAMES JOYCE, hat in seinem Roman *A Portrait of the Artist as a Young Man* sarkastisch von einer kulturellen Entfremdung im Sprachgebrauch der Iren gesprochen. In diesem Roman verwendet Stephen Daedalus, das Alter ego von Joyce, ein Wort, das dem Dekan der Universität nicht bekannt ist. Dieser vermutet irrtümlicherweise, daß das Wort irischen Ursprungs sei, woraufhin Stephen entgegnet: »Die Sprache, die wir sprechen, ist zuerst seine, dann erst meine. Wie anders klingen doch Worte wie Heimat, Christus, Ale, Meister aus seinem Munde! Nicht ohne Irritation kann ich diese Worte gebrauchen. Seine Sprache, so vertraut und doch so fremd, wird für mich immer »Fremdsprache« bleiben. Ich habe diese Sprache nicht erfunden und auch nicht akzeptiert. Meine Zunge hält sie zurück. Meine Seele erzittert im Hauch seiner Sprache.«

Eine Minderheitensprache

Die wenigsten Touristen wissen, daß der allgemeine Gebrauch des Englischen in Irland relativ neu ist. Noch weniger bekannt ist, daß Irisch offiziell erste Amtssprache ist. 1835 wurde die Zahl der irischsprechenden Menschen auf 4 Mio. geschätzt; sie stammten fast ausschließlich aus der entrechteten Landbevölkerung, die dann von der großen Hungersnot in den vierziger Jahren des 19. Jh. nahezu ausgelöscht wurde. Bis 1891 hatte sich die Zahl der irischsprechenden Menschen auf 680 245 verringert. Heute wird Irisch eigentlich nur noch in den Regionen der Gaeltacht an der Westküste gesprochen – von etwa 60 000 Menschen. Aber über eine Million Iren können die Sprache verstehen, da Irisch an den Schulen Pflichtfach ist.

Die alte irische Sprache hatte die verschiedenen Invasionen der Wikinger, Normannen und Engländer überlebt. Bis ins 14 Jh. waren viele der angloirischen Siedler heimisch geworden und verboten mit dem Gesetz von Kilkenny schließlich 1366 den Gebrauch des

Irischen. Der endgültige Übergang vom Irischen zum Englischen vollzog sich im 19. Jh., nicht nur aufgrund der großen Auswanderung infolge der Hungersnot, sondern auch weil nur die Verwendung des Englischen Sozialprestige verlieh und wirtschaftliche Aufstiegschancen bot. 1831 wurde die allgemeine Schulpflicht eingeführt, Englisch als die »geeignete« Unterrichtssprache festgelegt; dadurch wurden irischsprechende Kinder natürlich benachteiligt. Die Situation verschlimmerte sich noch, als nationale Führer wie DANIEL O'CONNELL Englisch zur politischen Umgangssprache erklärten.

Ganz anders war die Einstellung EAMON DE VALERAS, politischer Führer des 20. Jh., der

Vorherige Seiten: Aufführung von **Sean O'Caseys** Klassiker »Shadow of a Gunman« im Abbey Theatre, Dublin. – **Oscar Wilde** (links) und **George Bernard Shaw** (oben), zwei der am meisten gespielten irischen Dramatiker.

Monolog auf dublinerisch

Worte sind ein Wert für sich, und bei einem Volk, das so viel Leid, Mangel und Not erfahren hat, entwickelt sich das gesprochene Wort zu einer für jedermann zugänglichen Form der Kunst.

Die Verstädterung Dublins, die zwar erst vor relativ kurzer Zeit, dafür aber sehr rasch eintrat (Joyce' ländliche Stadt ist noch nicht tot, liegt aber im Sterben), die erbarmungslos erzwungene Flucht der Menschen aus dem Zentrum in die Satellitenstädte, zu Fernsehen und Video, sowie der urbane Imperativ »Trau keinem Fremden« haben es nicht geschafft, der Stadt ihre Freude am gesprochenen Wort zu nehmen. Und worüber reden die Leute? Dazu Flann O'Brien in seinem Roman *Zwei Vögel beim Schwimmen:* »Wir füllten die Einsamkeit unserer Seelen mit der Musik unserer beider Stimmen, wobei Hunderennen, Wetten und Verstöße gegen die Keuschheit Gegenstand unseres Diskurses waren.«

Daraus folgt natürlich nicht, daß eine Wagenladung Worte unbedingt etwas Gutes ist; es hängt immer vom Pferd ab, das sie zieht.

Die Zerstörung der Dubliner Innenstadt durch Kapitalisten und Spekulanten hat zur Verbreitung einer neuen Spezies von Langweilern geführt, die im »Dublin der guten alten Zeit« schwelgt. Sie zeigt sich meist im Mief eines überfüllten Pubs und beginnt ihre Lobrede auf die Vergangenheit nach fünf Pints Guinness mit der verhängnisvollen Behauptung: »Ich bin ein echter *Dub.* Ich erinnere mich ...«

Wenn sie am Tresen auftauchen, werden sie, was ein weiser Dubliner »sentifuckinmental« nannte: Dann wird das Bild der großen, glücklichen Familie beschworen, die auf engstem Raum im ach so heimeligen, von Tbc und Rachitis heimgesuchten Slum im Zentrum des Dublin der »guten alten Zeit« lebte, die nun leider der Vergangenheit angehört. Ein Langweiler wie dieser wird in Dublin »Bungalow« genannt (oben ist nichts).

Wie immer bestimmt die Standeszugehörigkeit auch, wie die Menschen miteinander kommunizieren. Die vielen Arbeiter entwerfen meist verwegenere Bilder mit stumpferen Werkzeugen, mit mehr Mimik oder anderen physischen Behelfsmitteln. Die Mittelschicht mit ihrem dank besserer und längerer Bildung größeren Wortschatz ist verbindlicher, weniger typisch »Dublin« und weniger hektisch. Die Oberschicht dehnt ihre Vokale wie schmerzende Muskeln und erinnert an piekfeine Engländer: »My woife and I ...«

Um die Sprache Dublins genießen zu können, sollte man sie einfach auf sich wirken lassen. Nehmen wir folgenden Monolog, wie ihn ein gebürtiger Ballyfermoter (Ballyfermont ist ein altes Arbeiterviertel) halten würde. Es ist kurz vor Weihnachten – eine tückische Zeit für alle, die eine kleine Schwäche für den Alkohol besitzen. Aus seiner stark getrübten Sicht ist dem Sprecher klar, daß er am Abend zuvor versumpft ist.

Er erzählt (mit Erklärungen in Klammern): »Ah, how's the man? Listen, I can't stop. (Bleibt stehen.) She's (seine Frau, wird nie als solche bezeichnet) at war with me over yesterday. She sent me into town yesterday to buy the turkey with the mickey money (Kindergeld). So I gets off the bus and who do I meet the first thing only the Hogger. You know the Hogger, Paddy Whatseesname's cousin, course you do, the fellah with the leg (jemand, der hinkt). Anyway, we said we'd go in for the one (nur auf einen kurzen Drink ins Pub gehen), you know yourself, with Christmas and all. So, I needn't tell yeh, you know yourself, we ended up doing the Holy Hour and all. (Ein Bier folgte dem anderen.)

The next thing I remember, the barman is calling time, the Hogger is up throwing shapes (aggressive Haltung einnehmen) looking for a digging match (Handgreiflichkeiten) off all comers and roaring out of him about the Black and Tans, and night outside is as black as your boot. Well, I went home by rail – I held on to every shaggin' railings between the pub and home. I remember thinkin', if she's in the scratcher (Bett) asleep, she won't see the cut of me (meinen Zustand).

Well, I wake up this morning and the first thing I hear is her sayin' to me that I was at it again last night obviously, drinkin' what me children should be eatin'. How dare you, says I, I'd a quiet drink with an old mate. Oh yes? she says, real smarmy, and with that I opened me eyes and there I was, talkin' to her feet, after gettin' into the wrong end of the bed in the horrors of drink! Guilty as charged. Listen, where would I get a cheap turkey? Where? Sure that's miles away. Will we go in for the one anyway?«

Einfach köstlich, aber ist das Englisch? Nie im Leben: Es ist Dublinerisch.

zur Überraschung vieler sagte, daß ein Irland mit eigener Sprache und ohne Freiheit einem Irland mit Freiheit und ohne eigene Sprache vorzuziehen sei. Die Priorität, die der Wiederbelebung der irischen Sprache hiermit eingeräumt wurde, konnte aber das Aussterben des Irischen als lebendige Sprache nicht verhindern. *Gan teange, gan tír* war der Slogan derjenigen, die Irisch wiederbeleben wollten – »Keine Sprache, kein Staat«. Irisch hat eine lange Tradition – es ist die älteste Sprache nördlich der Alpen, von der noch viele schriftliche Zeugnisse überliefert sind. Das Alphabet bestand ursprünglich aus besonders schön gestalteten Schriftzeichen. Diese altirischen Schriftzeichen kann man noch im *Book of Kells* und im *Book of Armagh* (Trinity College, Dublin) bewundern, ebenso im *Book of the Dun Cow* (Royal Irish Academy).

Die Buchstabenschrift der ältesten irischen Sprachdenkmäler, die Oghamschrift, ist v. a. auf Grab- oder Grenzsteinen des 4. bis 7. Jh. erhalten und wurde bis ins 11. Jh. benutzt.

Der Wechsel von Irisch zu Englisch im 19. Jh. erfolgte so plötzlich, daß die frühere Sprache Spuren bei der neuen hinterlassen mußte. In *Mo Scéal Féin* (»My Own Story«) von Ant-athair Peadar Ó Laoghaire (Father Peter O'Leary) gibt es darüber eine Anekdote von zwei Kindern aus West-Cork während der Hungersnot:

»Con«, sagte sie.
»Komme, Sheila«, sagte er.
»Ich habe keine Sprache mehr«, sagte sie.
»Aber, was hast Du denn jetzt, Sheila?« fragte er.
»Ich habe Englisch«, sagte sie.
»Aber Englisch ist doch auch eine Sprache, Sheila«, antwortete er.
»Englisch – eine Sprache?« sagte sie erstaunt. »Wenn es eine Sprache wäre, würden es die Leute doch verstehen.«

Irisch wird hier als Sprache der Kommunikation und Phantasie betrachtet, während Englisch keine Sprache ist, sondern ein notwendiges Mittel zur Verständigung.

Bis heute denken viele Leute in Irisch und übersetzen dann ihre Gedanken ins Englische. Dies führte zur Entwicklung des angloirischen Dialekts, mit dem man elegante und wunderschöne Effekte erzeugen kann. So wurde aus der knappen englischen Bemerkung »Das ist wahr« entweder »Das ist wahr für Dich« – abgeleitet von dem irischen *Is fíor é sin* – oder »Es ist keine einzige Lüge darin« – von *Níl aon focal bréige ann*.

Englisch ist eine rationale Sprache, eine Verwaltungssprache, deren charakteristischer Umgangston am besten von der genialen Jane Austen getroffen wurde. Kein Ire hätte je den vielgepriesenen ersten Satz von *Pride and Prejudice*, »Es ist eine universell anerkannte Wahrheit, daß ein alleinstehender Mann im Besitz eines Vermögens sich eine Ehefrau wünschen muß«, schreiben können. Trotz Witz und Eleganz ist dieser Satz zu genau, zu präzise, zu rational, es fehlt die subversive Despektierlich-

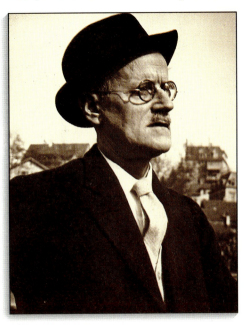

keit des irischen Denkens. Die angelsächsische Genauigkeit ist dem irischen Denken fremd.

Ein klassisches Beispiel hierfür ist die Geschichte von Daniel O'Connells Wortgefecht mit einer alten Fischhändlerin aus Dublin. Diese Frauen sind in ganz Irland für ihre scharfe Zunge bekannt. Ein Kollege schloß mit O'Connell eine Wette ab, daß er nicht besser streiten könne als die Frau. Am verabredeten Tag wurde absichtlich ein Streit vom Zaun gebrochen. Die alte Frau ließ eine Schimpftirade auf O'Connell nieder. Dieser wartete den rechten Augenblick ab, und als sie schließlich erschöpft war, ging er auf sie los. Aber anstelle von vulgären, obszönen und gotteslästerlichen Ausdrücken setzte er die euklidische Geome-

Oben: **James Joyce,** der die englische Sprache in eine völlig neue Form zwang.

trie ein. Als er den Höhepunkt seines mathematischen Mißbrauchs erreicht hatte, sie als schamloses Parallelogramm, als unverbesserliches gleichschenkliges Dreieck und eine sündige Hypothenuse beschimpft hatte, brach sie in Tränen aus und beteuerte ihre Unschuld. O'Connell hatte gewonnen.

Es ist kein Zufall, daß es ein Ire war, nämlich der Dramatiker RICHARD BRINSLEY SHERIDAN (1751–1816), der der Welt mit seiner Komödie *The Rivals* die unsterbliche Mrs. Malaprop gab. Sie verachtet »die Verunglimpfung meiner Dialoge« und betont mit Nachdruck, »wenn ich irgend etwas verabscheue auf der Welt, so ist es der Gebrauch meiner weisen

Zunge oder die Verdrehung von Grabinschriften«.

Natürlich sind diese Possen innerhalb der Familie akzeptiert, aber sie lassen die Iren nach außen lächerlich erscheinen. Im 20. Jh. hat eine neue Generation von Schriftstellern das Aufeinanderprallen der irischen Sensibilität mit der englischen Sprache neu entdeckt und neu thematisiert. WILLIAM BUTLER YEATS und LADY GREGORY, beide an der Gründung des Dubliner Abbey Theatre beteiligt, beschlossen, daß der irische Bauer ein vornehmer Mensch sei. Sie korrigierten die früheren Darstellungen, indem sie ihm eine echte melodische Sprache statt einer phonetisch entstellten gaben. JOHN MILLINGTON SYNGE (1909–1971) stellte die archaische dörfliche Welt der Westküste in einer kraftvollen Prosasprache angloirischen Dialekts (gelegentlich als »Synge-Song« verspottet) dar. Das Stück *The Playboy of the Western World* löste wegen der unsentimentalen Darstellung irischer Eigenheiten einen Skandal aus. In seinem Vorwort schrieb Synge: »Jeder, der einmal eng mit irischen Bauern zusammengelebt hat, weiß, daß die zügellosesten Aussprüche und Ideen in diesem Stück harmlos sind im Vergleich zu dem, was man in den kleinen Hütten in Geesala, Carraroe oder Dingle Bay hört.«

Ein lyrisches Netz

Synge hat aus ein paar aus dem Irischen abgeleiteten Konstruktionen eine überzeugende Theatersprache geschaffen, z. B. das Beenden eines Satzes mit *surely*, wie in »It's destroyed he'll be surely«, oder den Gebrauch von *do be* als Verlaufsform: »In the big world the old people do be leaving things after them for their sons and children« oder das Einschieben des adverbialen *and*, wie in »There were two men and they rowing«. Synges Leistung bestand darin, daß er durch die technische Anordnung dieser einfachen Mittel eine bemerkenswerte neue Lyrik schuf.

Betrachtet man den irischen Beitrag zur Literatur dieses Jahrhunderts, so ist schon eine unvollständige Liste beeindruckend: W. B. YEATS mit seiner Poesie über die keltische Vorzeit und jenseits davon, SEAN O'CASEY mit seinem erstaunlichen Gehör für die Melodie der Dubliner Slums, FRANK O'CONNORS humorvolle Erzählungen einer Kindheit in Cork, die Stücke von Beckett und Shaw, die Welt des irischen RM (Bezirksrichter) von »Somerville and Ross« (Pseudonym für E. O. SOMERVILLE und V. MARTIN), wo der englische Bürokratismus seine Quittung in Form der brillant improvisierenden Sprache der irischen Bauern bekommt, die Poesie von PATRICK KAVANAGH, BRENDAN KENNELLY und SEAMUS HEANEY (* 1939), der u. a. in Harvard und Oxford lehrte und 1995 den Nobelpreis für Literatur erhielt. Obwohl jeder auf seine Art genial, haben sie doch eines gemeinsam: eine fast physische Lust am Gebrauch von Wörtern, die von einer geschärften Sensibilität gegenüber der Sprache herrührt, die nicht ganz die ihre ist.

Oben: Der Dramatiker **John M. Synge,** einer der wichtigsten Vertreter der keltischen Renaissance.
Rechts: Der Nobelpreisträger **Seamus Heaney.**

Legenden und Sagen

Im Sommer 1985 begannen viele Menschen, zu Statuen der Jungfrau Maria in verschiedene Teile des Landes zu pilgern, weil einige Augenzeugen gesehen haben wollten, daß sich die Muttergottes bewegt habe. Der Pilgerstrom brach eines Tages so plötzlich ab, wie er angefangen hatte.

Aber dann erschien ein Buch, das, zwischen Augenzeugenberichten der Gegenwart und Erscheinungen aus der Vergangenheit versteckt, den Beitrag eines Dozenten für irische Volkskunst der Universität Dublin enthielt. In diesem Aufsatz wurde erklärt, daß das Phänomen von sich bewegenden Heiligenstatuen bis ins frühe Mittelalter zurückreicht und Gegenstand vieler Sagen und Legenden ist.

Dies ist nur eine weitere Manifestation irischen Volksglaubens. Andere Elemente alter Glaubensvorstellungen wurden von den irischen Schriftstellern aufgenommen, besonders von jenen, die maßgeblich an der Wiederbelebung irischer Literatur beteiligt waren. W. B. YEATS, LADY GREGORY, JOHN M. SYNGE PÁDRAIC COLUM und JAMES STEPHENS haben viel aus den unzähligen Mythen und Legenden geschöpft, die über englische Übersetzungen aus der Vor- und Frühzeit überliefert sind.

Ein Beispiel dafür sind die Heldengeschichten von FIONN MAC CUMHAILL, dem Anführer der Fianna Eireann, und seiner Bande von Kriegern. Sie verteidigten Irland gegen Eindringlinge, gingen auf die Jagd und veranstalteten von Mai bis September Kraftproben. Zwischen November und Mai zogen sie sich in ihr Winterquartier zurück, feierten Feste, erzählten sich Geschichten, hörten Harfenmusik und spielten Schach. Bei den alten Iren gab es nur zwei Jahreszeiten, Sommer und Winter. Auch heute noch sind in den ländlichen Gebieten Irlands der 1. Mai und der 31. Oktober mit Halloween (der Abend vor Allerheiligen) die Tage, die den Beginn und das Ende des bäuerlichen Jahres kennzeichnen. Noch immer bleiben Kartoffeln, die man vor Halloween nicht geerntet hat, in der Erde, und die Kinder pflücken nach diesem Datum keine Brombeeren mehr.

Ein normannischer Eroberer (aus »The Silvery Army«) nach der Vorstellung des irischen Zeichners Jim Fitzpatrick.

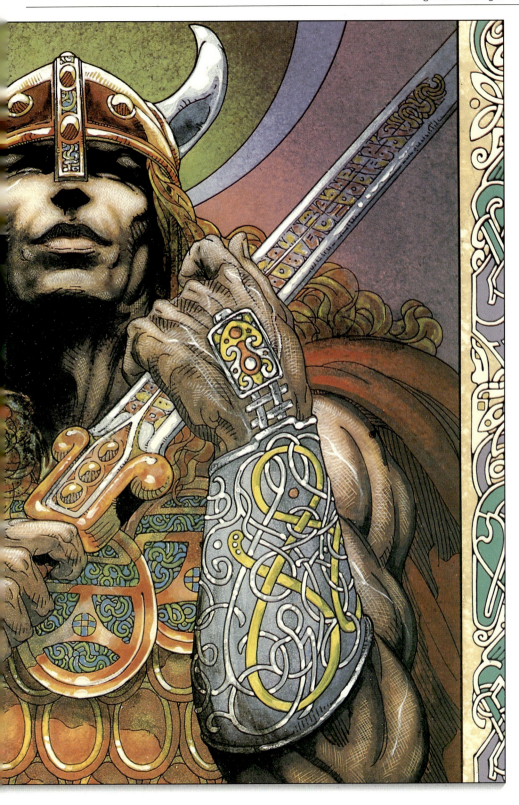

Von Zwergen und Gnomen

Viele Schriftsteller haben sich auch von Märchen inspirieren lassen, von den guten und den bösen Feen, von den Zwergen, die geheime Schätze bewachten und mit unzähligen Tricks die habgierigen Schatzsucher vertrieben. Die Gnome waren ganz versessen auf das Hurling-Spiel, und manchmal borgten sie sich einen Champion aus der Welt der Sterblichen aus, der ihnen zum Sieg verhelfen sollte. Wenn sie dann tatsächlich gewannen, wurde dieser belohnt. In Sligo erzählt man sich die Legende, daß der große Meister im traditionellen irischen Geigenspiel, Michael Coleman, seine geniale Streichkunst von einer Gruppe von Zwergen gelernt habe.

Die Geschichtenerzähler, die diese Legenden bewahrt haben, ehe die Gelehrten kamen, um sie aufzuschreiben, sind die Hüter einer sehr alten Überlieferung. Sie hießen *seanachaidhe*, abgeleitet von dem irischen Wort *seanachas,* was soviel wie Märchenkunde bedeutet. Manche von ihnen konnten bis zu 300 Geschichten erzählen. Sie hatten sie von ihren Vätern gelernt und rezitierten sie, ohne auch nur ein Wort oder die Betonung zu verändern. Einige dieser Geschichten, wie »The King of Ireland's Son«, dauerten oft zwei Stunden und länger. Einige Erzähler leben noch, ihre Kunst ist im Film festgehalten worden.

Einer der Gründe, warum in Irland die Vergangenheit heute noch lebendig ist, geht auf den hl. Patrick zurück und seine besondere Art und Weise, wie er im 5. Jh. die christliche Botschaft verbreitet hat. Seine Debatten mit den Druiden inspirierten vielfach die frühe irische Literatur. Er soll sogar mit Oisín, dem Sohn des Fionn Mac Cumhaill, gestritten haben, der nach der Sage unvernünftigerweise aus dem Land der ewigen Jugend zurückgekehrt war und sofort zu altern begann, nachdem er irischen Boden betreten hatte.

Der hl. Patrick respektierte die soziale Struktur Irlands und viele der Bräuche, obwohl er den Iren mit dem Christentum eine

neue Religion brachte. Er hielt nichts von einer Politik der Konfrontation. Er bestieg den Croagh Patrick, den heiligen Berg Irlands, der dem heidnischen Gott Crom geweiht war. Nachdem er 40 Tage und Nächte mit den bösen Geistern einschließlich der Teufelsmutter gekämpft hatte, kam er herunter und weihte den Berg dem christlichen Gott. Die Menschen kamen immer noch, um zu huldigen, nun allerdings einem anderen Gott.

So kommt es, daß auch heute noch Zehntausende von Pilgern aus allen Teilen des Landes am letzten Sonntag im Juli am Fuße des Croagh Patrick zusammenkommen. Dieser Sonntag wird in Irland noch immer »Black Crom's Sunday« genannt. Die Pilger beginnen den Aufstieg zur Kapelle auf dem Gipfel in der Dämmerung – viele sind barfuß trotz des steinigen, steilen Weges.

Wo heidnische Bräuche überlebt haben

Die meisten der heiligen Quellen, zu denen die Gläubigen zum Beten und zum Fasten kommen, waren auch in vorchristlichen Zeiten heilige Stätten. Mit dem berühmten Puck-Fest in Kerry wird auch heute noch ein heidnisches Fruchtbarkeitsritual aufrechterhalten. Was manchmal als purer Aberglaube ausgelegt wird, basiert meist auf etwas ganz anderem. Besucher suchen oft nach einer Erklärung, wenn sie in einem Feld, wo sonst Weizen oder Gerste wächst, auf einmal einen weißen Dornbusch sehen. Die Antwort darauf lautet, daß es sich um einen Märchenbaum handle, und wer ihn störe, werde vom Unglück verfolgt. Das ist zwar eine spannende Geschichte, aber in Wahrheit handelt es sich um alte Grabstätten, und die wundersame Geschichte dient lediglich dazu, den Toten die nötige Ehrerbietung zu erweisen.

Durch das auch in Irland wachsende Interesse an Heilkräutern und alternativer Medizin hat die alte irische Naturheilkunde Hochkonjunktur. Auf diesem Gebiet findet man überlieferte Weisheiten und Aberglauben untrennbar miteinander verknüpft.

Wie kommt es, daß nur ein Mitglied des Doogan-Clans garantieren kann, daß Erde von der Tory-Insel vor der Donegal-Küste Ratten und sonstige Nagetiere vertreiben wird? Warum ist der siebte Sohn des siebten Sohnes fähig, bestimmte Leiden und Krankheiten zu heilen, je nachdem, von welcher Familie er abstammt? Ist er ein Shanaghan, so kann er Keuchhusten heilen. Und wie kommt es, daß das Annehmen von Geld unmittelbar nach der Behandlung die Heilkraft erlöschen läßt, während dies bei indirekter Bezahlung oder bei Bezahlung in Naturalien nicht der Fall ist?

Natürlich wird der Volksglaube auf einer Insel wie Irland nie aufhören, in einem Land, wo Traditionen aufrechterhalten werden und Aberglaube häufig dann auftaucht, wenn man ihn am wenigsten erwartet.

Das Fernsehen hat die Vorliebe der Iren, einer spannenden Geschichte zuzuhören, nicht zerstören können; allerdings versammelt man sich heute weniger häufig um die traditionellen Geschichtenerzähler. Die sich bewegenden Heiligenstatuen von 1985 haben jedoch genug Erzählstoff erzeugt, eine weitere Generation mit dunklem, phantastischem Volksglauben zu versorgen. Man wird die Geschichten mündlich überliefern – so hat es früher angefangen, und so fängt es auch heute an.

Orte magischer Kräfte: Steinring, Rest einer neolithischen Grabanlage (links); heilige Quelle (oben).

Bars und Besäufnisse

Das stereotype Bild von einem Iren im Ausland ist das eines sentimentalen Trinkers in einer Bar in London, New York oder Chicago, der trübselig vor sich hinschaut und Unverständliches über die grünen Felder und die klaren Gebirgsbäche seiner Heimat vor sich hinmurmelt. Ein unglücklich gewähltes Wort eines Fremden wird ihn schnell in Rage bringen, und im Nu ist eine Schlägerei im Gange.

Dieses Klischee eines irischen Auswanderers, das vielfach in alten Filmen zu sehen ist, enthält viel Wahres, ebenso wie das des Iren in der Heimat: In den gleichen Filmen zeigt man den Iren in Irland als leutseligen, schwatzhaften, extrem freundlichen Menschen, der die Kunst der Konversation perfekt beherrscht. Realistischer ist jedoch die Ansicht, daß der Ire im Ausland traurig und zu Hause glücklich ist, weil er nur hier das richtige Getränk zur Hand hat.

Vom Zapfhahn in den Mund

Was den Iren im Ausland mürrisch macht, ist entweder die mangelnde Qualität oder die Unmöglichkeit, überhaupt ein Glas Guinness zu bekommen. Dieses starke dunkle Bier mit einer weißen Krone ist, mehr noch als der Whiskey, das Nationalgetränk des Landes. Seit 1759 wird es in Dublin hergestellt. Da Guinness stark schäumt, ist beim Zapfen große Vorsicht geboten. Konstante Temperaturen, der richtige Abstand vom Faß zum Zapfhahn und die Häufigkeit des Zapfens – all das sind wesentliche Faktoren der »Kunst des Zapfens«.

Wenn das Glas nicht gut gezapft ist, wird es sofort zurückgeschickt. Experten lassen sich auf lange Diskussionen über die unterschiedliche Zapfkunst verschiedener Pubs im Land ein. Dubliner, die sich häufig im Landesinnern aufhalten, sollen Listen von Pubs in der Provinz besitzen, wo es das bestgezapfte Guinness gibt. Der Tourist sollte folgendes beachten: Sind viele Iren im Pub, ist das Guinness wahrscheinlich gut. Ein gut gezapftes Glas Guinness erkennt man sofort. In guten Pubs in Irland schmeckt es weich wie Samt.

Willkommen in Ryan's Bar in Dublin – mit perfekt gezapftem Guinness.

Es gibt auch noch andere Biersorten in Irland. Das in Dundalk gebraute Harp wird in alle Welt, vor allem aber nach England verkauft. Smithwick's Ale ist nicht so stark wie Guinness, jedoch dunkler als Harp. Es wird in Irland sehr viel getrunken und konnte sich auf dem französischen Markt, v. a. in der Gegend um Paris, und inzwischen auch in Deutschland (unter dem Namen »Kilkenny Ale«) verbreiten.

Die Iren werden als Kenner alkoholischer Getränke eingestuft. Aber natürlich ist es der irische Whiskey (das Wort »Whiskey« leitet sich vom gälischen *visge beath* ab, was soviel wie »Wasser des Lebens« bedeutet), der das heimische Terrain beherrscht. Dreifach destilliert ist er besonders rein und verträglich. Seit dem Zweiten Weltkrieg ist der irische Whiskey auf dem Weltmarkt vom schottischen überrundet worden.

Der Ire AENEAS COFFEY ließ um 1830 seine Brennerei patentieren. Damit konnte man Whiskey erstmals in Massenproduktion herstellen. Auch die meisten schottischen Brennereien gingen zu dieser Methode über. Die kleinen irischen und auch schottischen Malzwhiskey-Hersteller blieben bei der alten Methode der »Pot-Destillation«, wo ein einfacher Whiskey durch lange Lagerung seine Milde erreicht. In den vierziger Jahren dieses Jahrhunderts konzentrierten sich die Schotten auf den Export und rationierten den Verbrauch im eigenen Land. Die Iren taten genau das Gegenteil und behielten ihren Whiskey für sich. Das Ergebnis war katastrophal. Amerikanische Soldaten, die sich während des Weltkriegs an Scotch gewöhnt hatten, brachten diese Geschmacksrichtung mit nach Hause. Der Export des irischen Whiskeys aber, der v. a. an den Königshöfen Europas beliebt war und den der russische Zar als »den besten aller Weine« bezeichnet hatte, ging stark zurück. Der Verkauf ist erst in jüngster Zeit wieder angestiegen.

Das Reifen des Whiskeys

Der relative Wohlstand und die gehobenen Ansprüche der achtziger Jahre haben den Bedarf an dem traditionelleren Whiskey Irlands und dem selteneren Malzwhisky Schottlands steigen lassen. In Irland kann man 15 verschiedene Whiskeysorten kaufen. Der bei weitem beliebteste ist John Power's Gold Label. Danach kommen Jameson, Bushmills, Coleraine (wird v. a. in Nordirland verkauft), Paddy, Hewitts und Dunphys. Murphys verkauft sich besonders gut in den USA und Tullamore Dew, eine besonders leichte Sorte, in Europa.

Preisgekrönte Marken sind Black Bush (von Bushmills in der Grafschaft Antrim, der ältesten Whiskeybrennerei der Welt) und der zehn Jahre lang gereifte Jameson Crested Ten. Bushmills Malt ist ein unverschnittener, zehn Jahre alter Whiskey; Jamesons 1790 reift zwölf Jahre lang, und Redbreasts, ebenfalls zwölf

man es trinkt. Auf dem Land sind die Pubs meist sehr funktional: nichts Besonderes von außen, aber innen ist die Atmosphäre freundlich und gemütlich, und v. a. sind sie immer voll. Stellen Sie sich eine kleine Bar in einem Dorf am Atlantik vor. Es ist zwei Uhr früh, die Polizeistunde ist längst vorbei. Da klopft es an der Tür, so energisch, daß man eine Autorität dahinter vermuten muß. Ein einheimischer Polizist kommt herein, er ist in Uniform und hat eine Taschenlampe in der Hand. Aber keiner der Anwesenden, mit Ausnahme der wenigen Engländer und Amerikaner, unterbricht die Unterhaltung. Eine halbe Stunde später sieht alles ganz anders aus. Der Polizist, seine

Jahre alt, reift in Eichenfässern im Hause Gilbey, das auch bekannt für seine Weine, Portweine und Sherrys ist. Ein Eiswürfel ist für den Iren geradezu ein Frevel; dem Ausländer gesteht man allerdings einen Schuß reinen irischen Wassers zu. Man sollte den Whiskey in kleinen Schlucken wie Cognac oder Armagnac trinken.

Der bereits erwähnte Poteen wird nirgendwo legal verkauft. Manchmal kann er ganz bekömmlich sein (wie etwa Schnaps), aber falls er nicht sorgfältig hergestellt wird, kann er zu ernsthaften gesundheitlichen Schäden führen.

Aber es ist nicht nur das Getränk selbst, das in Irland wichtig ist. Ebenso wichtig ist, wo

Mütze liegt vor ihm auf der Bar, hält in der rechten Hand ein Guinness, seine Augen sind geschlossen, und er singt das alte Klagelied »The Blackbird of Sweet Avondale«.

Solchen Szenen begegnet man überall an der Westküste. Die Saison ist hier kurz, und die Einnahmen nach der Polizeistunde kompensieren das schlechte Geschäft während der Wintermonate. In Dublin, Belfast, Cork und Limerick gibt es diese lässige Handhabung polizeilicher Verordnungen nicht. Die letzte Runde wird im Winter um 23 Uhr und im Sommer um 23.30 Uhr ausgeschenkt, sonntags das ganze Jahr über um 23 Uhr. Das Gesetz wird strikt befolgt! Nun ja, fast immer. Die Pubs in den Städten sind ebenfalls anders. In

Dublin sind manche Pubs reich mit Messing und Mahagoni ausgestattet, antike Spiegel mit den Emblemen längst vergessener Whiskeysorten zieren die Wände.

Für die heimlichen »Trinkerinnen«

Wer den Wert, den man hier auf die Tradition legt, kennenlernen will, sollte einmal Doheny and Nesbitts in der Baggot Street besuchen. Es ist ein altmodisches, langes, schmales Pub mit einem »Snug« an jedem Ende. Ein »Snug« ist ein kleiner, vom Rest der Bar komplett abgetrennter Bereich, wo ungefähr zehn Leute zurückgezogen ihren Drink nehmen können. Es ist ein Überbleibsel aus genannt wird, hat die Funktion eines privaten Klubs. Jedoch hat hier jedes »trinkende« Mitglied der irischen Öffentlichkeit Zutritt und kann jederzeit mitdiskutieren.

Das berühmteste barock ausgestaltete Pub in Irland ist das Crown in der Great Victoria Street in Belfast. Dieses Pub ist in viktorianischer Zeit entstanden und wirkt aber so echt, daß es vom National Trust gekauft und zum Denkmal erklärt wurde. Für eine freundliche Atmosphäre ist Kelly's Cellars in der nahe gelegenen Bank Street zu empfehlen.

Außerhalb des Belfaster Zentrums werden bestimmte Pubs nur von Anhängern einer bestimmten Partei oder Konfession aufgesucht.

jenen Tagen, als Frauen und Priester etwas trinken, aber dabei nicht gesehen werden wollten. Gespräche bestimmen hier die angenehme Atmosphäre. Die Einrichtung mit den harten Barhockern ist eher schäbig, Plüsch sucht man hier vergeblich. Trotzdem ist dieses Pub der geheime Treffpunkt von Politikern, höheren Beamten, bekannten Journalisten und einer Gruppe von Wirtschaftswissenschaftlern, in Dublin als die »Doheny and Nesbitt School« berühmt. Nesbitts, wie es allgemein

Links: Kleine fröhliche Runde im Megaw's Pub in Brookeborough, Grafschaft Fermanagh. Oben: Irische Pubs wie jenes in Buttevant, Grafschaft Cork, sind meist in Privatbesitz und daher individueller gestaltet als brauereieigene Pubs.

Touristen sollten sich auf die Pubs an den Hauptstraßen beschränken. Auch sollte man Klubs vermeiden, die nach der Polizeistunde oder am Sonntagnachmittag geöffnet sind. Abzuraten ist auch von den *shebeens* (illegale Schnapsbuden), die von suspekten Organisationen betrieben werden.

Hexenküche

Die Oyster Tavern in Cork ist ein nettes Lokal zum Essen und Trinken. Die Atmosphäre ist leicht snobistisch, aber der Lokalpatriotismus ist ein fast liebenswerter Zug dieser Stadt. Kyteler's Inn in Kilkenny gehörte einst einer angeblichen Hexe. Ein paar Türen weiter gelangt man zu Bollards, wo man in netter Gesellschaft Gespräche über Windhunde und Hurling führen kann. In Galway gibt es eine Unmenge von ausgezeichneten Pubs. Eine Kuriosität ist Michael Taylor's in der Dominick Street. Hier findet man ganz unterschiedliche Lektüre, von *Chums,* einem Magazin für Studenten der Oberschicht, bis zu *Churchills History of the Englishspeaking People* und diversen Morgen- und Abendblättern.

Nicht weit von Galway, auf der Straße nach Gort, liegt Kilcolgan. Fahren Sie hier nach rechts und folgen Sie dem Schild »Moran's of the Weir«. Dies ist ein traditioneller Landpub mit einem malerischen Strohdach, aber es weist eine Besonderheit auf: Hier bekommt man frische Austern, natürlich nur in den Monaten, deren Name den Buchstaben »r« enthält. Die Austernbänke liegen direkt vor der Tür, und der Genuß von Austern verlangt geradezu – nach irischem Geschmack – nach einem köstlichen Guinness.

Lachse und Musik

Entlang der Atlantikküste gibt es eine große Auswahl an schönen Pubs, aber am besten sind die in Nord- und West-Clare, unweit von Galway. In dem Kurbad Lisdoonvarna kann man in Curtin's Roadside Tavern selbstgeräucherten Lachs und frische Meeresfrüchte essen. Abends musizieren in dem Pub Geiger, Dudelsackpfeifer und Flötisten.

In Doolin kann man im Gus O'Connor's den ganzen Tag über Musik hören. Hier spielen einige der berühmtesten Folkmusiker Irlands, die in der Gegend wohnen. Fährt man nach Liscannor, Heimathafen von Hummerfischern, vorbei an den spektakulären Cliffs of Moher, kommt man zu Joe McHughs Bar, die einer düsteren Durchfahrt gleicht. Hier ist es immer dunkel, egal ob die Sonne scheint oder nicht. In diesem Pub kann man, wie übrigens häufig in Irland, fast alles kaufen. Fragen Sie nach einem Paar Gummistiefel, Würstchen, Zuckerstangen aus dem Glas, einer Mausefalle, einem Angelhaken oder einem Glas Bier, einem Jack Daniels on the rocks oder einem

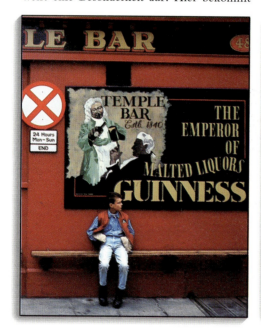

Gin Tonic, und Sie werden das Gewünschte bekommen.

5 km südlich von McHugh's liegt Lahinch. In diesem Dorf wissen die Einwohner alles über Golf. Als Ort des Meinungsaustausches dient Donal Kenny's an der Dorfstraße. In den ungefähr 12 000 Pubs auf der Insel kann der Fremde etwas über das wirkliche Irland erfahren. Stammgäste respektieren gewöhnlich den Fremden und sprechen Sie nur dann an, wenn Sie Bereitschaft zur Konversation zeigen.

Oben: Werbung für ein Pub. – Das Pubschild erinnert an eine zerstörte Zuschauertribüne im Croke Park, Dublin. Rechts: Wer könnte diese künstlerische Botschaft mißverstehen?

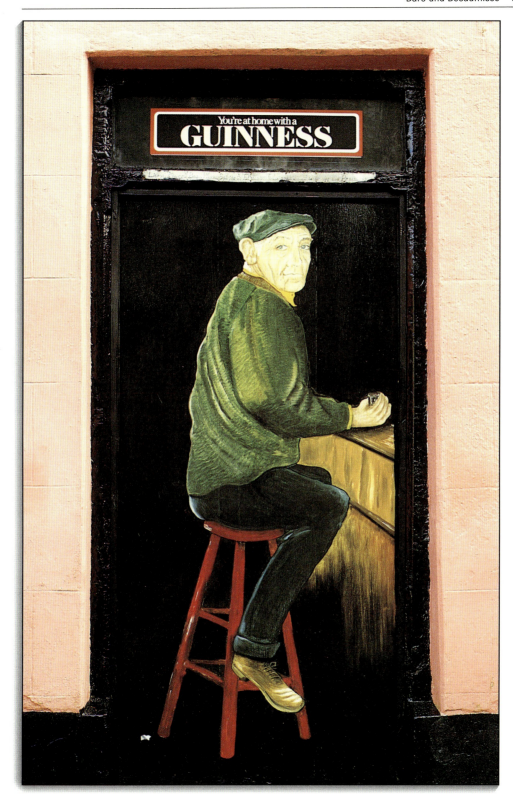

Irische Küche

Auch wenn Iren im Ausland exotische Obst- und Gemüsesorten in Hülle und Fülle kennenlernen, so werden sie doch immer sehnsuchtsvoll an irisches Sodabrot und Kartoffelkuchen zurückdenken. In unzähligen Häusern und Bauernhöfen wird dieses braune Brot aus steingemahlenem Weizenmehl gebacken. Außen knusprig und innen weich, eignet es sich vorzüglich als Beigabe zu geräuchertem Lachs und allen Schalentieren wie Muscheln, Krebsen, Hummern und Austern, die überall an den Küsten erhältlich sind. In Galway wird der beste Lachs gefangen, und in der Hauptsaison kann man wahre Prachtexemplare sehen, die sich im seichten Gewässer unter der Salmon Weir Bridge mitten im Stadtzentrum von Galway aneinanderdrängen. Nicht minder berühmt sind Galways Austernbänke. Jedes Jahr am 1. September findet ein Austernfest statt, und alle Pubs in der Umgebung servieren dann frische Austern mit braungebackenem Sodabrot, dazu Butter und natürlich Guinness. Die Muscheln, insbesondere in Wexford und Saint Castlemaine in West-Cork, sind von erstaunlicher Größe und Saftigkeit und werden sehr schmackhaft zubereitet. Auf dem Speiseplan stehen auch vorzüglich geräucherte Makrelen und das »Silber des Meeres«, Heringe.

Hinein in den Eintopf

Das fette Grasland nährt Rinder von außergewöhnlicher Qualität, und die purpurnen Hügel von Kerry und Wicklow liefern hervorragendes Hammel- und Lammfleisch. Der englische Schriftsteller W. M. THACKERAY schrieb in seinem Buch über Irland: »Die Schönheit einer Landschaft läßt sich allenfalls erfühlen, besser zu beschreiben ist hingegen eine Hammelkeule mit Rüben.« Irischer Eintopf (Irish Stew) ist in der ganzen westlichen Welt bekannt. Er besteht aus geschmortem Hammel- oder Lammfleisch und einer sahnigen Brühe aus Zwiebeln, Kräutern und Kartoffeln. Jahrhundertelang zählten Schweinefleisch und Schinken zu den beliebtesten Nahrungsmitteln. Speck ist in vielen mittelalterlichen Dichtungen belegt, insbesondere in *The Vision of MacConglinne,* wo ein Eintopf mit Würsten, Lauch und Haferbrei erwähnt wird. Blutsülze, ähnlich der französischen *boudin,* gehört ebenso zu einem traditionellen irischen Frühstück wie Speck, Eier, Würstchen und, nicht zu vergessen, Sodabrot mit Honig.

Auf dem Land findet man heutzutage noch immer eine reiche Auswahl dieser Speisen. Während man sich auf die Qualität von Brot

und Kuchen in Irland immer verlassen kann, wird Fleisch meist zu lange gekocht, doch die Iren haben sich inzwischen etwas umgestellt. Das Essen in den Hotels von Dublin erreicht westeuropäisches Niveau. Das gleiche gilt für viele kleinere Restaurants im ganzen Land.

Nach wie vor werden in Irland Kartoffeln in großen Mengen verspeist. Sie wurden schon seit dem 17. Jh. weithin in Irland angebaut und waren bereits seit dem 18. Jh. zum Hauptnahrungsmittel der meisten Bewohner geworden. Kochrezepte von 1746 verraten, daß Kartoffeln für kunstvolle Pastetenfüllungen verwendet wurden. Vor dem Backen werden die Kuchen mit durchpassierten Kartoffeln, Butter, Zucker, Brandy und Eigelb gefüllt. Sie

Links: Auf der gesamten Insel findet man eine reiche Auswahl an Fisch auf der Speisekarte.
Oben: Eine andere Spezialität des Landes sind seine hausgebackenen Brote.

schmecken ganz vorzüglich und stellen für Gäste eine Besonderheit dar. Ebenfalls aus früheren Zeiten stammen Kartoffelbrötchen und Kartoffelkuchen, der mit Eiern und Speck zum Frühstück auf den Tisch kommt, insbesondere im Norden Irlands. Die Brötchen hingegen werden heiß mit Butter und manchmal auch mit Honig bestrichen.

Irische Gastfreundschaft ist nicht nur ein Schlagwort der Fremdenverkehrswerbung. Sie kann auf eine lange und ehrbare Tradition zurückblicken, wurden doch ihre Grundsätze bereits um 438 in den »Brehon Laws«, den Gesetzen der Fianna, im zehnten Jahr der Regentschaft König Learys festgelegt. Zwischen dem 8. und 13. Jh. wurden diese Regeln dann im *Senchas Már*, der »Großen Überlieferung« der alten Gesetze niedergeschrieben, das höhergestellten Personen auferlegte, »Gäste zu bewirten, ohne Fragen zu stellen«. Zu Beginn der Christianisierung gab es zudem mehrere hundert auf das ganze Land verteilte Gasthäuser, deren Wirte das Herdfeuer nie ausgehen lassen durften und gebratenes Fleisch allzeit für Fremde bereithalten mußten. Diese Gepflogenheit wurde über mehrere Jahrhunderte aufrechterhalten.

Patrick Sarsfield, der Bürgermeister von Dublin im Jahre 1554, hielt sein Haus von 5 bis 22 Uhr für jeden Durstigen offen. In besagtem Jahr soll er außer spanischem Muskateller- und Malvasierwein zusätzlich 5000 Gallonen Rotwein ausgeschenkt haben.

Wie die Erzählung *Seventy Years of Irish Life* von W. R. Le Fanu aus dem Jahre 1894 berichtet, waren auch irische Geistliche oftmals gute Gastgeber: »Pater Horgan war die Gastfreundschaft in Person, und um seine Tafel gruppierten sich Männer aller Schichten: am oberen Ende Kirchen- und Edelleute aus der Nachbarschaft, am unteren Ende die Bauern der Umgebung. Die Speisen, Hühnerfleisch und Speck, waren für alle Gäste gleich, anders die Getränke. Am oberen Tischende wurde Wein gereicht und am unteren Ende Whiskey, den die Bauern ohnehin bevorzugten. Einmal sagte er zu mir: Wie Sie sehen, mein Freund, weiß ich kein Festmahl mit allen möglichen Gerichten zu geben, und die alte Bridget könnte ein solches auch gar nicht kochen. So gibt es halt zwei Hühner, Speck und Gemüse, dann noch einmal zwei Hühner, Speck und Gemüse und immer so fort. Jeder Mann mag doch Hühnerfleisch und Speck, und sieht er es erst vor sich, kommt ihm nichts anderes mehr in den Sinn. Ich erspare mir damit große Umstände, und meine Gäste scheinen glücklich und zufrieden.« Und in der Tat waren sie das.

Abgesehen von der zwanglosen Geselligkeit mit Freunden, sind Ostern, Saint Patrick's Day, Halloween und Weihnachten Anlässe für große Feste im Familien- und Freundeskreis. An diesen Festtagen werden bestimmte kulinarische Traditionen eingehalten.

Zu Ostern kommt in Irland nach altem religiösem Brauch Lamm auf den Tisch. Dazu werden als Glücksbringer buntbemalte Eier verzehrt. Am Karfreitag sollten die Gläubigen Petersiliensamen säen und warme Kreuzbrötchen (gewürzte Brötchen mit einem Kreuz auf der Oberseite) essen, jedoch kein Fleisch. In Wexford wurden die Eier früher mit den gelben Blüten des Ginsters gefärbt und in kleinen »Osterhäusern« aufbewahrt. Vor dem Verzehr veranstaltete man mit ihnen zunächst Weitwurfwettbewerbe.

Kleeblatt, Aberglaube und Gans

Am Saint Patrick's Day (17. März) heften sich die Iren traditionsgemäß ein Kleeblatt an den Aufschlag des Mantels. Dieser Nationalfeiertag bietet die Gelegenheit, sich im Familienkreis oder mit Freunden zu treffen. Aber noch bis vor wenigen Jahren waren alle Pubs an diesem Tag geschlossen. Manch einer wurde deshalb zum Hundefreund, da nur am Tresen der Royal Dublin Society, die am Saint Patrick's Day alljährlich ihre Hundeschau abhält, ein Pint zu haben war. Inzwischen stehen die Pubs den Durstigen jedoch zu den an Sonntagen üblichen Öffnungszeiten offen.

Zu Halloween (31. Oktober) stehen Barm Brack (ein Korinthenstollen) und Colcannon (eine leicht mit Muskatnuß gewürzte Mischung aus heißem Kartoffelbrei, Kohl, Butter und Milch) auf dem Speisezettel. Außerdem gibt es geröstete Maronen und verschiedene Nüsse. Äpfel dürfen ebenfalls nicht fehlen, auch wenn sie von den Jüngeren zum »Apple Bobbing« verwendet werden. Dabei müssen Äpfel, die in einem Wasserbottich schwimmen, mit den Zähnen gefaßt werden. Das ist gar nicht so einfach, wie es sich anhört. Neben Wahrsagen trägt auch die Suche nach Glücksbringern vielerorts zur Unterhaltung bei. Deshalb werden in den Barm Brack und Colcannon Ringe (die baldige Heirat verheißen), Silbermünzen (Reichtum), Fingerhüte (alte Jungfer), Knöpfe (Junggeselle) usw. versteckt. Und nicht zuletzt tragen besonders die Kinder furchterregende Masken und zünden große Feuer an, um die bösen Geister zu verscheuchen.

Früher war es an diesem Tag üblich, die Michaeligans in das Bratrohr zu schieben. Der Verzehr dieser »grünen« (da nur von Grasstoppeln ernährten) Gans sollte das ganze Jahr über Glück bringen. Kinder klopfen auch heute noch, fein herausgeputzt, an Nachbarstüren, um sich mit Nüssen, Obst und manchmal auch Kuchen beschenken zu lassen.

Das Weihnachtsfest war in diesem Jahrhundert wohl dem größten Wandel unterworfen. Früher wurde am Weihnachtsabend bis Mitternacht kein Fleisch gegessen. Und anstatt des Truthahns, der früher den Reichen und Weitgereisten vorbehalten war, standen Gans oder anderes Geflügel, Schweinefleisch und Schinken auf der Speisekarte.

Geradewegs in den Himmel

Nach einer alten Legende reist die heilige Familie zur Weihnachtszeit durch Irland. Deshalb werden oft rote Kerzen in die Fenster gestellt, um ihr den Weg zu weisen. In der Grafschaft Tipperary bleiben am Weihnachtsabend zum Zeichen der Gastfreundschaft alle Türen unverschlossen. Und wer an Weihnachten stirbt, der kommt, so glaubt man felsenfest, geradewegs in den Himmel.

Auch in Irland gibt es seit etwa 150 Jahren zu Weihnachten einen Christstollen. Unter Zugabe von Whiskey oder Guinness und vielen Früchten wird er bereits einen Monat zuvor gebacken, damit er lagern kann, bevor er mit Zuckerguß überzogen wird.

Trotz des weltweiten Wertewandels hat sich gerade das ländliche Irland einen Gutteil seiner Traditionen bewahrt. Die Türen stehen immer offen, und man wird freundliche Aufnahme finden, denn die Iren lieben die Unterhaltung – insbesondere mit Leuten, die eine andere Meinung haben. Kommt um Mitternacht noch ein Freund auf einen Sprung vorbei, wird der Kessel aufgesetzt oder die Flasche hervorgeholt, Brot und Käse aufgetischt – gerade so, als ob es Spätnachmittag wäre. Dennoch stehen die Menschen früh auf, um der harten Arbeit auf dem Feld nachzugehen.

Es lohnt sich wirklich, sein Urlaubsdomizil in einem der vielen Gast- und Farmhäuser aufzuschlagen. Hier kann man sicher sein, nicht nur ein ausgiebiges irisches Frühstück und eine üppige Nachmittagsmahlzeit (»Tea«), serviert auf einem Tablett mit dem besten Porzellan und einer Menge Sodabrot, zu erhalten, sondern auch eine weitere wichtige Zutat: einen Einblick in das irische Familienleben.

Traditionelle Kochutensilien mit »Irish Stew«; mittlerweile haben die Iren gelernt, daß Besucher ihr Fleisch nicht verkocht mögen.

Rennfieber

Im Jahre 1752 trugen ein gewisser Mr. Edmund Blake und ein Mr. O'Callaghan auf einer 7 km langen Strecke ein Pferderennen aus. Dabei sprangen sie von der Buttevant Church bis zur Saint Leger Church über Hecken, Mauern und Gräben. Eine neue Sportart war geboren, die fortan »Steeplechasing« (»Kirchturmrennen«) hieß.

Bald darauf fanden überall im Land solche Rennen statt, wobei die genauen Strecken und Hindernisse von den Reitern weitgehend selbst bestimmt wurden. Glücklicherweise besitzt Irland nicht nur mutige Reiter, sondern auch gute Pferde. Die 1809 veröffentlichte *History and Delineation of the Horse* vermerkte, »daß die Iren zu den ausdauerndsten und besten Springreitern zu rechnen sind«. Und so ist es in der Tat geblieben.

Die Vorherrschaft der in Irland gezüchteten Pferde auf den Rennplätzen Großbritanniens ist heute unbestritten. Und bemerkenswert ist auch die Tatsache, daß die meisten der jährlich nach England exportierten Tiere sowie die weltbesten Rennpferde in Irland trainiert wurden. Am berühmtesten war vermutlich Arkle, der in den sechziger Jahren den Cheltenham Gold Cup, das wichtigste britische Hindernisrennen, dreimal hintereinander gewann. Dabei ließ er zur Freude ganz Irlands die Elite der englischen Rennpferde weit hinter sich. Allgemein gilt, daß in Irland gezüchtete Vollblüter das Geschehen auf allen Rennplätzen der Welt bestimmen.

Die sportbegeisterten Iren ziehen das tollkühne Vergnügen der Hindernisrennen den hochklassigen Galopprennen vor, die heute weltweit von millionenschweren Rennställen beherrscht werden. Während der Gewinner eines Galopprennens wie des Irischen Derbys als wertvoller Zuchthengst einen Wert von 10 Mio. Dollar erreichen kann, spielt dieser Aspekt bei den Hindernisrennen keine Rolle – einfach deswegen, weil die meisten Springpferde Wallache sind. Der Sieger in einem großen irischen Hindernisrennen wird seinem Besitzer nur das Preisgeld, vielleicht den Sieg bei einer Wette und ansonsten lediglich Ruhm einbringen.

Galopp bis zur Erschöpfung

Während der Ursprung des Hindernisrennens mit ziemlicher Sicherheit auf jene denkwürdige Querfeldeinjagd von 1752 zurückzuführen ist, liegt die Herkunft der Galopprennen im dunkeln.

Bekannt ist, daß sich die »Red Branch«, Ritter des vorchristlichen Irland, Wettrennen lie-

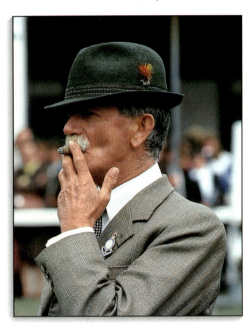

ferten und daß Pferderennen in den frühchristlichen Jahrhunderten wesentlicher Bestandteil von öffentlichen Zusammenkünften und Jahrmärkten waren. Nach JOHN WELCOMES Geschichte des *Irish Horseracing* »dienten diese Jahrmärkte zur Abwicklung von Geschäften verschiedenster Art: Hochzeiten wurden gefeiert, Todesfälle registriert, Gesetze diskutiert und beschlossen, Verteidigungsmaßnahmen festgelegt; danach aber folgten Sport und Spiel, wobei Pferderennen am beliebtesten waren.« Der größte dieser Jahrmärkte wurde im Curragh in der Grafschaft Kildare abgehalten. Auf der weitläufigen Grasebene konnten Pferde bis zur Erschöpfung galoppieren.

Vorherige Seiten: Sonia Rogers, Mitglied einer der bekannten irischen Pferdezüchter-Dynastien, mit Ela Mana Mou. Links: Coolmore, Europas Spitzengestüt im Golden Vale, Grafschaft Tipperary. Oben: Fachmann auf der Dublin Horse Show.

Die Tradition dieser Rennen, insbesondere vom Curragh, setzte sich durch die Zeit der Normannenherrschaft und des elisabethanische Zeitalter ebenso fort, wie sie den Versuch von Cromwells Puritanern überstand, die Rennen als Werk des Teufels zu brandmarken. Doch erst um die Mitte des 18. Jh. begann man, die Ergebnisse der Rennen in Curragh aufzuzeichnen. Und 1790 wurde das irische Rennwesen unter die offizielle Schirmherrschaft des Turf Club gestellt, der dieses Amt bis heute versieht.

Der Turf Club hat, wie nicht anders zu erwarten, seinen Sitz im Curragh, dem Zentrum des irischen Rennsports. Auf dem 2400 ha der abwischen. Dazu gesellen sich reiche Damen in eleganter Garderobe, Nachkommen des angloirischen Adels mit steifen Bowlern, abgehetzte Städter, die Schulter an Schulter mit rotgesichtigen Bauern das Geschehen verfolgen – alle Schichten sind hier vertreten.

Kurz vor dem Start eines jeden Rennens herrscht große Nervosität rund um die Buchmacherstände. Dann verfällt die Menge in angespanntes Schweigen, und nur die Stimme des Rennkommentators dröhnt über den Platz. Unzählige Ferngläser richten sich auf das Renngeschehen. Sobald aber die Pferde die letzte Kurve nehmen, schwillt das Murmeln zu einem aufbrausenden Sturm an, der mit

großen Gelände haben viele Gestüte ihre Stallungen. An den meisten Tagen des Jahres steht die Haupttribüne des Rennplatzes einsam und verlassen wie ein gestrandeter Dampfer da. Am Tag eines großen Rennens jedoch ist sie vom Gedränge rastloser und geschwätziger Zuschauer, Trainer, Pferdebesitzer, Buchmacher und Händler überfüllt. Auf dem Platz herrscht ein buntes Treiben: Schlanke Pferde mit festen Muskeln sowie kleine, hagere Jockeys in bunten Seidenhemden werden angefeuert; eifrige Wettfreunde strecken den Buchmachern Fäuste voller Banknoten entgegen; diese wiederum rufen lauthals und geben sich geheime Zeichen, während sie wie besessen Wettquoten auf Tafeln schreiben und wieder abwischen. Siegesjubel und Verzweiflungsschreien endet. Hüte werden im Freudentaumel in die Luft geschleudert, und die Wettscheine der Verlierer fallen wie Konfetti zu Boden.

Im Curragh werden alle irischen Rennen wie die 2000 und 1000 Guineas, das Derby, die Oaks und das Saint Leger abgehalten. In bezug auf das Preisgeld ist das Derby am bedeutendsten. Es wird seit 1986 von der US-Brauerei Budweiser finanziert. Die Gesamtsumme der Preisgelder beläuft sich derzeit auf 600 000 irische Pfund (ein Anstieg ist zu erwarten). Obwohl im Curragh weniger Pferde als beim englischen Derby in Epsom teilnehmen, bietet es eine höhere sportliche Qualität, da das Gelände weitaus schwieriger ist. Unter den

Siegern der letzten Jahre befinden sich weltberühmte Rennpferde wie Nijinsky, Shergar und El Gran Señor.

Ein glänzendes Aushängeschild

Das Derby ist nicht nur ein aufregendes Spektakel, sondern auch ein glänzender Markt für den internationalen Rennsport, in dem irische Züchter eine stetig wachsende Rolle spielen. In der Aufzucht von Vollblütern steht Irland seit 1985 an erster Stelle in Europa. Jedes Frühjahr werden Hunderte von Stuten (meist aus den USA, England und Frankreich) nach Irland geschickt, um dort von einem siegreichen Hengst, der dann den Rest seines Lebens in einem Gestüt verbringt, gedeckt zu werden.

Der Aufschwung der irischen Pferdezucht ist nicht zuletzt darauf zurückzuführen, daß seit 1969 die Einnahmen aus Deckgebühren von der Steuer befreit sind. Somit konnte Irlands größter Zuchtauktionator, Goffs of Kildare, zwischen 1974 und 1984 eine Umsatzsteigerung von 2 Mio. auf über 40 Mio. irische Pfund erzielen. Der Verkaufsdirektor von Goffs, Jonathan Irwin, bezeichnet daher die irischen Pferde als »großen natürlichen Reichtum des Landes, der, im Gegensatz zu Kupfer oder Öl, offen zu Tage liegt«.

Pferde sollen in Irland deshalb besonders gut gedeihen, weil das feuchte Klima üppige Grasweiden hervorbringt und der Kalksteinboden das Futter mit Kalzium anreichert. Das fördert das Knochenwachstum. Schwieriger ist die Tatsache zu erklären, warum viele Iren eine besondere Begabung im Umgang mit Pferden haben, sei es als Züchter, Gestütsmanager, Pferdepfleger, Jockey oder Trainer.

Dieses typisch irische Gespür für Pferde besitzt in hohem Maße auch der eher schüchterne, aber außergewöhnlich flinke Vincent O'Brien, dessen unglaubliche Erfolge als Trainer alle Rekorde brechen. Er hat den internationalen Rennsport maßgeblich beeinflußt, weil er den richtigen Riecher hatte und die Nachkommen des kanadischen Hengstes Northern Dancer (ein Vorfahr von Nijinsky) bevorzugte. O'Briens Siege mit Söhnen von Northern Dancer machte diesen zum erfolgreichsten Zuchthengst der Welt. Das herausragende Talent als Trainer scheint sich auch auf O'Briens Sohn David vererbt zu haben.

Wer im Sommer die Rennplätze vom Curragh, von Leopardstown oder dem Phoenix Park (beide in Dublin) aufsucht, wird sicherlich auf O'Brien-Pferde stoßen – vermutlich auf Zweijährige, die dort langsam mit den Pflichten und Härten des Rennsports bekanntgemacht werden, bevor sie nach Übersee geschickt werden, um die geplante Karriere als klassische Sieger anzutreten. Die Wettquoten für O'Briens Pferde sind meist sehr niedrig. Doch trotz O'Briens umfangreichem Wissen bei der Zucht und Ausbildung der Pferde gewinnen sie nicht immer, weil die Natur auch die besten Pläne oft durchkreuzt.

Wer deshalb eine Wette wagen will, sollte auf Dermot Welds und Jim Bolgers Pferde setzen, dessen Fohlen Saint Jovite 1992 zu den besten Dreijährigen in Europa gehörte. Die erfolgreichsten Jockeys der letzten Jahre waren Michael Kinane, der Anfragen aus aller Welt erhält, und Christy Roche.

Neben den erwähnten Plätzen gibt es in Irland 25 weitere bekannte Strecken für Hindernis- und Galopprennen. Dazu zählen Fairyhouse, der Austragungsort des irischen Grand National am Ostermontag; Punchestown, Ende April Schauplatz eines interessanten historischen Drei-Tage-Festes; Killarney und Galway, beide im Hochsommer Austragungsorte von sehenswerten Rennen, die ei-

Links: **Ballinasloe Horse Fair**: Der Handel ist perfekt. Oben: Die **Dublin Horse Show** ist eine Gelegenheit, die neuen Hüte auszuführen.

nen festlichen, wenn nicht gar glänzenden Charakter haben.

Strandrennen

Der unscheinbarste Schauplatz ist vermutlich der kleine Ferienort Laytown, 50 km nördlich von Dublin, wo nur an einem Tag im Juli oder August ein Rennen abgehalten wird. Der genaue Termin hängt ebenso vom Turf Club wie von den Gezeiten ab. Denn bei Flut steht die Rennbahn mehr als einen Meter unter Wasser. Die Laytown Strand Races haben sich den Titel »einzigartig« wirklich verdient, sind sie doch das einzige offizielle Pferderennen in Europa, das auf einem Strand stattfindet.

In Laytown gibt es keine normalen Tribünen und, strenggenommen, auch keine richtige Rennbahn; dazu muß ein langer, leicht hügeliger Strandabschnitt herhalten. Große Zelte dienen als Rennbüro, Erfrischungsraum und Bar. Die Rennstrecke wird durch Flaggen markiert, die man bei Ebbe einfach in den Sand steckt.

Die Atmosphäre ist außergewöhnlich. Oberhalb des Strands werden die Pferde gesattelt, Eigentümer und Trainer halten Absprachen, Wettbegeisterte ereifern sich, Buchmacher rufen die Quoten aus, und Durstige genehmigen sich ein Pint, wie bei einem ganz normalen Rennereignis. Auch am Strand, wo mit Zuckerwatte, Fish and Chips, Getränken, Spielzeug, Lotterielosen und Souvenirs gehandelt wird, gibt es etwas zu sehen. Buchmacher waten barfuß durch Strandpfützen, Kinder lärmen herum und schlecken Eiskrem, und Reiter in roten Röcken traben hin und her, um die Menge von der Rennbahn fernzuhalten. Bei soviel Trubel sind die Rennen manchmal fast Nebensache.

Laytown unterscheidet sich vom Derby im Curragh ganz gewaltig. Es spielen weder Preisgelder noch Auktionsgebote für Vollblüter eine große Rolle, auch nicht der Glanz oder die Spannung eines dramatischen Rennens. Ebensowenig wird man Vincent O'Brien und seinesgleichen oder Spitzenjockeys mit erstklassigen Pferden vorfinden, denn das Preisgeld ist sehr bescheiden. Was man dort aber antreffen wird, ist jene aufregende Atmosphäre, die einst auf den Jahrmärkten des alten Irland geherrscht haben muß.

Die Forschungsabteilungen im Gestüt Airlie, Grafschaft Dublin, gleichen einem Hospital.

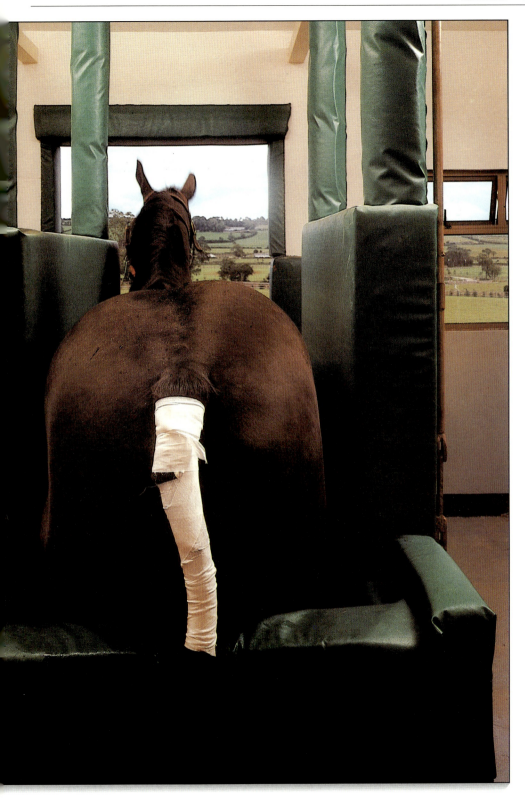

Angelsport

Wer sich von den Angelmöglichkeiten in Irland ein Bild machen will, braucht sich nur die Karte des Landes anzuschauen. Irland ist nicht nur eine Insel – und nicht einmal eine besonders große, es scheint auch selbst zu einem großen Teil aus Wasser zu bestehen.

Dieser Eindruck täuscht nicht. Irland besitzt Tausende von Flüssen, insgesamt 14 000 km Flußläufe. Die meisten speisen große und kleine Seen, die ihrerseits über 2500 km² bedecken. Mit den zahllosen Kanälen, die das Land durchziehen, ergibt das eine Menge Wasser. Und eine Unmenge an Fischen.

Viele Länder bieten gute Angelmöglichkeiten, aber nur wenige eine solche Vielfalt wie Irland. Hier stehen allein 5600 km Küste zur Verfügung und natürlich der offene Ozean, der die Insel umgibt. Überall tummeln sich reichlich Fische.

Für Europäische Forelle und Regenbogenforelle, Meerforelle (in Irland als »weiße« Forelle bekannt) und Atlantischen Lachs zählt Irland zu den besten Plätzen in Europa. Und in bezug auf Süßwasserfische – Hecht, Brasse, Schleie, Flußbarsch, Rotauge, Rotfeder, Karpfen, Häsling und einige Mischlinge – bietet kein zweites Land ähnlichen Reichtum.

Angeln auf Wanderfische

In einigen Lachsflüssen wie dem Liffey in Dublin/Kildare und dem Bundrowse in Donegal/Leitrim beginnt die Saison am 1. Januar, sonst meist zwischen Mitte Februar und März. Saisonende ist Ende September, an einigen Flüssen am 12. Oktober. Im Frühling wandert meist ein Zug größerer Fische stromaufwärts, im Sommer ein Zug von Junglachsen mit einem Durchschnittsgewicht von 2 bis 3 kg stromabwärts. Im Frühling wird gewöhnlich mit Spinnruten geangelt. An einigen Flüssen kann man nur am Anfang der Saison Spinnangeln einsetzen, im Sommer und Herbst ist nur Fliegenfischen möglich. Würmer, Garnelen und Crevetten dürfen in einigen Flüssen nicht verwendet werden.

Die meisten Lachsgründe sind in Privatbesitz, doch kann man sie oft mieten oder eine

Die Angelgründe sind ausgedehnt, der Fischreichtum ist groß, und selten kommt man anderen Anglern in die Quere.

Tageskarte erwerben. Auch der Staat mischt mit, ihm gehört der Erriff in der Grafschaft Mayo. An vielen Flüssen besitzen Angelvereine die Fischereirechte. Die besten Lachsflüsse sind der Blackwater in den Grafschaften Cork und Waterford und der Moy in der Grafschaft Mayo, wo jedes Jahr Tausende von Fischen mit der Rute gefangen werden.

An vielen Seen kann man hervorragend auf Lachs angeln: Beltra, Burrishoole und Conn in der Grafschaft Mayo, Corrib, Inaghand Kylemore in Galway, Melvin in Leitrim und Fermanagh sowie Leane und Currane in Kerry. An vielen Seen ist das Angeln kostenlos, aber für den Lachsfang benötigt man natürlich eine Genehmigung. Durch viele irische Lachsfanggründe ziehen auch Meer- oder »weiße« Forellen. Die besten Fanggründe für Meerforellen liegen an der West- und der Nordwestküste, man kann sie aber an jedem Fluß fangen, der ins Meer mündet. In den letzten Jahren waren Meerforellen im Westen von Läusen befallen, die Bestände haben ziemlich gelitten.

Auch das Angeln auf Meerforellen ist in Irland ungewöhnlich, oft in einer Kombination von Fluß und See. Die meisten guten Flüsse im Westen sind ziemlich kleine Hochwasserflüsse, die am Oberlauf von einem Netz von Zuflüssen gespeist werden – eine ideale Kombination für die Laichwanderungen von Meerforellen. Im allgemeinen wird nur mit Fliegen gefischt. Vor Juni sind die Bedingungen an den meisten Flüssen nicht besonders gut. Die bekanntesten Fischstandorte sind: Ballynahinch, Costelloe/Fermoyle, Dawros und Kylemore, Gowla, Inagh, Screabe, Inverbeg, Ballinaboy und Inver (alle in der Grafschaft Galway) sowie Delphie, Erriff, Beltra (in Mayo), die Rosses in Donegal und Lough Currane (Waterville) in Kerry.

Auch die Europäische Forelle lockt sehr viele Angler ins Land. Die meisten Forellen hier sind in Irland heimisch und wild in Europa eine Seltenheit. Besonders lohnend sind die Seen im Westen und in den Midlands, wo das

Angeln meist kostenlos ist. Auf Europäische Forellen wird überall in Irland geangelt, die Fischgründe unterstehen meist der Kontrolle von Genossenschaften. Die Saison beginnt am 15. Februar, an manchen Flüssen erst im März, und endet am 30. September, manchmal am 12. Oktober. In den meisten Gebieten sind alle Angelmethoden erlaubt, doch setzt sich mehr und mehr das Fliegenfischen durch.

Lohnende Seen sind u. a.: Corrib, Mask, Conn, Carra, Cullin (alle in den Grafschaften Mayo und Galway) sowie Ennell, Owel, Glore, Derravaragh, Mount Dalton, Ree, Arrow, Key (in den Midlands), Melvin (im Nordwesten), Leane (im Südwesten), Inchiquin und Dromore (in Clare).

Regenbogenforellen findet man in den Seen Aderry, Avaul, Shepperton, Boffine, Carrans, Barfinnihy, Fadda (Cork und Kerry), Pallas und White Lake (Midlands) und kleineren Seen im Gebiet von Sligo.

In einigen Angelrevieren an bestimmten Flüssen wird die Trockenfliege immer beliebter. Die lohnendsten sind: Suir und Nebenflüsse (Tipperary), Boyne und Nebenflüsse (Meath), Suck und Nebenflüsse (Galway), Brosna und seine Verbindungen (Midlands), Blackwater und Nebenflüsse (Cork und Waterford), Liffey und Nebenflüsse (Dublin und Kildare), Slaney (Wicklow und Wexford), Nore und Barrow (Carlow und Kilkenny).

Links: Von den Einheimischen hört man die tollsten Angelstorys. Oben: Manche sind auch wahr.

Hässling kommt im Munster Blackwater vor. Döbel, Zander und Barbe treten nicht auf.

Die besten Fischgründe liegen in den Midlands, besonders im Norden. Der Shannon bietet gute Bedingungen für das Angeln, auch die großen Seen, die er durchfließt, z.B. Ree, Derg und Allen, die – bekannt für Hechte – in bezug auf viele andere Arten erst noch zu entdecken sind. Auch in den Grafschaften Cavan, Meath, Monaghan und Leitrim findet man sehr gute Fischgründe.

Die besten Köder/Grundköder sind gequetschte Gerste, Kleie, Mais, Schrotmehl, Weizenkleie, Maden und Würmer. Spinnangeln eignen sich ebenso wie tote Köder für Hechte und Flußbarsche. Lebende Köder sind in irischen Gewässern verboten. Die Regeln für das Süßwasserangeln sind streng: Man darf nur maximal zwei Ruten einsetzen, nicht mehr als drei Hechte pro Tag fangen und töten, keine lebenden Rotaugen von einem Gewässer in ein anderes umsetzen und nicht mehr als zehn tote Hechte in Besitz haben.

Angeln und Fischen im Meer

Kein Ort in Irland ist mehr als 70 km vom Meer entfernt. Während des ganzen Jahres ist Angelsaison, die 5600 km lange Küste bietet hervorragende Möglichkeiten zum Angeln von Klippen und Molen und an Stränden. Hochsee- und Küstenfischerei, auch Wrackfischen, haben sich stark entwickelt.

Von der Küste aus kann man Schellfisch, Lippfisch, Barsch, Weißfisch, Meeräsche, Kabeljau, Dorsch, Knurrhahn, Makrele, Flunder, Scholle und Rochen angeln. Der Barschfang unterliegt Beschränkungen. Die beliebtesten Köder sind Köderwurm, Miesmuscheln, Weichkrebse, Hering und Makrelenstücke.

Für die Küstenfischerei werden kleine Boote mit Außenbordmotor eingesetzt. Gefangen werden Schellfisch, Kabeljau, Barsch, Glatthai, Lippfisch, kleine Haie, Rochen und Seeteufel. Die Tourismus-Behörde (Board Failte) hat dafür gesorgt, daß inzwischen eine ganze Flotte von Booten für diese Art des Angelns zu Verfügung steht.

Beim Hochseefischen werden beim Grundangeln und auf Haie 8 bis 20 m lange Boote eingesetzt. Die Arten, die hier gefangen werden, sind überwiegend die gleichen wie bei der Küstenfischerei, doch sind die Fische meist größer; außerdem fängt man hier auch Blauhaie und Heringshaie, große Rochen und Lengfisch.

Angeln auf Süßwasserfische

Süßwasserfische darf man das ganze Jahr über angeln – es gibt noch keine Schonzeit. Nahezu alle Fische werden lebend zurückgesetzt. Man hat viel Geld in Boote, Landungsstege, Unterkünfte und in die Erschließung der Fanggründe investiert. Für Süßwasserangler ist hier der beste Platz in ganz Europa.

In den meisten Fanggebieten kann man auf mehrere Arten gehen; sehr verbreitet sind Rotfeder, Brasse, Schleie, Hecht und Flußbarsch. Karpfen und Rotauge werden häufiger.

Beliebte Spiele

In Irland werden alle wichtigen internationalen Sportarten betrieben, insbesondere Fußball, Hockey und Leichtathletik. Populärer sind allerdings die einheimischen Sportarten Hurling und Gaelic Football. Diese reinen Amateursportarten werden auf Gemeindeebene organisiert und von einer Dachorganisation, der Gaelic Athletic Association (GAA), überwacht.

Die GAA wurde 1884 in Thurles in der Grafschaft Tipperary von dem glühenden Patrioten Michael Cusack gegründet, der aus dem Burren in der Grafschaft Clare stammte. James Joyce hat ihn als den »Citizen« im *Ulysses* verewigt. Der Gründungszweck war sowohl sportlicher als auch politischer Natur. Zum einen sollten einheimische Spiele zu neuem Leben erweckt, zum anderen das Nationalbewußtsein gestärkt werden. Unter irischer Kontrolle konnten nun an Sonntagen allgemeine Wettkämpfe abgehalten werden, im Gegensatz zu den exklusiven englischen Sportorganisationen, die dies nur am Samstag zuließen.

Hurling wird in Irland seit prähistorischen Zeiten gespielt, und die ältesten Sagen erzählen von Spielen, die tagelang andauerten. Es ist das schnellste Feldspiel der Welt, und die Regeln sind recht einfach. Wer es zum ersten Mal sieht, wird allerdings Schwierigkeiten haben, den Ball zu verfolgen.

In jeder Mannschaft stehen 15 Spieler, die den Ball mit einem Stock, dem *hurley*, vorantreiben. Der Hurley wird aus Eschenholz hergestellt, ist etwa 1 m lang und hat ein abgeflachtes, gekrümmtes Ende, das an der breitesten Stelle 8 cm mißt. Der Ball besteht aus einem Korkkern, um den Garn gewickelt ist, das wiederum von Hartleder umhüllt ist. Das Spielfeld ist 137 m lang und 82 m breit, und die Tore an den beiden Spielfeldenden sind rund 7 m breit. An den 6,40 m hohen Pfosten sind auf einer Höhe von 1,84 m Querlatten angebracht. Geht der Ball unter der Querlatte ins Tor, zählt es drei Punkte, fliegt er darüber hinweg, gibt es einen Punkt.

Der Ball kann auf dem Schläger balanciert oder in der Luft geschlagen werden. Man darf

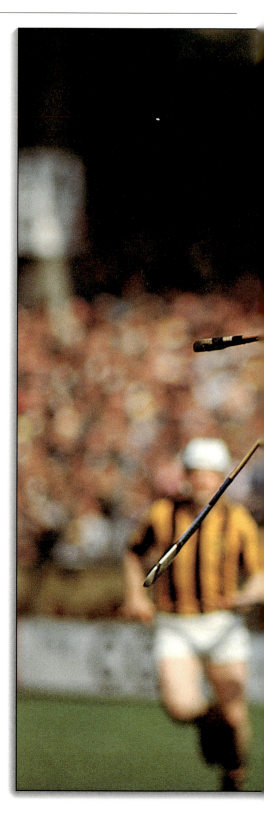

Hurling ist eines der härtesten, schnellsten und aufregendsten Ballspiele der Welt.

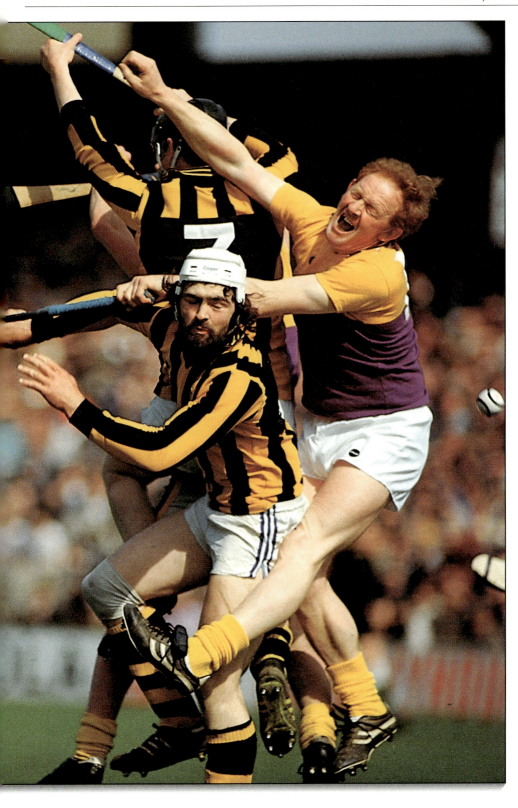

ihn jedoch nur in die Hand nehmen, wenn er im Flug abgefangen oder mit dem Schläger hochgestoßen wurde. Geschickte Spieler können den Ball mit dem Hurley aufnehmen, ihn im Lauf balancieren oder hüpfen lassen, bevor sie ihn abgeben oder aufs Tor schießen.

Obwohl die GAA das Spiel in allen Landesteilen fördert, liegt die eigentliche Hurling-Domäne südlich der Linie Dublin–Galway, mit einer kleinen Enklave in den Glens von Antrim. Führend im Hurling sind die Grafschaften Tipperary und Kilkenny.

Auch beim **Gälischen Fußball** stehen 15 Spieler in jeder Mannschaft, und das Spielfeld sowie die Tore sind wie beim Hurling angelegt. Jeder Spieler darf den Ball in die Hand nehmen, muß ihn jedoch nach drei Schritten mit dem Fuß spielen. Der Ball kann mit dem Fuß hochgestoßen, getreten, gefaustet oder wie beim normalen Fußball gespielt werden. Dieser Sport ist höchst beeindruckend, wenn voll auf Angriff gespielt wird. Deshalb zieht er mehr Zuschauer an als jede andere Sportart in Irland. Tribünenkarten für die großen Spiele sind fast nur auf dem Schwarzmarkt zu haben.

Eine australische Variante ähnelt vom Spielverlauf her dem Gälischen Fußball, wofür sicherlich die irischen Emigranten verantwortlich sind. Allerdings wird dieses Spiel auf einem ovalen Feld mit einem ovalen Ball gespielt. Im Bemühen, Gaelic Football auch international bekannt zu machen (außerhalb Irlands wird es nur von irischen Einwanderern in den USA und England gespielt), hat die GAA in den vergangenen Jahren Spiele gegen Australien organisiert, wobei man sich auf Kompromißregeln einigte.

In Irland werden im Hurling und Gaelic Football Grafschafts- und Provinzmeisterschaften in verschiedenen Altersklassen ausgetragen. Den Höhepunkt bilden die Endspiele der gesamtirischen Meisterschaft in beiden Sportarten, die im September im Dubliner Croke Park stattfinden.

Im Gaelic Football ist die Mannschaft von Kerry bisher ungeschlagener Meister, und je-

der kleiner Junge dieser Grafschaft träumt davon, einmal selber im grün-goldenen Trikot den irischen Siegerpokal in den Händen zu halten. Fotografien berühmter Mannschaften und Spieler hängen in Kerry einträchtig neben Bildern des Papstes und John F. Kennedys. Einer der bedeutendsten Hurler und Football-Spieler war der aus Cork stammende JACK LYNCH, der bisher als einziger Spieler sechsmal hintereinander irischer Meister wurde. Ebenso erfolgreich war er in der Politik; zwischen 1966 und 1979 wurde er zweimal zum Premierminister gewählt.

Ein ausgefallenes Spiel ist auch eine besondere Art von **Klootschießen** (oder Bosseln), das in Irland nur im Süden von Armagh, in

Cork und Teilen von Waterford und Limerick betrieben wird. Ein ähnliches Spiel wird im Norden der Niederlande und in Ostfriesland gespielt. Die Regeln der irischen Variante sind: Zwei Spieler müssen mit einer möglichst geringen Anzahl von Versuchen eine Eisenkugel auf einer öffentlichen Straße über eine vorgegebene Entfernung rollen oder werfen. Die Kugel ist zwischen 450 und 800 g schwer, und die Kunst besteht darin, die Kurven der Straße entweder mit Würfen zu überwinden oder im Bogen zu rollen. Verläßt die Kugel die Straße, gibt es Strafpunkte.

Dieses Straßenspiel ist ein beliebter Wettsport, und wenn zwei bekannte Spieler aufeinandertreffen, werden oft beträchtliche Summen eingesetzt. Dabei wird nicht nur auf das Gesamtergebnis eines Spiels gewettet, sondern auch auf einzelne Würfe. Wenngleich das Spiel offiziell wegen der entstehenden Verkehrsbehinderungen verboten ist, drücken die Behörden meist ein Auge zu.

Populär sind in Irland auch **Windhundrennen,** bei denen Hunde hinter Hasen herjagen. Die Aufzucht und Ausfuhr von Windhunden hat sich zu einem Wirtschaftszweig entwickelt, und die Preisgelder haben ansehnliche Beträge erreicht. Daß die Rennen nur Sekunden dauern, hält wenige Wettfreunde davon ab, ihre Einsätze zu wagen. Die Buchmacher sind in Irland überall zur Stelle. In ihren Büros kann man auf alles setzen: vom Hunderennen über die Fußballweltmeisterschaft bis hin zum Ergebnis der Papstwahl. Buchmacherbüros sind in Irland so zahlreich wie Pubs. An ihren Türen steht jedoch bescheiden »Turf Accountants«, was soviel wie »Pferdesportbuchhalter« bedeutet.

Die Hunderennen sind in letzter Zeit wegen ihrer Grausamkeit von Tierschützern stark angegriffen worden, werden doch zwei Hunde gleichzeitig auf einen Hasen losgelassen und Punkte jenem Hund zugesprochen, dem es gelingt, den Hasen vom Kurs abzulenken oder ihn zu töten, bevor er den Durchschlupf am Ende der Rennbahn erreicht hat. Oftmals wird das Tier von beiden Hunden gefaßt und in der Luft zerrissen.

Ein nur flüchtiger Blick in die irischen Zeitungen zeigt einen außergewöhnlich umfangreichen Sportteil. Und während die allgemeine Sportbegeisterung wächst, steigern sich immer mehr Akteure zu Höchstleistungen. Um nur einige Sportler zu nennen: SEAN KELLY dominierte in den achtziger Jahren die Welt des Profi-Radsports, und 1987 gewann STEPHEN ROCHE die Tour de France. Der Dubli-

Links: Greyhound-Rennen locken die Spielernaturen an. Oben: Dublins »Hermitage Golf Club« – Symbol für eine irische Leidenschaft.

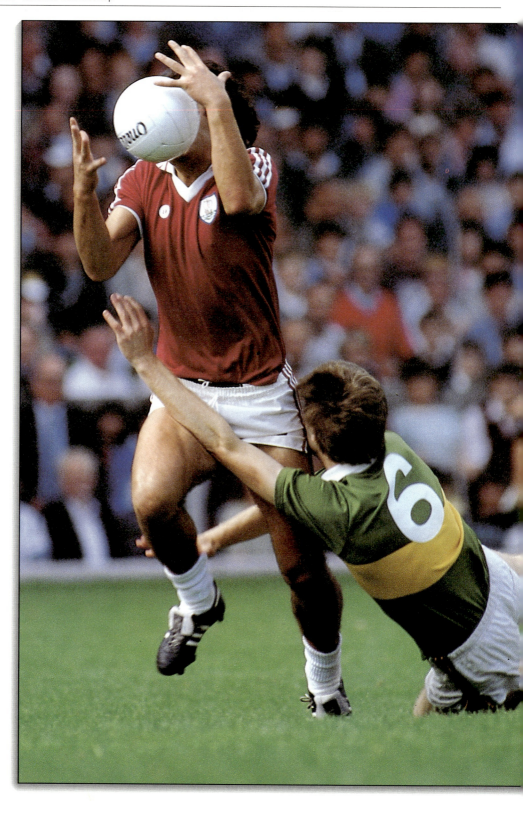

ner MICHAEL CAROUTH und der Belfaster WAYNE MCCULLOUGH gewannen 1992 die Gold- und Silbermedaillen im Boxen bei den Olympischen Spielen in Barcelona.

Die einzige internationale Sportart, in der Irland mit einer gesamtirischen Mannschaft antritt, ist Rugby. Hierbei bietet sich die Gelegenheit, alle politischen Streitigkeiten zumindest vorübergehend außer acht zu lassen. Hauptaustragungsort der irischen Rugbyspiele ist das Stadion in Ballsbridge (Vorort von Dublin), das im Frühjahr während der jährlichen Five Nations Championship in den Mittelpunkt des Interesses rückt.

Im **Fußball** gibt es neben der irischen Nationalmannschaft auch eine nordirische, obwohl Nordirland ja kein selbständiger Staat ist. Das liegt daran, daß Großbritannien als Mutterland des Fußballs, laut Ausnahmeregelung der FIFA, pro Landesteil je eine eigene Auswahl stellen darf. Die besten Spieler beider Gebiete werden von britischen und europäischen Profiklubs verpflichtet. Dies erklärt auch, warum die Lieblingsmannschaft der Dubliner FC Liverpool heißt. Erstens spielen mehrere Iren im Team, und zweitens ist es in einer englischen Stadt beheimatet, die oft als zweite Hauptstadt Irlands bezeichnet wird, weil so viele ihrer Bewohner irischer Abstammung sind.

Nordirland konnte sich bereits dreimal für die Teilnahme an der Fußballweltmeisterschaft qualifizieren. 1990 erreichte das Team der Republik Irland zum ersten Mal die Endrunde um die Weltmeisterschaft und stieß auf Anhieb bis ins Viertelfinale vor, wo die Mannschaft knapp am Gastgeber Italien scheiterte. Das unerwartet gute Abschneiden hat einen Fußballboom in Irland ausgelöst, der den traditionellen Sportarten Konkurrenz macht.

Golf ist eine nationale Leidenschaft. Das Land ist mit Anlagen überzogen, so denen vom Curragh (den ältesten), von Mullingar, Tralee (von Arnold Palmer entworfen) und Killarney, wo selbst altgediente Golfer von der malerischen Landschaft beeindruckt sind. An der Küste gibt es die Golfplätze Rosses Point in Sligo, Lahinch in Clare, Ballybunion und Waterville in Kerry, Portmarnock und Royal Dublin in der Hauptstadt, Beltray in Louth und Royal County Down in Newcastle – und viele mehr.

Gälischer Fußball ist ein spektakuläres und hartes Spiel; ob die Regeln immer eingehalten werden, interessiert kaum jemanden.

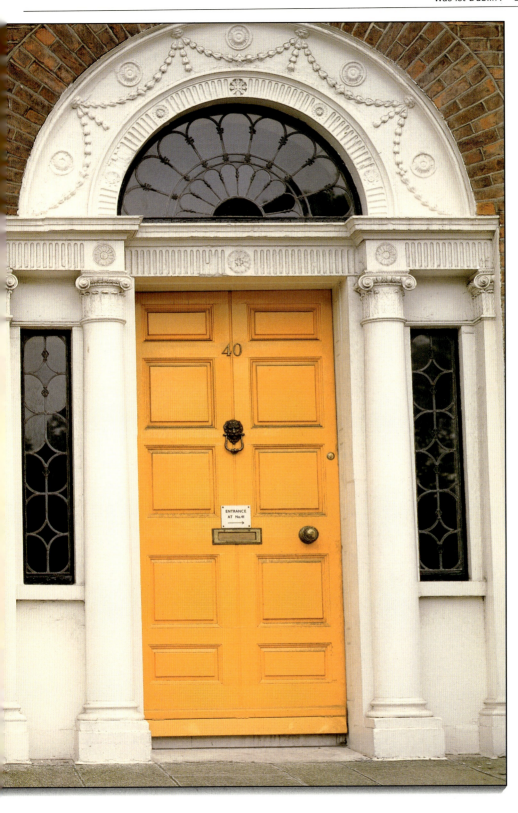

Was ist Dublin?

Über Dublin wurde mehr geschrieben als über jede andere Stadt von ähnlicher Größe, denn Dublin ist eine Stadt der Schriftsteller (vgl. S. 239). Aber diese äußerten sich nicht sehr freundlich über ihre Heimatstadt. »Meine Zuneigung und meine Achtung für Irland schließt die Hauptstadt nicht mit ein«, meinte Shaw mit der ihm eigenen Bissigkeit.

Auch Joyce zeigte sich wenig angetan von Dublin, und er lebte als Erwachsener fast ausschließlich im Ausland. Dennoch spielten alle seine Bücher in Dublin. Er behauptete einmal, daß man die Stadt, sollte sie zerstört werden, Stein für Stein nach der Beschreibung im *Ulysses* wiederaufbauen könnte. In seinem letzten Buch, *Finnegans Wake,* fand er, daß die englische Sprache der Stadt nicht gerecht würde, und erfand eine eigene Sprache, in der er Dublin mit über 200 verschiedenen Namen belegte: *Dobbelin, Durlbin, Dambaling, Doubtlynn, Drooplin, troublin, Annapolis, riverpool, bubblin, Durblana, Hurdleberry Fenn, Publin* ...

Die Besucher kommen mit sehr unterschiedlichen Erwartungen nach Dublin. Amerikaner genießen das Geplauder und die Schmeicheleien der Dubliner. Die Deutschen erwarten eine Stadt der Nonkonformisten, einen angenehmen Gegensatz zur Ordnung und dem disziplinierten Leben zu Hause, und sie werden nicht enttäuscht. Manche Engländer stellen erstaunt fest, daß sie nicht mehr das Sagen haben, doch sind sie schon zufrieden, wenn sie Zeichen der Schwäche vorfinden, und amüsieren sich über die britischen Briefkästen aus der Zeit vor dem Ersten Weltkrieg (auch wenn diese inzwischen grün gestrichen sind).

Man mag die Stadt als Tempel des irischen Nationalismus sehen, als Welthauptstadt des Gesprächs, als Tor zur lieblichen irischen Landschaft, als Stadt voller Kirchen, Priester und Nonnen, als Ansammlung von Architektur des 18. Jh., als Schauplatz der großen Werke von Joyce, als Heimat des Abbey Theatre oder als herrlichen Ort für eine Sauftour.

In diesem Buch werden Sie noch viele andere Aspekte Dublins kennenlernen: seine Geschichte, seine Schriftsteller, seine Exzentriker, sein Straßenleben, seine Konversation, seine Pubs, seine Religion, seine Musik, seine Bauwerke, seine Sehenswürdigkeiten. Ihr eigenes Dublin werden Sie darin jedoch nicht finden, das müssen Sie selbst entdecken. Doch es ist kein Ort, den man zu ernst nehmen sollte, da auch Dublin selbst sich nicht allzu ernst nimmt.

Vorherige Seiten: Georgianische Türen. – O'Connell Bridge. Links: Windiger Tag auf dem Hauptpostamt in der O'Connell Street. Folgende Seiten: Wandmosaik im Setanta Centre.

Geschichte Dublins in Zahlen

250 v.Chr. Kelten, die ein Jahrhundert zuvor nach Irland gekommen waren, lassen sich an der Mündung des Liffey nieder. Ihre Siedlung heißt später Atha Cliath (»Stadt an der befestigten Furt«).

450 n.Chr. Der hl. Patrick besucht die Stadt. Der Legende nach taufte er die Menschen im Brunnen der heutigen Saint Patrick's Cathedral.

837 Eine Flotte der Wikinger segelt den Liffey hinauf.

841 Wikinger errichten eine befestigte Siedlung (altnordisch Dyflinni), die Mittelpunkt eines Wikingerkönigreiches wird.

919 Schlacht von Dublin; die »blonden Dämonen« bleiben im Land und gründen eine blühende Handelskolonie.

925 Taufe des Wikingerkönigs Sigtrygg.

um 1030 Dublin wird Bischofssitz.

1038 Gründung der Christ Church Cathedral (heutiger Bau v. a. aus dem 12. und 14. Jh.).

1152 Dublin wird Erzbischofssitz.

1170 Anglonormannische Krieger unter der Führung von Richard FitzGilbert Clare (genannt Strongbow) überfallen Dublin. Die Eroberung wird im folgenden Jahr durch eine Charta von Heinrich II. von England legitimiert.

1171/72 Dublin wird als erste irische Stadt der englischen Krone unterstellt und erhält Stadtrecht, ein Friedensgericht und eine Münze. Es leben rund 8000 Menschen in der Stadt. König Heinrich II. kommt nach Dublin.

1204 Bau des Dublin Castle. Die Burg wird Ausgangspunkt der englischen Eroberung der Insel.

1213 Baubeginn der frühgotischen Saint Patrick's Cathedral.

1317 Niedergang der Herrschaft der Anglonormannen; Rebellen aus den Wicklow Mountains bedrohen die Stadt.

1347 Rund ein Drittel der Bewohner der Stadt fallen der Pest zum Opfer.

1536 Heinrich VIII. wandelt seinen Titel von Lord in König von Irland um; die Reformation hält Einzug in Dublin.

1591 Königin Elisabeth I. gründet das Trinity College auf dem Gelände des Münsters All Hallows.

nach 1652 Dublin entwickelt sich als Hauptstadt des nun ganz englisch beherrschten Irland zu einem kulturellen und wirtschaftlichen Zentrum.

1685 Der katholische König Jakob II. flüchtet vor Wilhelm von Oranien in die Stadt und wird mit Glockengeläut und Feuerwerk begrüßt.

1690 Nach der Niederlage in der Schlacht am Boyne flieht Jakob II. am Abend des 12. Juli nach Dublin.

1697 Erste öffentliche Straßenbeleuchtung.

1710 Bau des Mansion House, heute Residenz des Oberbürgermeisters.

1713 Jonathan Swift wird zum Dekan von Saint Patrick's Cathedral berufen. Er gründet eine Anstalt für Geisteskranke und ein Wöchnerinnenhospital (mit einer goldenen Wiege auf dem Dach).

1742 Händels Messias wird am 13. April in der Music Hall in der Fishamble Street uraufgeführt.

1759 Arthur Guinness gründet die Brauerei Saint James's Gate Brewery und ruft eine Stiftung für die Schule von Saint Patrick's Cathedral ins Leben.

1781–91 Bau des Custom House, 1786–1800 Bau des Justizpalastes. Beides sind Meisterwerke im klassizistischen Stil des Architekten James Gandon. Es ist die Zeit kultureller Blüte, aber auch der Dandys, Duellanten, Lebemänner und Prasser.

1798 Der Aufstand der United Irishmen wird in Dublin mit der Verhaftung von Lord Edward FitzGerald, der seinen Verletzungen erliegt, unterdrückt. Der Rebellenführer Wolfe Tone wird verhaftet und nach Dublin gebracht, wo er sich durch Selbstmord der Hinrichtung entzieht.

1801 Durch den Act of Union, mit dem Irland unter die Direktherrschaft von London kommt, verliert Dublin sein Rang als Hauptstadt. Der Union Jack weht über dem Bedford Tower des Dublin Castle. Der Handel stagniert, das Handwerk liegt danieder, die leeren Villen des Adels werden in Schulen und Wohnhäuser umgewandelt.

1820 Die erste Gasbeleuchtung wird eingeführt; eine Bahnlinie zwischen Dublin und Kingstown stellt die Verbindung zu den neuen Vororten her.

1841 Daniel O'Connell wird der erste katholische Bürgermeister von Dublin. Nachdem er 1843 zum Protest gegen den Act of Union aufgerufen hatte, wird er 1844 wegen »Erregung von Unzufriedenheit« eingekerkert.

1846 Nach einer Kartoffelmißernte strömen Tausende von Menschen in die Stadt. Die Armenhäuser sind bald überfüllt. Typhus und eine Choleraepidemie stürzen die Menschen in großes Elend.

1847 Auf dem Höhepunkt der Großen Hungersnot werden Volksküchen eingerichtet. Eine starke Auswanderungsbewegung setzt ein. Dublin ist zu dieser Zeit ein Ort »beklagenswerter Kontraste, Wohlhabende leben neben einem Bild der Zerstörung, der Krankheit, der Armut, des Schmutzes und des Elends«.

1848 Königin Viktoria besucht die Stadt; die Menschen jubeln, wo immer die Queen sich sehen läßt.

1867 Aufstand der Irischen Republikanischen Bruderschaft und der Fenier.

1871 Erste öffentliche Wasserversorgung über ein Leitungssystem aus dem Vartry-Fluß wird gebaut.

1896 Ein flächendeckendes Abwassersystem entsteht.

1904 Eröffnung des Abbey Theatre; auf dem Spielplan stehen Neufassungen alter Legenden und Stücke die das Bauerntum verherrlichen.

1916 Osteraufstand zur Proklamation der Republik. Am 24. April löst der Sinn Féin in Dublin einen Aufstand aus. Das Stadtzentrum wird durch britische Artillerie zerstört. Die harten Maßnahmen Londons nach der Niederschlagung des Aufstands (Hinrichtung der Anführer) schüren die antibritische Stimmung.

1919 Das erste Dáil Eireann tritt im Mansion House zusammen, erklärt die Unabhängigkeit und richtet eine Regierung ein.

1921 Während des Guerilakrieges, der den Republikanern die Unterstützung der Bevölkerung sichert, kommt es am 21. November, dem »Bloody Sunday«, zu einem Racheakt in den Straßen Dublins, zahlreiche Menschen werden getötet.

1922 Im Juni kommt es zu einem Bürgerkrieg, der elf Monate dauert und das Zentrum der Stadt einem Bombardement ausliefert.

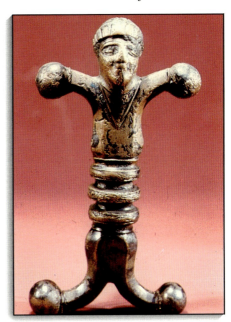

1927 Ende der innenpolitischen Kämpfe in Dublin.

1931 Die meisten öffentlichen Gebäude der Stadt sind wiederhergestellt.

1941 In der Nacht des 30. Mai kommen 28 Menschen ums Leben, als eine verirrte deutsche Fliegerbombe am North Strand einschlägt.

1988 Dublin feiert sein 1000jähriges Bestehen.

1991 Dublin ist für dieses Jahr Kulturhauptstadt Europas.

Links: Christusbild im **Book of Kells.**
Oben: Schwertgriff aus Bronze (1. Jh. v. Chr.).

Dublins Schriftsteller

Kaum einer Stadt haben mehr Literaten den Rücken gekehrt, wenige Städte wurden schonungsloser von ihren Schriftstellern kritisiert als Dublin. Jonathan Swift fühlte sich unwohl »im erbärmlichen Dublin«. George Bernard Shaw beklagte sich über »eine gewisse, für Dublin bezeichnende Verhöhnung und Herabwürdigung«. W. B. Yeats bezeichnete sie als »blinde und ignorante Stadt«. James Joyce, der mit 23 Jahren Dublin verließ, scheint seine Meinung geteilt zu haben: »Wie satt, satt, satt ich Dublin habe!« schrieb er einem Freund. »Es ist die Stadt des Scheiterns, der Boshaftigkeit und der Unzufriedenheit. Ich sehne mich danach, weg zu sein.«

Dennoch war Dublin immer eine Stadt der Schriftsteller, und die meisten großen irischen Schriftsteller sind oder waren Dubliner. Ihre Stadt haben sie in unterschiedlicher Weise aufs Papier gebannt. Die berühmteste Darstellung Dublins beschreibt einen Sommertag zu Beginn des 20. Jh., als ein stolzer und leicht arroganter junger Dubliner zum ersten Mal mit seiner künftigen Frau ausging. Besagter Tag war der 16. Juni 1904, der Dubliner hieß JAMES JOYCE (1881–1941), und auf diesen Tag legte er den Rundgang seines Protagonisten Leopold Bloom durch die Stadt in dem berühmten Roman *Ulysses.*

Dieser Roman bildet seit seinem Erscheinen 1922 nicht nur einen Grundstein der Literatur des 20. Jh., er zieht jedes Jahr auch Tausende von Pilgern nach Dublin. Im *Ulysses* ersteht der Geist vom Dublin jenes Junitages, an dem bis ins kleinste Detail, oft ironisch, beschrieben wird, wie sich die Wege zweier Männer in dieser Stadt kreuzen. Joyce verbrachte sein Leben in selbst gewähltem Exil, stand jedoch weiter so unter dem Eindruck seiner Heimat, daß er die Stadt als Schauplatz seiner Werke wählte und sich für die meisten seiner Charaktere Anregungen aus dieser Stadt holte. Die Kurzgeschichten in *Dubliners,* der frühe Roman *Jugendbildnis,* dann die Romane *Ulysses* und *Finnegans Wake* stellen sie mit schonungsloser Ehrlichkeit dar.

»Ich versuche«, so sagte Joyce einst, »Farbe und Ton von Dublin in meinen Worten wiederzugeben; die triste, aber glitzernde Atmosphäre Dublins, seine Dünste, seinen heruntergekommenen Wirrwarr, die Atmosphäre seiner Bars, seine soziale Immobilität.« Sein Erfolg läßt jedes Jahr am Bloomsday (dem Tag des *Ulysses*) noch mehr Besucher den Spuren des Romans folgen. Joyce hat viele andere irische Autoren beeinflußt, darunter Samuel Beckett, Sean O'Casey und Flann O'Brien.

Wie kein anderer vertritt Joyce die Paradoxie Dublins. Es ist diese Paradoxie, diese »triste, aber glitzernde Atmosphäre«, diesen »heruntergekommenen Wirrwarr«, welche dem Status Dublins als literarischer Hauptstadt zugrunde liegt. Dublin hat ohne Frage seine geographischen Schönheiten und seine baulichen Höhepunkte, und seine Schriftsteller haben sie auch gebührend gepriesen. Doch es sind vielleicht in erster Linie die Schwierigkeiten und Widersprüche der Stadt gewesen, die die meisten von ihnen zu Schriftstellern werden ließen.

Mit dem angloirischen Bevölkerungsschub hatte sich Dublin zur wichtigsten Stadt Irlands und schließlich zu einer der größten Städte der

Vorherige Seiten: Detail des O'Connell-Denkmals. – Auslage der Buchhandlung Greene. Links: **James Joyce.** Oben: Statue von **George Bernhard Shaw** vor der National Gallery.

Britischen Inseln entwickelt. Ebenso verwandelte sich Dublin in eine Stadt, die mit dem übrigen Irland oder dem britischen Empire nie recht in Einklang stand. Ein Schriftsteller, der in Dublin blieb, fühlte sich ebenso fehl am Platze wie einer, der Dublin verließ, meist um nach London zu gehen. Fast alle großen Werke der irischen Literatur – von *Gullivers Reisen* über *Ernst sein ist alles, Pygmalion, Der Pflug und die Sterne* bis hin zu *Ulysses* und *Warten auf Godot* – entstanden aus jenem für Dublin typischen Gefühl der Distanz heraus. Niemand spürte dies mehr als JONATHAN SWIFT, der 1677 in Dublin geboren wurde und von 1713 bis zu seinem Tod 1745 Dekan der Saint Pa-

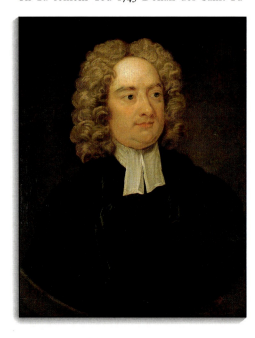

trick's Cathedral war. Die englische Kirche hatte es abgelehnt, ihm das Amt eines Dekans in England zu geben, so daß er wider Willen nach Dublin mußte. Swift wetterte sein ganzes Leben lang gegen die Stadt. Dennoch bewirkten seine Schriften für Dublin und Irland mehr als alle, die später verfaßt wurden. Aufgrund des Buches *The Drapier's Letters,* einer Reihe von Briefen eines angeblichen Dubliner Tuchhändlers, gab England ein Projekt auf, das Irland eine schwache Währung beschert hätte. Allein diese Kampagne machte Swift in Dublin zu einem der Wortführer der angloirischen Oberschicht. Die meisten seiner Angriffe richtete der Satiriker gegen das britische Establishment.

Jedoch war für Swift der Anblick der Menschenmassen in Dublin, die er jeden Tag sah, schier unerträglich. Darauf spielt er im Abschnitt Balnibarbi in *Gullivers Reisen* an: »die Menschen auf der Straße gingen schnell, mit wildem Blick, die Augen starr, und trugen Lumpen ...« In der sarkastischen Schrift *Ein bescheidener Vorschlag* regte Swift sogar an, daß die Iren ihre Kinder essen sollten, um den Hunger zu lindern. Und doch geben ihn seine Spaziergänge durch Dublin, sein Interesse für die Händler und die kreativen Ideen hinter der Satire als wahren Sohn dieser Stadt zu erkennen. Er wußte dies selbst. »Ich bin nur ein Liebling meines alten Freundes, des Pöbels«, erzählte er einem Freund, »und ich erwidere seine Liebe, weil ich niemanden sonst kenne, der sie verdient.«

Swift hatte am Trinity College studiert, das damals die einzige Universität Irlands war und in einer Stadt mit einer ganzen Reihe guter Theater die literarischen Talente der anglo-irischen, protestantischen Schicht vereinte. Die meisten bekannten Dramatiker der Zeit der späten Restauration und des 18. Jh. kamen nach Dublin. WILLIAM CONGREVE, GEORGE FARQUHAR und OLIVER GOLDSMITH verbrachten mehr Zeit im Theater als in den Vorlesungen.

Das Theater an der Smock Alley (heute Exchange Street) wurde mehrere Jahre von Richard Brinsley Sheridans Vater Thomas geleitet, bis ein Aufruhr im Parkett ihn und seine Familie zwang, nach England zu gehen. Dramen wie *Die Rivalen* und *Die Lästerschule* machten sich in einer Weise über die unteren Schichten der englischen High-Society lustig, die an Congreve erinnerten und in vielem Oscar Wilde vorwegnahmen. Das Trinity College brachte zudem den Philosophen und Bischof GEORGE BERKELEY, der einen Großteil seines Lebens in Dublin verbrachte, und den Staatsmann EDMUND BURKE hervor, der wie viele bedeutende Schriftsteller des 18. Jh. nach England ging. Auch THOMAS MOORE, 1779 als Sohn eines Ladenbesitzers geboren, schloß sich ihnen an. Die Popularität seiner sentimentalen Lieder mag heute ebenso unglaublich erscheinen wie seine Freundschaft mit Byron und dem »United Irishman« ROBERT EMMET, der später hingerichtet wurde. Doch Moore spürte die Niedergeschlagenheit der Stadt nach der gescheiterten Rebellion 1798 und der anschließenden Union mit Großbritannien. Während eines Besuchs beschrieb er

Dublin als »fröhlich ..., aber es ist irgendwie eine aufgezwungene Fröhlichkeit«.

Obwohl die meisten bekannten Schriftsteller das Exil wählten, gab es zwischen ihnen häufig Verbindungen. Es war Oscar Wildes Vater, der Arzt William Wilde, der den Beweis erbrachte, daß Jonathan Swift nicht an einer Geisteskrankheit, sondern an einem physischen Leiden gestorben war. Ein Vorfahre von Oscar Wildes Mutter Speranza war Reverend CHARLES MATURIN (1782–1824), dessen Großvater Swifts Nachfolger im Amt des Dekans in der Saint Patrick's Cathedral gewesen war. Mit seinem Schauerroman *Melmoth der Wanderer* fing Maturin den Geist des 19. Jh. ein. Er blieb seiner Heimatstadt Dublin treu, denn hier spielten sich, wie er meinte, »vor den Augen stündlich die wildesten und unglaublichsten Szenen romantischer Geschichten ab ...«

Doch auch im 19. Jh. verließen viele Schriftsteller die Stadt. BRAM STOKER (1847–1912), der Autor von *Dracula,* folgte seinem Kommilitonen OSCAR WILDE (1854–1900) zur selben Zeit nach England wie GEORGE BERNARD SHAW (1856–1950). Shaw schrieb später, daß »meine Geschäfte im Leben nicht aus einer auf Irland beschränkten Erfahrung heraus in Dublin durchgeführt werden konnten«. Eine Figur in dem Stück *John Bulls andere Insel* erwähnt Dublins »schreckliches, sinnloses, verletzendes Gelächter«.

Der in Sandymount, einem heutigen Vorort Dublins, geborene WILLIAM BUTLER YEATS (1865–1939) verbrachte einen Großteil seiner Jugend in Sligo und ließ sich von der irischen Mythologie inspirieren. In Dublin kritisierte er das moderne kommerzialisierte Leben. Um ihn fanden sich mehrere Künstler zusammen, die unter dem Leitbegriff »Celtic Renaissance« ein neues Bewußtsein für die irisch-keltische Vergangenheit und das einfache irische Landleben schaffen wollten. 1889 gründete Yeats mit Lady Augusta Isabella Gregory und Edward Martyn das »Irish Literary Theatre«, aus dem 1904 das Abbey Theatre hervorging. In den Anfangstagen wurden in den Antient Concert Rooms in der heutigen Pearse Street Stücke von Yeats, Lady Gregory, Martyn, Douglas Hyde und dem 1901 von London nach Dublin zurückgekehrten Schriftsteller GEORGE MOORE (1852–1933) aufgeführt. Drei Jahre später sorgte das Stück eines Dubliners, ebenfalls ein Rückkehrer, über den Westen Irlands für Aufruhr: *The Playboy of the Western World* von JOHN MILLINGTON SYNGE (1871–1909) war ein weiterer wichtiger Beitrag zur Renaissance der irischen Literatur und verlieh Dublin für alle Welt erkennbar den Status einer literarisch produktiven Stadt.

Die Dubliner hatten ihren Spaß daran, einen der größten Dichter des 20. Jh. »Willy das Gespenst« zu nennen, und Yeats liebte es, die Stadt wegen ihrer Vorurteile und ihrer Selbstsucht zu schelten. »Ihr habt euch wieder selbst Schande bereitet!« rief er der Menge zu, die

1926 gegen SEAN O'CASEYS *Der Pflug und die Sterne* demonstrierte.

Einige Jahre später emigrierte O'Casey (1880–1964), verärgert über die Theaterpolitik wie über das Publikum. Wie Joyce hatte er Dublin in einer Art porträtiert, in der die Stadt noch nie zuvor gezeigt worden war. Er hatte seine Stücke im Chaos des Osteraufstands 1916, in der »Black and Tans«-Kampagne 1920 und im Bürgerkrieg 1922 angesiedelt. Seine Figuren überlebten in der Armut der georgianischen Mietskasernen der Stadt und sprechen den markanten Dialekt der Dubliner Unterschicht.

Joyce war mit Yeats vertraut, interessierte sich jedoch wenig für die irische Literaturbe-

Links: **Jonathan Swift,** Autor von »Gullivers Reisen«.
Rechts: **Oliver Goldsmith.**

wegung und verließ 1904 Dublin, um sich fernab der Heimat freier entwickeln zu können. SAMUEL BECKETT (1906–1989), der (nach Yeats und Shaw) dritte gebürtige Dubliner, der den Nobelpreis für Literatur erhielt, freundete sich 1929 in Paris mit Joyce an. Doch während sich Joyce in seinen Romanen und Kurzgeschichten mit seiner Heimat auseinandersetzte, distanzierte sich Beckett, der seine Werke auf französisch verfaßte, von seinem Land, auch wenn man immer wieder Anspielungen auf Dublin und den Vorort Foxrock findet. In *Warten auf Godot* wird ein vielleicht typisches Dubliner Charakteristikum, die Verbindung von Verzweiflung und Humor, deutlich, ähnlich wie in den Werken von Joyce, O'Casey und später in den Bühnenstücken von BRENDAN BEHAN (1923–1964). Behan zählte zur Dubliner Literaturszene der Nachkriegszeit. Eine graue Trägheit hatte sich damals über die Stadt gelegt, die, wie es schien, durch die Jahre des Kriegs und die Jahrzehnte der wirtschaftlichen Stagnation und Zensur der Künstler von Europa und dem Rest der Welt abgetrennt war.

In den späten vierziger und den fünfziger Jahren waren Autoren wie BRENDAN BEHAN, PATRICK KAVANAGH (1904–1967) und der geistreiche FLANN O'BRIEN (1911–1966) Stammgäste in den Pubs der Stadt und ab und an in den Gerichten (wenn sie Prozesse gegeneinander führten). J. P. DONLEAVYS Roman *The Ginger Man* gibt einen kleinen Einblick in diese Welt. Daraus entstanden Behans Stücke über das Gefängnis Mountjoy und die IRA, *The Quare Fellow* und *Die Geisel,* Kavanaghs schöne Lyrik und O'Briens Meisterwerke in der *Irish Times* und in Büchern wie *Zwei Vögel beim Schwimmen* und *Der dritte Polizist.*

Weitere Dubliner Schriftsteller des 20. Jh. sind FRANK O'CONNOR, JAMES STEPHENS, LIAM O'FLAHERTY, LOUIS MACNEICE und der Träger des jüngst verliehenen Nobelpreises, SEAMUS HEANEY, ein Bauernsohn aus Derry (vgl. S. 191). MacNeice' eindrucksvolles Gedicht über die Stadt erklärt die ganz eigene Magie, mit der Dublin die Phantasie in ihren Bann zieht:

> ... she holds my mind
> With her seedy elegance,
> With her gentle veils of rain
> And all her ghosts that walk
> And all that hide behind
> Her georgian facades –
> The catcalls and the pain,
> The glamour of her squalor,
> The bravado of her talk.

Drei weltberühmte irische Bühnenautoren: **Sean O'Casey,** der Patriot (oben links), **William Butler Yeats,** ebenso bedeutender Lyriker (oben rechts), und der ungestüme **Brendan Behan** (rechts).

Dubliner Originale

In Dubliner Theaterkreisen erzählt man sich folgende Geschichte über Micheál Mac-Liammóir und Hilton Edwards, deren Beziehung gerade wieder in einer tiefen Krise steckte. Micheál und Hilton hatten zusammen das Gate Theatre gegründet, gehörten zu den ganz Großen des irischen und des internationalen Theaters und waren Partner im Leben wie in der Kunst.

Micheál, der nicht nur als brillanter Schauspieler, Autor, Regisseur und Anekdotenerzähler stadtbekannt war, sondern auch dafür, daß er zu jeder Gelegenheit Perücke und Make-up trug, saß eines Abends schweigsam in Neary's Pub in der Chatham Street. Etwas weiter an der Theke saß ein »Mann aus dem Volke« bei seinem Pint Starkbier und warf dem Schauspieler Blicke größter Verachtung zu. MacLiammóir nahm keine Notiz davon und widmete sich ganz seinem Drink. Der Mann an der Theke dachte angestrengt über eine passende Bemerkung nach. Und da er Dubliner war, mußte es etwas Markiges sein, der Klientel eines Pubs angemessen, eine Bemerkung, an die sich die Männer noch nach Jahren erinnern würden.

Schließlich rief er anzüglich hinüber: »He, warum laßt ihr euch nicht scheiden?« Darauf MacLiammóir wie aus der Pistole geschossen: »Das geht nicht, wir sind katholisch!«

Charakterrolle

Der Reiz der Geschichte liegt auch darin, daß jeder normale Dubliner den Anspruch vertritt, ebenso als Dubliner Original zu gelten wie MacLiammóir. Ein Original wird man aber nicht nur durch die gesellschaftliche Stellung, auch nicht einfach durch extravagante oder exzentrische Auftritte, sondern dadurch, daß man von den anderen Dublinern als ein solches anerkannt wird. Man kann das Dubliner Original auf der Straße oder im Pub leicht erkennen: ihm begegnen die anderen mit Sympathie, Aufmerksamkeit und Toleranz.

Diesen »Titel« kann man nicht erwerben oder beanspruchen; er wird vergeben – und

Vorherige Seiten: Der Schauspieler und Autor **Micheál MacLiammóir.** Rechts: Die Schalter der Buchmacher sind ein beliebter Treffpunkt der Dubliner.

wird selten wieder aberkannt, außer der Betreffende ändert sein Verhalten grundlegend – wenn etwa der Fanatiker plötzlich gemäßigt wird oder sich der Spaßvogel zu wichtig nimmt. Es gibt keine festen Kriterien, und die Palette der Dubliner Originale ist überaus breit gefächert. Trotzdem ist es nicht einfach damit getan, sich wie ein Dubliner Original zu geben.

So blieb einem jungen Mann namens Jonathan Philbin Bowman die Anerkennung verwehrt, obwohl er sich größte Mühe gibt. Er ist aufgeweckt, versteht sich auszudrücken und hat unorthodoxe Ansichten über das Bildungswesen und das Leben im allgemeinen, die er häufig und öffentlich in den Medien kundtut. Er trägt eine Fliege und langes Haar und hängt in In-Cafés wie dem »Bewley's« in der Grafton Street herum. Aber Dublin ist mißtrauisch.

Wer sich den Titel dagegen ganz mühelos erwarb, ist Pat Ingoldsby, um die Vierzig, ebenfalls langes Haar, aber so grau wie ein Dachs. Sein Haar bindet er zu einem Pferdeschwanz zusammen und bändigt es, indem er wie ein Indianer ein breites Halstuch um die Stirn trägt. Seine Kleidung sind die sechziger Jahre in Reinkultur: Jeansstoff, geblümt und mit Perlen. Er trägt sie nicht, um aufzufallen, sondern weil sie ihm gefällt; an tristen, grauen Dubliner Wintertagen sticht er überall heraus. Auf der Straße kennt man ihn von seinen irrsinnig komischen Gedichten und den phantastischen Geschichten für Kinder, die er im Fernsehen zum besten gibt. »Es gefällt mir immer wieder, ich gehe irgendeine Straße in Dublin entlang und jeder ruft: »Hiya Pat!« Die Autofahrer hupen, und selbst Busfahrer halten an, um mit mir zu plaudern ...«

Er glaubt, daß es in Dublin nicht mehr so viele Originale gibt wie früher. Alle Dubliner über vierzig erinnern sich z.B. noch an Bang-Bang. Damals, als die Doppeldeckerbusse hinten noch offene Plattformen hatten, fuhr Bang-Bang kreuz und quer durch Dublin, von Schaffnern und Fahrgästen toleriert und sogar willkommen geheißen. Er trug einen riesigen, mehr als 30 cm langen Schlüssel bei sich, den er auf die Passanten richtete und »BANG! BANG!« rief. Seine Opfer mußten sich daraufhin an die Brust fassen und so tun, als ob sie getroffen wären.

Auch der Yupper gehört der Vergangenheit an. Er näherte sich den Leuten, die die O'Connell Bridge überquerten, von hinten und erschreckte sie mit einem »YUP!«. Pat Ingoldsby bedauert, daß es ihn nicht mehr gibt. »Er yuppte alle an. Egal welchen Glaubens, welcher Schicht oder welcher Hautfarbe.«

Robbie, der in der Grafton Street Akkordeon spielte und sich von seinen Kollegen Joe und Bonk begleiten ließ, ist nach Galway ausgewandert. Rosie, die Königin der Moore Street, die an ihrem Blumenstand thronte und sich mit Guinness bei Laune hielt, starb 1987, kurz bevor man sie vielleicht zur Königin der Jahrtausendfeier gekürt hätte.

Natürlich tauchen immer wieder neue Originale auf. Etwa den Mann in Schottenkaro, mit Bommelhut und feuerrotem Bart, der als

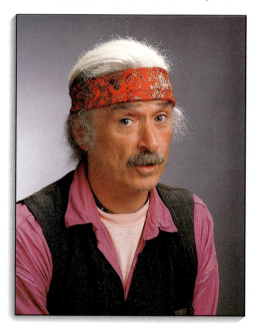

einziger den Beruf des Parkuhrenreinigers ausübt. Und da ist Brian O'Brien, der singt, Akkordeon spielt und seine Hühner in einem alten Kinderwagen durch die Straßen schiebt. Er kaufte ein ausgemergeltes Pony für die Kinder der Nachbarschaft, das er im Hinterzimmer seines Hauses hielt. Das Pony starb und mußte von Arbeitern der Stadtverwaltung mit Seilen aus dem Haus gezogen werden. Sogar in den Nachrichten im Fernsehen wurde darüber berichtet, und jeder war überzeugt, daß Mr. O'Brien, den der Tod des Ponys sehr mitnahm, es nicht böse gemeint hatte. Am nächsten Tag sah man ihn wieder in der Grafton

Oben: Pat Ingoldsby – ein echtes Dubliner Original.

Lebendige Musikszene

Die geographische Lage bringt es mit sich, daß kulturelle Veränderungen in Großbritannien erst nach und nach in Dublin Fuß fassen und sich dann allmählich in ganz Irland ausbreiten. Doch während der britische Babyboom der Nachkriegsjahre in London und Liverpool zu den »Swinging Sixties« führte, mußte Dublin weitere 15 Jahre auf eine Explosion im Pop und Rock warten, bis sich der Teenagermarkt mit dem frischen Do-it-yourself-Enthusiasmus des Punkrock verband. Bis dahin konnte Irland nur wenige erfolgreiche Rockmusiker wie Van Morrison, Phil Lynott und Rory Gallagher aufweisen. Der Erfolg wurde daran gemessen, ob man nach London ging, wo es Plattenverträge, Marketing und technische Sachkenntnis gab, denn in Dublin gab es keine Infrastruktur für eine Produktion.

Nach Jahrzehnten der Emigration und sinkenden Geburtenraten erlebte Irland in den siebziger Jahren einen Aufschwung und Babyboom. In Dubliner Pubs und Klubs drängten sich Fans, die begierig waren, Bands wie die Boomtown Rats (mit Geldof) und die Radiators zu hören, die über ihr Leben und ihre Stadt sangen.

In den Wohnsiedlungen entstanden »Piratensender«, die ein bis dahin vernachlässigtes Publikum ansprachen. Die erste Rockzeitschrift, *Hot Press,* brachte Bands wie U2 die nötige Publicity. Diese Gruppe hatte zu Beginn ihrer Karriere die Entscheidung getroffen, Platten in Dublin zu produzieren, und trug so dazu bei, daß sich die ersten großen Aufnahmestudios des Landes in der Windmill Lane im heruntergekommenen Hafenviertel von Dublin einen Namen machten.

Zeitgleich mit der wachsenden Bedeutung des Rock erlebte die Dubliner Kultur mit dynamischen jungen Autoren, neuen Theaterdirektoren, Filmemachern wie Neil Jordan sowie einer Renaissance der traditionellen Musik eine neue Blüte. Die Arbeit von Christy Moore und Donal Lunny mit Planxty und später mit Moving Hearts zeigte, daß die Folkmusik viel von der Dynamik und der mitreißenden Live-Darbietung integrieren, traditionelle mit elektrischen Instrumenten verbinden und so zeitgenössische – oft politische – Themen, die die Iren bewegen, aufgreifen konnte.

Andere Künstler mit Wurzeln in der traditionellen Musik, Paul Brady oder die Gruppe Clannad, begannen, mit Synthesizern und Rockballaden zu experimentieren; umgekehrt arbeiteten U2 und andere Rockgruppen mit führenden Folkmusikern und führten so die Experimente fort, mit denen Van Morrison, Horslips und Thin Lizzy in den siebziger Jahren begonnen hatten – Phil Lynotts Band hatte ihren ersten Hit 1973 mit einer Rockversion der Ballade *Whiskey in the Jar.* Und auch die kürzlich zu großer Popularität aufgestiegene Sängerin Sinéad O'Connor begann ihre Karriere mit traditionellen irischen Liedern.

Ein weiteres Merkmal der Szene ist ihre Aufgeschlossenheit gegenüber anderen Formen der Folkmusik. Andy Irvine von der Gruppe Patrick Street greift bulgarische Busukiklänge auf, auf neueren Alben von De Dannan finden sich jüdische Reels in der Klezmertradition (einer Synthese von Tanzmusik der Länder, in denen sich Juden niedergelassen haben).

Die Gruppe The Pogues mit ihren schnell gespielten Punkversionen von Balladen und ihren respektlosen Beobachtungen des modernen Stadtlebens war für Puristen ein Schock, fand aber über Irland hinaus immer mehr Anhänger. Ihr unbekümmertes Auftreten erinnerte an die Dubliners in ihrer besten Zeit, und ein gemeinsames Projekt beider Gruppen, *The Irish Rover,* wurde 1987 ein Hit.

Street mit seinem Kinderwagen voller Hühner – in einem grünen Nikolauskostüm.

Politische Akteure

Nicht nur auf der Straße, auch auf einer exklusiveren Ebene läßt sich mit einem Blick auf die drei prominentesten Politiker der Stadt, von denen zwei Taoiseach (Premierminister) von Irland waren – Charles J. Haughey, Garret FitzGerald und Alan Dukes –, genau bestimmen, was unter einem Dubliner Original zu verstehen ist. Die meisten Dubliner würden jedoch die Ansicht vertreten, daß Haughey das einzige Original der drei ist. Während sie für Garret mit seinem Kraushaar hey Anfang 1992 eine zehn Jahre zurückliegende Telephonabhöraffäre, in die er verwickelt war, zum Verhängnis, und er mußte zurücktreten.

Selbst außerhalb der Stadt und des Landes werden Bob Geldof, der eine Hilfskampagne für Äthiopien organisierte, und zu einem gewissen Grad auch Bono, Sänger der Rockgruppe U2, als Dubliner Originale anerkannt. Viele meinen, daß Bono noch nicht ganz trocken hinter den Ohren sei, während sich Geldofs Individualität schon sehr früh in seiner Zeit am Blackrock College zeigte.

Dekan Swift, Sheridan, Wilde, Shaw und Oliver St. John Gogarty kennen wir nur aus

und seinem manchmal unverständlichen, mit Statistiken gespickten Redeschwall Respekt und Zuneigung empfinden und Alan Dukes wegen seiner intellektuellen Fähigkeiten bewundern, ist Charlie der einzige, dem sie kumpelhaft auf die Schulter klopfen würden. Auf dem Begräbnis von Monsignore James Horan – dem legendären Pfarrer der Gemeinde Knock in Westirland, der für die Pilger, die in seine Kirche strömten, einen internationalen Flughafen bauen ließ – scharte sich sofort eine Menschenmenge um ihn. Als er, umringt von Bischöfen und Priestern, dem Sarg folgte, streckten die Leute am Rand der Prozession die Arme nach ihm aus: »Alles Gute, Charlie! Wie geht's, Junge?« Allerdings wurde Haug- ihren eigenen Büchern und den Büchern, die über sie geschrieben wurden. Doch es gibt unzählige Menschen, die sich noch an die Eskapaden des Dramatikers Brendan Behan erinnern, besonders an jene, die mit seinem Erzrivalen Patrick Kavanagh in Zusammenhang stehen. Ihre langjährige öffentliche Fehde, die sie in Pubs und Anwaltskanzleien austrugen, bot ein köstliches Spektakel und brachte ihnen einen Platz in der Liste der Dubliner Originale ein.

Die literarischen Persönlichkeiten des frühen 20. Jh. – James Joyce, Samuel Beckett und Sean O'Casey – kehrten Dublin den Rücken, vielleicht, weil Dublin ihrer Meinung nach einfach zu klein war. Es mag sein, daß das

Premierenpublikum des Abbey Theatre, Irlands Nationaltheater, eine geschwätzige und ab und zu auch bissige Menge ist. Dramatiker lassen kein gutes Haar an ihren Kollegen, und gleiches gilt auch für andere Dichter. Das alles ist recht amüsant. Maeve Binchy, erfolgreiche Romanautorin, Journalistin und selbst ein Dubliner Original, findet es jedenfalls hinreißend, wenn sie wieder einmal aufeinander losgehen.

Herausragende Persönlichkeiten

Dublin ist eine Stadt, in der der künstlerische Leiter des Abbey Theatre, Vincent Dowling, jedesmal, wenn er den Mund auf-

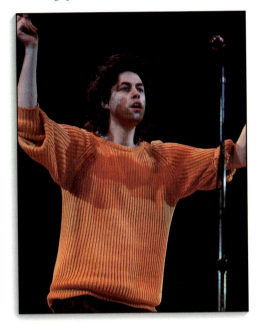

macht, als »Christy« gefeiert wird, weil er einst die gleichnamige Rolle in einer Seifenoper spielte, in der der Chefnachrichtensprecher des staatlichen Fernsehens mit dem Rad herumfährt und von anderen Dublinern mit: »Gibt's was Neues, Don?« begrüßt wird, wenn er vorbeisaust.

Inzwischen gibt es fast schon so etwas wie eine Gesellschaft zum Schutz und zur Bewahrung Dublins. Sie steht unter der Leitung einer Koalition herausragender Persönlichkeiten, die fast alle Dubliner Originale sind. Da ist zum Beispiel David Norris, ein geistreicher Akademiker, der sich für die Rechte der Homosexuellen einsetzt, was sich jedoch – zumal in dem konservativ-religiösen Irland – als sehr mühevoll erweist. Zahlreiche Auftritte in Rundfunk und Fernsehen brachten ihm zwar die Sympathie der Menschen für seine Person, nicht aber für sein Anliegen ein.

In die gleiche Sparte fallen der Jesuitenpater F. X. Martin, der vergeblich die Bebauung der ausgegrabenen alten Wikingersiedlung verhindern wollte, der unabhängige Parlamentsabgeordnete Tony Gregory, der sich weigerte, eine Krawatte zu tragen, sowie die Künstler und Autoren Eamonn MacThomáis, Vincent Caprani und Pat Liddy, die in Nostalgie schwelgen und die Chroniken des Verfalls und der Erneuerung führen.

Trotz des Wachstums in jüngster Vergangenheit und der für eine Großstadt typischen Probleme ist Dublin nach wie vor ein gemütlicher Ort. Jeder Dubliner kann am Freitagabend zum König seines Pubs gewählt werden und seinen Ruhm per Mundpropaganda verbreitet wissen. Ein Dubliner Original zu sein hat nichts mit Geld zu tun. Lord Henry Mountcharles ist für seine kuriosen Socken und seine exzentrischen politischen Ansichten bekannt. Dem alten Straßenfotografen mit der lädierten Kamera und in abgerissener Kleidung in der O'Connell Street begegnet man mit Achtung, weil er Generationen von Dublinern abgelichtet hat. Der Journalist B. P. Fallon wird nicht wegen seiner Verbindungen zu den Beatles oder den Eigenheiten seiner Sprechweise geschätzt, sondern weil er einfach er selbst ist.

Andere Städte mögen es zulassen, daß ihre Bewohner in einer für alle Städte einheitlichen Konformität aufgehen. Nicht so Dublin. Die Zeiten ändern sich. Die großen Namen des alten Varietés gehören der Vergangenheit an: Noel Purcell, Jimmy O'Dea, Mickser Reid, Cecil Sheridan, Danny Cummins, Jack Cruise. Doch es gibt moderne Äquivalente wie den witzigen, stichelnden Rock'n'Roller Brush Shiels. Dublin hat noch immer seine Originale, selbst wenn es, wie Pat Ingoldsby sagt, »keine Yupper mehr gibt«.

Zwei, die sich in Szene setzen können: Der ehemalige Premierminister Charles Haughey (links) und Popstar Bob Geldof (oben).
Folgende Seite: In den Auslagen der Antiquitätenläden suchen Sammler gerne nach schönen, alten Stücken.

Straßenleben

*Dublin can be heaven
with coffee at eleven
and a stroll down Stephen's Green.
No need to hurry, no need to worry,
you're a king and the lady's a queen.*

Hier zeigt sich die Einstellung, der man in den Straßen Dublins begegnet. Diese Zeilen aus dem *Dublin Saunter,* einem beliebten Tribut an die Stadt, den der Entertainer Noel Purcell berühmt machte, haben rund 30 Jahre nach ihrem Entstehen noch ihre Gültigkeit.

Dublin als eine Großstadt zu bezeichnen weckt möglicherweise eine falsche Vorstellung. Obwohl es fast 1 Mio. Einwohner zählt, gibt sich Dublin noch immer als eine Kleinstadt – eine große freundliche Kleinstadt mit lebendigem Treiben. Unterstrichen wird dies durch die Tatsache, daß die gebürtigen Dubliner ihre Stadt kaum je als Großstadt sehen – sie sagen, sie »gehen in den Ort«. Vielleicht lebt hier noch die Erinnerung an die einstige Marktgemeinde fort, in der man Vieh durch die Straßen trieb und auf dem Platz einen Handel mit einem Handschlag abschloß.

Die Stadt hat sich jedenfalls ihre intime Atmosphäre bewahrt. Gebürtige Dubliner beklagen bisweilen, daß man so gut wie nie durch die Straßen gehen kann, ohne einen Bekannten zu treffen und ein Schwätzchen halten zu müssen, das nicht selten im nächsten Pub oder im »Bewley's«, dem beliebtesten Café und Treffpunkt Dublins, fortgesetzt wird. Auch Jahrzehnte nachdem *The Dublin Saunter* geschrieben wurde, gehen die Menschen Samstag nachmittags noch immer »in den Ort«, um ein wenig spazierenzugehen, die Auslagen in den Schaufenstern anzusehen und mit Freunden, die man unterwegs zufällig trifft, einen Kaffee oder ein Glas Bier zu trinken.

Doch darf man sich von diesen harmlos scheinenden Plaudereien nicht täuschen lassen. Denn nicht selten geht es dabei auch ums Geschäft. Die Moore Street beispielsweise ist die wichtigste Geschäftsstraße der Stadt. Die Frauen in der Moore Street mit ihren Gemüseständen und alten Kinderwagen, in denen sie Äpfel, Birnen und Bananen zu Pyramiden

Links: Blumenverkäuferin in der Moore Street.

aufstapeln, sind schon seit Generationen als Händlerinnen tätig und könnten so manchen Marketingexperten noch etwas über Verkaufsmethoden beibringen.

Ein Kunde, der sich nicht zwischen zwei Bananenbündeln entscheiden kann, muß sich vielleicht sagen lassen: »Hören Sie, mein Lieber, und wenn Sie noch so lange überlegen, davon werden die auch nicht größer.« Ein gutes Beispiel für Dubliner Logik und Schlagfertigkeit ist auch die Geschichte von dem Yank (der irische Ausdruck für alle Nordamerikaner), der in der Moore Street ein Dutzend Orangen kaufte. Als er weiterging, sah er in seine Tasche und stellte fest, daß er nur elf

Orangen bekommen hatte. Er ging an den Stand zurück und sagte: »Entschuldigen Sie, Ma'am, aber ich vermute, daß man auch in Irland unter einem Dutzend zwölf Stück versteht, und hier sind nur elf Orangen.« Darauf die scharfe Antwort: »Eine davon war schlecht, und deshalb habe ich sie weggeworfen.« Als Kundin wird man auch leicht Ziel des Gespötts der Marktfrauen. Zurufe wie »Paß auf, die ist was Besseres«, warnen schon die nächste Marktfrau lautstark vor.

Um Weihnachten sind neben den Marktfrauen in der Moore Street auch Straßenhändler zu finden, deren Angebot von Sportsocken bis hin zu Spielwaren reicht. Unermüdlich beschwatzen sie die Passanten mit Sprüchen, die den Dublinern von jeher vertraut sind: »Kaufen Sie Ihr letztes Geschenkpapier, letztes Geschenkpapier jetzt ...« Die Händler der Moore Street sind so untrennbar mit Dublin verbunden, daß Tony Gregory, Stadtratsmitglied und Parlamentsabgeordneter, sogar wegen seines Engagement für die Händler ins Gefängnis ging, als die Behörden 1986 die Vergabe von Lizenzen einführen wollten. Er war der Ansicht, daß sie die Erben der Straßentradition Dublins seien und es nicht anginge, daß sie für ein Recht, das ihnen seit alters zustand, zahlen sollten. Sie folgten, wie einer der Händler es formulierte, »dem Vorbild von Molly Malone und versuchten, uns auf der Straße auf harte, aber ehrliche Weise unseren Lebensunterhalt zu verdienen«. Mit dem Lizenzsystem ist auch eine neue Art von Händlern in die Stadt gekommen. Sie verkaufen an genehmigten Plätzen, zum Beispiel in der Nähe der O'Connell Bridge oder beim Gebäude der Bank of Ireland am College Green, Schmuck, Tücher und Poster.

Musikanten braucht man in Dublin nie lange zu suchen. In Durchgängen, Einkaufspassagen und an Straßenecken trifft man auf talentierte Straßenmusikanten, die vorzugsweise traditionelle irische Musik spielen, welche weithin zu hören ist. Und die lebendigen Jigs und Reels, bei denen man gut den Takt mitklopfen kann, passen zur munteren, unbeschwerten Stimmung der Stadt.

Auch die Religion ist in den Straßen vertreten, allerdings nicht in Form von unheilverkündenden Predigern an Straßenecken. Dublin hat seine eigene Art, die Menschen zum Evangelium zu bekehren. Da ist zum Beispiel jene Dame mit weißem Haar und mädchenhaft hoher Stimme, die auf einer Verkehrsinsel in der O'Connell Street neben einem selbstgefertigten Schrein Hymnen singt, oder jene schwarz gekleidete Frau, die mit einem Kruzifix durch die Straßen zieht.

Dem Besucher fällt diese eigenartige Zusammenstellung sofort ins Auge. Einerseits ist Dublin eine moderne europäische Stadt mit schicken Läden, noblen Restaurants, Museen, Galerien und schöner georgianischer Architektur, andererseits eine Stadt mit vielen bettelnden Menschen. Viele der rund 16 000 Wohnsitzlosen in Dublin gehören zu dem Landfahrervolk der Tinker (Kesselflicker), für

Oben: Die Verkäuferinnen auf den Straßenmärkten sind schlagfertig. Rechts: Straßenkünstler.

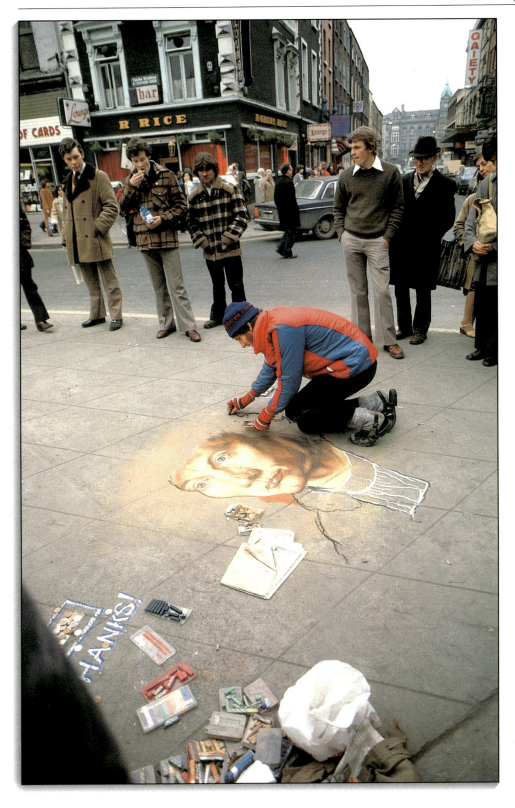

deren angestammtes Handwerk es heute keine Nachfrage mehr gibt (vgl. S. 166).

Mütter mit Babys oder Kleinkindern auf den Armen versuchen das Mitleid der Passanten zu erregen. Kleine, verwahrloste Jungen sitzen zusammengekauert in Durchgängen oder auf einer der Brücken der Stadt und singen mit heiserer Stimme für ein warmes Essen. Andere zeichnen mit Kreide Bilder auf die Wege und ahmen so die Kolonie der jungen Straßenkünstler nach, die sich in den letzten Jahren in Dublin entwickelt hat. Dies ist die Schattenseite Dublins. Obdachlosigkeit ist zu einem der drängendsten Probleme der Stadt geworden. Statistiken ergeben, daß an die 400 Kinder unter 18 Jahren auf der Straße leben. Einige gehören dem »fahrenden Volk« an, doch die meisten sind Ausreißer, die ihrem Elternhaus entflohen sind.

Der Handel bringt Farbe in das Straßenbild von Dublin, doch auch er hat eine andere, dunklere Seite: das Drogenproblem. Es gibt keine verläßlichen Angaben über die Zahl der Abhängigen in der Stadt, das Gesundheitsministerium schätzt, daß in der Republik Irland rund 4000 Menschen auf harte Drogen angewiesen sind. Die meisten von ihnen leben in der Hauptstadt.

Dublin kann mit einer ganzen Subkultur schrulliger, persönlicher Dienstleistungen aufwarten. Stundenlang stehen Jugendliche und Männer mit Holztafeln in den Straßen, um für Restaurants, Friseursalons und Discountläden zu werben. Andere sind selbsternannte Parkwächter. Unerwartet treten sie mit ihren spitzen Mützen und viel zu großen Überziehern aus dem Schatten heraus und weisen Sie wild gestikulierend in eine freie Parklücke ein.

Für ein kleines Entgelt passen sie zudem auf Ihren Wagen auf, während Sie nicht da sind – was man angesichts der Tatsache, daß jedes Jahr an die 1000 Autos gestohlen werden, nicht von vorneherein ablehnen sollte. Im Preis inbegriffen sind auch spitze Bemerkungen über Ihre Fahrkünste, während Sie versuchen, sich in die Parklücke zu quetschen, in der laut »Parkwächter« ein Lastwagen Platz fände. Dublin ist übrigens ein Paradies für alle, die gerne spazierengehen. Sie können beispielsweise im Saint Stephen's Green die Enten füttern, den Zoo besuchen, im Phoenix Park oder an den Kanälen entlang laufen – oft nur wenige Gehminuten vom Zentrum entfernt. Sonntags ist es sehr beliebt, am Pier von Dun Laoghaire, rund 11 km südlich von Dublin, zu promenieren. Selbst bei schlechtestem Wetter kann man hier Dubliner mit ihren Kindern, der Oma oder dem Hund beobachten.

Oben: Ballspiel in der Mittagspause im Zentrum.
Rechts: Antiquitätenhändler.

Brot und Spiele

Wie in allen anderen Bereichen, unterscheidet sich Dublin auch im Sport vom Rest Irlands. In den Provinzen sind die von der Gaelic Athletic Association organisierten *national games,* und hier vor allem Gaelic Football, die beliebtesten Sportarten. In den meisten Teilen Dublins spielen jedoch »gälische« Sportarten nur die zweite Geige hinter anderen Footballvarianten: Rugby vorwiegend im Süden, und Fußball in den Arbeitervierteln.

Hinzu kommt, daß sich die Dubliner Fußballfans nicht in erster Linie für irischen, sondern für englischen Fußball interessieren, da die irische Liga im Prinzip nur ein Abklatsch der englischen Liga ist. Wie andere kleine europäische Länder bietet auch Irland in dieser Hinsicht nur wenige Möglichkeiten, weshalb die besten Spieler Verträge bei ausländischen Klubs, meist in England, unterschreiben. Zu den gebürtigen Dublinern, die es auf internationaler Ebene geschafft haben, zählen John Giles, Liam Brady und Frank Stapleton. Das staatliche irische Fernsehen trägt dieser Tatsache Rechnung und strahlt jede Woche eines der Topspiele der englischen Liga live aus, während die Spiele irischer Mannschaften nur selten auf dem Programm stehen.

Hauptaustragungsort der irischen Rugbyspiele ist das Stadion in Ballsbridge. Es wird gelegentlich auch für internationale Fußballspiele »ausgeliehen«. Die zweite große »Kathedrale« des Football ist Croke Park auf der anderen Seite des Liffey in den schäbigeren Straßen der Northside. Dies ist das Mekka der Anhänger der gälischen Spiele und im September Austragungsort der Endspiele der gesamtirischen Meisterschaft der *national games:* Hurling und Gaelic Football. Beide Spiele sind schnelle, wilde Spiele mit ständig wechselndem Ballbesitz; beide kann man nicht gut aus der Defensive heraus mit Gegenangriffen spielen (vgl. S. 218).

Anders als in den Grafschaften Tipperary und Kilkenny hat Hurling in Dublin keine große Tradition. Die Grafschaft Dublin hat sich vielmehr dem Gaelic Football verschrieben, der mehr Zuschauer anlockt als jede andere Sportart.

Wie in ganz Irland sind auch in Dublin Pferderennen ausgesprochen populär. Dublin besitzt zwei Rennbahnen, im Phoenix Park und in Leopardstown südöstlich der Stadt. Auf beiden Plätzen werden neben hochrangigen, lukrativen auch kleine, unbedeutende Rennen ausgetragen. Das Wetten ist dabei mindestens so wichtig wie der Sport selbst. Auch Golf wird auf den Plätzen in der Umgebung Dublins gespielt; wichtigstes Ereignis sind die Carroll's Irish Open, zu dem sich jedes Jahr im Juni Profis aus aller Welt ansagen. Großer Beliebtheit erfreuen sich Leichtathletik, Boxen

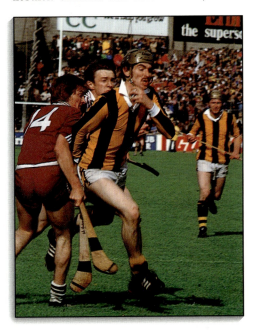

und Billard. Auch beim Windhundrennen im Shelbourne Park und am Harold's Cross versuchen viele ihr Glück. Und sogar Kricket hat in Dublin seine Anhänger, trotz der verächtlichen Bemerkung des jungen Oscar Wilde bei seiner Ankunft im Trinity College: »Ich weigere mich, Kricket zu spielen. Die Stellungen sind unanständig.«

Anfang September findet eine Kanu-Regatta, im August die sechstägige Dublin Horse Show in Ballsbridge statt.

Vorherige Seiten: Football-Spiel im Croke Park.
Links: Gespannt beobachten alle das Geschehen auf dem Feld. Oben: Hurling.

Pubs

Wo immer man sich in Dublin aufhält, ein Pub ist nie weit entfernt – für den einen mag dies beruhigend sein, den anderen mag es erstaunen. Der Hauptgrund dafür ist nicht, daß die Dubliner in der Mehrheit zügellos leben, sondern daß sie heitere, unbeschwerte Menschen sind. Sie sind dies aus Gewohnheit, gemäß eines Brauchs, der im Mittelalter entstand und sicher auch in der Zeit gepflegt wurde, als das georgianische Dublin Gestalt annahm. RICHARD BARNABY, Chronist des 16. Jh., klagte über die »Straßen voller Tavernen«. 1682 stellte SIR WILLIAM PETTY fest, daß von den 6025 Gebäuden der Stadt 1200 Gasthäuser waren, in denen berauschende Getränke verkauft wurden. Nicht minder groß war die Begeisterung ein Jahrhundert später: von den 190 Häusern, die 1798 in der Thomas Street in Liberties standen, besaßen 52 die Lizenz, Alkohol auszuschenken.

Trinkgewohnheiten: Das Ausmaß, in dem man sich in georgianischer Zeit diesem Vergnügen hingab, machte JOHN EDWARD WALSHE deutlich, der Mitte des 19. Jh. Generalstaatsanwalt von Irland war. Er wollte zeigen, wie anständig die Dubliner waren, seit ihnen die Engländer »Zucht und Ordnung« beigebracht hatten, und veröffentlichte einen Bericht über das Dublin des ausgehenden 18. Jh. Darin heißt es: »Die Gewohnheit, übermäßig zu trinken, war in Irland so verbreitet, daß man allen Ernstes behauptete, daß es etwas in der Konstitution der Menschen gebe, das der Aufgewühltheit leidenschaftlicher Geister ähnele.«

Der Gerechtigkeit halber sei gesagt, daß die einfallsreichsten Trinker dem Landadel angehörten. Sie dachten sich so einiges aus, um das Trinken immer in Gang zu halten, z.B. Karaffen mit abgerundetem Boden, die man nicht abstellen konnte; sie mußten nach dem Füllen immer weitergereicht werden, ihr Inhalt in Gläser umgefüllt werden. Die Mär berichtet sogar von Gelagen, bei den aus demselben Grund den Gläsern mit einem Messer der Stiel abgeschlagen wurde.

Warum die Dubliner derartige Gewohnheiten entwickelten, bleibt im dunkeln. Einige ziehen die Politik zur Erklärung heran. Seit die Regierung von Dublin nach London verlegt wurde, gab es keine ernsthafte Beschäftigung mehr, außer der, sich gesellig zusammenzufinden. Andere weisen darauf hin, daß in Irland der Wiskey eben auch viel besser schmecke, denn dort sei man viel früher darauf gekommen, wie man guten, weichen Whiskey herstellt: Man brennt ihn dreimal statt nur zweimal wie den Scotch. Das beliebteste Bier ist bekanntermaßen das Guinness. In

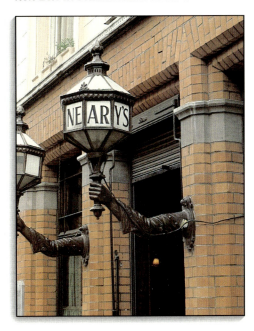

Dublin heißt es schlicht »a pint«, und wenn man es in einem Pub verlangt, wird es so eingeschenkt, wie es sich für ein Guinness gehört: bis fast ganz oben hin schwarz und mit einer makellosen, beigefarbenen Schaumkrone, die knapp über den Rand ragt. Doch das Bier ist nur ein Vorwand für den eigentlichen Zweck des Pubbesuchs: das Gespräch. Die Dubliner brauchen die Unterhaltung, und im Pub können sie dieses Grundbedürfnis befriedigen. Außer zu Weihnachten haben die Dubliner nicht einmal alkoholische Getränke zu Hause; sie gehen in ihr *local,* ihr zweites Zuhause, um Freunde zu treffen, Klatsch und Tratsch auszutauschen, über ihre Sorgen und Nöte zu sprechen und sich zu amüsieren.

Links: Noch ein Pint bitte! Oben: Einfallsreich gestalteter Eingang eines Pubs.

Familienbetriebe

Die meisten Dubliner Pubs sind Familienbetriebe oder tragen noch den Namen der früheren Besitzer. Und auch wenn heute nicht mehr jedes dritte Haus ein Gasthaus ist, werden Sie dennoch keine Schwierigkeiten haben, einen Pub zu finden, der Ihnen zusagt. Seltsamerweise gibt es in der Grafton Street, der schicksten Straße Dublins, kein einziges Pub, aber in ihren Nebenstraßen finden Sie einige herrliche Kneipen.

Beginnt man am Anfang der Straße, sollte man das O'Neill in der Suffolk Street besuchen, seit Generationen die Stammkneipe der an, daß hier in den frühen sechziger Jahren die Folkgruppe *The Dubliners* ihre Karriere begann. Etwas weiter sind in der Lower Baggot Street das Toner, das seit fast 200 Jahren unverändert blieb, und gegenüber das Doheny and Nesbitt, ein weiteres großes altes Pub, wo an der Theke über Tagespolitik gesprochen wird. Es ist ein Treffpunkt der Politiker, Juristen und Journalisten.

Politik und das Tagesgeschehen sind auch die Hauptthemen im Mulligan in der Poolbeg Street in der Nähe der Redaktionen der wichtigsten Tageszeitungen. Auch im Mulligan hat sich seit seiner Eröffnung 1782 kaum etwas verändert, weshalb man hier auch nichts von

Studenten des Trinity College. Das Old Stand in der Exchequer Street wird von Rennbegeisterten aufgesucht; McDaid in der Harry Street war einst das »local« von Autoren wie Patrick Kavanagh und Brendan Behan, im Neary in der Chatham Street geben sich Showgrößen ein Stelldichein. Auf der anderen Seite der Grafton Street liegt in der Duke Street das Davy Byrne, welches zwar nicht mehr der in Joyce' *Ulysses* erwähnte bescheidene Pub, aber wegen seiner Einrichtung im Stil der dreißiger Jahre eine Kuriosität ist.

Am anderen Ende der Grafton Street geht es nun in die Merrion Row ins O'Donoghue's, das noch immer ein Zentrum der traditionellen irischen Musik ist. Alte Fotos erinnern daran Zerstreuungen neuerer Art wie »pub grub« (kleine Gerichte, die im Pub serviert werden) hält – man kann ein Päckchen Erdnüsse bekommen, wenn es denn sein muß. Das Brazen Head in der Lower Bridge Street (unterhalb der Christ Church Cathedral) ist das älteste Pub Dublins, das sich mit dem Gründungsjahr 1198 rühmt. Es wurde vor einiger Zeit erweitert und erhielt eine neue Bar, die sehr schön mit der Bar harmonisiert, die schon die United Irishmen kannten.

Wenn man den Fluß überquert, gelangt man zum Ryan in der Parkgate Street, einem viktorianischen Pub mit schöner Mahagonibar in der Mitte und einigen kleinen Nebenzimmern für private Trinkgelage. Ryan's liegt etwas außerhalb des Zentrums. Dieses Pub ist ein wahres Juwel, hier begegnet man Leuten, denen viel an einer guten Atmosphäre, einem guten Gespräch und der Bewahrung des Dubliner Publebens liegt. Dafür nehmen sie schon einen längeren Weg in Kauf. Das Stag's Head am Dame Court ist besonders bei Studenten beliebt. Dieses Pub hat Spiegel bis zur Decke, Kronleuchter und Hirschköpfe an den Wänden, die traurig auf die Gäste herabschauen.

Nach dem Begräbnis ins Kavanagh

Nördlich der Brücke in der O'Connell Street lohnt sich ein Besuch im Madigan in der North Earl Street, in dem eine kunstvol-

Außergewöhnliche liebt, sollte man sich ins Kavanagh in Glasnevin aufmachen, das die Dubliner schlicht »Die Totengräber« nennen. Dieses Pub liegt nicht weit vom Haupteingang des Dubliner Hauptfriedhofs entfernt, der 1832 eröffnet wurde und nur ein Jahr älter als das Pub selbst ist. Schon seit Generationen lassen sich im gedämpften Licht des Pubs die Trauernden von ihren Freunden trösten, denn in Irland ist es üblich, der Toten zu gedenken, indem man das Leben feiert.

Sollte keiner der genannten Pubs in der Nähe sein, ist das kein Grund zur Besorgnis. Man hält einfach nach dem nächstgelege-

le Uhr daran erinnert, daß »tempus fugit« (die Zeit flieht). In der Nähe des Four Courts befindet sich das Tilted Wig, in dem gerne Juristen verkehren. In The Plough in der Nähe des Abbey Theatre treffen sich die Schauspieler nach der Vorstellung. Ganz im Norden an Doyle's Corner in Phibsboro sollte man nach einem winzigen Pub namens The Hut Ausschau halten, für das nichts weiter spricht, als daß es klein und perfekt ist, ein edwardianisches Pub, das von Einheimischen gerne besucht wird.

Und wenn man tatsächlich allen lohnenden Pubs ihren Tribut zollen möchte und das

Links: Im Mulligan. Oben: Temple Bar.

nen Pub Ausschau; auch dort fühlen sich die Gäste wie zu Hause, und schon vor dem Eintreten dringt einladendes Stimmengemurmel an das Ohr. Auch hier zapft der Wirt im gewohnten Ritual: Das Glas im richtigen Winkel halten, den Bierfluß genau an der richtigen Stelle stoppen – und das Glas ist in der angemessenen Zeit exakt gefüllt. Das ist die Kneipe, die man sucht.

Übrigens, für Dublinbesucher, die die *Irish trad music* im originalen Rahmen erleben möchten, wird seit kurzem eine besondere Stadtführung angeboten, die *Musical Pub Crawl*. Nach etlichen Pints in entsprechenden Pubs endet die Tour im bereits erwähnten O'Donoghue's.

Reiseland Irland

Irland war schon im Mittelalter das Reiseziel frommer Pilger aus ganz Europa; auf den Spuren des hl. PATRICK besuchten sie die Insel im **Lough Derg** (Grafschaft Donegal), der Ort war im Mittelalter als *Saint Patrick's Purgatory* bekannt. Man glaubte, von hier könne man einen Blick ins Fegefeuer werfen – so berichtete jedenfalls im Jahr 1411 ein ungarischer Ritter. Die heutigen Wallfahrer unterziehen sich vor allem Bußübungen, die aus Wachen und Fasten bestehen. Besuch des Ortes von Fremden ist während der Wallfahrtszeit verboten. Ein weiteres Ziel war **Croagh Patrick,** der heilige Berg Irlands (753 m hoch) in der Grafschaft Mayo. Der mühevolle Aufstieg wird durch einen weiten Blick – vielleicht bei einem Sonnenuntergang – über das Land belohnt. Croagh Patrick ist am letzten Sonntag im Juli, in Erinnerung an ein Bußgelübde, das der Heilige 441 leistete, das Ziel einer Wallfahrt.

Der Geschichtsschreiber GERALD VON WALES – Hofkaplan HEINRICHS II. von England – begleitete den Prinzen JOHANN 1185 nach Irland; in der geographisch-historischen Schrift *Topographia Hibernica* (1187–89) beschreibt Gerald auch die heiligen Stätten.

Dublin wurde, nachdem Königin ELISABETH I. von England 1591 das Trinity College gegründet hatte, Anziehungspunkt für Scholaren vom Kontinent.

Beschwerlich muß die winterliche Überfahrt nach Irland auch noch zu Beginn des 19. Jh. gewesen sein. FÜRST VON PÜCKLER-MUSKAU schrieb im November aus Dublin an seine »geliebte Herzensschnucke« (*Briefe eines Verstorbenen,* 1826–1829): »Eine widerwärtigere Seefahrt kann man nicht bestehen! Zehn Stunden wurde ich, zum Sterben krank, umhergeworfen. Die Hitze, der ekelhafte Geruch des Dampfkessels, die Krankheit aller übrigen, es war eine schreckliche Nacht, ein wahres Bild menschlichen Elends ... Gottlob, es ist vorüber, und ich fühle wieder festen Boden unter mir, obgleich es mir noch manchmal scheint, als schwanke Irland ein wenig.« Pückler konnte nun die Reise zu den Adelssitzen wieder aufnehmen – immer auf der Suche nach der reichen Erbin, die seine Gartenleidenschaft daheim in Muskau finanzieren konnte.

Doch nun nehmen Sie einen Schirm, Regenkleidung und feste Schuhe – keine Angst, der Wind vertreibt den Regen meist schnell und belohnt mit einem Regenbogen, wir werden jetzt die zauberhafte irische Landschaft mit versteckten Seen, heiligen Quellen, wilden Wasserfällen und sagenumwobenen Stätten, prähistorischen Gräbern und geheimnisvollen Steinkreuzen, den für das Land so typischen Rundtürmen und zerfallenen Burgen erkunden.

Zu der historischen Provinz **Ulster** im Norden der Insel gehört neben Nordirland, auch die Grafschaft Donegal. Die malerischen Moor- und Waldgebiete ermöglichen Niederwildjagden; die Gewässer sind fischreich. Hier weit im Norden liegt der heilige Lough Derg und der kleine Ort Gartan – in der Nähe von Letterkenny –, in dem um 520 der hl. COLUMBAN D. Ä. geboren wurde.

Vorherige Seiten: Fischeridylle in Annesgrove, Grafschaft Cork. – Connemara-Bauer, Grafschaft Galway. Folgende Seiten: Kabinenkreuzer auf dem Shannon. – Mit dem Planwagen über Land.

Nachdem die *troubles* – wie die Unruhen in Nordirland mit britischem Understatement genannt werden – abgeebbt sind, kann man Belfast wieder problemloser besuchen. Am Ufer des Lough Neagh liegt Antrim Castle; der Schloßgarten wurde von dem französischen Gartenarchitekten LE NÔTRE angelegt.

In der Provinz **Connaught** liegt Galway, hier kann man im Frühling am Lough Corrib den Lachsen zusehen, die stromaufwärts in ihre Laichgebiete ziehen. Oder die im Atlantik liegenden **Aran Islands** (Inishmore, Inishmaan, Inisheer) besuchen, die der amerikanische Dokumentarfilmregisseur ROBERT FLAHERTY in seinem Film »*Die Männer von Aran*« (1934) verewigt hat. Auf den Inseln wird noch überwiegend irisch gesprochen, hier werden die traditionellen schafwollenen Sweater gestrickt. Jede Familie hat ein eigenes Muster; so konnte ein Fischer, der auf der rauhen See blieb und an entfernten Küstenstrichen an Land gespült wurde, seinen Angehörigen zurückgebracht werden.

Westlich von Limerick – in der Provinz **Munster** – erreicht der 113 km lange Mündungstrichter des **Shannon** den Atlantik. Der Fluß entspringt in der Grafschaft Cavan. Mit seinen Seen und Nebenflüssen bildet er ein weit verzweigtes Netz von Wasserstraßen. Durch den Grand Canal – 1756 begonnen – und den wenig später angelegten Royal Canal besteht eine Verbindung von Dublin zum Gebiet des Shannon. Zu einem besonderen Erlebnis zählt die Fahrt mit den meist gut ausgestatteten Kabinenkreuzern, die man in allen Größen mieten kann. Die Flußgebiete bieten hervorragende Gelegenheiten zum Angeln (Hecht = *pike,* Brachsen = *bream,* Schleie = *tench),* zum Fotografieren oder zur Vogelbeobachtung – man kann aber auch nur den Reiz der vorbeiziehenden Landschaft genießen.

Kerry ist mit seinen vielen Seengebieten und von Mooren durchzogenen kahlen Bergrücken ein beliebtes Ziel für Rundreisen mit dem pferdebespannten Jaunting Car, einem Boot oder auf dem Rücken eines Ponys. Ein durch den Golfstrom begünstigtes mildes Klima läßt wilde Fuchsien, Rhododendren, Riesenfarne und den immergrünen Arbutus (Erdbeerbaum) üppig gedeihen.

In den Grafschaften Cork und Kerry und vor allem in den malerischen **Wicklow Mountains** – die bereits zur Provinz Leinster gehören – besteht die Möglichkeit, Pferde und Pferdewagen auszuleihen; wer keine Erfahrung mitbringt, wird gründlich eingewiesen. Diese Planwagen bieten für vier Personen Platz, für Gaskocher, Beleuchtung, Geschirr und Wäsche ist gesorgt. Für zwei Wochen ist ein Vorrat an Propangas in Wagen, ein kleiner Wassertank reicht bis zur nächsten Wasserleitung. Man legt mit den Pferdewagen oft nur wenige Kilometer pro Tag zurück, so bleibt genügend Zeit, die Landschaft kennenzulernen, einen Schwatz mit den Einheimischen zu halten oder einfach nur mit den Seinen ein kleines Abenteuer zu erleben. Dazu kommt der Kontakt mit den Tieren beim Füttern, Striegeln und Zäumen. Wenn man sich an Tempo und Route hält, findet man einen Übernachtungsplatz, der fachmännische Versorgung für das Pferd bietet.

In **Dublin** bekommt man irisches Design und Kunsthandwerk zu vernünftigen Preisen – neben Tweed- und Leinengewebe – die berühmten Fischerpullover von den Aran Islands, aber auch Schmuck und Keramik. Handgeschliffene Kristallgläser aus der Waterford Glass Factory (wochentags Führungen) finden auch heute noch Liebhaber. Der geräucherte irische Lachs gehört zu den geschätzten Mitbringseln, man läßt ihn aber besser per Post versenden.

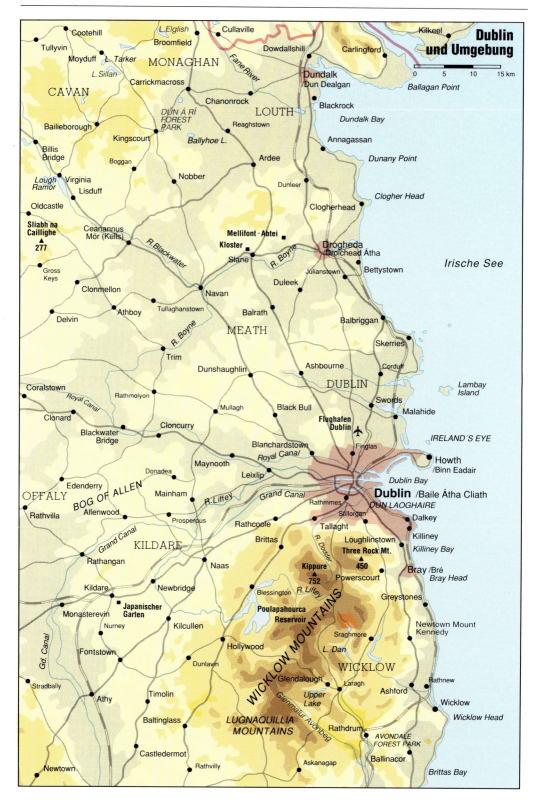

Gang durch Dublin

In Dublin's fair city
Where the girls are so pretty,
I first set my eyes on sweet Molly Malone.
She wheeled her wheel-barrow
Through streets broad and narrow,
Crying, »Cockles and mussels, alive, alive, oh!«

Auch heute, zwei Jahrhunderte nachdem Molly von einem unbekannten Verseschmied verewigt wurde, halten ihre Nachkommen die Tradition des Straßenmarktes lebendig. In unserer Zeit schieben sie jedoch ausrangierte Kinderwagen vor sich her, in denen sich bis oben hin in verwirrender Vielfalt die verschiedensten Dinge türmen.

Dublin ist eine Stadt der Fußgänger, der zufälligen Begegnungen, eine Stadt, deren Bewohner ebenso sehenswert sind wie ihre Bauwerke.

Dublin ist eine geteilte Stadt: geteilt durch den Liffey, der mitten durch die Stadt fließt, und die sozialen Unterschiede, die durch den Fluß festgeschrieben werden. Die Teilung begann Anfang des 18. Jh., als die Reichen aus der mittelalterlichen Stadt mit ihren Elendsvierteln auf die Seite nördlich des Flusses zu herrlichen Straßen und Plätzen wie der Henrietta Street und dem Mountjoy Square abwanderten, die damals gerade entstanden. Doch dann kehrten die Trendsetter wieder zurück auf die Southside, um am Merrion Square und am Fitzwilliam Square neue Enklaven zu bilden. Als nächstes zog es sie in die Vororte Ballsbridge und hinaus an die Küste zu landschaftlich reizvollen Fleckchen wie Dun Laoghaire und Dalkey.

Noch immer gibt es auf der Northside Enklaven der Mittelklasse. Doch im großen und ganzen sind es die *Southsider,* die besser gestellt sind, besser gekleidet sind und (ihrer Meinung nach) die gepflegtere Sprache sprechen. Wie jede Art von Snobismus wirkt natürlich auch dieser auf beiden Seiten. Während viele Southsider »auf der Northside nicht einmal begraben sein« möchten, betrachten die *Northsider* die Southside als eine Gegend der Angeber.

Ob Northsider oder Southsider, beide haben sie Zeit für den Besucher. Es ist ein Vergnügen, sie kennenzulernen. Betrachten Sie aber auch die großartigen Bauwerke, die georgianischen Plätze und die zierlichen Laternenpfähle, ziehen Sie durch die Galerien, die Parks und Gärten, streifen Sie durch die Buchläden und die Pubs, unternehmen Sie Ausflüge in die nahen Berge, und Sie werden Dublin lieben lernen.

Vorherige Seiten: Frachtschiff am Poolbeg Tower. – Blick auf den Liffey. – Baggot Street.

Der Südosten

Als Ausgangsort für einen Rundgang durch Dublin bietet sich der Liffey an, der Fluß, den James Joyce in seinem Roman *Finnegan's Wake* »Anna Livia Plurabelle« nannte. Als große West-Ost-Achse teilt der Liffey die Stadt in zwei Hälften und markiert damit auch die sozialen Gegensätze: den wohlhabenden, an Sehenswürdigkeiten reichen Süden und den dicht bevölkerten ärmeren Norden. Er entspringt nur 21 km Luftlinie vom Stadtzentrum entfernt in den Wicklow Mountains, legt jedoch auf seiner kurvenreichen Strecke bis zur Mündung in die Bucht von Dublin immerhin 134 km zurück.

Die Bucht von Dublin wurde vor über 5000 Jahren zunächst von mesolithischen Küstenbewohnern besiedelt. Auch für das Neolithikum sind Wohnplätze nachgewiesen. Mit dem Einzug des Christentums in Irland wurden im ganzen Land Kirchen, Einsiedeleien und Klöster gegründet. Die Geschichte der Stadt Dublin beginnt jedoch erst mit der Ankunft der Wikinger: Im Jahr 841 zog eine Gruppe norwegischer Seefahrer, die die Bucht als günstigen Hafenplatz erkannten, ihre Boote auf den Sandstrand, geschützt von der Halbinsel Howth im Norden und den Wicklow Mountains im Süden. Das Gelände um den seichten Tidefluß Liffey mit seinen Nebenflüssen war damals allerdings sumpfig.

Die ersten Niederlassungen innerhalb Dublins entstanden am Fluß, dem die Stadt auch ihre beiden gälischen Namen verdankt. Der erste, Baile Atha Cliath (»Stadt der befestigten Furt«), stammt von einer Wehrsiedlung nahe einem Damm auf der anderen Seite des Flusses aus der Zeit vor den Wikingern. Der zweite, Dubh Linn (»schwarzer Teich«), geht auf eine andere Siedlung an einer dunklen Lagune nahe des heutigen Olympia Theatre zurück, die sich am Zusammenfluß von Poddle und Liffey gebildet hatte.

Der Fluß, der auch als »sniffy Liffey« (»verschnupfter Liffey«) bezeichnet wird, hat heute als wichtigster Wasserlieferant und Abwasserkanal Dublins ausgedient. Trotzdem wird Besuchern oft die Mär aufgetischt, daß erst das Wasser aus dem Liffey dem Starkbier von Arthur Guinness seine überragende Qualität verleihe.

Brücken

Zwischen der Heuston Station, nicht weit von der Guinness-Brauerei, und der neuen East Link Bridge in Ringsend überspannen zwölf Brücken den Liffey. Im Jahr 1214 wurde die erste Brücke, Pons Ostmanorum (heute: Father Matthew Bridge), errichtet. Auf ihr zogen sich die Wikinger während der normannischen Invasion auf die Nordseite des Liffey zurück. Die bekannteste Fußgängerbrücke ist die **Ha'penny Bridge.** In seinem Buch *Dublin be proud* nennt Pat Liddy diese Brücke »quasi das Symbol der Stadt« – und tatsächlich ist sie ein sehr beliebtes Ansichtskartenmotiv.

Die elegant geschwungene Brücke, die 1816 unter dem Namen Wellington Bridge als eine der frühesten dieser Art aus Gußeisen errichtet wurde, erhielt vor einiger Zeit Laternenpfähle und heißt

Vorherige Seiten: Parade am Saint Patrick's Day vor der Bank of Ireland. Links: Das Hafenviertel. Rechts: Die Ha'penny Bridge.

nun offiziell Liffey Bridge. Die Dubliner nennen sie jedoch liebevoll »Ha'penny Bridge« – eine Anspielung auf den halben Penny Maut, den man einst für das Überqueren der Brücke zahlen mußte.

Die nächste Brücke flußabwärts ist die **O'Connell Bridge,** die 1792–94 als Carlisle Bridge gebaut wurde und im 19. Jh. nach Daniel O'Connell, dem irischen Patrioten, der die Gleichstellung der Katholiken erwirkte und auf die Aufhebung der Union mit Großbritannien hinarbeitete, benannt wurde. Die Brücke wurde 1880 im Zusammenhang mit dem Ausbau des Hafens und dem Aufstieg des Geschäftsbezirks um die heutige O'Connell Street breiter angelegt. Sie ist die wichtigste Brücke, die den Süden und den Norden Dublins verbindet. Beide Teile der Stadt sind so unterschiedlich, daß man meint, in einem völlig anderen Teil des Landes zu sein, wenn man die Brücke überquert. Doch infolge des großen Anstiegs der Bevölkerungszahl von Dublin sind die meisten Einwohner ohnehin nur »Zugezogene«, egal auf welcher Seite des Flusses sie leben.

Südlich der O'Connell Bridge schließt sich die **Westmoreland Street** an. Auf der rechten Seite befindet sich eines der berühmten Bewley's Oriental Cafés. Ganz in der Nähe ist das »Beshoff«, das wie ein viktorianisches Pub aussieht. In Wirklichkeit werden hier »fish and chips« verkauft. Mit seiner Einrichtung aus Mahagoni, Spiegeln und Palmen wurde es laut Besitzer Gerard Beshoff dem Vorbild einer edwardianischen Austernbar nachempfunden. Beshoff war der Enkel von Ivan Beshoff, dem letzten Überlebenden der Meuterei auf dem russischen Panzerkreuzer »Potemkin«; er starb 1986 im Alter von 104 Jahren.

Am Ende der Westmoreland Street leuchten die klassischen Säulen der **Bank of Ireland.** 1729 wurde der Bau von dem Architekten EDWARD LOVETT PEARCE als Sitz des irischen Parlaments begonnen. Er schuf das Hauptgebäude, dessen Südfassade eine ionische Säulenreihe umgibt mit einem Portikus in der Mitte. Der englische Architekt JAMES GANDON (1743–1823), der einige der bedeutendsten Bauwerke Dublins konzipiert hat, erhielt

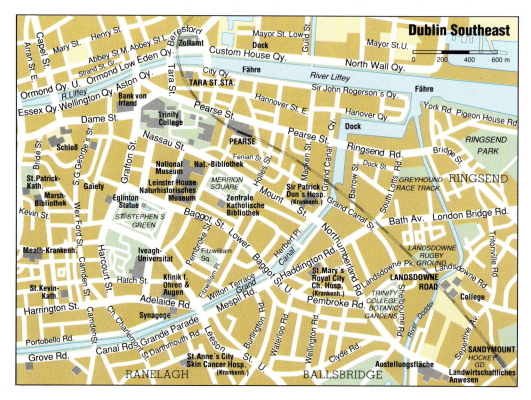

1782 den Auftrag, das Gebäude im Osten zu erweitern, was bis 1789 geschah. Im Westen führte 1792 ROBERT PARKS eine dieser Vorgabe ähnliche Erweiterung aus.

Dublins goldenes Zeitalter

In diesen Jahren bereicherten talentierte Architekten, wie der deutschstämmige RICHARD CASSELS (1690–1751), der bereits genannte James Gandon und THOMAS IVORY (etwa 1720–1786) die Stadt mit vornehmen, repräsentativen Bauwerken. Neben den Four Courts, der Royal Exchange und der Westfassade des Trinity College gaben wohlhabende Adlige Stadthäuser in Auftrag, so beispielsweise das Charlemont House, Belvedere House, Leinster House oder Powerscourt House. Das Handwerk erlebte ebenfalls eine Blütezeit, und es entstanden hervorragende Möbel, Silber- und Glaserzeugnisse. Eingeleitet hatten dieses goldene Zeitalter die Angloiren, doch auch manche Katholiken kamen zu Reichtum. Da man ihnen jedoch auch weiterhin grundlegende Rechte verwehrte, bahnte sich gegen Ende des 18. Jh. ein erneuter Konflikt an, der im Aufstand der United Irishmen 1798 eskalierte.

Nach dem **Act of Union** 1800, der die politische Union mit Großbritannien herstellte, baute FRANCIS JOHNSTON das unnötig gewordene Parlamentsgebäude für die Bank of Ireland um.

Im Innern blieb das ehemalige House of Lords (Oberhaus) beinahe im Originalzustand erhalten. Die beiden großen Wandteppiche, die hier seit 1735 hängen, zeigen zwei historische Ereignisse: die Schlacht am Boyne 1690 und die Belagerung von Derry 1689. Außerdem sind hier der Amtsstab des Speaker (Vorsitzenden) des House of Commons (Unterhaus), das wegen seiner Kuppel »Goose-pie« genannt wurde, wie auch »Maundy money« zu sehen – kleine Münzen, die am Donnerstag vor Ostern an die Armen verteilt wurden und nur an diesem Tag ausgegeben werden durften (auch Königin ELISABETH II. führt diese königliche Tradition fort).

Sitz der Gelehrsamkeit

Schräg gegenüber, auf der anderen Seite des College Green, sieht man die Westfassade des berühmten **Trinity College,** das Königin ELISABETH I. 1591 auf dem Gelände eines säkularisierten Klosters gründete. Das College gehört zu den ältesten Universitäten der Britischen Inseln und war die erste irische. Die heute noch bestehenden Gebäude wurden vornehmlich im 18. Jh. errichtet.

Den Haupteingang flankieren die Standbilder des Staatsmannes EDMUND BURKE und des Dichters und Dramatikers OLIVER GOLDSMITH, die beide am Trinity College studierten.

Die Westfassade entstand zwischen 1755 und 1759. Das Hauptportal führt auf den gepflasterten Parliament Square, der rechts von der 1777–91 von Sir WILLIAM CHAMBERS erbauten Examination Hall (früher Public Theatre) begrenzt wird.

In der Exam Hall, wie die Studenten sie kurz nennen, finden sich ein vergoldeter Eichenkronleuchter aus dem ehemaligen House of Lords und eine prächtige Orgel, die angeblich 1702 bei Vigo von einem spanischen Schiff erbeutet wurde. Sie wird bei der Abschlußfeier zur feierlichen Diplomverleihung gespielt.

Die Ostfassade der Bank of Ireland.

Der Examination Hall gegenüber steht auf der anderen Seite des Platzes die vor einigen Jahren neu gestaltete **Chapel** von Sir William Chambers, in der sich Christen aller Konfessionen zum Gottesdienst versammeln. Links vom Portikus der Kapelle befindet sich ein kleines modernes Oratorium, das ANDREW DEVANE für die Andacht einzelner oder kleiner Gruppen plante. Der 30 m hohe **Campanile** draußen auf dem Front Square wurde von Sir CHARLES LANYON gestaltet und 1853 für Erzbischof Beresford an der Stelle errichtet, die man für das Zentrum der mittelalterlichen Klosterkirche hielt. Während der Trimester läuten die Glocken täglich zum Abendessen und außerdem zu verschiedenen festlichen Anlässen.

Weitere interessante Gebäude sind die mehrfach veränderte und nach einem Brand 1984 wieder aufgebaute **Dining Hall** und das **Printing House** zwischen den beiden Hauptplätzen des College sowie ein kleiner dorischer Tempel des Architekten RICHARD CASSELS. Dieser wurde 1734 der Universität gestiftet und zierte lange Zeit die Titelseiten der dort gedruckten Bücher. Heute wird er von den Fachbereichen Mikroelektronik und Elektrotechnik genutzt.

Die Bibliothek des Trinity College besitzt die größte Sammlung an Büchern und Manuskripten Irlands, darunter das weltberühmte **Book of Kells** (vgl. S. 292); von den vier Bänden sind abwechselnd immer zwei aufgeschlagen zu sehen; die Seiten werden regelmäßig umgeblättert.

Im Long Room sind zudem weitere Manuskripte von unschätzbarem Wert zu bewundern, darunter griechische und lateinische Schriften, Werke auf ägyptischem Papyrus, irische Texte aus dem 16. und dem 17. Jh. und einer der allerersten Folianten Shakespeares. Von größter Bedeutung sind neben dem Book of Kells weiterhin: das **Book of Durrow** aus der zweiten Hälfte des 7. Jh., das **Book of Dimma** aus dem frühen 8. Jh. und das **Book of Armagh** von 807, das die Vita des hl. Patrick und des hl. Martin von Tours aufzeichnet und als einzige erhaltene frühe irische Handschrift auch das

Im Museumsgebäude des Trinity College.

Das Book of Kells

Das Book of Kells gilt als erster Höhepunkt der europäischen Buchmalerei. Das Evangeliar wurde vermutlich um 800 auf der Hebrideninsel Iona vor der Westküste Schottlands verfaßt. Die Mönche des 563 vom hl. Columban gegründeten Klosters schufen ein Werk von höchster Prachtentfaltung. Die ganzseitigen Miniaturen und die in Majuskelschrift ausgeführten Texte füllen insgesamt 340 Pergamentseiten (330 x 250 mm), für die 150 Kälber ihr Leben lassen mußten. Auffällig ist die starke und reine Farbigkeit der mit Deckfarben ausgeführten Malerei. Die Maler der Handschrift verwendeten rote Farbe aus einem roten Bleioxid (Mennige) und aus Kermes, das von einer Schildlaus aus dem Mittelmeergebiet gewonnen wurde; Gelb aus dem Auripigment (ein Arsenmineral, das als Goldersatz diente), aus Rindergalle und gelbem Ocker; Purpur, Lila und Kastanienbraun aus einer Mittelmeerpflanze; Weiß aus Bleiweiß; Hellgrün aus Grünspan mit Auripigment; ein Blau entweder aus der orientalischen Indigopflanze oder aus der mitteleuropäischen Färberwaid sowie mehrere andere Blautöne aus dem kostbaren Lapislazuli (aus Afghanistan). Außerdem wurde neben Eisengalle eine aus Ruß hergestellte Kohletusche benutzt.

Die Malerei des Book of Kells enthält Kanontafeln mit den Symbolen der Evangelisten, Mariendarstellungen, Gefangennahme und Versuchung Christi, Evangelistenbilder, Zierseiten und Initialen. Ganze Seiten sind mit einem Teppich aus Ornamenten bedeckt, die keinen Bezug zum Text haben und manchmal das Kreuz als christliches Element einbeziehen. Die Figuren sind trotz ornamentaler flächenhafter Gestaltung relativ natürlich dargestellt. In der Ausschmückung der Initialen kommt die lange keltische Überlieferung zum Ausdruck, die Seiten sind mit germanischen Flechtbändern, Trompetenspiralen und Tiergeflecht-Ornamentik vielgestaltig und kleinteilig überzogen. Gelegentlich wird die Klarheit des Buchstabencharakters der Initialen durch die zum Teil ausufernde Ornamentik beeinträchtigt.

Neben keltisch-irischen Motiven zeigt das Book of Kells auch Einflüsse der spätantiken und koptischen Kunst. Als Vorlagen für die Kanontafeln vermutet man Handschriften der Hofschule Karls des Großen in Aachen. Kenntnisse der Buchmalerei auf dem Festland und im Vorderen Orient erhielten die schottisch-irischen Mönche durch ihre Missionstätigkeit auf dem Kontinent. Bei ihrer Arbeit am Evangeliar im Kloster auf Iona wurden sie vermutlich durch Wikingereinfälle – u. a. im Jahr 806 – gestört; ein Teil der Mönche gründete daraufhin eine Niederlassung in Kells (Grafschaft Meath) in Irland. Das in einem mit Gold und Silber beschlagenen Buchkasten ruhende Evangeliar soll dann mit den Reliquien des hl. Columban in das Kloster von Kells gebracht worden sein. Nach dessen Auflösung blieb die Handschrift in der Gemeindekirche. Der kostbare Buchkasten ging bei einem Raub 1007 verloren. 1654 wurde die Handschrift vor den Truppen Cromwells nach Dublin in Sicherheit gebracht und 1661 vom Bischof von Meath dem Trinity College geschenkt. Seit 1953 ist die Handschrift in vier Bänden gebunden und wird in der Bibliothek unter der Signatur MS 58 [A. I. 6] aufbewahrt.

Madonna mit Kind aus dem Matthäusevangelium.

vollständige Neue Testament enthält. Eine besondere Kostbarkeit im Long Room stellt die kleine irische Harfe dar, die BRIAN BORU gehört haben soll, aber wahrscheinlich erst um 1400 entstand.

Nach dem Library Act von 1801 ist das Trinity College als eine von insgesamt vier Universitäten auf den Britischen Inseln berechtigt, von jedem Buch, das in diesen Ländern erscheint, ein Freiexemplar zu erhalten. In den verschiedenen Bibliotheken auf dem Universitätsgelände und darüber hinaus werden an die drei Millionen Bände beherbergt, und jedes Jahr kommen knapp ein Kilometer Neuerscheinungen dazu.

Einen starken Kontrast zur Old Library bildet die benachbarte »neue« **Berkeley Library,** dem Schriftsteller BRENDAN LEHARE zufolge »ein Anbau aus Beton, der den Anspruch erhebt, das beste moderne Bauwerk in Irland zu sein«. Das von PAUL KORALEK geplante Gebäude wurde 1967 seiner Bestimmung als Zentrale der Bibliotheken des College übergeben. Benannt wurde es nach Bischof GEORGE BERKELEY, der 1685 in Kilkenny geboren wurde, im Jahr 1700 fünfzehnjährig als Student ans Trinity College kam und während seiner Laufbahn auch als Bibliothekar und Hilfsdekan tätig war. Berkeley, der als großer und origineller Philosoph bekannt ist, war zudem ein anerkannter Wissenschaftler, Ökonom, Psychologe und Autor. Vergeblich versuchte Berkeley, auf den Bermudas ein Missionszentrum einzurichten; er gab aber den Universitätsgründungen in Amerika einen bedeutenden Anstoß. Sowohl die Berkeley Divinity School in Newhaven als auch die University of Berkeley in Kalifornien sind nach ihm benannt. Nach seiner Rückkehr nach Irland wurde er zum Bischof von Cloyne ernannt.

Neben der Berkeley Library und hinter der Old Library schließt sich der neue Block der Kunst- und der Sozialwissenschaften an der Nassau Street an. Der Bau, ebenfalls von Paul Koralek geplant, beherbergt die **Douglas Hyde Gallery of Modern Art,** die Ausstellungen zeitgenössischer Künstler organisiert und eine interessante Auswahl an Büchern und Zeitschriften bietet, die nicht überall

Der Haupteingang des **Trinity College.**

erhältlich sind. Auf dem Gelände vor den beiden Neubauten wurden Skulpturen von Calder, Henry Moore und Pomodoro aufgestellt.

Am New Square liegen der rote Backsteinbau der **Rubricas** aus dem 18. Jh. – der älteste Teil des College, in dem Oliver Goldsmith einige Zimmer bewohnte – und südlich das Museumsgebäude (1853–57) mit Skulpturarbeiten der Gebrüder O'Shea.

Botany Bay (eine australische Meeresbucht am Pazifik) wurde in den Colleges scherzhaft der Platz genannt, der ehemals am weitesten von den Hauptgebäuden entfernt gelegen war, vom Trinity College wurden dort Tennisplätze angelegt. An der Südseite liegt das Graduates Memorial Building (GMB), in dem die verschiedenen Societies wie die angesehene Historical Society und die Philosophical Society ihre Sitze haben und wo sich deren Club- und Debattierräume befinden. Im College Park werden Kricket-, Rugby- oder Hockeyspiele ausgetragen.

Das **Provost House** wird im Gegensatz zu den meisten anderen georgianischen Gebäuden noch immer seinem ursprünglichen Zweck entsprechend genutzt. JOHN SMYTH erbaute die palladianische Residenz 1760 für den damaligen Provost und Abgeordneten FRANCIS ANDREWS nach Vorbild des Burlington House von General Wade in London. Sehenswert sind die Eingangshalle, die oktogonale Treppe und der Salon mit Gemälden von Gainsborough und Maroni, doch das Gebäude steht Besuchern gewöhnlich nicht offen.

Königin ELISABETH I. gründete das Trinity College als Bildungsstätte für angloirische, protestantische Siedler, damit diese zum Studium nicht nach England oder Holland gehen mußten. Heute bedeckt das College im Zentrum Dublins eine Fläche von 16 ha, doch ursprünglich lag es weitab vom Stadtzentrum, um den Konflikt zwischen »town« und »gown« (Stadt versus College) zu vermeiden. Erst seit der zweiten Hälfte des 19. Jh. durften auch Katholiken dort studieren, allerdings keine Examina ablegen. Frauen wurden 1903 und damit früher als an den meisten britischen Universitäten zugelas-

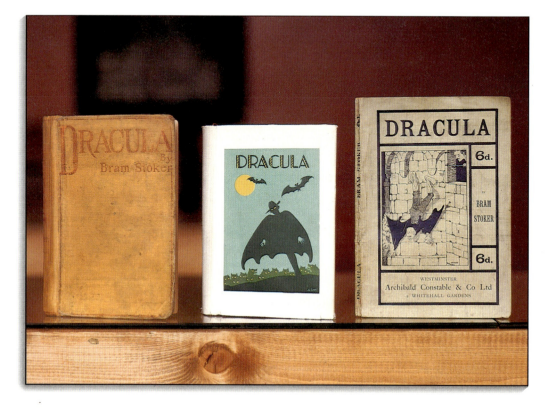

Sammlung von Bram-Stoker-Erstausgaben im Trinity College.

sen. Unter den berühmten Absolventen des Trinity finden sich neben den bereits Genannten Literaten wie Jonathan Swift, Oscar Wilde, Samuel Beckett, Thomas Moore, Sheridan Le Fanu, John Millington Synge, Oliver Saint John Gogarty und Bram Stoker sowie Staatsmänner wie Henry Grattan, Robert Emmet, Wolfe Tone und Edward Carson oder irische Präsidenten wie Douglas Hyde und Mary Robinson.

Im Einkaufszentrum

Beim Verlassen des College durch den Haupteingang steht linker Hand im College Green das Standbild von HENRY GRATTAN, einem der größten Redner des alten irischen Parlaments. Nun gelangt man zur **Grafton Street,** der wichtigsten Einkaufsstraße der Southside.

Die Grafton Street, die nach einem Vizekönig des 18. Jh. benannt ist, wurde in eine Fußgängerzone umgewandelt. Die bekanntesten Läden waren hier **Switzers,** das 1838 ein Einwanderer aus der Schweiz aufmachte, das Delikatessengeschäft **Brown Thomas,** das 1848 von John Brown eröffnet und ein Jahr später um den Namen seines Partners James Thomas erweitert wurde. Den Juwelierladen **Weir** gründete 1869 Thomas Weir, ein Goldschmied aus Glasgow. 1995 wurden Switzers und Brown Thomas in einem Laden vereinigt, der nun von der Atmosphäre eines großen Kaufhauses beherrscht wird. Für eine gemütliche Kaffeestunde eignet sich dagegen die große Filiale von »Bewley's Oriental Café«.

Es lohnt sich, auch einen Blick in die kleinen Straßen und Gassen zu werfen, die von der Grafton Street abzweigen. Auf der linken Seite verbindet der neue **Royal Hibernian Way** die Dawson Street über die Duke Lane mit der Grafton Street. Dort, wo in der Dawson Street einst das vornehme Royal Hibernian Hotel stand, das 1984 abgerissen wurde, ist heute eine Einkaufspassage mit Nobelboutiquen zu finden, die »Designermarken« führen.

Zurück in der Grafton Street kommt man an der Karmeliterkirche Saint Teresa vorbei rechts zum Hintereingang der **Powerscourt Townhouse Arcade** und

Links: Schaufensterbummel in der Henry Street. Rechts: Straßenmusikant mit traditionellem Instrument.

Bewley's Cafés

Wie das Guinness, die Ha'penny Bridge oder der Liffey, sind auch die Bewley's Oriental Cafés – in der Westmoreland Street, Grafton Street und South Great George's Street – untrennbar mit Dublin verbunden. Seit Generationen treffen sich die Dubliner hier, um etwas zu essen, einen Tee oder Kaffee zu trinken, und vor allem, um zu reden.

Im Jahr 1700 kam die in England verfolgte Quäker-Familie Bewley nach Irland, ließ sich im Landesinneren nieder und zog Ende des 18. Jh. nach Dublin. Etwa 1840 eröffnete Joshua Bewley in der Sycamore Alley an der Dame Street, in der Nähe des heutigen Olympia Theatre, ein Teegeschäft, mit dem er später in die nahe South Great George's Street umsiedelte.

Auch seine beiden Söhne Charles und Ernest beteiligten sich am Geschäft. Ernest glaubte zunächst, daß die Firma für drei nicht genug abwerfen werde. Er begann eine Geflügelzucht und stieg erst wieder in die Firma ein, als sein Bruder nach Neuseeland ging.

Um die Jahrhundertwende erwarb Ernest ein Grundstück in der Fleet Street 19/20, um ein Fahrradgeschäft zu eröffnen, doch es wurde ein Café daraus. Den Kaffee, der sich damals noch schlecht verkaufte, lieferte sein Vetter. Nach einem Streit beschloß Ernest, diese Geschäftsverbindung zu beenden. Er kaufte einen Zentner Kaffee von einem Großhändler und hoffte inständig, daß sein Café florieren würde.

Schon bald servierte er Milch der Jersey-Kühe, die er auf seiner Farm in Rathgar hielt, sowie Gebäck aus eigener Bäckerei und machte 1916 in der Westmoreland Street eine Filiale auf. Es war das erste Café des Landes, in dem Rauchen verboten war. 1927 erfüllte sich Ernest Bewley einen lange gehegten Wunsch und eröffnete ein Café in der Grafton Street 78/79.

Die Buntglasfenster von Harry Clarke sind noch erhalten, doch die großen Holzstühle, die Schriftsteller wie James Joyce, Brendan Behan, Flann O'Brien und Mary Lavin so schätzten, sind verschwunden (sie können noch im Café in der Westmoreland Street bewundert werden). Auch in den Stadtteilen Stillorgan, Dundrum und Dun Laoghaire wurden inzwischen Filialen eingerichtet, doch fehlt ihnen die Atmosphäre der drei Cafés in der Innenstadt.

1971 bekamen die Angestellten die Möglichkeit, Aktien der Firma zu erwerben, die inzwischen »Bewley Community Ltd« hieß – das erste Beispiel von Gewinnbeteiligung in Irland und kennzeichnend für den Geist der Familie, den auch Victor Bewley hochhält. Victor, der die Firma seit dem Tod seines Vaters 1932 leitet, engagiert sich für das fahrende Volk Irlands, das er auf einem Grundstück in Brittas kampieren läßt.

Als die Firma Mitte der achtziger Jahre wegen der allgemeinen Veränderungen und der zunehmenden Konkurrenz kurz vor ihrer Schließung stand, veräußerten die Angestellten ihre Aktien an die Firma Campbell Catering. Die Filialen von Bewley's sind nun weitgehend einfache Selbstbedienungscafés, aber man kann noch immer den für Dublin so typischen bitteren Milchkaffee trinken und ein Baiser, ein »cherry bun« oder den unnachahmlichen »Mary cake« essen. Die Bewley's Oriental Cafés erfreuen sich bei den Dublinern zu Recht großer Beliebtheit und sind aus dem Leben der Stadt eigentlich gar nicht wegzudenken.

ins Einkaufszentrum **Johnston's Court,** das sich schön in ein Gebäude aus dem 18. Jh. einfügt. Das 1774 nach Plänen von Robert Mack errichtete Haus diente einst Lord Powerscourt als Stadtresidenz und kann einige der schönsten Stuckarbeiten ganz Irlands bieten. Es umschließt einen nun glasüberdachten Innenhof mit umlaufenden Galerien, die aus 200 Jahre alten Balken aus einer alten Mälzerei von Guinness gearbeitet wurden. Auf den drei Etagen gibt es viele Cafés und Restaurants, Boutiquen und Antiquitätenläden zu entdecken.

Weitere interessante Nebenstraßen der Grafton Street sind die **Wicklow Street** mit Leder-, Schaffell- und Schuhgeschäften sowie die **Duke Street.** Das Gebäude an der Ecke Grafton und Duke Street ließ die britische Kaufhauskette Marks & Spencer unter Erhaltung der alten Fassade neu für sich errichten. Dem fiel auch das alte Pub Bailey zum Opfer, in dem einst berühmte irische Politiker wie Charles Stewart Parnell und Arthur Griffin Versammlungen abhielten. Neben dem neuen Westbury Hotel in der Harry Street befindet sich eine weitere elegante Einkaufspassage.

Skulpturen im Park

Am Südende der Grafton Street liegt der kleine Park **Saint Stephen's Green,** der von den Dublinern gern besucht wird. Es war Sir Arthur Guinness, der dafür sorgte, daß die Grünfläche, die ursprünglich ein Gemeindeanger war, 1877 als formal gestalteter Park öffentlich zugänglich wurde. Inmitten von Blumenbeeten, Brunnen und Teichen, auf denen Enten schwimmen, kann man sich hier herrlich entspannen und die Leute beobachten. Außerdem verfügt der Park über ein viktorianisches Musikpodium, einen Pavillon, einen Kinderspielplatz und mehr als ein Dutzend Monumente und Statuen.

Der Triumphbogen im Nordwesten erinnert an die Dubliner Füsiliere, die am Burenkrieg teilnahmen. Der **Three Fates Fountain** am Anfang der Leeson Street ist ein Geschenk der Bundesrepublik Deutschland, das Dublin 1956 als Anerkennung für die irische Unterstützung in

In der Grafton Street reiht sich ein Geschäft ans andere.

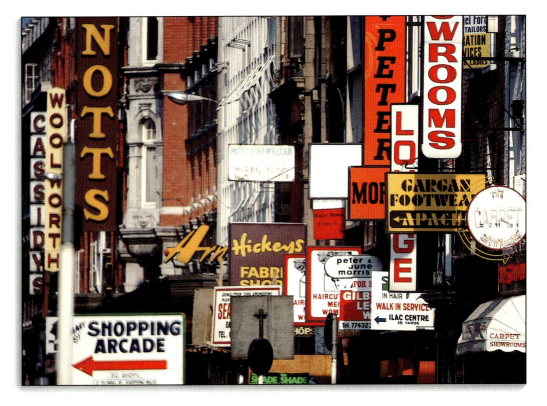

der Nachkriegszeit ab 1945 erhielt. Weitere sehr sehenswerte Skulpturen sind ein Denkmal für Theobald Wolfe Tone von Edward Delaney und das Standbild W. B. Yeats' von Henry Moore.

In der Nähe des zentralen Brunnens liegt ein Garten für Blinde: Die Schilder mit den Namen der Pflanzen sind in Braille verfaßt. Im Südwestbereich des Parks steht das Haus des Parkwächters, das noch aus der Zeit stammt, in der man auf dem Anger die Schafe und Rinder des Oberbürgermeisters weidete. Viele der wundervollen georgianischen Häuser, die um den Saint Stephen's Green stehen, zeugen vom großen Können des Dubliner Meisterstukkateurs Michael Stapleton. Allerdings kann man die ehemalige architektonische Einheit des Platzes nur noch erahnen, da viele Gebäude zerstört wurden.

Das Hotel als soziale Institution

Von der Grafton Street aus geht es nun nach links und an der Nordseite des Parks entlang zum **Shelbourne Hotel,** das 1865 sein heutiges Aussehen erhielt und dessen Eingang von den Statuen zweier nubischer Prinzessinnen bewacht wird. Das Hotel steht auf dem Gelände des alten Kerry House, in dem 1798 Rebellen und Verdächtige gefangengehalten wurden.

Zu den berühmten Gästen des Hotels zählten Amanda McKittrick Ross, William Makepeace Thackeray (der es in seinem *Irish Sketch Book* beschrieb) und George Moore. In der Lord Mayor's Lounge nehmen die Dubliner gern ihren Nachmittagstee. Es sollte noch erwähnt werden, daß die Dubliner Hotels mehr sind als nur Orte, an denen man Unterkunft findet – ihnen kommt eine wichtige Funktion im gesellschaftlichen Leben der Mittelschicht zu; sie sind ein Ort, an dem man sich trifft, ißt, trinkt, Klatsch austauscht und schaut, wen man alles sieht. 1922 wurde im Constitution Room des Shelbourne die Verfassung des irischen Freistaates ausgearbeitet.

An der Ostseite des Parks geht es in die **Hume Street** und zum **Ely Place.** Im Haus Upper Ely Place 4 lebte einst der Dichter George Moore; der Schriftsteller

Entenfüttern im Saint Stephen's Green Park.

Oliver Saint John Gogarty (er diente James Joyce als Vorbild für Buck Mulligan in seinem *Ulysses*) bewohnte das Haus Nr. 25, das heute die Galerie der Royal Hibernian Academy beherbergt. Das Ely House (Nr. 8), das auf die Hume Street weist, ist Sitz der Ritter des Kolumban, einer katholischen Organisation im Stil der Freimaurer. Früher verkehrten hier beispielsweise Yeats, George Russell und die Patriotin Maud Gonne.

In der **Earlsfort Terrace,** die im Südosten von Saint Stephen's Green abzweigt, steht die **National Concert Hall,** die einst Hauptsitz des University College Dublin (UCD) war. Diese Universität ist inzwischen auf ein großes, modernes Gelände in Belfield, einem Vorort im Süden, ausgewichen. Das Gebäude, das für seine neue Aufgabe umgestaltet wurde, hat eine hervorragende Akustik.

Berühmte Anwohner

Am Südrand des Parks steht das **Iveagh House** (Nr. 80), einst Wohnsitz von Lord IVEAGH und das erste Gebäude, das RICHARD CASSELS in Dublin errichtete. Gemeinsam mit Haus Nr. 81 beherbergt das Iveagh House heute das Auswärtige Amt. Nr. 85 und 86 sind als **Newman House** bekannt. Neben seinen sorgfältig restaurierten georgianischen Innenräumen hat das Stadthaus auch historische Bedeutung: dort gründete Kardinal JOHN HENRY NEWMAN Mitte des 19. Jh. die erste katholische Universität. Einige berühmte Literaten und Politiker haben hier studiert oder gelehrt, so z. B. der Jesuit und Dichter GERARD MANLEY HOPKINS 1884–1889 als Professor für griechische Literatur.

Mit dem Haus Nr. 86 ist eine Anekdote verknüpft: Buck Whaley – eine schillernde Persönlichkeit des 18. Jh., Mitglied des Parlaments, Spieler und Lebemann – soll aus einem Fenster im ersten Stock dieses Hauses, das sich einst in seinem Besitz befand, in eine bereitstehende Kutsche gesprungen sein. Warum wohl? Wegen einer Wette natürlich.

Im Südwesten geht die **Harcourt Street** vom Park ab, deren ehemals georgianisches Erscheinungsbild heute durch neuere Bauten beeinträchtigt wird. In

Serenade des Dudelsackpfeifers.

Haus Nr. 40 ging Yeats zur Schule, und im Haus Nr. 4 wurde Edward Carson, Vorsitzender der Ulster Unionists und Ankläger von Oscar Wilde, geboren.

Parallel zur Harcourt Street verläuft im Westen die **Synge Street,** wo im Haus Nr. 33 der Schriftsteller und Dramatiker George Bernard Shaw zur Welt kam. Als kleiner Junge soll Shaw einen Traum gehabt haben, in dem er in den Garten ging und das Tor an dessen Ende öffnete. Der Himmel war von hellem Licht erfüllt, in dessen Mitte Gott thronte, der sich plötzlich in King Billy (den protestantischen König Wilhelm von Oranien, der aus der Schlacht am River Boyne als glorreicher Sieger hervorging) verwandelte. Shaws Geburtshaus kann besichtigt werden.

In der **Harcourt Terrace,** die am Ende der Harcourt Street von der Adelaide Road abgeht, steht das Haus, in dem die Porträt- und Glasmalerin SARAH PURSER (1848–1943) lebte. Eine Reihe ihrer Porträts berühmter Persönlichkeiten sind in der National Gallery zu bewundern. Die Schauspieler Micheál MacLiammóir und Hilton Edwards wohnten in Haus Nr. 4.

Das einzige historische Gebäude, das westlich des Saint Stephen's Green erhalten blieb, ist das georgianische **Royal College of Surgeons,** das 1806 von Edward Parke geplant wurde und die erste irische Ausbildungsstätte für Chirurgen bildete. 1916 diente es dem Trupp der aufständischen Citizen Army von Saint Stephen's Green als Hauptquartier.

An der Nordseite des Parks verlaufen **Dawson Street** und Kildare Street parallel zur Grafton Street zur Nassau Street hinunter. In der um 1709 angelegten Dawson Street findet man einige schöne georgianische Bauten. Vom Park her kommend, sieht man rechts das **Mansion House,** das seit 1715 als die Residenz der Bürgermeister von Dublin fungiert. Der Round Room, der 1821 anläßlich des Besuches von König Georg IV. in aller Schnelle entstand, ist einer der größten öffentlichen Säle Dublins. Hier traf sich 1918 auch das erste Dáil Eireann (Parlament) zur konstituierenden Sitzung; 36 der 73 gewählten Abgeordneten waren aber noch in britischen Gefängnissen.

Mansion House, Sitz des Dubliner Bürgermeisters.

Links befindet sich die **Royal Irish Academy,** die im Jahre 1770 errichtet und 1852 zum Sitz der führenden akademischen Gesellschaft des ganzen Landes umgebaut wurde. Zu den kostbaren Schriften der Bibliothek zählen der Psalter des hl. Columban, der *Cathach Colum Cilles,* das Stowe-Missale aus dem frühen 9. Jh. und die *Annalen der Vier Meister* aus dem frühen 17. Jh. Ein kleines Stück weiter, sehen Sie rechts die **Saint Anne's Church,** mit deren Bau 1720 begonnen wurde. Sie ist ein wichtiges und bekanntes Gotteshaus der Church of Ireland.

In der **Molesworth Street,** die Dawson Street und Kildare Street miteinander verbindet, ist das **Buswell Hotel** zu finden, ein beliebter Treffpunkt für Politiker. Gleich nebenan steht das **Leinster House,** in dem das irische Parlament tagt. Das Leinster House wurde 1745 für den Grafen von Kildare nach Plänen des Architekten Richard Cassels erbaut, der aus Deutschland stammte und sich 1720 in Irland niedergelassen hatte. Umbenannt wurde das Gebäude 1766, als man den Grafen zum Herzog von Leinster ernannte. 1815 wurde es an die Royal Dublin Society verkauft und diente als deren Zentrale, bis die Gesellschaft 1922 nach Ballsbridge umziehen mußte – die erste unabhängige Regierung des Freistaates hatte es zu ihrem Sitz erkoren.

Die 60 Mitglieder des Seanad (Senat) tagen im Nordflügel in einem Saal mit stuckverzierter Decke und Wänden und bilden zusammen mit den 148 gewählten Abgeordneten des Dáil Eireann das irische Parlament. Sofern nicht das Parlament zusammentritt, kann man an einer Führung durch das Leinster House teilnehmen (Anmeldung am Eingang in der Kildare Street).

Nationale Kunstschätze

Links und rechts vom Eingang zum Leinster House in der Kildare Street stehen die **National Library** und das National Museum, die beide von Sir THOMAS DEANE im Stil der Renaissance für die Royal Dublin Society gestaltet und 1890 eröffnet wurden. In der National Library werden Bücher und Schriften vorwiegend irischen Ursprungs oder Interes-

Im **National-museum.**

Dubliner Buchhandlungen

Wer gern in Buchläden stöbert, geht am besten in die Gegend des Trinity College in die Dawson, Nassau und Grafton Street. **Fred Hanna** in der Nassau Street, schräg gegenüber dem Nebeneingang zum Trinity College, bezeichnet sich als Universitätsbuchhandlung. Neben wissenschaftlichen Werken bietet er eine große Auswahl an allgemeiner Literatur und antiquarischen Büchern. Im Laden nebenan werden Taschenbücher verkauft.

Seit einiger Zeit gibt es um die Ecke in der Dawson Street eine Filiale der britischen Kette **Waterstone's**. Der Laden ist klar gegliedert und die wohl ansprechendste Großbuchhandlung Dublins. Sie hat unter der Woche bis 21 Uhr, samstags bis 19 Uhr und sonntags von 12 bis 19 Uhr geöffnet und besitzt einen Spielbereich für Kinder.

Direkt gegenüber ist **Hodges Figgis** mit einer guten Auswahl an Büchern über Irland. Der Laden ist modern, das Gebäude stammt aber ursprünglich aus dem 18. Jahrhundert.

Im Zentrum des Long Room vom Trinity College befindet sich der neugestaltete **College Shop**, der auf dem Weg zum Book of Kells nicht zu übersehen ist. Jenseits der Grafton Street liegen der **Paperback Bookshop** (Suffolk Street), das **Chapters** (Wicklow Street) und das **Books Upstairs** in der Arkade der South Great George's Street.

Auf der anderen Seite des Flusses liegt in der O'Connell Street **Eason**, die größte Buchhandlung der Stadt. Sie wurde im vorigen Jahrhundert als Filiale der britischen Firma W. H. Smith gegründet und später von Charles Eason aufgekauft, der als Geschäftsführer nach Dublin geschickt worden war. Gleich gegenüber vom Seitenausgang ist in der Middle Abbey Street ein Laden für Bücher aus zweiter Hand. Wer sich für religiöse Literatur interessiert, sollte von der O'Connell Street in die Lower Abbey Street gehen und im **Veritas Bookshop**, nur wenige Meter vom Abbey Theatre entfernt, vorbeischauen.

Auf der Northside liegt **Winding Stair**, nur ein paar Schritte von der Ha'penny Bridge am Lower Ormond Quay 40. Vom Eingang eines Lagerhauses führt eine steile Treppe empor von Stockwerk zu Stockwerk, alle voller Bücherregale. Den Schwerpunkt dieses Geschäfts, das seinen Namen einem Gedicht von W. B. Yeats verdankt, bilden antiquarische Bücher; aufgesucht wird es aber v. a. wegen seines Cafés bzw. seiner *Coffee bars,* die es auf mehreren Stockwerken gibt, und die auch gute kleine Malzeiten anbieten.

Wenn Sie die Ha'penny Bridge überqueren, finden Sie zur Linken **George Webb** am Crampton Quay 5, ebenfalls im Besitz von Fred Hanna. Ein Stück zurück zur Ha'penny Bridge befindet sich die **Gallery of Photography.** Unter dem Merchant's Arch, der Brücke gegenüber, ist die Buchhandlung **Ha'penny Bridge** auf Bücher aus zweiter Hand spezialisiert.

In der nahen East Essex Street kommen Freunde der Esoterik, des Okkulten und der Science-fiction im **Alchemist's Head** auf ihre Kosten. Einen Abstecher lohnt auch die Sammlung alter Kostbarkeiten im **Cathair Bookshop** etwas weiter in der Parliament Street 5.

An der Grafton Street liegt in der Duke Street das **Zee Books**, ein ruhiger Laden im Untergeschoß, der alte Kunstbücher und Werke politisch linker Autoren anbietet. In der Clare Street, der Verlängerung der Nassau Street zum Merrion Square, finden Sie den grün gestrichenen viktorianischen Bücherladen **Greene's**, der v. a. für seine große Auswahl an alten Taschenbüchern bekannt ist.

Treffpunkt der Autoren: Auch den alten Buchladen **Parson** an der Baggot Street Bridge sollte man besuchen. Als er vor über 40 Jahren öffnete, hingen noch Eimer in allen Größen an der Tür; die Kinder kauften sie als Sammelbehälter für die Würmer, die sie vor dem Fischen im Grand Canal sammelten. Es ist ein schlichter und altmodischer Laden, wird aber von vielen Kennern und Liebhabern sehr geschätzt: Schon Autoren wie Frank O'Connor, Brendan Behan und Patrick Kavanagh (für ihn war der Buchladen ein zweites Zuhause) stöberten hier herum, und heute bekommt man vielleicht sogar Seamus Heaney oder Benedict Kiely zu sehen. Von Mary Lavin stammen die Worte im Gästebuch: »Parson ist der Ort, wo ebenso viele interessante Schriftsteller auf dem Boden des Ladens stehen wie in den Regalen.«

Südlich von Dublin findet man in dem Ort Blackrock zwei Buchläden speziell für irische Literatur: **Carraig Books** in der Main Street und **De Burca Rare Books** im Priory Drive.

ses bewahrt. Das Innere der Nationalbibliothek ist wunderbar altmodisch und schafft mit seiner dunklen Täfelung, alten Pulten, Bücherständern und grün bezogenen Lampen eine stimmungsvolle Atmosphäre. Die Bibliothek besitzt eine wertvolle Sammlung von Handschriften und fast eine Million Bücher. Unter den Manuskripten ist eine aus dem 13. Jh. stammende Ausgabe von Giraldus Cambrensis' *Topographica Hibernica,* die um 1190 entstand, eine Ausgabe von James Joyce' *Jugendbildnis* sowie einige frühe Romane George Bernard Shaws. Besuchern, die hier Hinweise auf ihre irischen Vorfahren zu finden hoffen, steht das Personal mit bewundernswerter Geduld und Hilfsbereitschaft zur Verfügung.

Das **National Museum** besitzt eine hervorragende Sammlung frühchristlicher Kunst, daneben Abteilungen mit irischem und englischem Kunsthandwerk, Musikinstrumenten und Münzen, sowie eine naturkundliche Sammlung. Zu den kostbarsten Stücken gehören kunstvolle Goldschmiedearbeiten aus dem 8. Jh., wie der Kelch von Ardagh und die Tara-Fibel, ein Silberkelch und eine Ringfibel, die mit feinen figürlichen Filigranarbeiten, Bernstein und farbigem Glasfluß verziert sind (vgl. S. 72/73). Daneben zeugen zahlreiche Reliquare besonders aus dem 11. und 12. Jh. von der Verehrung der Heiligen und Klostergründer, z. B. das bronzene, mit Emailarbeiten dekorierte Gürtelreliquar von Moylough (8. Jh.), das Glockenreliquar des hl. Patrick (Glocke 5.–8. Jh., Schrein um 1100) und das Armreliquar des hl. Lachtin (um 1120). Beachtenswert sind auch die Bischofsstäbe (11. Jh.), Vortragekreuze und Kruzifixe (13.–15. Jh.).

Am unteren Ende der Kildare Street geht es rechts auf der Nassau Street und der Clare Street, am alten Buchladen Greene's vorüber, zum **Merrion Square.** Der 1762 vom Architekten JAMES ENSOR gestaltete Platz wird von hohen georgianischen Backsteinbauten eingerahmt und gilt als einer der schönsten Plätze Dublins. In der Zeit um 1800 stellte der Merrion Square eine der vornehmsten Adressen Dublins dar, und so sind mit ihm eine ganze Reihe berühmter Namen verbun-

Großer Andrang in der Buchhandlung **Greene's.**

den. In Haus Nr. 1 lebten einst Sir William und Lady »Speranza« Wilde, die Eltern von Oscar Wilde; Daniel O'Connell wohnte in Nr. 58; W. B. Yeats, der 1865 in dem Stadtteil Sandymount am Meer geboren wurde und hauptsächlich in London aufwuchs, lebte 1922–1928 in Nr. 52 und zog später in Nr. 82 um, nachdem er Senator des Freistaates Irland geworden war; Sheridan Le Fanu, Autor vieler Geistergeschichten, bewohnte Haus Nr. 70.

Der Herzog von Wellington, der in der Schlacht von Waterloo Napoleon besiegte, wurde in der Upper Merrion Street 24 geboren, die im Südwestbereich des Platzes Richtung Merrion Street und Saint Stephen's Green führt. Die einst privaten Gärten in der Mitte des Platzes, auf denen in den 1840er Jahren Suppenküchen für die hungernde Landbevölkerung eingerichtet wurden, sind heute der Öffentlichkeit zugänglich. Der **Rutland Fountain** (1791) im Norden des Platzes ist einer der wenigen erhaltenen georgianischen Brunnen der Stadt, in denen Trinkwasser fließt.

Wendet man sich am Ende der **Clare Street** an der Westseite des Platzes nach rechts, ist die **National Gallery of Ireland** zu sehen. Die Statue auf dem Rasen zeigt WILLIAM DARGAN, der 1831 die erste irische Eisenbahnverbindung zwischen Dublin und Kingstown (Dun Laoghaire) konstruierte und später fast 1000 km Schienennetz bauen ließ. Aus den Gewinnen finanzierte und organisierte Dargan 1853 die große *Dublin Exhibition,* die auch Königin Viktoria besuchte, und legte später den Grundstein für die Sammlung der Galerie, die schließlich 1864 eröffnet wurde. Links vom Eingang steht ein Standbild von GEORGE BERNARD SHAW, der der Ansicht war, seine Bildung der Galerie zu verdanken und ihr daher ein Drittel seines Vermögens vererbte.

Neben einer repräsentativen Auswahl irischer und britischer Werke stellt die Nationalgalerie eine kleine Sammlung niederländischer Meister und schöne Beispiele der französischen, italienischen und spanischen Schule des 17. Jh. aus. Die internationale Bedeutung der Galerie wurde noch hervorgehoben, als Sir Alfred Beit, ein südafrikanischer Bergbaumillionär mit Wohnsitz in Russborough House (Grafschaft Wicklow), im Jahr 1987 ihr 17 Gemälde schenkte. Darunter befanden sich u. a. ein Bild von Velázquez, sechs die biblische Geschichte vom verlorenen Sohn darstellende Gemälde von Murillo sowie Werke von Gainsborough, Vermeer, Jacob van Ruisdal und Jan Steen.

In der Nationalgalerie kann sich der Besucher zudem mit Werken von Jack B. Yeats (1871–1957) vertraut machen, dem Bruder des Dichters William B. Yeats. Er wurde v. a. durch Landschaftsgemälde des irischen Westens mit fahrendem Volk, Zirkusleuten und Seefahrern bekannt. Die Porträts berühmter irischer Persönlichkeiten sind entlang der Wendeltreppe der Galerie aufgereiht.

Wenn man an der Westseite des Merrion Square am Leinster Lawn (dem zweiten Eingang zum Parlament) weitergeht, erreicht man rechts das **Natural History Museum.** Das Erdgeschoß ist der irischen Flora und Fauna gewidmet, im ersten Stock und auf den Galerien werden ausgestopfte Säugetiere, Wirbeltiere und

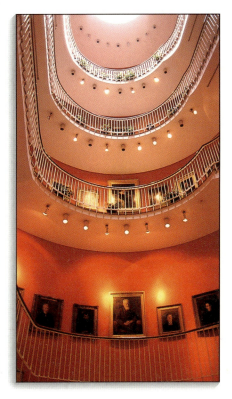

Links: Detail aus dem georgianischen Dublin. Rechts: Von Porträts gesäumte Wendeltreppe in der **National Gallery.**

wirbellose Tiere ausgestellt. Von der Decke hängen die Skelette zweier riesiger Wale. Mit seiner Sammlung von 1/2 Mio. Insekten gilt das Naturhistorische Museum international als ein wichtiges Zentrum der Entomologie. Zu seiner Eröffnung 1857 in dem von FREDERICK CLARENDON entworfenen Bau legte der britische Forschungsreisende und Missionar David Livingstone eine Abhandlung mit dem Titel »Entdeckungen in Afrika« vor.

Südlich vom Merrion Square befindet sich der **Fitzwilliam Square,** der kleinste, jüngste (1825) und am besten erhaltene georgianische Platz Dublins. In Haus Nr. 18 am anderen Ende des Platzes, Ecke Fitzwilliam Street, lebte der Künstler Jack B. Yeats. An der Ostseite dieser längsten georgianischen Straße Dublins wurden 1965 leider 26 Häuser abgerissen, um Platz für die Zentrale der Energieversorgung zu schaffen. **Number Twenty Nine** stellt ein typisches Bürgerhaus aus dem späten 18. Jh. dar, dessen museale Innenausstattung heute besichtigt werden kann. Das v. a. von irischen Kunsthandwerkern angefertigte Mobiliar wurde restauriert oder zum Teil durch Nachbildungen ersetzt.

In der nahe gelegenen Baggot Street kann man sich zwei moderne Bauten ansehen: Das in Stahl und Glas gehaltene Gebäude links ist das Verwaltungsgebäude der Bank of Ireland (mit einem Saal für moderne Kunstausstellungen) und etwas weiter auf der rechten Seite das Bord na Mona, das für den Torfabbau in den Mooren zuständig ist. Von der Brücke aus bietet sich ein schöner Blick auf den **Grand Canal,** der einst als Verkehrsader zur Verbindung der Hauptstadt mit dem Shannon von Bedeutung war. Ein in Granit gefaßter Sitz bei der Schleuse auf der anderen Seite des Kanals in der **Mespil Road** erinnert an den Dichter PATRICK KAVANAGH (1905–1967). Eines seiner Gedichte, das die Schönheit dieses Ortes beschreibt, wurde in den Stein gemeißelt. Nur wenige Meter entfernt liegt an der Ecke zur Baggot Street die liebenswertaltmodische Buchhandlung **Parson,** in der Kavanagh ganze Stunden zubrachte.

Fitzwilliam Square.

Religion in Dublin

Wer zum ersten Mal nach Dublin kommt, staunt über die große Zahl von Kirchen. Einige gehören der Church of Ireland (der protestantischen Episkopalkirche), andere den Methodisten und Presbyterianern. Doch die überwältigende Mehrheit ist römisch-katholisch; die dominierende Rolle die diese Konfession nicht nur auf dem Land, sondern auch in der Hauptstadt hat, spiegelt sich im Leben Dublins wider.

Das Gebiet der Diözese Dublin, das die Stadt und die Grafschaft Dublin, fast die ganze Grafschaft Wicklow sowie Teile der Grafschaften Wexford, Carlow, Kildare und Laois umfaßt, zählt 1,15 Mio. Einwohner; darunter sind 1,05 Mio. Katholiken.

Das für den Besucher sichtbarste Zeichen der Religiosität ist, daß sich die Menschen (besonders die älteren) bekreuzigen, wenn sie an einer Kirche vorbeikommen. Dies ist als Zeichen des Respekts vor der Anwesenheit des Heiligen Sakraments, des wahrhaftigen Leibes Christi, in der Kirche zu verstehen. Ebenfalls auffallend für Touristen sind die vielen liebevoll geschmückten Heiligenbilder, Madonnenstatuen und Nachbildungen der Grotte von Lourdes, die man in Straßen, Vorgärten und Fensternischen findet.

Dublin besitzt zwei Kathedralen – Saint Patrick's und Christ Church; beide gehören jedoch seit der Reformation der Church of Ireland. Der katholische Erzbischof hat seinen Sitz in der Saint Mary's Pro-Cathedral in der Marlborough Street. Daß wochentags täglich sechs Messen gelesen werden, zeigt, welchen Stellenwert die Dubliner der Religion beimessen.

Nach der Messe bleiben viele noch, um zu beten oder in einer Seitenkapelle eine Kerze anzuzünden. Ganze Reihen von Kerzen erhellen das Halbdunkel um die Statuen der Jungfrau Maria, des gekreuzigten Jesus und der Heiligen Josef, Antonius von Padua und Kevin. Vor dem Bild des hl. Laurence O'Toole, des Schutzpatrons von Dublin, hat jemand eine Bittschrift an Saint Jude, den Heiligen für hoffnungslose Fälle, verfaßt und auf den Sitz gelegt. Zweimal flattert sie durch den Luftzug, den jemand im Vorbeigehen macht, auf den Boden, jedesmal legt sie der Betreffende sorgfältig auf ihren Platz zurück.

Draußen treten in den Kliniken, Schulen und sozialen Einrichtungen die Nonnen ihren Dienst an. In und um Dublin gibt es 276 Klöster. Die Zahl der Novizinnen geht zwar zurück, aber die Nonnen spielen nach wie vor eine wichtige Rolle im Bereich der Erziehung und der Sozialdienste. Gleiches gilt für die Brüder von Don Bosco, die Salesianer und andere Ordenspriester. So ist es auch kein Wunder, daß man in den Straßen, Läden, Restaurants und Theatern häufig Menschen in Ordenstracht sieht.

Während Dublin an den Leiden aller Großstädte krankt – Armut, Wohnungsnot, Drogenmißbrauch –, ist die Bevölkerung dennoch sehr mit der Religion verbunden. Viele stellen die dominierende politische Rolle der katholischen Kirche heute zwar in Frage – man denke nur an die Referenden zum Abtreibungs- und Scheidungsrecht. Aber die meisten akzeptieren – aktiv oder passiv – dennoch die Bedeutung der Kirche.

Wie man die Aussage eines älteren Mannes auch verstehen mag, sie ist doch irgendwie typisch: »Die Zeiten sind hart. Man hört nur noch von Bomben, Verbrechen und Drogen. Aber in Dublin waren die Zeiten immer hart. Wenigstens haben wir die Religion.«

Prozessionen künden von Glaubensgewißheit.

Die Altstadt

Im Jahr 841 ließen sich norwegische Wikinger am Ufer des Liffey nieder und errichteten – nahe den schon vorhandenen gälischen Kirchen und Klostersiedlungen – auf dem Hügel zwischen dem heutigen **Dublin Castle** und **Christ Church Cathedral** eine erste Festung. Sie wurden wieder vertrieben, doch kamen andere Wikingerstämme ins Land, bis mit dem Sieg in der Schlacht von Dublin im Dezember 919 feststand, daß die »blonden Dämonen« auf Dauer in Ostirland bleiben würden. Auch der Widerstand der Iren und die Niederlage in der Schlacht von Clontarf 1014 konnte sie nicht dazu bewegen, das Land zu verlassen.

Sobald die Wikinger Fuß gefaßt hatten, gründeten sie, ganz ihrem üblichen Expansionskonzept folgend, eine blühende Handelskolonie und unterhielten Kontakte zu anderen Wikingerkolonien. Die neuen Dubliner wurden Händler und Handwerker, unternahmen aber auch weiterhin ihre Eroberungszüge. Allmählich dehnte sich die Siedlung nach Westen entlang der heutigen High Street aus. Die mittelalterliche Stadt wuchs, und noch heute wecken die Namen ihrer Straßen die Erinnerung an jene Zeit.

Die Straßen sind nach Heiligen benannt, die die Menschen zu jener Zeit verehrten: Michael's Hill, Nicholas Street, Patrick Street, Francis Street, John's Lane, James's Street, Werburgh Street, Bridge Street, Thomas Street. Alle stehen mit der alten Hauptachse Dublins in Verbindung, die von Ost nach West, von der Christ Church Cathedral und dem Castle Richtung Kilmainham reicht, wo sich einst die Ländereien der Johanniter befanden.

In diesen Straßen auf dem Hügel über dem Liffey vermischten sich die Wikinger mit der irischen Bevölkerung und bildeten das Volk der Hiberno-Normannen. 1170 fielen angriffslustige normannische Krieger unter Strongbow, der auf Einladung von Dermot Mac Murrough, dem König von Leinster, ins Land gekommen war, in die prosperierende kleine Stadt ein. Die Eroberung wurde im folgenden Jahr durch eine Charta von Heinrich II. von England legitimiert. Damit war der Weg für neue Einwanderer aus Wales und dem Südwesten Englands frei. Die meisten von ihnen kamen aus Bristol, woran heute noch die gleichen Stadtwappen beider Städte erinnern.

Die Neuankömmlinge waren große Baumeister: Innerhalb weniger Jahre entstanden neben zahlreichen Pfarrkirchen kleiner Gemeinden wie Saint Audeon aufgrund von Reibereien und Rivalitäten auch die beiden Kathedralen Christ Church und Saint Patrick. Dublin Castle – Garnison, Verwaltungssitz und Gefängnis in einem – dominierte das Stadtbild und gemahnte die Iren mit seinen Mauern ständig an die Präsenz der Eroberer.

Geschützt wurde die Stadt von Mauern und an der Südseite vom Liffey, der die Verbindung nach England und zum Kontinent herstellt. Sie weitete ihr Verwaltungssystem mit der Einführung eines Friedensgerichts und einer Münzanstalt sowie der Ernennung von Amtsdienern

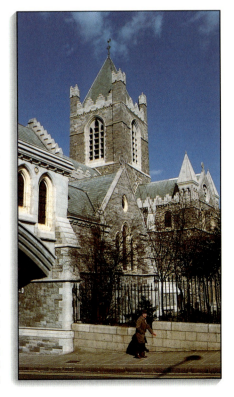

Vorherige Seiten: Der Grand Canal. – Jenes dunkle Bier bestimmt mancherorts auch das Straßenbild. Links: Eine bunte Sammlung von Antiquitäten. Rechts: **Christ Church Cathedral.**

Der Kampf um das historische Dublin

Das Dublin des 18. Jh. war ein Schmuckstück Europas, Sitz eines unabhängigen Parlaments, Kulisse für die Uraufführung von Händels *Messias* und die Wiege einiger der größten Literaten der Zeit. Es war ein Zeitalter des Ebenmaßes und der Etikette, eine Geisteshaltung, die sich in der ausgesprochen stilvollen Architektur der Hauptstadt widerspiegelt.

Die georgianische Stadt befand sich zwischen zwei künstlichen Wasserläufen, zwischen dem Grand Canal mit einer Reihe von Schleusen und Brücken im Süden sowie dem Royal Canal im Norden. Der Liffey mit seinen eleganten Kaianlagen teilte Dublin in der Mitte. Mit Fortschreiten des Jahrhunderts beschleunigte sich der Aufbau der Stadt.

Große Gebäude wie das Custom House, die Four Courts und die King's Inns entstanden. Gleichzeitig konkurrierten die Angehörigen des Hochadels hinsichtlich des Prunks ihrer Häuser miteinander, was am Leinster House (jetzt das irische Parlament) oder Belvedere House (jetzt eine Jesuitenschule) zu sehen ist. Nach dem Act of Union im Jahr 1800 wurde die Legislative nach London verlegt. Die Grundstückspreise sanken, und die schönen großen Häuser gingen zunächst in die Hände der handeltreibenden Mittelschicht über, später dienten sie den zahlreichen Armen Dublins als Behausung.

In den 1960er Jahren kam es zu maßlosen Grundstücksspekulationen. Ganze Straßenzüge wurden entmietet, eingerissen und oft durch kalte Büroblöcke ersetzt. Dubliner Geschäftsleute wirkten mit ausländischen Geldgebern zusammen. Sie erinnerten dabei an diejenigen, die nach den Worten von James Joyce ihr Land nicht nur für vier Pence verkaufen würden, sondern auf die Knie fallen und Gott dem Allmächtigen danken, daß sie überhaupt Land zu verkaufen haben.

Viele Dubliner protestierten gegen solche Machenschaften. Architekturstudenten, Priester und Hausfrauen reihten sich in die Sit-ins und Demonstrationen ein. Der Höhepunkt war in den späten siebziger Jahren mit einer Demonstration gegen die Zerstörung einer archäologisch wichtigen Wikingerstätte am Wood Quay erreicht.

Auch heute ist die Bewahrung historischer Gebäude immer noch unzureichend. In einer Stadt, die berühmt für ihre reichen Stuckarbeiten ist, existierten bis 1991 keinerlei Verzeichnisse über die denkmalgeschützen Bauwerke. Skrupellose Stadtplaner können sich deshalb immer noch alles erlauben.

Aber es gab auch positive Beispiele. In den siebziger Jahren legte das staatliche Beförderungsunternehmen CIE Pläne für einen riesigen Busbahnhof in Temple Bar am Südufer des Liffey vor. Es kaufte die dort vorhandenen Gebäude auf, vermietete sie aber vor dem geplanten Abriß kurzfristig an Künstler, Designer, Buchhändler und Restaurateure. Temple Bar wurde in kürzester Zeit ein beliebter Treffpunkt der Boheme, und schon bald fanden sich Gruppen und Bürgerinitiativen, die für seine Erhaltung kämpften.

Die Regierung reagierte prompt und ließ die Pläne des CIE fallen. Sie stellte statt dessen Mittel für die Wiederherstellung und Entwicklung von Temple Bar zur Verfügung.

Typischer georgianischer Türklopfer.

und eines »loyalen und diskreten Bürgermeisters« aus. Den Reichtum der Stadt kontrollierten die mächtige Zunft der Kaufleute und die zehn Kirchen. Auf dem Höhepunkt der anglonormannischen Zeit lebten rund 8000 Menschen in Dublin.

Die Stadt war zwar bestrebt, die gälischen Iren aus dem Leben der Gemeinde auszugrenzen, sie aus den Zünften zu verbannen und ihnen öffentliche und kirchliche Ämter zu verwehren, doch strömten immer mehr Menschen in die Stadt, um Hunger, Krieg und Knechtschaft zu entfliehen. Die Folge war, daß sich die Bevölkerung, und v. a. die Unterschicht, immer mehr vermischte.

Der Niedergang der Herrschaft der Normannen begann 1317 mit dem Einfall von EDWARD BRUCE, bei dem die meisten Außenbezirke der Stadt in Flammen aufgingen. Rebellen, denen die bewaldeten Wicklow Mountains einen sicheren Unterschlupf boten, stellten eine ständige Bedrohung für Dublin dar, während sich das Territorium der Eroberer auf einen immer kleiner werdenden Streifen Land an der Ostküste, »The Pale« genannt, reduzierte. Besonders verheerend wirkte sich 1347 die Pest auf das kleine Reich aus. Während die Normannen im übrigen Irland fast vollständig integriert waren, verstärkte sich in Dublin das Gefühl der Isolation, da die Herrschenden eisern an englischen Gewohnheiten und an der englischen Sprache festhielten.

Die Unruhen im späten Mittelalter fanden 1534 im Aufstand von SILKEN THOMAS ihren Höhepunkt. Die brutale Niederschlagung dieses Aufstands markiert den Beginn einer neuen Ära der Eroberung. Im Zuge der Selbsternennung Heinrichs VIII. zum König von Irland und von England im Jahr 1536 hielt die Reformation in Dublin Einzug, die mit der Auflösung der Klöster bald Folgen zeigte. Die Ländereien der Klöster wurden verkauft oder von Anhängern der englischen Krone erworben. Mit der Unterwerfung des gälischen Irland gewann Dublin als Ausgangsbasis der englischen Operationen eine wichtige Position. Eine neue Welle von Einwanderern strömte in die Stadt – Soldaten, Abenteurer, Verwaltungsbeamte, Rechtsanwälte und Gelehrte wie EDMUND SPENSER, der in Dublin ein kulturelles Bewußtsein für die Renaissance schuf.

Die Altstadt hat Königreiche und Republiken überdauert. Vor der Schlacht am Boyne war sie die Hauptstadt von König Jakob, nach der Schlacht die von König Wilhelm. Durch diese Straßen spazierten Jonathan Swift, der Dekan der Saint Patrick's Cathedral, und Georg Friedrich Händel, die großen Arien seines *Messias* im Kopf. Hier planten die United Irishmen 1798 einen Aufstand, in dem Jahr, als prophezeit wurde, daß es »einen milden Winter, einen feuchten Frühling, einen blutigen Sommer ... und keinen König« geben werde. Aus Frankreich und Amerika waren gefährliche Ideen in die Altstadt gelangt. Der Aufstand von 1798 wurde niedergeschlagen und Robert Emmet, der »Darling von Erin«, fünf Jahre später als Anführer der gescheiterten und schlecht vorbereiteten Rebellion vor der Saint Catherine's Church, am westlichen Ende der Thomas Street, hingerichtet. Im Laufe der Zeit verlor die Altstadt ihre Bedeutung, das Stadtzentrum verlagerte sich

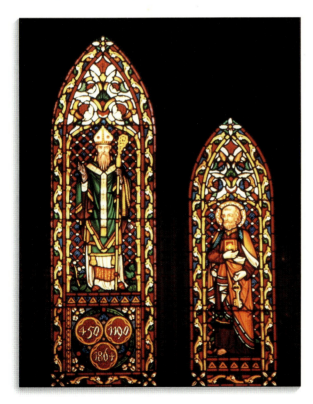

Glasfenster in der Saint Patrick's Cathedral, an der Jonathan Swift über 32 Jahre als Dekan wirkte.

weiter nach Osten. Als in den zwanziger Jahren der Irische Freistaat gegründet wurde, zog die Regierung aus dem Dublin Castle ins Leinster House. Heute bildet das College Green das Zentrum Dublins, und die Dame Street fungiert als Nabelschnur der neuen Stadt zu ihrer alten Mutter.

Auf den Spuren der Wikinger

Einen Besuch der Dubliner Altstadt beginnt man am besten im **College Green** mit dem Trinity College im Rücken und dem alten Parlament, der heutigen Bank of Ireland, zur Rechten. Die erste Straße links am Anfang der Dame Street ist die Saint Andrew Street, in der die **Saint Andrew's Church** steht. Dort befand sich einst der Dingplatz *(Thingmote)*, wo die freien Wikinger zusammenkamen, um über anstehende Fragen zu beraten und Gerichtsurteile zu fällen.

Die **Dame Street** ist heute eine Geschäftsstraße, eine Straße der Versicherungsgesellschaften und der Banken. Auf der Anglesea Street gleich hinter dem Foster Place rechts liegt die **Börse**. Sie führt zur **Temple Bar,** der Straße, die dem jüngst restaurierten, verwinkelten Altstadtviertel längs des Liffey zwischen Westmoreland Street und Fishamble Street ihren Namen gab. In den schmalen Gassen – meist Fußgängerzonen – finden sich Galerien, Boutiquen, Naturkostläden, Kleingewerbe und natürlich auch Pubs und Restaurants, die zum Verweilen einladen.

Weiter geht es die Dame Street hinunter, am imposanten und nicht unumstrittenen Neubau der **Central Bank** zur Rechten und einer Reihe chinesischer Restaurants vorüber rechts zum **Olympia Theatre.** Hinter seinem bescheidenen Eingang verbirgt sich ein riesiges Auditorium, in dem Dramen, Varieté und Musicals geboten werden.

Nun steigt die Dame Street sanft zum Cork Hill und der Lord Edward Street hinauf. Links steht **City Hall,** das Rathaus, das 1769–79 nach Plänen des Londoner Architekten THOMAS COOLEY als Königliche Börse erbaut wurde. 1852 bezog dann die Corporation of Dublin ihr

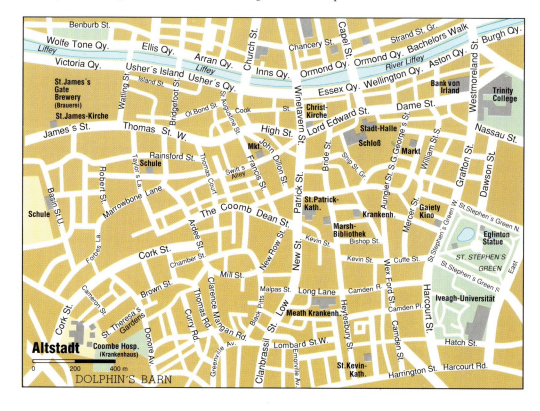

neues Hauptquartier hinter der korinthischen Fassade, in deren Urkundensaal Insignien und Chartas ausgestellt sind, die bis ins Jahr 1172 zurückreichen. Im alten Theater Smock Alley an der **Essex Street** hatte der Schauspieler und Dramaturg George Farquhar 1697 seinen ersten Auftritt.

Zentrum der Macht

Westlich der City Hall schließt sich der Eingang zum **Dublin Castle** und seinem Haupthof, dem Upper Castle Yard, an. Man betritt die Anlage durch ein Tor, über dem eine Statue der Justitia mit den beiden Waagschalen in der Hand thront – »das Gesicht dem Castle, den Rücken der Nation zugewandt«, wie die Dubliner, die nie sonderlich großen Respekt vor dem Gesetz besaßen, in den Tagen zu sagen pflegten, als das Castle den Engländern als Machtzentrale diente. Der Hof ist sehr elegant, und schon beim Eintreten wird klar, daß die Bezeichnung »Burg« nicht so recht zutrifft. Am strategisch günstigen Standort einer Burg der Wikinger errichteten die Engländer zu Beginn des 12. Jh. zum Schutz vor irischen Angriffen eine monumentale Festung, die von den englischen Vizekönigen später allmählich zum Palast ausgebaut wurde. Das einzige, was an die Burg der Normannen erinnert, ist der Record Tower, der 1202–28 von Myles FitzHenry erbaut wurde.

Der Schloßcharakter der Festung wird durch die State Apartments unterstrichen, die die Vizekönige für große Ereignisse und anläßlich des Besuchs englischer Könige und Königinnen nutzten. Auch die Regierung der Republik Irland bedient sich bei offiziellen Anlässen wie Staatsbesuchen ausländischer Politiker oder den Gipfeltreffen der Europäischen Gemeinschaft dieser Räume.

Bei einer Führung durch die Staatsgemächer erreicht man über die Grand Staircase aus Connemara-Marmor die **Saint Patrick's Hall,** in der früher die Ritter des hl. Patrick in den Orden aufgenommen wurden. Die Kassettendecke entwarf und bemalte Vincent Waldré um 1778, der Fries rund um den riesigen Saal zeigt die Wappen der Ritter. Als nächstes

Einer der selten gewordenen Pferdewagen.

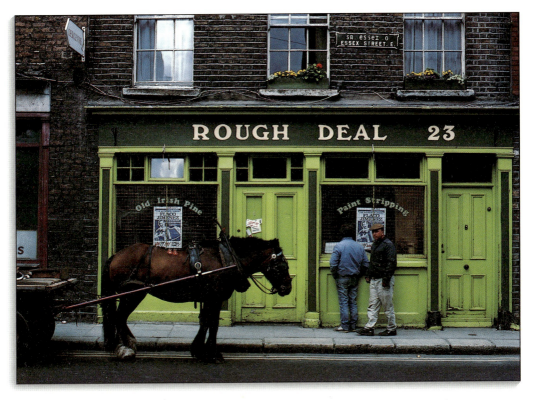

besichtigt man den runden Salon und den Bermingham Tower, wo seit der Verhaftung von Red Hugh O'Donnell 1586 zahlreiche irische Führer gefangengehalten wurden. Danach geht es in den **Wedgwood Room,** in dem Wedgwood-Porzellan und Angelica Kauffmann zugeschriebene Gemälde ausgestellt sind.

Im **Throne Room** (Thronsaal) empfingen die englischen Könige und Königinnen während ihres Aufenthaltes in Dublin ihre Untertanen. Georg V. war der letzte Monarch, der auf diesem Thron residierte; die Saint George's Hall, ein weiterer Empfangssaal, wurde anläßlich seines Besuches 1911 erbaut.

Neben dem Archivturm steht eine kleine neugotische Kapelle, die als Kirche der heiligen Dreifaltigkeit bekannt ist. Der Bau, den Francis Johnson 1807 als Chapel Royal errichtete, kam 1943 in den Besitz der katholischen Kirche. Außen zieren mehr als 90 Köpfe englischer Monarchen und anderer historischer Persönlichkeiten das Gebäude.

Zurück auf dem Cork Hill gelangt man über die Lord Edward Street, die nach Lord Edward FitzGerald, einem der Anführer der Rebellion von 1798, benannt wurde, hinauf zur Christ Church, der Kathedrale der Heiligen Dreifaltigkeit, die im Jahr 1038 von Sitrick »Silberbart«, dem christlichen Wikingerkönig von Dublin, gestiftet wurde. Gleich rechts, bevor man die Kathedrale erreicht, wurde in der **Fishamble Street** der mittelalterliche Fischmarkt der Stadt abgehalten. Hier befanden sich die Music Rooms, wo Händel am 13. April 1742 der Uraufführung seines *Messias* beiwohnte. Da zu der Veranstaltung in dem kleinen Saal ein großes Publikum erwartet wurde, bat man die Damen, keine Reifröcke zu tragen, und die Herren, ihre Schwerter zu Hause zu lassen. 1748 wurde hier auch Händels *Judas Maccabaeus* uraufgeführt. Die Music Rooms sind heute nicht mehr erhalten.

Die **Christ Church Cathedral** ist die Hauptkirche der anglikanischen Church of Ireland für die Diözesen von Dublin und Glendalough. Die Kathedrale auf dem Hill of Dublin wurde als einzige in Irland bereits von den Wikingern 1038 gegründet. Ab 1173 ließ Strongbow –

Der Salon der State Apartments im **Dublin Castle.**

Richard de Claire, unter dem 1170 Dublin erobert worden war – auf den Fundamenten der inzwischen zerstörten Kathedrale einen neuen Kirchenbau errichten. Von dem ersten Bau ist noch die Krypta erhalten, die sich ausnahmsweise unter dem gesamten Kirchenschiff erstreckt und von einer massiven, schwerfälligen Bauweise der Wikinger zeugt. Beachtenswert sind die mit Ochsenblut behandelten Holzkeile. Das Hauptschiff datiert aus der Zeit um 1212. Die Südwand brach infolge des morastigen Baugrunds 1526 mit dem Gewölbe zusammen, die heutige Südwand ist eine Nachbildung aus dem 19. Jh. Die Nordwand des Schiffs stellt im Gegensatz dazu ein besonders schönes Beispiel der englischen Frühgotik dar. Weitere Bauteile entstanden um 1230, eine Chorerweiterung aus der Mitte des 14. Jh. wurde im 19. Jh. wieder rückgängig gemacht, so daß die Kathedrale heute etwa den Bauzustand des 13. Jh. wiedergibt. Die einschneidenden neugotischen Restaurierungen von 1871 bis 1878 dominieren heute allerdings das Innere wie v. a. das Äußere der Kathedrale.

In den Seitenschiffen und kleinen Kapellen finden sich zahlreiche Grabmäler. Das bekannteste ist wohl jenes von Strongbow und seinem Sohn, den der Vater wegen Feigheit in einer Schlacht in zwei Hälften geschlagen haben soll. Strongbows Gebeine ruhen jedoch sicherlich nicht in dem großen Sarkophag von 1340 mit der Grabfigur eines Ritters, da der Eroberer bereits 1176 starb. Auf dem Kirchhof südlich des Südquerhauses befinden sich noch die Reste eines alten Kapitelhauses von 1230. Das alte Synodalgebäude ist durch eine geschlossene Brücke über die Winetavern Street mit der Christ Church Cathedral verbunden. Anfang der 1990er Jahre richtete dort der Medieval Trust die Ausstellung **Dublinia** ein, die einen sehr lebensnahen Eindruck über die Stadtgeschichte Dublins von der Ankunft der Normannen 1170 bis zur Auflösung der Klöster 1540 vermittelt. Dazu tragen bühnenartige Szenen aus dem mittelalterlichen Leben bei, durch die man mit einem Kopfhörerset geführt wird, daneben ein großes Stadtmodell, eine Audiovisionsshow und Ausstellungs-

Adlerpult in der **Christ Church Cathedral**.

räume mit Alltagsgegenständen der Zeit. Vom Saint Michaels Tower hat man einen guten Blick auf das Stadtzentrum Dublins.

Rettung vor dem Abriß: Auf der gegenüberliegenden Seite des Christ Church Place, wieder Richtung Dublin Castle, erhebt sich die **Saint Werburgh's Church.** Der Kirchenbau aus dem 12. Jh. wurde von Thomas Burgh 1715 und nach einem Brand 1754 erneuert. Der Komponist John Field (1782–1837), dessen frühromantische Nocturnes für Chopin richtungsweisend sein sollten, wurde hier getauft. Im Gewölbe der Kirche fand Lord Edward FitzGerald seine letzte Ruhe. Geht man nun zurück zum Christ Church Place und hinüber in die High Street, der leider sehr verbreiteten mittelalterlichen Hauptstraße Dublins, sieht man recht einsam und verlassen die **Tailor's Hall.** Dieses einzig erhalten gebliebene Zunfthaus (Anfang 18. Jh.) wurde 1960 geschlossen. Sein Abriß schien schon beschlossene Sache zu sein, doch wurde es durch den Einsatz einer Bürgerinitiative vor diesem Schicksal bewahrt. Heute sind hier die Büros des *An Taisce* untergebracht, das sich für die Erhaltung der Natur und des architektonischen Erbes Irlands einsetzt.

Auf der anderen Seite der Straße steht die große Catholic Church of Saint Audeon (1846), die den Dublinern in jüngerer Vergangenheit im Zusammenhang mit Flash Kavanagh ein Begriff wurde. Dieser Priester las die Messe schneller als alle anderen und scharte so eine große Gemeinde von weniger strengen Katholiken um sich, die ihre sonntägliche Pflicht so rasch wie möglich hinter sich bringen wollten. Auf diese Weise konnten sie zu Hause noch zu Mittag essen, ehe sie auf den Fußballplatz eilten. In der Nähe steht die kleinere, ältere **Church of Ireland Saint Audeon's,** die einzige Pfarrkirche aus dem Mittelalter, die erhalten blieb. Der normannische Bau entstand um 1190, wurde v. a. im 15. Jh. durch Anbauten mehrfach vergrößert und später bei Restaurierungen wiederum verändert. Die Kirche, die die Normannen nach dem Schutzpatron der Normandie, dem hl. Oeun aus Rouen, benannten, besitzt das älteste Glockenspiel Dublins, das heute wieder geläutet wird. Drei Glocken datieren von 1423.

In der Patrick Street befindet sich die zweite Kathedrale Dublins, **Saint Patrick's Cathedral.** Erzbischof John Comyn gründete die Kollegiatskirche Saint Patrick als Gegenstück zur Christ Church Cathedral, die unter seinem Vorgänger Saint Laurence O'Toole eine unabhängige Ordenskirche geworden war. Nach der Legende soll der hl. Patrick hier Heiden getauft haben. Am Patrickstag 1192 wurde daher der Kirchenbau geweiht und in den Rang einer Kathedrale erhoben. Von einem sicherlich existenten vornormannischen Bau sind keine Reste mehr sichtbar. Nach Bränden und Cromwells Nutzung der Kirche als Pferdestall war die Kathedrale im 19. Jh. nur noch eine Ruine und wurde schließlich Ende des Jahrhunderts so grundlegend restauriert, daß von der alten Bausubstanz nicht mehr viel erhalten blieb. Saint Patrick ist die größte und eindrucksvollste Kirche Irlands und birgt die interessantesten Grabmäler des Landes, darunter jenes von Jonathan Swift, der hier 1713–1745

Ort der Stille: **Saint Audeon's.**

Dekan war. Swift liegt neben seiner geliebten Stella (Esther Johnson) begraben. Die lateinische Grabinschrift hat er selbst verfaßt: »Hier liegt der Leib des Jonathan Swift, Doktor der Theologie, Dekan dieser Kathedrale, wo ihm wilde Empörung nicht länger das Herz zerreißen kann. Geh, Reisender und tu es einem gleich, der nach bestem Können die Freiheit verteidigte.«

Das imposanteste Monument ist das mit geschnitzten und bemalten Figuren dekorierte Grab der Familie Boyle, der Grafen von Cork. Der »große« Graf (1566–1643) ließ es ursprünglich neben dem Altar errichten, doch wurde es auf Geheiß von Vizekönig Wentworth verlegt, da die Gemeinde, wie er sagte, keinen Gottesdienst abhalten könne, ohne »vor einem Grafen von Cork und seiner Gemahlin ... oder seinen Töchtern, diesen Nymphen, die Krönchen auf dem Haupt tragen und denen das wirre Haar bis auf die Schultern hängt, niederknien« zu müssen. Eines der hier dargestellten Kinder ist der Naturforscher Robert Boyle, der bekannteste Chemiker seiner Zeit. Er entdeckte 1662 den gesetzmäßigen Zusammenhang zwischen Druck und Volumen der Luft (Boyle-Mariotte-Gesetz). Unter den zahlreichen Grabmälern der Kathedrale findet sich auch jenes von Turlough O'Carolan, dem berühmtesten Harfenisten Irlands, der einer der letzten alten Barden des Landes war. Im südlichen Querschiff steht eine alte Tür mit einem runden Loch, durch das sich 1492 der Graf von Kildare und der Graf von Ormonde und ihre Ritter nach jahrelanger Fehde zum Zeichen des Friedens die Hand reichten.

Zudem beherbergt die Kathedrale die Fahnen der irischen Regimenter der britischen Armee, von denen die meisten im Zuge der Gründung des Irischen Freistaates aufgelöst wurden. Australier dürften sich v. a. für die Fahnen der Royal Dublin Fusiliers interessieren. Die »Dubs«, wie man sie nannte, rekrutierten sich vorwiegend aus dem Arbeiterviertel **Liberties** rund um das Gotteshaus (seinen Namen erhielt das Viertel, weil es nicht im Bereich der Gerichtsbarkeit des mittelalterlichen Dublin lag). Das Regiment kämpf-

Der Star der Parade am Saint Patrick's Day.

te im Ersten Weltkrieg mit australischen und neuseeländischen Verbänden in den Dardanellen bei Gallipoli, und es heißt, daß es in der Coombe, der Hauptstraße dieses Viertels, kein Haus gegeben habe, das im April 1915 nicht mit schwarzem Krepp behängt war.

Dieser Teil Dublins war einst ein typisches Arbeiterviertel, in dem viele Familien schon seit Generationen lebten. In den vergangenen Jahrzehnten sind jedoch viele der alteingesessenen Familien in die städtischen Wohnsiedlungen am westlichen Stadtrand gezogen. An ihrer Stelle kamen junge Menschen nach, Journalisten und Architekten, die viele der kleinen Häuser sanierten.

Nicht weit von der Kathedrale entfernt liegt in der Saint Patrick's Close die **Marsh's Library,** die älteste öffentliche Bibliothek Irlands, die 1702 von Erzbischof Narcissus Marsh gegründet und nach Entwürfen von William Robinson errichtet wurde. Das Interieur mit den dunklen Eichenregalen hat fast unverändert die Jahrhunderte überdauert, so daß sogar noch drei Käfige erhalten sind, in die man die Leser kostbarer Bände einschloß. Zu den interessantesten Büchern zählt eine Ausgabe der *History of the Great Rebellion* von Clarendon, in dem sich Jonathan Swift am Rand Notizen gemacht hat.

Vom Ausgang der Bibliothek geht es nun links die Saint Patrick's Close hinunter und rechts in die Kevin Street. Rechts liegt die **Dekanei Saint Patrick.** Die **Francis Street** hat sich in den letzten Jahren zum Zentrum des Antiquitätenhandels entwickelt. Auf halber Höhe der Straße steht rechts die **Church of Saint Nicholas of Myra,** die der Architekt John Leeson 1832 errichtete. Sie entstand gleichzeitig mit einer ganzen Reihe katholischer Kirchen in den Jahren nach der *Catholic Emancipation* von 1829.

Am Ende der Francis Street geht es links in die Thomas Street. Rechts erhebt sich die Augustinerkirche, die bei den Einheimischen schlicht **John's Lane** heißt und den höchsten Kirchturm in Dublin besitzt. Das Gebäude links daneben (1791) war einst die weithin bekannte Brennerei von John Power. Hier wurde

Antiquitätenladen in der Altstadt.

Power's Whiskey hergestellt, der noch heute zu den beliebtesten Marken Irlands zählt. Die Vereinigung der irischen Whiskeybrenner, die durch die Fusion von Power und einigen anderen Brennereien entstand, zog die Verlegung der gesamten Produktion nach Midleton in der Grafschaft Cork nach sich. Das Gebäude beherbergt heute das National College of Art and Design, das regelmäßig Ausstellungen führender Künstler und der eigenen studentischen Talente organisiert.

Die geschäftige Thomas Street mit ihren Händlern und kleinen Läden führt zur **Saint Catherine's Church.** Vor dieser Kirche wurde 1803 der Revolutionsführer Robert Emmet ganz in der Nähe der Stelle am Galgen hingerichtet, an der seine Anhänger den obersten Richter Kilwarden ermordet hatten.

Guinness is good for you

Ein Stück weiter, geht die Thomas Street in die James's Street über, die als Sitz der **Guinness Brewery** (Saint James's Gate Brewery) wohlbekannt ist. Die Brauerei, die Arthur Guinness 1759 gründete, umfaßt heute einen riesigen Komplex, der sich über mehrere Blocks von der linken Seite bis hin zum Liffey auf der rechten Seite fast über die ganze Länge der James's Street erstreckt. Im ehemaligen Hopfenlager in der **Crane Street** wurde ein vierstöckiges Museum eingerichtet, das über die Geschichte des Brauereiwesens und den Brauprozeß informiert. Die beiden oberen Stockwerke werden für Kunstausstellungen genutzt. An der Bar kann man das dunkle, cremige Bier probieren: Ein Guinness schmeckt in Dublin am allerbesten, und in Dublin schmeckt es nirgendwo so gut wie in der Brauerei.

Wenn man am Ende der James's Street bei dem Brunnen rechts abbiegt, erreicht man das **Saint Patrick's Hospital,** das 1745 mit dem Nachlaß von Jonathan Swift als psychiatrische Anstalt gegründet wurde. In Swifts eigenen Worten:

He left the little wealth he had
To build a house for fools and mad
And shew's by one satyric Touch
No Nation ever wanted it so much.

Brennholz wird noch immer wie früher geliefert.

Die Guinness-Saga

Im *Ulysses* schreibt James Joyce über die Zwillinge Bungiveagh und Bungardilaun und über das »schäumende, ebenholzschwarze Bier«, das sie in ihren Fässern brauen, »gerissen wie die Söhne der unsterblichen Leda«. Arthur Edward und Edward Cecil Guinness, »die gerissenen Brüder, Herren des Fasses«, benötigten nicht das Genie eines James Joyce, um ihren Betrieb unsterblich zu machen. Das erledigten all jene, die ein Pint des berühmten dunklen Bieres mit der cremigen Blume trinken.

Der Urgroßvater der beiden, Arthur, hatte 1759 die Saint James's Gate Brewery gegründet. Er hatte das Bierbrauen von seinem Vater Richard erlernt, der viele Jahre als Verwalter auf dem Gut des Erzbischofs von Cashel tätig war. In Dublin gab es viele kleine Brennereien und ein paar Brauereien. Um 1775 wurde eine neue Biersorte importiert: *Entire,* das sich bei den Londoner Lastenträgern *(porter)* großer Beliebtheit erfreute. Anders als das Bier von Guinness, das aus mehreren Fässern verschnitten wurde, stammte dieses nur aus einem. Seine dunkle Farbe erhielt es von gerösteter Gerste. Arthur Guinness beschloß, die Engländer mit ihren eigenen Waffen zu schlagen, und seine Entscheidung erwies sich als richtig: die Brauerei florierte. Er wurde Vorsitzender der Brauervereinigung und Hauptlieferant des Dublin Castle. Er begründete außerdem eine Familientradition, indem er 250 Guineas für die Schule der Saint Patrick's Cathedral stiftete.

Als er 1803 im Alter von 78 Jahren starb, führten seine drei jüngsten Söhne das Geschäft weiter, von denen Arthur Guinness II. am längsten in der Firma blieb und am erfolgreichsten agierte. 1833 war Guinness die größte Brauerei Irlands und weitete unter Arthur II. ihren Überseehandel aus. 1820 wurde letzterer Direktor der Bank of Ireland und trat für die Rechte der Katholiken ein, sprach sich aber gegen einen Austritt aus der Union mit Großbritannien aus.

Sein dritter Sohn, Benjamin Lee Guinness, verdreifachte das Vermögen seines Vaters und machte den Betrieb zur größten Brauerei der Welt. Er wurde Oberbürgermeister von Dublin. Auch er unterstützte die Saint Patrick's Cathedral und kam für die 150 000 Pfund teure Renovierung des Gebäudes auf. Seine Residenz am Saint Stephen's Green, Iveagh House (heute das Auswärtige Amt), vermachte er 1939 dem Staat.

Benjamin Lees Söhne Arthur Edward und Edward Cecil betätigten sich ebenfalls als Mäzene, beispielsweise durch die Stiftung von Saint Stephen's Green. In diesem Jahrhundert wurde die Brauerei Park Royal in London errichtet, Saint James's Gate wurde renoviert, und es wurden neue Biersorten, wie etwa Harp Lager, eingeführt.

Guinness beherrscht nicht nur den irischen Biermarkt, die Brauerei trägt auch zum Export bei: Schon 1794 wurde das Bier in London und seit 1815 auf dem Kontinent (in Belgien) verkauft.

Obwohl die Familie längst nicht mehr die überragende Rolle von einst spielt, hält sie doch die Aktienmehrheit eines Unternehmens, dessen Starkbier in 20 Ländern der Erde gebraut wird. Die Familie hat immer noch großen Einfluß. Desmond Guinness ist einer der führenden Köpfe der Irish Georgian Society, die sich die Pflege und Erhaltung des architektonischen Erbes des 18. Jh. zur Aufgabe gemacht hat.

Auf Anfrage kann man einige Hinterlassenschaften des Dekans Swift besichtigen.

In der Steeven's Lane wurde 1733 das **Dr. Steeven's Hospital** eröffnet. Es war das älteste Krankenhaus Dublins und Irlands, wurde vor einigen Jahren aber geschlossen. Sehr hübsch ist der Hof, der aus der frühen georgianischen Zeit stammt. Auf der anderen Straßenseite liegt das Bahnhofsgebäude **Heuston Station** (erbaut 1845), das früher unter dem Namen Kingsbridge Station bekannt war.

Der Rückweg in die Innenstadt führt rechts an den South Quays entlang. Der erste Abschnitt dieser Strecke geht durch eine der am meisten verunstalteten Gegenden Dublins – ein trauriger Anblick auch für die Dubliner, die wissen, daß der Liffey einst von prächtigen Bauwerken gesäumt wurde.

In der Bridge Street liegt das **Brazen Head,** das älteste Pub Dublins. Das Haus stammt aus dem Jahr 1688 und diente um 1795 den United Irishmen als Hauptquartier. Hier mischten sich auch die Spione vom Dublin Castle unter die Verschwörer, denen der Alkohol die Zungen lockerte; im Lauf eines Jahres wurden im Brazen Head 15 der »Vereinigten Iren« festgenommen.

Adam and Eve's

Zurück an den Kais sieht man ein Stück weiter in Richtung Stadtzentrum am Merchant's Quay, gegenüber den Four Courts, die **Franziskanerkirche** (erbaut 1830). Sie ist der Unbefleckten Empfängnis Mariens geweiht, wird jedoch von den Dublinern »Adam and Eve's« genannt; sie steht nämlich an der Stelle einer Gaststätte, die so hieß und in der in den Zeiten der Katholiken-Verfolgung heimlich die Messe gelesen wurde.

Hinter der Kirche und parallel zum Kai verläuft die **Cook Street,** die früher das Zentrum der Sargtischler war. Hier sind die am besten erhaltenen Reste der mittelalterlichen Stadtmauer und das einzige erhaltene Stadttor zu sehen. Die Stufen beim Tor führen zur alten Pfarrkirche Saint Audeon's in der High Street hinauf.

Der nächste Kai Richtung Innenstadt ist der **Wood Quay,** wo die Stadt direkt an der Nordfassade der Christ Church Cathedral und v. a. auf dem Gelände der ursprünglichen Wikingersiedlung in den 70er Jahren ihre neuen Bürogebäude bauen ließ. Bei den Aushubarbeiten im Erdreich wurden die Reste einer alten Siedlung der Wikinger – ganze Gebäude, Mauern, Kais und Artefakte – freigelegt. Trotz des Engagements einer Bürgerinitiative zur Erhaltung des Wood Quay als historische Stätte, fuhr die Stadtverwaltung ungerührt mit dem geplanten Bau fort, kaum daß zumindest die wichtigsten Funde gesichert werden konnten.

Ein Stückchen weiter endet der Rundgang durch das alte Dublin an der Kirche der Heiligen Michael und Johannes, der ersten Kirche, die in Dublin nach dem *Relief Bill* von 1829, der den Katholiken die freie Religionsausübung *(Catholic Emancipation)* garantierte, eröffnet wurde. Rechts führt die Parliament Street wieder zum Rathaus, wo man links die Dame Street entlang zurück zum College Green gelangt.

Dublins ältestes Pub: das Brazen Head.

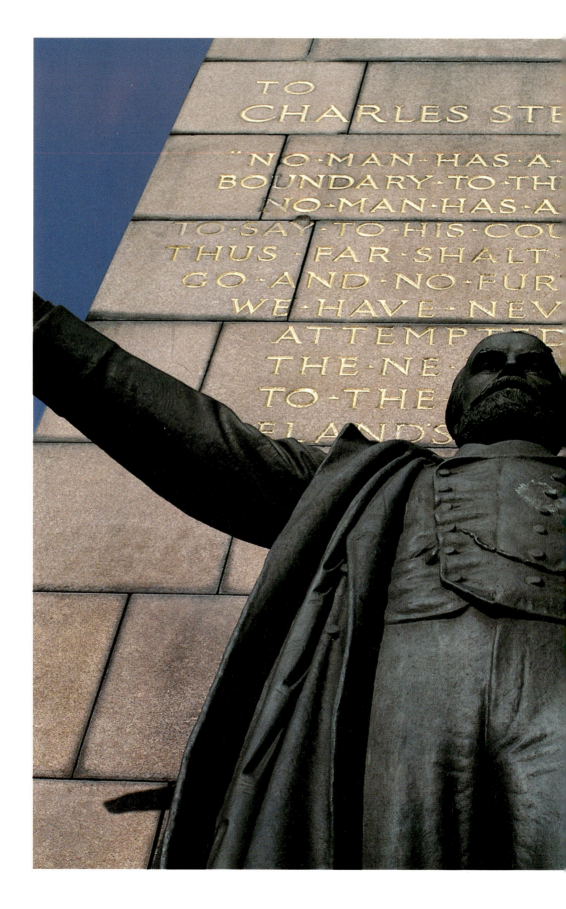

...ART PARNELL
...HT·TO·FIX·THE·
...RCH·OF·A·NATION·
...HT·
...RY·
...OU-
...ER·

...O·FIX·
...LTRA·
...ESS·OF·
...NHOOD·

...R·SHALL"
Go roimbrigio Dia
éire·oá·clainn

Die Northside

Die O'Connell Bridge ist der Ausgangspunkt für einen Streifzug durch den nördlichen Teil der Stadt. Zunächst sollte man noch eine Weile auf der Southside bleiben und am Burgh Quay nach Osten und unter der Eisenbahnbrücke hindurchgehen, um einen Blick hinüber zum **Custom House** (Hauptzollamt) zu werfen. Der aus einer alten Hugenottenfamilie stammende Erbauer, JAMES GANDON, war im 18. Jh. der führende Architekt in Dublin. Gandon war gebürtiger Londoner und Schüler von William Chambers, orientierte sich v. a. an den französischen Architekten der Zeit und kam 1781 nach Dublin.

Das Custom House wurde 1781–1791 für 210 000 Pfund auf Land errichtet, das man dem Liffey abgerungen hatte. Mit dem Act of Union 1800 und dem damit einhergehenden wirtschaftlichen Einbruch verlor das Custom House jegliche Bedeutung, wie aus *Hall's Ireland,* dem Bericht einer Irlandreise des Ehepaars Hall 1840 hervorgeht: »Dieser großzügige, meisterhafte Bau wirkt nun unsagbar einsam und verloren, da die Zeit Veränderungen mit sich gebracht hat, die ihn fast überflüssig werden ließen, und leider ist es um Dublins Handel so schlecht bestellt, daß er statt in einem Palast auch in einem Cottage abgewickelt werden könnte.«

Als die Sinn Féin 1921 die Wahlen gewann, steckten die Anhänger Eamon de Valeras das Gebäude in Brand. Das Feuer wütete fünf Tage lang und fügte dem Custom House derart verheerende Schäden zu, daß es ratsamer erschien, das Gebäude abzureißen – zumal viele in ihm ein Symbol des britischen Imperialismus sahen. Da der Bau in seiner Grundsubstanz recht gut erhalten war, entschloß man sich dennoch zum Wiederaufbau, d. h., es mußte v. a. die Innenausstattung erneuert werden. Ende der 1980er Jahre wurde das Custom House erneut renoviert und zum 200jährigen Jubiläum 1991 wiedereröffnet.

Auf der 38 m hohen Kuppel aus Kupfer in der Mitte des langgestreckten Gebäudes thront eine von Edward Smyth geschaffene Statue, die den Handel versinnbildlicht. Die Schlußsteine der Torbögen links und rechts des dorischen Portikus an der zum Liffey gerichteten Hauptfront stehen für den Atlantischen Ozean und 13 Flüsse Irlands. Außer dem Custom House entwarf Gandon die Carlisle Bridge (sie wurde 1880 verbreitert und in O'Connell Bridge umbenannt), die Four Courts, die Osterweiterung des Parlamentsgebäudes (Bank of Ireland) sowie die King's Inns.

Die angrenzenden **Custom House Docks,** ebenfalls 1781 entstanden und in unserem Jahrhundert durch die Containerschiffahrt ihrer Funktion beraubt, wurden 1987 für ein ehrgeiziges, von der Wirtschaft finanziertes Sanierungsprojekt auserkoren. Heute befinden sich dort ein Finanzzentrum und der Sitz der größten Handelskammer Irlands, der SIPTU.

Aufruhr im Theater

Die **Liberty Hall,** das große Gebäude aus den sechziger Jahren, vom Custom House flußaufwärts, ist Sitz der

Vorherige Seiten: **Parnell-Denkmal** in der O'Connell Street. – Die **O'Connell Street** mit dem O'Connell-Denkmal. Links: Das **Custom House.** Rechts: Samstagnachmittag in der Stadt.

größten Gewerkschaft des Landes, der Irish Transport and General Workers Union. Der bescheidenere Bau, der vorher hier gestanden hatte, war die Schaltstelle des Arbeitskampfes zu Beginn dieses Jahrhunderts. Er markierte das eine Ende des von Gandon angelegten Beresford Place, der nach John Beresford benannt ist, dem Finanzminister, der Gandon nach Dublin holen ließ. Am anderen Ende des Platzes ist der zentrale Busbahnhof Dublins zu finden, ein 1953 errichteter, für Dubliner Verhältnisse gewagter Bau.

Am Nordufer des Liffey entlang in Richtung O'Connell Bridge und rechts der **Marlborough Street** erreicht man das **Abbey Theatre.** Der schlichte Bau wurde 1966 anstelle des alten Theatergebäudes errichtet, das bei einem Brand völlig zerstört worden war. Dieses war 1904 von Anni Horniman, einer Förderin von Yeats, dem 1902 von der Irish National Dramatic Society übernommenen Irish Literary Theatre als Spielstätte zur Verfügung gestellt worden. Das Abbey Theatre spielte eine wesentliche Rolle bei der kulturellen Renaissance jener Zeit und erwarb sich durch die Werke von Synge und O'Casey und das naturalistische Spiel der Akteure über die Grenzen Irlands hinaus große Anerkennung.

Bei den Aufführungen ging es oft turbulent zu: Am bekanntesten wurde der Aufruhr bei der Premiere des *Playboy of the Western World* von Synge 1907, den das Wort *shift* (Unterrock) auslöste. Engstirnige Spießbürger sahen in Synges Meisterwerk den Charakter des irischen Volkes ins Lächerliche gezogen. Für ähnlichen Wirbel sorgte 1926 die Aufführung von O'Caseys *Der Pflug und die Sterne.* Nach der Vorstellung trat der sechzigjährige Yeats auf die Bühne und rief der Menge zu: »Ihr habt euch mal wieder selbst Schande gemacht. Soll sich denn immer das gleiche wiederholen, wenn ein neues irisches Genie kommt?«

1951 brach nach der Darbietung dieses Stückes hinter den Kulissen ein Feuer aus. Die Truppe zog auf die andere Seite des Flusses ins (heute nicht mehr existente) Queen's Theatre und kehrte 15 Jahre später in den Neubau zurück, der von

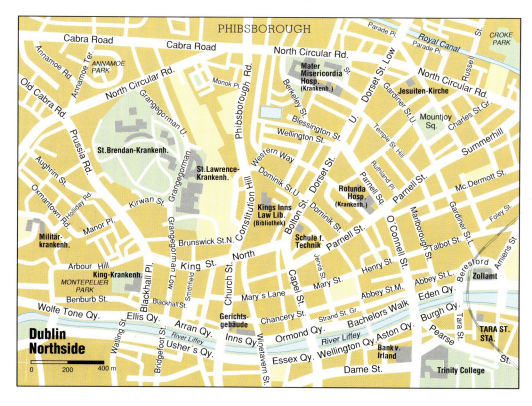

Michael Scott entworfen worden war. Das Abbey Theatre bildet heute das irische Nationaltheater und besteht aus zwei Bühnen: dem Abbey Theatre mit 638 und dem Peacock Theatre mit 157 Sitzen.

O'Connell Street

Weiter geht es am Theater vorbei links die Abbey Street hinauf zur **O'Connell Street,** die früher eine elegante Avenue war, dann aber herunterkam. Doch die Fast-food-Lokale, Vergnügungsarkaden, unansehnlichen Neubauten, Plakatwände und Schilder können ihr die Größe und Eleganz nicht vollständig nehmen. Die O'Connell Street entstand Mitte des 18. Jh. unter dem Namen Sackville Street, als der erste Viscount Mountjoy, Luke Gardiner, die Drogheda Street verbreiterte und in der Mitte Bäume pflanzte. Mit dem Bau der Carlisle Bridge 1794 entwickelte sich aus der beliebten Promenade die Hauptdurchgangsstraße der Stadt in Nord-Süd-Ausrichtung. 1815 stellte man zur Erinnerung an den Sieg über Napoleon eine Säule mit einer Statue von Lord Nelson an der Spitze auf, die der Säule auf dem Trafalgar Square in London glich. Am 50. Jahrestag des Osteraufstandes wurde diese Säule von Republikanern durch einen Bombenanschlag in die Luft gesprengt.

Die Statuen, die in der Mitte der Straße aufgereiht sind, stellen (von der Brücke her gesehen) folgende Persönlichkeiten dar: **Daniel O'Connell** (1775–1847), der gefeierte Oberbürgermeister Dublins, der 1829 die Katholikenemanzipation durchsetzte; **William Smith O'Brien** (1803–64), Vorsitzender der Young Ireland Party; **Sir John Gay** (1816–75), Besitzer des *Freeman's Journal,* der die Wasserversorgung Dublins in die Wege leitete; **James Larkin** (1876-1947), ein wichtiger Gewerkschaftsführer; **Father Theobald Mathew** (1790–1856), der »Apostel der Mäßigung« und bekannt für seine Armenfürsorge; und **Charles Stewart Parnell** (1846–91), der wichtigste Führer der Home-Rule-Bewegung. Die Inschrift auf dem Denkmal gibt seine eigenen Worte wieder: »Niemand hat das Recht, dem Vormarsch einer Nation Grenzen zu set-

Das **Abbey Theatre:** hinter der tristen Fassade lebendiges Theater.

zen. Niemand hat das Recht, seinem Land zu sagen: bis hierher und nicht weiter …«

Den Mittelpunkt der Straße bildet der imposante Portikus des **General Post Office** (GPO, Hauptpostamt), das von Francis Johnston 1815–18 errichtet wurde. Die Statuen auf dem Giebel symbolisieren Treue, Handel und Irland. Während des Osteraufstandes 1916 schlugen hier die Rebellen unter der Führung von James Connolly und Pádraic Pearse ihr Hauptquartier auf und riefen die Republik aus. Erst 20 000 britische Soldaten, starker Artilleriebeschuß und sechs Tage erbitterter Kämpfe zwangen die Rebellen zum Aufgeben. Wegen der Zerstörungen – am GPO sind noch immer Einschußlöcher zu erkennen – war die öffentliche Meinung zu diesem Zeitpunkt noch gegen die Rebellen eingestellt, doch mit der Hinrichtung der 15 Rebellenführer schlug die Ablehnung ins genaue Gegenteil um. In der Hauptschalterhalle steht ein Denkmal zur Erinnerung an den Aufstand. Das Postgebäude hielt den Kampfhandlungen zwar stand, doch wurde ein großer Teil der O'Connell Street durch die Artillerie schwer beschädigt. Weitere Zerstörungen erlitt sie im Bürgerkrieg 1922.

In den zwanziger Jahren wurde die O'Connell Street wiederhergerichtet, doch erhielten die »ehrwürdigen Fassaden«, wie der Journalist Frank McDonald in seinem Buch *The Destruction of Dublin* (1985) schrieb, »von den Spekulanten, die Ende der sechziger und Anfang der siebziger Jahre über die Straße herfielen, nur wenig Aufmerksamkeit«. Ärgerlich meint er, daß »diese prächtige Straße mit schicken Geschäften und Cafés Dublins Antwort auf die Champs-Élysées« hätte werden können. »Statt dessen entwickelte sich die wichtigste Straße der Hauptstadt zu einer heruntergekommenen Verkehrsstraße.«

In jüngster Zeit gab es einige gelungene Renovierungen. Viele Geschäftsinhaber entfernten die Plastik- und Neonschilder, wie es die Veranstalter der Tausendjahrfeier im Rahmen der Verschönerungsaktion vorgeschlagen hatten. Unter den älteren Gebäuden ist v. a. das **Gresham Hotel** hervorzuheben, in dessen Gästebuch viele bekannte Namen wie Richard Burton, Ronald Reagan, Dwight D. Eisenhower, Marlene Dietrich, Danny Kaye, Bing Crosby und Bob Hope stehen. Das Haus wurde 1817 erbaut und überstand den Osteraufstand 99 Jahre später unbeschadet. Während des Bürgerkrieges wurde es zerstört und 1927 wieder aufgebaut.

Das **Cleary,** schräg gegenüber dem GPO, ist eines der wichtigsten Kaufhäuser Dublins. Der heutige Bau, der nach Plänen von Ashlin und Coleman entstand, wurde 1922 eröffnet, nachdem die Niederlassung der von M. J. Clery 1883 gegründeten Dublin Drapery Warehouse Company während des Osteraufstands zerstört worden war.

Die **Henry Street,** die gleich hinter dem GPO von der O'Connell Street abgeht, ist die Haupteinkaufsstraße der Northside und seit 1986 Fußgängerzone. In der **Moore Street,** einer ihrer Seitenstraßen, drängen sich stimmgewaltige Händlerinnen mit ihren Obst- und Gemüseständen und eine ganze Reihe von Fleischerläden. Seit dem Mittelalter

Gewerkschaftsführer **James Larkin** in Positur; dahinter das Hauptpostamt (GPO).

prägen Straßenmärkte das Bild der Stadt, und viele Händler führen die Tradition ihrer Vorfahren weiter. Seit dem Bau des Einkaufszentrums ILAC hat die Moore Street viel von ihrer Anziehungskraft verloren, die Metzgerläden werden von grellen *discount centres* verdrängt. Dennoch ist hier noch immer das ursprüngliche, nüchterne Dublin zu finden.

Neben verschiedenen Geschäften beherbergt das ILAC-Zentrum die moderne **Central Library** mit Sprachlabors, einer Musikbibliothek, Computeranlagen und einer umfangreichen Präsenzbibliothek für Geschäftsleute. Zudem wird jeden Tag ein abwechslungsreiches Programm mit Filmen und Vorträgen geboten.

Auf der gegenüberliegenden Seite der O'Connell Street geht es nun die Earl Street hinunter und links in die Marlborough Street zur **Saint Mary's Pro-Cathedral** (1816–25), der wichtigsten Kirche der Dubliner Katholiken. Sie wurde im Zuge der fortschreitenden Katholikenemanzipation errichtet, allerdings in einem damals sehr verkommenen Viertel. 1829 stellten die Katholiken 70 % der Bevölkerung und erhielten das Recht, Abgeordnete in das englische Unterhaus zu entsenden. Der englische Theologe und zunächst anglikanische Priester John Henry Newman bekannte sich nach seiner Konvertierung zum Katholizismus hier im Jahr 1851 öffentlich zu dieser Konfession.

Die Gegend rund um die Kathedrale war früher das berüchtigte Rotlichtviertel *Monto*. Dies sind die Straßen, in denen Stephen Daedalus in Joyce' *Jugendbildnis* die Sünde suchte: »Er wanderte in einem Gewirr enger und schmutziger Straßen umher. Aus den Gassen hörte er das heisere Grölen, Streiten und schleppende Gerede von Betrunkenen ... Frauen und Mädchen in langen, auffallenden Gewändern gingen von Haus zu Haus über die Straße. Sie waren parfümiert und schlenderten geruhsam dahin ... Er stellte sich mitten auf die Straße, sein Herz schlug wild in seiner Brust. Eine Frau in einem langen, rosafarbenen Kleid legte ihre Hand auf seinen Arm, um ihn aufzuhalten, und sah ihm ins Gesicht. Fröhlich sagte sie: Guten Abend, Willieschatz!«

Stars und Attraktionen

Am Nordende der O'Connell Street befinden sich die **Rotunda Rooms** (1784–86), in denen heute das Ambassador-Kino untergebracht ist. Das **Rotunda Hospital** (1751–55) links – das erste Entbindungsheim Europas – wurde mit den Konzerten in den Rooms finanziert. Nach dem noch heute praktizierten Prinzip der Wohltätigkeitsveranstaltungen trugen die glanzvollen Ereignisse der Reichen dazu bei, das Elend der Armen zu lindern. Auf der anderen Seite der Rotunda Rooms liegt am Ende des Parnell Square East das 1928 von Micheál MacLiammóir und Hilton Edwards gegründete **Gate Theatre,** in dem der junge Orson Welles seinen ersten Auftritt als Profi hatte. Wenn das Abbey Theatre von Anfang an ein Theater der Autoren war, so machte sich das Gate Theatre durch seine gewagten Inszenierungen und lebhaften Bühnenbilder einen Namen. Hier konnte sich das Publikum mit dem internationalen zeitgenössischen Theater vertraut machen.

Blumenverkäuferin in der Moore Street.

Nachtleben in Dublin

Wenn die Geschäfte und Büros schließen, geschieht mit der Stadt allmählich eine Verwandlung. Der Großteil des Nachtlebens von Dublin findet im Zentrum statt, wo im Radius von rund 1,5 km viele der großen Kinos, Theater, Kulturzentren und berühmten Pubs des Landes angesiedelt sind.

Die Pubs spielen seit eh und je eine wichtige Rolle im gesellschaftlichen Leben Dublins, und auch wenn sich viele von ihnen ein moderneres Aussehen zugelegt haben, ist Guinness noch immer das Nationalgetränk. Guinness ist etwas für Kenner, ein dunkles, weiches Bier, das mit viel Muße und Sorgfalt eingeschenkt und vom Gast mit nicht weniger Ehrfurcht getrunken wird.

In den Hinterzimmern mancher Pubs findet man traditionelle Musik. Am bekanntesten ist wohl das »O'Donoghu's« in der Merrion Row, wo Anfang der sechziger Jahre die Karriere der Folkgruppe »The Dubliners« begann. Weitere führende Lokale, in denen irischer Folk gespielt wird, sind das »Slattery« (Capel Street), das »Brazen Head« in der Lower Bridge Street, die »International Bar« (Wicklow Street) und das An Béal Bocht in der Charlemont Street.

Die Organisation für traditionelle Musik *Comhaltas Ceoltoiri Eireann* veranstaltet in ihrem Hauptquartier am Belgrave Square in Monkstown am Stadtrand regelmäßig Konzerte. Dubliner Rockbands treten vor allem im »Baggot Inn« in der Lower Baggot Street, im »Underground«, einem Klub in der Dame Street, im »McGonagles« in der South Anne Street und im »Cathedral Club« in einem Teil der Christ Church Cathedral auf.

Große Konzerte und Auftritte internationaler Stars finden meist im National Stadium, dem Gaiety Theatre, dem Olympia Theatre und der SFX Hall statt. In der National Concert Hall werden jede Woche klassische Musik sowie gelegentlich Auftritte bekannterer Folkmusiker geboten.

Das Theater hat in Dublin eine große Tradition, wobei das Abbey Theatre und das Gate Theatre weit über Irland hinaus anerkannt sind. Jedes Jahr im September veranstaltet die Stadt ein Theaterfestival. Besonders beliebt bei den Dublinern sind auch die Kinos. Jährlich im Dezember findet das Dublin Film Festival statt.

Wenn die über 800 Pubs der Stadt ihre Gäste entlassen, kommt ein anderer Bereich des nächtlichen Treibens erst richtig in Schwung. Nachtklubs haben in Dublin eine lange Geschichte: In den fünfziger Jahren traf sich die Boheme in den »Katakomben« der georgianischen Häuser am Merrion Square – darunter waren meist auch die Schriftsteller Brendan Behan und James Patrick Donleavy zu finden.

Das Zentrum des Geschehens liegt heute am »Strip« in der Leeson Street, wo sich in etwa einem Dutzend Discos die Schickeria ein Stelldichein gibt. Welche Kriterien man erfüllen muß, um vor den Augen des Türstehers im Smoking Gnade zu finden, bleibt für die Besucher wohl immer ein Geheimnis. Eine geheimnisvolle Mode entscheidet auch, welche Klubs gerade »in« sind: den einen Monat ist es die Suesey Street, im nächsten vielleicht ein anderer Klub außerhalb des »Strip«, etwa das »Pink Elephant« oder das »Waterfront« – letzteres liegt in einem schickeren Teil des Dubliner Hafenviertels.

Die **O'Connell Street** bei Nacht; im Vordergrund das O'Connell-Denkmal, im Hintergrund das Hauptpostamt (mit dem Säulenvorbau).

Mit seiner Ein-Mann-Darbietung *The Importance of Being Oscar,* die sich auf Leben und Werk von Oscar Wilde bezieht, kam der Schauspieler, Regisseur und Schriftsteller MacLiammóir zu Weltruhm. Sein letzter Bühnenauftritt im Gate fand am 13. Dezember 1975 mit der 1384. Vorstellung von *Oscar* statt. Zu diesem Zeitpunkt war MacLiammóir 76 Jahre alt, schon fast blind und hatte sich gerade von einem leichten Schlaganfall erholt. Im Publikum, das ihn mit Ovationen verabschiedete, war auch Irlands Präsident Cearbhall O'Dálaigh (1911–78). Im März 1978 starb MacLiammóir, kurz vor dem 50jährigen Jubiläum seines Theaters. Auch in den vergangenen Jahren feierte das Gate Theatre große Erfolge und erntete mit seiner Aufführung irischer Stücke weit begeistertere Zustimmung als das Abbey.

Vom Theater aus sind es nur ein paar Meter den Hügel hinauf zum **Garden of Remembrance,** der 1966, ein halbes Jahrhundert nach dem Osteraufstand, zur Erinnerung an alle jene angelegt wurde, die im Kampf um die Freiheit Irlands ihr Leben verloren. Die Skulptur von Oisín Kelly vor dem kreuzförmigen Wasserbecken basiert auf der irischen Legende der Kinder von König Lir, die sich in Schwäne verwandelten. An der Nordseite des Parnell Square befindet sich in einem 1760 von William Chambers geplanten Stadthaus für Lord Charlemont die **Hugh Lane Municipal Gallery.** Das Kernstück der Galerie bildet die Sammlung von Sir Hugh Lane, der 1915 beim Untergang des Passagierschiffs *Lusitania* ums Leben kam. Da er kein eindeutiges Testament bezüglich seiner Gemälde hinterließ, mußte ein Kompromiß zwischen Dublin und der National Gallery in London – wohin zum Zeitpunkt seines Todes ein Teil der Sammlung ausgeliehen war – gefunden werden. 1959 teilte man die Sammlung unter beiden Galerien auf und vereinbarte, daß alle fünf Jahre ein Tausch stattfinden solle. Die Sammlung stellt die zweitgrößte öffentliche Kunstsammlung in Irland dar und umfaßt u.a. irische Kunst des 20. Jh. und bedeutende Werke der französischen Impressionisten. An dem gleichen Platz lohnt ein Besuch des **Dub-**

Parnell Square mit der Skulptur der Kinder von Lir, die sich in Schwäne verwandeln.

lin Writers Museum, in dem anhand von Porträts, Manuskripten, Erstausgaben und Memorabilia irischer Schriftsteller die Geschichte der irischen Literatur von ihren Anfängen bis heute illustriert wird. Das Museum wurde im Jahr 1991 eröffnet, als Dublin Kulturhauptstadt Europas war.

Verfall stilvoller Häuser

In der Great Denmark Street steht links das **Belvedere House,** eine Villa aus dem 18. Jh., in der seit 1841 das jesuitische Belvedere College untergebracht ist. James Joyce, der hier unterrichtet wurde, beschreibt die Atmosphäre im *Jugendbildnis.* An dem **Mountjoy Square** lagen einst die stilvollsten Häuser Dublins. Benannt wurde der Platz nach seinem Planer Luke Gardiner, dem Viscount Mountjoy und Enkel des Mannes, der die O'Connell Street angelegt hatte. Haus Nr. 1 an der Ecke im Südosten des Platzes wurde vom 1801 hier verstorbenen Meisterstukkateur Michael Stapleton erbaut. Die meisten der umliegenden Häuser sind in einem ziemlich schlechten Zustand, doch werden einige inzwischen von ihren Besitzern mit viel Sorgfalt wieder hergerichtet.

In seinem Buch *Excursions through Ireland* (1820) beschreibt Thomas Cromwell den Platz als eine Gegend, in der »Geschmacksempfinden und Prunk bei der Verschönerung Hand in Hand gehen; die Straßen der Umgebung sind regelmäßig angelegt; die Häuser sind hoch und elegant; und weder Hotels, Geschäfte noch Lagerhäuser drängen sich in den Vordergrund, alles legt eine würdevolle Zurückhaltung an den Tag – die Stille der Behaglichkeit, des Wohlstands und der Muße. Die Bewohner dieser Gemeinde gehören fast ausschließlich der Oberschicht an ...«

Die **Dorset Street** erhielt ihren Namen von Lionel Sackville, dem dritten Herzog von Dorset und Lord-Lieutenant von Irland. Sie hat optisch wenig zu bieten, doch verbinden sich einige interessante Namen mit ihr: In Nr. 12 wurde 1751 Richard Brinsley Sheridan geboren, und in Haus Nr. 85, das heute die Büros einer Bank beherbergt, kam 1884 Sean O'Casey zur Welt. Rechts liegt die **Eccles Street,** doch Haus Nr. 7, in dem Leopold und Molly Bloom aus Joyce' *Ulysses* lebten, existiert nicht mehr.

Die Dorset Street führt den Hügel hinunter zur Bolton Street. Rechts liegt die **Henrietta Street,** die älteste und einst auch die schönste georgianische Straße Dublins, in der Erzbischöfe, Adlige und Parlamentsabgeordnete wohnten. Heute ist sie – außer dem restaurierten Haus Nr. 11 – in einem ziemlich heruntergekommenen Zustand, was auf einen Ratsherrn namens Meade zurückzuführen ist, der zu Beginn dieses Jahrhunderts die meisten der um 1720 erbauten Häuser der Straße aufkaufte und in Mietshäuser umwandeln ließ.

Am anderen Ende der Henrietta Street liegen die **King's Inns,** Sitz des Dubliner Gerichtshofs, die allerdings nur von außen zu besichtigen sind. Das Gebäude wurde 1795 von Gandon geplant, von seinem Schüler Henry Aaron Abker vollendet sowie Mitte des 19. Jh. mit Seitenflügeln erweitert. In der **Capel Street** gibt es interessante alte Läden und Eisenwarenhandlungen. Links in der Mary Street

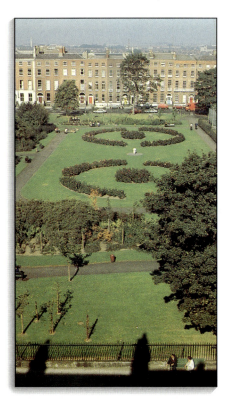

Die Grünanlagen am **Mountjoy Square.**

steht die heute als Kunstzentrum genutzte **Saint Mary's Church,** die 1697 von Thomas Burgh, dem Architekten der Bibliothek des Trinity College, erbaut wurde. Hier hielt der einflußreiche englische Methodistenführer John Wesley (1703–91) 1747 seine erste Predigt in Irland.

Moderne Mumien: Auf der anderen Seite der Capel Street führt die Mary Street über die Mary's Lane zur Church Street und der protestantischen **Old Saint Michan's Church,** die 1095 als Pfarrkirche der dänischen Wikinger gegründet worden war und über 500 Jahre lang die einzige Pfarrkirche auf der Nordseite des Liffey blieb. Der heutige Bau stammt aus dem späten 17. Jh., wurde aber 1821 und nach dem Bürgerkrieg renoviert. Auf der Orgel der Kirche soll Georg Friedrich Händel gespielt haben. Im Gewölbe liegen mumifizierte Leichen aus dem 17. Jh., die deshalb so gut erhalten blieben, weil die Kalksteinwände der Luft die Feuchtigkeit entziehen.

In der Nähe liegen links und rechts der Saint Mary's Street an der Mary's Lane die Märkte für Obst, Gemüse und Fisch, deren Besuch sich für Frühaufsteher lohnt. Die beiden viktorianischen Backsteinbauten sind mit kunstvollen Eisengittern und Toren geschmückt. Das riesige Stadtwappen aus Kalkstein markiert den Eingang zur Saint Mary's Lane. In der Bow Street befand sich bis 1972 die alte Jameson Whiskey Distillery, heute Sitz des Whiskeybrenner-Verbandes. In einem ehemaligen Lagergebäude wurde die **Irish Whiskey Corner** eingerichtet, in der ein kleines Museum über die Geschichte und den Herstellungsprozeß des irischen Whiskey informiert.

Am Ormond Quay liegen die **Four Courts,** die ein weiteres Werk von James Gandon sind. Beim Bau dieses obersten Gerichtshofs der irischen Republik 1786 bis 1802 bezog Gandon ein älteres Gebäude mit ein, das nur wenige Jahre zuvor von Thomas Cooley, dem Architekten der City Hall, errichtet worden war. Der beherrschende Rundbau mit Kuppel und einem korinthischen Portikus wird von zwei Nebengebäuden flankiert, die je einen Innenhof umschließen.

Mumien aus dem 17. Jh. im Gewölbe der **Saint Michan's Church.**

Nachdem republikanische Kräfte das Gebäude 1922 verbarrikadiert hatten, wurde es von Truppen der neuen Regierung unter Michael Collins von der anderen Seite des Flusses mit Granaten beschossen – dies war der Auslöser für den Bürgerkrieg. Das Feuer, das daraufhin ausbrach, brannte auch das nahe gelegene gesamte Staatsarchiv mit unzähligen kostbaren Dokumenten aus. Dazu Sean O'Casey: »All die Aufzeichnungen des Landes, Prozesse, Fälle, Aussagen, Wechsel und Eigentumsverkäufe an Kirche und Privatleute, und alle Chroniken, die seit der Ankunft Strongbows in Irland aufgezeichnet wurden, wirbelten durch die Luft ... und flatterten versengt in den Hinterhöfen Dublins zu Boden.« Von dem Gebäude blieb schließlich nur noch die Fassade erhalten, und erst 1932 konnten die Gerichte (Zivilgerichtshof, Kanzlei-, Finanz- und Oberhofgericht) wieder in dem restaurierten Gebäude der Four Courts tagen.

Auf dem Weg flußabwärts zurück zur O'Connell Bridge kann man einen kleinen Umweg in die Capel Street machen und sich die Überreste der **Saint Mary's Abbey** links in einer kleinen Straße gleichen Namens ansehen. Die Abtei, die wahrscheinlich im 10. Jh. von Benediktinern gegründet wurde, ging im 12. Jh. in den Besitz der Zisterzienser über. Hier brach der Earl of Kildare, Silken Thomas FitzGerald (früher Lord Offaly genannt) 1534 seinen Treueid, den er auf die englische Krone geleistet hatte, und warf dem Rat das Staatsschwert, das er als Lord Deputy (stellvertretender Gouverneur) trug, zu Füßen. Irrtümlicherweise nahm er an, der König habe seinen Vater töten lassen (dies geschah erst später). S. Th. FitzGerald wurde schließlich gefangengenommen und 1537 in London hingerichtet. König Heinrich VIII. löste die Abtei auf, ein Jahrhundert später waren von ihr nur noch Ruinen übrig. Erhalten geblieben ist der Kapitelsaal aus dem 10. Jahrhundert.

Stolz präsentiert sich der Chef eines Großhandelsgeschäftes auf seinem reichhaltigen Angebot an Nahrungsmitteln vom Kontinent, speziell aus Italien.

Die Westside

Die Liste der ehemaligen Insassen des **Kilmainham Jail** liest sich wie ein »Who's Who« der irischen Aufstände. Einer der letzten Gefangenen der Haftanstalt war Eamon de Valera: Staatsmann, einer der Gründer und später Präsident der Republik Irland. Valera wurde am 16. Juli 1924 entlassen. Kilmainham wurde 1796 eröffnet, als die Behörden befürchteten, daß sich die Ideen der Französischen Revolution auch in Irland ausbreiten könnten. Etwa 130 Jahre lang waren hier immer wieder politische Gefangene inhaftiert, von denen nicht wenige exekutiert wurden. Unter den ersten Gefangenen waren zahlreiche United Irishmen und die Rebellen von 1798, später die Anführer der Rebellionen von 1803, 1848, 1867 und 1916.

Als der Bau als Gefängnis ausgedient hatte, geriet er bei der Bevölkerung weitgehend in Vergessenheit. 1960 wurde dann mit der Renovierung begonnen, und seit 1986 steht das Gebäude unter der Verwaltung des Office of Public Works, das hier, am Südufer des Liffey und rund 2,5 km westlich der O'Connell Bridge, ein interessantes Museum eingerichtet hat. Der Besucher gewinnt bei einer Führung einen ergreifenden und realistischen Eindruck von den Haftbedingungen, denen ein Insasse damals ausgesetzt war. Im Originalzustand erhalten sind modrige Gänge, dicke Eisentüren, die Zellen der Gefangenen, die Todeszelle, die Kapelle und der Exekutionshof.

Auf der anderen Seite der South Circular Road im Osten steht das älteste vollständig erhaltene klassizistische Bauwerk Irlands: das **Royal Hospital von Kilmainham** (1680–1684), das 1986 unter großem Aufwand renoviert wurde. Das Gebäude entstand im Auftrag von James Butler, dem Great Duke of Ormonde, nach dem Vorbild des Hôtel des Invalides in Paris als Krankenhaus für Kriegsversehrte und Veteranen. Es war das erste seiner Art im britischen Empire und seinerzeit ein imposantes Wahrzeichen der Stadt, das einsam am Westrand Dublins auf einem Grundstück (es gehörte früher zum Phoenix Park) stand, das sich bis zum Liffey erstreckte. Der Architekt war William Robinson, der auch die Marsh's Library und das Charles Fort in Kinsale entworfen hat. Auch im 18. und 19. Jh. wurde das Royal Hospital seinem ursprünglichen Zweck entsprechend genutzt (Königin Viktoria stattete dem Krankenhaus zweimal einen Besuch ab). Nach dem Vertrag, der den irischen Unabhängigkeitskrieg beendete, ging es in den Besitz des Freistaates Irland über, der es 1928 schließen ließ.

In den folgenden Jahrzehnten wurde das Gebäude ganz verschieden genutzt. Untergebracht waren zeitweilig die Garda (Polizei), die National Folklore Collection und die Statue von Königin Viktoria vor dem Leinster House, die lange Zeit Anstoß erregte. Im Mai 1991, dem Jahr, in dem Dublin europäische Kulturhauptstadt war, öffnete nach der Renovierung dort das **Irish Museum of Modern Art** seine Pforten.

Angesichts der geringen für Ankäufe zur Verfügung stehenden Mittel (jährlich 150 000 irische Pfund) ist das Museum

Vorherige Seiten: Hausmeister im Kilmainham Jail. Links: Erholung im **Phoenix Park.** Rechts: Im **Gefängnismuseum** von Kilmainham.

vorerst auf kurzzeitige Leihgaben angewiesen. Im Erdgeschoß stehen jungen Künstlern Studios für einen Schaffensaufenthalt zur Verfügung. Die eigentlichen Ausstellungsflächen befinden sich auf den Gängen und in den ehemaligen Schlafgemächern im ersten Stock.

Der rechteckige Zentralbau des Royal Hospital umschließt einen Innenhof mit umlaufender Arkade. Im North-Range-Flügel befinden sich der Große Saal, die Kapelle und die Master's Quarters, in denen der Gouverneur residierte. Der Große Saal sieht heute fast genauso aus wie früher: Die Kiefertäfelung ist wie einst von weißer Farbe überzogen und läßt Pinselstriche erkennen, mit denen man den Anschein erwecken wollte, als bestünde die Wand aus Stein, und auch die neue Decke gleicht dem Original aus dem 17. Jh. Die Dielen am Boden sind aus gewachsenem Eichenholz, die Buntglasarbeiten von A. E. Childe stammen aus dem frühen 20. Jh.

Die barock gestaltete Kapelle zeugt von großem handwerklichen Können und erinnert an Kirchen der damaligen Zeit auf dem Kontinent. Die Kosten der überaus aufwendigen Renovierung beliefen sich auf 20 Mio. Pfund (das Original wurde 300 Jahre zuvor für 24 000 Pfund errichtet). In Anerkennung dieser Leistung und des »bedeutenden Beitrags zur Erhaltung des architektonischen Erbes Europas« wurde dem Royal Hospital 1985 der Preis »Europa Nostra« der Europäischen Gemeinschaft zuerkannt. Im heutigen Museum werden Werke zeitgenössischer, v. a. irischer Künstler gezeigt, wobei das Studium der modernen Kunst durch rege Ausstellungstätigkeit, Stipendien und Vorträge besonders gefördert wird.

Auf der anderen Seite des Liffey erstreckt sich der **Phoenix Park** über eine Fläche von 712 ha. Er ist damit einer der größten Stadtparks in Europa und fünfmal größer als der Hyde Park in London. Der Park liegt knapp 3 km vom Stadtzentrum entfernt und bietet den Dublinern ein herrliches Naherholungsgebiet. Seinen Namen erhielt er nicht, wie man vermuten könnte, vom mythischen Vogel der Unsterblichkeit – »Phoenix« ist eine

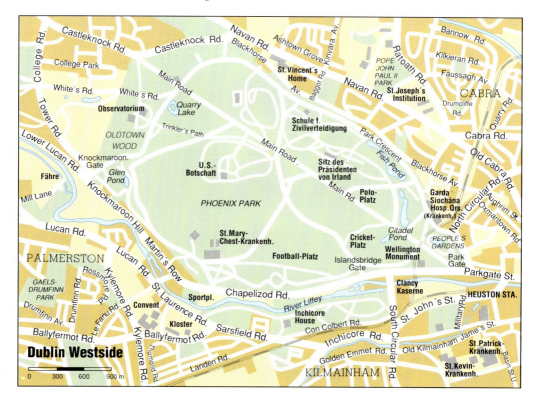

Verballhornung des Wortes *fionn uisce,* das »klares Wasser« bedeutet und auf den Namen einer Quelle verweist. Die Entstehung des Parks geht auf die Zeit zurück, als die englische Krone das Land des mittelalterlichen Priorats Kilmainham beschlagnahmte.

Anfang des 17. Jh. ließ sich der Vizekönig auf diesem Gelände nördlich des Liffey seinen Landsitz *The Phoenix* errichten. 1662 wurde weiteres Land erworben, um die Residenz mit einem Wildpark von 800 ha zu umgeben. Die Gestaltung des Parks in seiner heutigen Form geht im wesentlichen auf Lord Chesterfield, Vizekönig von Irland, zurück, der in dem Park ein »unbearbeitetes Feld« sah und ihn im 18. Jh. auf eigene Kosten nach formalen Prinzipien umgestalten ließ. 1747 ließ er die Phoenix Column, eine etwa 10 m hohe korinthische Säule, errichten. 1745 wurde der Park der Öffentlichkeit zugänglich gemacht und schon bald nahm die Zahl der Überfälle und der Duelle dort sprunghaft zu.

Der Haupteingang zum Phoenix Park liegt im Südosten in der Parkgate Street gegenüber der Heuston Station. Links vom Eingang erhebt sich das **Wellington Monument,** ein 60 m hoher Obelisk, der nach der Schlacht von Waterloo zu Ehren des in Dublin geborenen Generals aufgestellt wurde. Wellington war seine irische Herkunft unangenehm. Als seine Freunde ihn daran erinnerten, daß er aber in Dublin zur Welt gekommen und demnach ein Dubliner sei, soll er geantwortet haben: »Nur weil jemand in einem Stall geboren wurde, heißt das nicht, daß er ein Pferd ist!«

Rechts vom Eingang liegt der **People's Garden** (Volksgarten) mit bunten Blumenbeeten, die sich terrassenförmig über das steile Ufer eines Sees erstrecken. In den angrenzenden, von Gandon geplanten Gebäuden ist das Verteidigungsministerium untergebracht. Im nahen Hauptquartier der Garda kann man ein kleines Polizeimuseum besuchen.

Rechts schließt sich der **Zoo** an, der 1830 gegründet wurde und damit der drittälteste der Welt ist. Der Zoo besitzt eine beachtenswerte Anzahl Tiere aus den Tropen und ist v. a. für seine Zucht

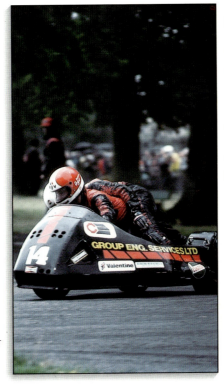

Motorradrennen im **Phoenix Park** (links) und ein Buntglasfenster im **Royal Hospital** (rechts).

von Löwen bekannt; er beliefert Tiergärten in aller Welt mit ihnen. Auch der berühmte brüllende Löwe der Metro-Goldwyn-Meyer stammt von hier. Daneben gibt es einen großen natürlichen See mit zahlreichen Wasservogelarten, einen Kinderzoo mit Ziegen, Lämmern, Kaninchen, Hühnern und Meerschweinchen zum Anfassen sowie ein Reptilienhaus.

Hinter dem Zoo liegt **Aras an Uactarain,** der Sitz der Präsidenten von Irland, der 1751 von Nathaniel Clements als Landsitz errichtet und 1815 zur Residenz des Vizekönigs ausgebaut wurde. In Sichtweite dieses Gebäudes wurden am 6. Mai 1882 der Staatssekretär für Irland, Lord Frederick Cavendish, und sein Unterstaatssekretär T. H. Burke ermordet. Vier Mitglieder der extremistischen Rebellenorganisation »Die Unbesiegbaren« wurden für die »Morde im Phoenix Park«, die schwerwiegende Folgen für das Verhältnis zwischen England und Irland hatten, verurteilt und im Gefängnis von Kilmainham hingerichtet. Ihre Informationen hatten sie von ihrem Komplizen James Carey erhalten, der begnadigt wurde. Auf dem Schiff, das ihn nach Kapstadt bringen sollte, wurde er erschossen und sein Tod später als politischer Mord hingestellt. Der Täter wurde in London exekutiert.

Links von der Hauptstraße und fast gegenüber dem Aras an Uactarain liegt die Residenz des US-Botschafters, der frühere Sitz des Staatssekretärs für Irland. Hinter dem Gebäude erstreckt sich der Park **Fifteen Acres** mit Fußball-, Hurling-, Kricket- und Polofeldern, der aber trotz dieses Namens nicht 15, sondern 200 Acres (80 ha) mißt. Im Park wurden 1932 für den 31. Eucharistischen Kongreß ein Altar aufgestellt, sowie ein 27 m hohes Kreuz anläßlich des Besuchs von Papst Johannes Paul II. 1979.

Die Rennbahn des Phoenix Park, auf der Pferderennen mit Teilnehmern aus Großbritannien und ganz Europa ausgetragen werden, liegt im nördlichen Teil des Parks.

Unten: Wiegen des Jockeys auf der Rennbahn im Phoenix Park. Rechts: Ein Besucher verfolgt das Rennen mit Kennerblick.

Südliche Vororte

Alle Orte, die für den Besucher in den südlichen Stadtteilen von Interesse sind, kann man mit Bussen vom **Eden Quay** an der O'Connell Bridge aus und mit den Vorortzügen der DART (Dublin Area Rapid Transit), die eine Alternative zu den verstopften Hauptstraßen bilden, gut erreichen.

Die Hauptstrecke der Busse führt über Nassau Street, Merrion Square North und Northumberland Road in den Nobelvorort **Ballsbridge,** in dem das Rugbystadion in der Lansdowne Road, die Royal Dublin Society und die Botschaft der Vereinigten Staaten zu finden sind. Der Rundbau der US-Botschaft (1964) ist vom Bus aus nicht zu übersehen – er steht rechts, kurz hinter dem Jury's Hotel, an der Stelle, wo zwei Straßen in spitzem Winkel aufeinandertreffen.

Seinen Namen verdankt der Vorort Ballsbridge einer in der Nähe des Hauses eines Mister Ball errichteten Brücke über den Fluß Dodder. Jenseits der Brücke befindet sich der Sitz der **Royal Dublin Society** (RDS), die im gesellschaftlichen und kulturellen Leben der Stadt eine wichtige Rolle spielt. Gegründet wurde die Gesellschaft 1731 von 14 Dubliner Gentlemen zur Förderung von »Landwirtschaft, Handwerk und anderen nützlichen Künsten und Wissenschaften«. Gegen Ende des Jahrhunderts hatten die Mitglieder der Organisation, die vom irischen Parlament bezuschußt wurde, den Grundstock für die National Library, das National History Museum und das National College of Art gelegt.

Ihre ersten Treffen hielten die Mitglieder der RDS in den Räumen der philosophischen Fakultät des Trinity College ab. Nachdem sie in den folgenden Jahrzehnten mehrmals ihren Standort hatte wechseln müssen, erwarb die Gesellschaft 1815 das Leinster House als neuen Sitz.

Ab 1881 veranstaltete die RDS auf einem 6 ha großen Gelände in Ballsbridge die **Spring Show** und die **Dublin Horse Show.** Nach und nach kaufte sie dort weiteren Grundbesitz – glücklicherweise, denn als die Regierung des Freistaates Irland 1922 das Leinster House übernahm, mußte die Gesellschaft dort ausziehen. Die Spring Show und die Horse Show sind noch immer wichtige Ereignisse in Dublin, und auch im **Simmonscourt-Pavillon** (1974), der von einer Wetterfahne in Gestalt des großen Rennpferdes Arkle bekrönt ist, veranstaltet die RDS das ganze Jahr über Ausstellungen und Konzerte.

Etwas weiter weist ein Schild rechts in die Shrewsbury Road zur **Chester Beatty Library and Gallery of Oriental Art.** Der irische Staat erhielt die Sammlung von Sir ALFRED CHESTER BEATTY (1875–1968), einem reichen Bergbauingenieur, der in New York geboren wurde und auf seinen ausgedehnten Reisen im Mittleren und Fernen Osten sein Interesse für orientalische Kunst, v. a. für Handschriften, entdeckte. Die bedeutende Galerie besitzt wertvolle Manuskripte, Bücher, Miniaturmalerei und Kunstobjekte aus orientalischen und fernöstlichen Kulturen. Ausgestellt werden z. B. eine seltene Sammlung von chinesischen Nashornbechern aus dem 11. Jh., japanische

Vorherige Seiten: Händler mit Pferdewagen. – Schafe auf der Spring Show der Royal Dublin Society. Links: Blick hinunter auf Bray. Rechts: Warten auf den ersten Einsatz auf der Dublin Horse Show.

Lackarbeiten, persische, ägyptische und türkische Koranausgaben sowie tibetische Handschriften auf Palmblättern und indische Miniaturmalerei. Weitere Bereiche zeigen u. a. birmanische, siamesische, tibetische, mongolische, japanische und chinesische Buchkunst. Als Dank für seine Schenkung und Verdienste wurde Sir A. Chester Beatty 1957 die erste Ehrenbürgerschaft der Republik Irland angetragen.

Bald erreicht man auf der Hauptstraße nach Süden die Küste, dann bietet sich ein herrlicher Blick über die Bucht von Dublin. Wenige Meter weiter links erstreckt sich ein Vogelschutzgebiet. Rechts liegt das **Blackrock College,** das 1860 als katholische Knabenschule gegründet wurde. Auch der Staatsmann Eamon de Valera ging hier zur Schule und kehrte als Lehrer nochmals zurück. Unter den Ehemaligen ist auch der Rocksänger Bob Geldof, der v. a. dadurch bekannt wurde, daß er eine Hilfsaktion für Afrika initiierte.

Knapp einen Kilometer weiter liegt der Ort **Blackrock,** der heute ein Wohnort

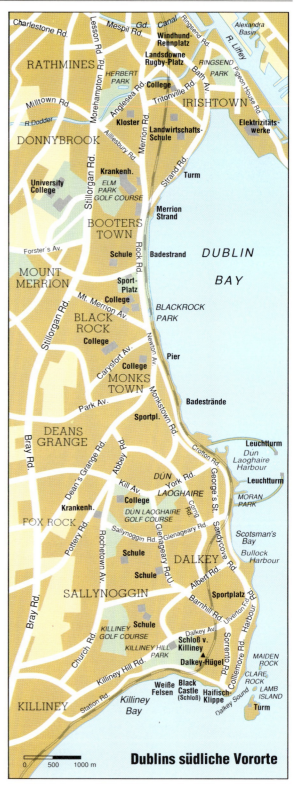

Dublins mit eigenem Geschäftszentrum ist. Im 18. Jh. gab man sich hier begeistert dem neumodischen Sport hin, im Meer zu baden. Der Ort erhielt seinen Namen von dem in Küstennähe liegenden Black Rock, der früher einmal die Stadtgrenze markierte. Die Buntglasfenster der **Saint John's Catholic Church** stammen von den Künstlern Harry Clarke und Evie Hone. Ein riesiger Gedenkstein vor dem modernen Supermarkt Roches Stores erinnert daran, daß hier einst das Frescati House stand, in dem Lord Edward FitzGerald lebte, der bei der Rebellion 1798 ums Leben kam. Das Haus und fast 3 ha Wald wurden 1969 von Spekulanten aufgekauft und 1983 trotz Protesten der Öffentlichkeit zerstört.

Die Küstenstraße streift anschließend den Ort **Monkstown** und erreicht dann einige Kilometer weiter die Hafenstadt **Dun Laoghaire** (meist *Dan Lihri* gesprochen). Nach dem Besuch des englischen Königs Georg IV., der den Ort 1821 am Ende seines Irlandaufenthaltes besucht hat, wurde der Ort Kingstown benannt (bis 1922). Der eigentliche Name der Stadt geht auf ein altes Fort zurück, das einem Hochkönig von Irland namens Laoghaire, der vom hl. Patrick zum Christentum bekehrt worden war, als Residenz gedient haben soll. Heute ist Dun Laoghaire mit Dublin zusammengewachsen und dessen wichtigster Wohnvorort.

Vom Hafen der Stadt, der zwischen 1817 und 1859 nach Plänen des Schotten John Rennie angelegt worden ist, laufen die Fähren nach England aus. Seine beiden langen Piers aus Granit, die je 1,5 km messen, laufen bogenförmig aufeinander zu. Der **East Pier,** der in der abendlichen Sonne golden schimmert, ist v. a. sonntags ein beliebtes Ausflugsziel. Dun Laoghaire ist nicht nur ein wichtiger Passagierhafen, sondern auch Sitz exklusiver Jachtklubs wie des Royal Irish, des National und des Royal Saint George Yacht Club.

Auf der anderen Seite der Stadt ist an der Hauptstraße in der ehemaligen Mariner's Church (1837) seit 1977 das **National Maritime Museum of Ireland** untergebracht, das allein schon wegen der wun-

Links: Wer kommt mit auf die Kahnpartie? Unten: **Dun Laoghaire,** der wichtigste Passagierhafen im Fährbetrieb mit England.

dervoll gearbeiteten Eichendecke einen Besuch lohnt. Kernstück des Museums ist die Sammlung des Wicklower Kapitäns ROBERT HALPIN, der mit seinem, hier als Modell rekonstruierten Schiff *Great Eastern* das erste Transatlantikkabel verlegt hat. Eines der eindrucksvollsten Exponate ist der **Baily Light Optic,** ein uhrwerkgetriebenes Objekt von 1865, das sich bis 1972 im Baily-Leuchtturm in Howth auf der Nordseite der Bucht im Einsatz befand. Geschichtlich besonders interessant ist ein 10 m langes Beiboot der französischen Fregatte *Resolue,* die 1796 als Teil einer größeren Flotte die Bantry Bay angelaufen hatte, um den United Irishmen zu Hilfe zu kommen. Das Unternehmen scheiterte allerdings an einem Sturm.

Das nächste Kap hinter Dun Laoghaire, und vom East Pier aus zu Fuß gut zu erreichen, ist **Sandycove.** 1904 lebte James Joyce eine Weile im hiesigen **Martello Tower.** Die Martello Towers sind eine Reihe von Türmen, die zwischen 1804 und 1815 an der Süd- und Ostküste Irlands zur Verteidigung gegen einen möglichen Angriff durch die Flotte Napoleons errichtet wurden. Der Turm wird gleich in den ersten Passagen des *Ulysses* erwähnt. 1962 eröffnete Sylvia Beach, die Verlegerin des Romans, darin ein James-Joyce-Museum. Ausgestellt werden Briefe, Dokumente, Erstausgaben, Photographien und eine Totenmaske von James Joyce.

Reizvolle Küstenorte

Rund 2 km weiter liegt das reizende alte Städtchen **Dalkey,** dessen enge, kurvige Straßen und herrliche Villen am Strand ihm einen fast kontinentalen Charme verleihen. Der Ort galt früher als Stadt der sieben Burgen, von denen außer den Ruinen der Kirche **Saint Begnet** an der Hauptstraße noch zwei Wehrhäuser aus dem 15. und 16. Jh. erhalten sind. Auf der Coliemore Road erreicht man nach kurzer Fahrt den **Coliemore Harbour,** wo in den Sommermonaten die Boote zur nahen **Dalkey Island** ablegen. Auf der Insel, die zum Vogelschutzgebiet erklärt wurde, sind ein weiterer Martello Tower und die Ruinen einer Benediktinerkirche zu besichtigen.

Killiney wird oft mit der Bucht von Neapel verglichen.

Das **Torca Cottage,** in dem G. B. Shaw in seiner Jugend 1866–74 lebte, liegt auf dem **Dalkey Hill,** von dem sich ein wundervoller Blick auf die Dublin Bay und einen der schönsten Abschnitte der Ostküste bietet. An einer Seite der Anhöhe wurde der Granit für die Piers im Hafen von Dun Laoghaire abgebaut. Der Lautenspieler und Komponist John Dowland (1563–1626) wurde in Dalkey geboren. Die Küstenstraße südlich von Dalkey (Vico Road) führt um Dalkey Hill und Killiney Hill herum und an Badeplätze wie **White Rock.**

Der **Killiney Hill** wurde aus Privatbesitz gekauft und 1887 zum 50jährigen Thronjubiläum Königin Viktorias als öffentlicher Park angelegt. Von seinem Gipfel aus hat man eine schöne Aussicht nach Norden auf Dublin und seine Bucht und nach Süden auf die halbmondförmige Killiney Bay, Bray Head (das abgerundete Kap auf der gegenüberliegenden Seite) und bei guten Wetterverhältnissen sogar bis zu den walisischen Cambrian Mountains. Am steilen, bewaldeten Hang des Hügels liegen zahlreiche prächtige Villen, am Fuß der Anhöhe erstreckt sich der **Killiney-Strand,** einer der schönsten Badestrände in der Umgebung von Dublin. Etwas weiter im Westen sind die Ruinen der **Killiney Church** und in der Nähe eine Ansammlung von Steinen, die als Druidenstuhl bezeichnet werden, zu finden. Der Obelisk auf dem Gipfel wurde 1742 nach einem langen harten Winter, in dem der Liffey zugefroren war, im Rahmen eines Arbeitsbeschaffungsprogramms errichtet.

Wieder ein Stück weiter im Süden und gut mit der DART zu erreichen, liegt **Bray** in der Grafschaft Wicklow, das als eine der am schönsten gelegenen Städte Irlands gilt. Seine besten Tage als Seebad hat Bray allerdings hinter sich. Doch **Bray Head** eignet sich wunderbar für anregende Spaziergänge und bietet ebenfalls einen herrlichen Blick Richtung Süden auf die Küste. Außerdem ist Bray ein guter Ausgangspunkt für Ausflüge zu den Sehenswürdigkeiten der Wicklow Mountains wie Powerscourt, Enniskerry, Devil's Glen, Glen of the Downs, Glendalough und Avoca.

Kiosk am Strand von Bray.

Nördliche Vororte

Ein kurzer Ausflug in den nördlichen Stadtteil **Glasnevin** (Busse der Linien 13 und 34) lohnt sich, um den Botanischen Garten, den Friedhof und das Meteorologische Zentrum zu besuchen. Der **Botanische Garten** wurde 1789 von der Royal Dublin Society geplant, im 19. Jh. erweitert und umfaßt nun eine Fläche von 20 ha. Sehenswert sind zunächst die viktorianischen Glashäuser, die zwischen 1843 und 1869 von dem Ingenieur RICHARD TURNER entworfen wurden, der auch die Gewächshäuser der Kew Gardens sowie der botanischen Gärten in London und Belfast konstruierte. Das Große Palmenhaus entstand 1884. Auf dem Gelände wachsen über 20 000 Pflanzenarten. In den Gewächshäusern gedeihen Kakteen, tropische Farne und Lilien, auch ein Exemplar des Seerosengewächses Victoria amazonica, dessen Durchmesser mehr als 2 m beträgt, aus dem Amazonasgebiet. Zu sehen sind darüber hinaus die unterschiedlichsten tropischen Pflanzen und Orchideen. Ein Rundgang führt vorbei an bunten Staudenrabatten, einem Rosengarten und an vielen prächtigen Bäumen – der größte ist ein 30 m hoher kalifornischer Redwood.

Südwestlich des Botanischen Gartens liegt der **Glasnevin Cemetery.** Seit seiner Eröffnung 1832 wurden hier 11,5 Mio. Menschen beigesetzt – darunter auch Daniel O'Connell, der den Friedhof anlegen ließ. Ihre letzte Ruhestätte fanden hier auch Charles Stewart Parnell, Arthur Griffith, Michael Collins, der Gewerkschaftsführer James Larkin, der englische Dichter und Jesuit Gerard Manley Hopkins sowie Sir Roger Casement, dessen sterbliche Hülle 1964 – ein halbes Jahrhundert, nachdem er in London wegen Verrats von den Briten hingerichtet worden war – nach Dublin überführt wurde und der ein Staatsbegräbnis bekam. In James Joyces *Ulysses* reflektiert Leopold Bloom: »All die hier Begrabenen sind einst durch Dublin gelaufen – ergeben aus dem Leben geschieden.«

Nicht weit von hier liegt auf dem Glasnevin Hill an der Kreuzung der Old Finglas Road und der Ballymun Road der pyramidenförmige Bau des Wetteramtes (1979). Weiter westlich gelangt man über die Ratoath Road und die Dunsink Lane zum **Dunsink Observatory,** einem der ältesten Observatorien der Welt. Es wurde 1783 gegründet und dient heute vorwiegend Forschungszwecken; besucht werden können aber eine kleine astronomische Ausstellung und im Sommer die *Open Nights,* bei denen ein Dubliner Teleskop von 1863 zum Einsatz kommt.

Königsgrab

Ein kleiner Ausflug führt ans Meer nach **Clontarf,** wo der irische Hochkönig BRIAN BORU (mit Hilfe einiger ansässiger Dänen) in der Schlacht von Clontarf 1014 die einfallenden Dänen besiegte. Der König wurde im Kampf zwar tödlich verletzt, konnte aber den Vormarsch der Wikinger in Irland stoppen. In der Mitte des Ortes erhebt sich Clontarf Castle, das sich früher im Besitz der Templer und Hospitaliter befand. 1835 wurde es an der Stelle einer einstigen Befestigungsanlage wiederaufgebaut.

Vorherige Seiten: Der Fischerhafen Howth. Links: Wasserratten. Rechts: Das große Palmenhaus im **Botanischen Garten.**

Etwas östlich von Clontarf verläuft die **North Bull Wall,** die sich etwa 1 km in die Bucht von Dublin erstreckt und zu Beginn des vorigen Jahrhunderts auf Empfehlung von Captain Bligh (von der Bounty) errichtet wurde, um den Dubliner Hafen vor Versandung zu schützen. Sie ist auch für die Entstehung der noch immer wachsenden **North Bull Island** verantwortlich, auf der zwischen Sanddünen und Salzsümpfen eine Vielzahl von Pflanzen und Tieren leben.

Häufigste Bewohner der Insel sind die Seevögel – manchmal sind es bis zu 40 000, wenn bei Flut alle Vögel der Bucht hierher kommen. Viele Watvögel verlassen ihre Brutgebiete in der Arktis, um hier den Winter zu verbringen. An einem schönen Tag im Winter kann man etwa 5000 Enten, 800 Gänse und 30 000 Sumpfvögel auf der North Bull Island beobachten, auf der 1931 das erste Vogelschutzgebiet Irlands eingerichtet wurde. 1981 wurde ein Teil von der UNESCO zum Biosphärenreservat erklärt; 1986 richtete Dublin ein Informationszentrum ein, das sich nahe dem Kreisverkehr der Straße über den Damm befindet und den Blick auf den Dollymount-Strand freigibt. Daneben wurden auf der Insel auch Golfplätze angelegt: der **Royal Dublin** und der **Saint Anne's Golf Links.**

Die Küstenstraße nach Norden führt über die Landenge bei Sutton zur Halbinsel **Howth** (ebenfalls mit Bus und DART zu erreichen). Von der höchsten Erhebung der zerklüfteten Landspitze, dem Howth Head, kann man auf einem Weg über die Klippen um die Spitze des Kaps zum Dorf Howth gehen. Für den Romancier H. G. Wells bot sich von dort oben aus »einer der schönsten Ausblicke der Welt«. An klaren Tagen sieht man den ganzen Küstenverlauf von den Mourne Mountains im Nordosten bis zu den Wicklow Mountains im Süden.

Der Weg führt zum **Hafen von Howth** hinunter, der Anfang des 19. Jh. als Anlaufstelle der Paketboote, die zwischen Holyhead und Dublin verkehrten, entstand. Als der Hafen versandete, übernahm Dun Laoghaire seine Funktion. 1914 schmuggelten die Irish Volunteers auf der Jacht »Asgard« hier 900 Gewehre

Die **Bull Wall** bei Clontarf.

ins Land. Am Hafen stehen auch die Ruinen der **Saint Mary's Church** (1235). Die erste Kirche hatte 1042 der König des wikingischen Dublin, Sitric, erbauen lassen. Die heutigen Mauern aus dem 14. Jh. gehen auf eine 1235 errichtete Pfarrkirche zurück, die mehrfach umgebaut wurde.

Der Hafen von Howth ist heute einer der wichtigsten Fischerhäfen Irlands, für den vor einiger Zeit Millionen von Pfund aufgewendet wurden. Geht man den Westpier entlang, kommt man an Geschäften vorbei, die Netze, Fische und Handwerkliches verkaufen. Im Zentrum des neuen Viertels an der Küste, zu dem auch ein imposanter Jachthafen gehört, liegt der Howth Yacht Club.

2 km südöstlich vom Hafen steht der **Leuchtturm Baily** an der Stelle, wo Sir Richard Reading schon um 1670 einen Leuchtturm hatte erbauen lassen. Der heutige Leuchtturm entstand 1814 und war Schauplatz revolutionärer Experimente in der Leuchtturmtechnik, die John Wigham von Booterstown durchführte. Der vor einiger Zeit ausrangierte Baily Light Optic ist nun eine der größten Attraktionen des National Maritime Museum in Dun Laoghaire.

Dem Hafen von Howth vorgelagert ist die Insel **Ireland's Eye,** auf der ein altes Kloster aus dem 7. Jh. steht und die heute ein Vogelschutzgebiet bildet. Dahinter sieht man die **Lambay Island,** die für Vogelliebhaber noch interessanter ist, jedoch in Privatbesitz von Lord Revelstoke ist. Westlich des Hafens erhebt sich **Howth Castle,** Sitz der Familie Saint Lawrence. Die Festung wurde 1464 gegründet, der heutige, unregelmäßige Baukörper stammt jedoch vorwiegend aus dem 16. und 18. Jh. und kann nicht besichtigt werden. Der Park ist bekannt für seine herrlichen Rhododendren und Azaleen. In dem 1875 angelegten Rhododendrongarten finden sich auf 12 ha über 2000 verschiedene Arten dieser farbenprächtigen Pflanzen. Im Park ebenfalls zu besichtigen ist das National Transport Museum mit alten Traktoren, Doppeldeckerbussen, einem von Pferden gezogenen Feuerwehrwagen und die Hill-of-Howth-Straßenbahn Nr. 9, die von 1901 bis 1959 im Einsatz war.

Howth, ein beliebtes Ziel für einen Sonntagsspaziergang.

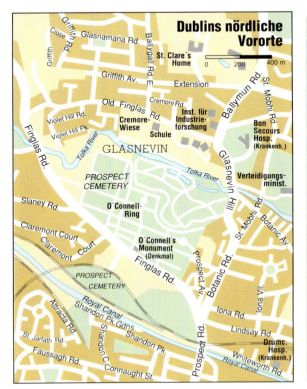

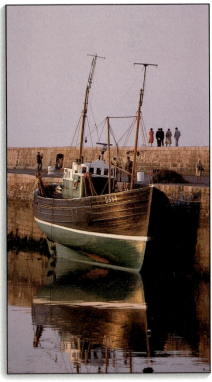

Auf dem Rückweg von Howth über Sutton Richtung Nordwesten erreicht man über die Küstenstraße das Seebad **Portmarnock.** Dort wurde in den Sanddünen ein 18-Loch-Golfplatz angelegt, auf dem auch Meisterschaften ausgetragen werden. 3 km weiter westlich steht die Saint Doulagh's Church, die als die älteste Kirche Irlands gilt, in der noch Gottesdienste gehalten werden. Der Ostteil stammt aus dem 12. Jh., der Rest der Kirche mit dem Turm aus dem 15. Jh. In der Nähe liegt die Saint Doulagh's Lodge, in der der in Frankreich ausgebildete Landschaftsmaler NATHANIEL HONE (1831–1917) 50 Jahre lang lebte.

Einige Kilometer nördlich von Portmarnock liegt **Malahide,** ein kleines Seebad an der Mündung des Broad Meadow, in dem viele Pendler leben. Südwestlich der Stadt erhebt sich Malahide Castle, das von 1185 bis 1976 von der Familie Talbot bewohnt wurde – abgesehen von der kurzen Zeit, in der Cromwell die Familie aus ihrem Stammsitz vertrieb. Das Gebäude stammt vorwiegend aus dem 14. Jh. und ist nun im Besitz der Grafschaft Dublin.

Die Innenausstattung und davon insbesondere das irische Mobiliar des 17. bis 19. Jh. ist sehenswert. Besonders bekannt ist die historisch interessante Talbotsche Gemäldegalerie, die durch Leihgaben der National Gallery ergänzt wird und Historiengemälde ebenso wie v. a. viele Familien- und Herrscherporträts von der Mitte des 17. bis zum Ende des 19. Jh. umfaßt.

Eisenbahnliebhaber kommen bei der Besichtigung der nach ihrem Sammler, dem Bahningenieur Cyril Fry, benannten **Fry Model Railway** auf ihre Kosten: Auf über 240 m² bewegen sich handgefertigte Modelle irischer Eisenbahnen aus verschiedenen Epochen in einer Landschaft mit Straßenbahnen, Schiffen, Bussen, detailgetreuen Nachbildungen der Bahnhöfe von Dublin und Cork und vielem mehr.

Auf dem Gelände des Schlosses steht die **Church of Saint Sylvester** aus dem 15. Jh., die früher die Familiengruft der Talbots bildete. Im Hauptschiff liegt das Grab von Maud Plunket, der Heldin von Gerald Griffins Ballade *Bride of Malahide* (»Jungfrau, Gattin und Witwe an einem Tag«). Ihr erster Mann, Lord Galtrim, kam am Tag ihrer Hochzeit auf dem Schlachtfeld ums Leben.

Weiter nördlich liegt in der Nähe des Ortes **Donabate** das **Newbridge House,** das Richard Cassels für den Erzbischof von Dublin, Charles Cobbe, um 1740 erbaute (1756 erweitert). Die Innenräume des bedeutenden georgianischen Herrenhauses und die Parklandschaft sind der Öffentlichkeit zugänglich. Wenn man auf der Malahide Road nach Dublin zurückfährt, kann man 3 km vom Stadtzentrum entfernt einen Abstecher zum **Casino** von Marino machen. Der palladianische Bau wurde von Sir William Chambers im Auftrag von Lord Charlemont entworfen und (mit Veränderungen) zwischen 1758 und 1780 erbaut. Das Gebäude gilt mit den Arbeiten des römischen Bildhauers Simon Vierpyl als eines der schönsten Beispiele der Architektur des 18. Jh. in Europa. Das Bauwerk, dessen Grundriß ein griechisches Kreuz zeigt, hat einige Besonderheiten aufzuweisen: Die Urnen auf dem Dach sind eigentlich Rauchschlote, die Säulen sind hohl und dienen als Regenrinne.

Links: Ein guter Fang bei Howth. Rechts: Würmersammeln in der Bucht von Dublin.

Ausflüge in den Süden und Westen

Der Name der Grafschaft Wicklow südlich von Dublin leitet sich von *Wyking alo* ab, was »Weide der Wikinger« bedeutet. Als die Wikinger diesen Namen wählten, waren sie von Dublin aus wohl noch nicht sehr weit in den Süden vorgedrungen, denn es gibt in Wicklow zwar auch üppige Wiesen, den Großteil des Landes aber nehmen die **Wicklow Mountains** ein – ein altes Granitgebirge. In der Eiszeit rundeten die Gletscher ihre Gipfel ab und schnitten tiefe Täler ein, auf deren Grund Flüsse und Seen glitzern. Wicklow ist dünn besiedelt: nur ein paar Dörfer, verstreut liegende Höfe und Häuser und vereinzelt ein größeres Anwesen. »Um seine Schönheiten auch nur zur Hälfte adäquat beschreiben zu können, wäre ein eigener, dicker Band nötig«, meinte das Ehepaar Hall über dieses Gebiet in ihrem Buch *Hall's Ireland*.

Von Dublin aus fährt man auf der N 81 Richtung Südwesten am trostlosen neuen Vorort **Tallaght** vorbei nach **Blessington.** Der Ort aus dem 17. Jh. besteht im wesentlichen aus einer langen, breiten Straße, die Michael Boyle, Erzbischof von Dublin, anlegen ließ. Blessington liegt am Stausee **Poulaphouca,** der Dublin mit Wasser versorgt.

Der Name Poulaphouca (»Teich von Pooka«) erinnert an die Zeit, als hier der Liffey eine Reihe von Wasserfällen bildete. 1940 wurde der Fluß aufgestaut und ein Wasserkraftwerk gebaut. Auf dem weit verzweigten Gewässer werden nun Bootsfahrten angeboten; landschaftlich reizvoll ist auch eine Fahrt rund um den See auf der 33 km langen Küstenstraße.

Schatzkästchen

Drei Kilometer südlich von Blessington erreicht man **Russborough House.** Das Herrenhaus wurde in den 1740er Jahren von Richard Cassels und ab 1751 von Francis Bindon für den reichen Dubliner Brauer Joseph Leeson, den ersten Grafen von Milltown, im palladianischen Stil errichtet. Von dem rechteckigen Hauptgebäude mit breiter Eingangstreppe führen beidseitig halbrunde Loggien, hinter denen sich Wirtschaftsgebäude befinden, zu den Seitenflügeln. Seit 1952 ist das Anwesen im Besitz von Sir Alfred Beit.

Das Gebäude zeichnet sich durch herrliche Gemächer, hervorragende Stuckarbeiten der Gebrüder Francini und eine ausgesuchte Sammlung von Gemälden und Kunstgegenständen aus. Die berühmte Kunstsammlung von Sir Alfred Beit umfaßt v. a. flämische, niederländische und spanische Meisterwerke, daneben englische, schottische, italienische und französische Gemälde sowie italienische Bronzen und europäisches Porzellan. Die Gemälde werden in regelmäßigen Abständen mit denjenigen der Beit Collection in der National Gallery of Ireland ausgetauscht.

Von der 6 km südlich gelegenen Ortschaft Hollywood führt linker Hand eine Straße durch die wilde Landschaft des Wicklow Gap nach **Glendalough** (»Tal der zwei Seen«). In dem Tal gründete der hl. Kevin im Jahr 545 ein Kloster, das sich

Vorherige Seiten: Das Vale of Avoca. Links: Dubliner Familien dürfen nach alter Tradition auf öffentlichem Boden zum Heizen Torf stechen. Rechts: Rundturm aus dem 11. Jh. in **Glendalough.**

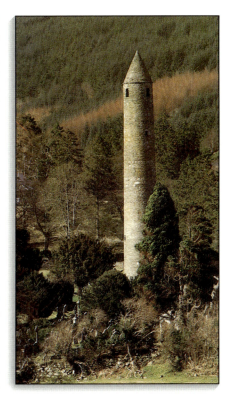

zu einem Wallfahrtsort und zu einem der wichtigsten geistigen Zentren des frühen Mittelalters entwickelte. Im 13. Jh. wurde das Gebiet von den Normannen erobert, die Klosteranlage verfiel im Laufe der Jahrhunderte und wurde erstmals zu Beginn des 19. Jh. restauriert.

Die erste Ansiedlung befand sich im oberen, weniger leicht zugänglichen Teil des Tales, woran die Ruinen des *Teampull na Skellig* (7. Jh.) und der Reefert Church (etwa 11. Jh.) sowie der Rest einer Bienenkorbzelle des hl. Kevin erinnern. Unterhalb des Unteren Sees entstand bereits im 7. Jh. eine weitere Klosteranlage, die sich dann zum eigentlichen Zentrum des Klosters entwickelte. Das größte Gebäude stellt die **Kathedrale** aus dem 9. Jh. (Chor aus dem 11./12. Jh.) dar, die bis 1214, als die Normannen die Diözese Glendalough mit der von Dublin vereinigten, den Status einer Kathedrale besaß. Im 12. Jh. wurde das **Priesterhaus** erbaut und um 1880 renoviert. Das **Saint Kevin's Cross** aus Granit ist etwa 3,30 m hoch und stammt aus der Mitte des 12. Jahrhunderts.

Besonders interessant ist **Saint Kevin's Church** (auch Saint Kevin's Kitchen), ein vollständig erhaltenes Oratorium mit steilem Schieferdach, auf dem ein Glockentürmchen in Form eines Rundturms sitzt. Diese Bauform aus dem 11./12. Jh. ist einzigartig, denn gewöhnlich wurde ein Rundturm freistehend neben einer Kirche errichtet, wie beispielsweise auch der 33,5 m hohe Rundturm, der zur Kathedrale in Glendalough gehört. Weitere Kirchen sind Saint Mary's Church, Saint Kieran's Church, Trinity Church und Saint Saviour's Church, die älteste ist Saint Mary's Church (10./11. Jh.).

Glendalough ist sicher einer der malerischsten Orte Irlands und läßt selbst heute noch etwas vom Verlangen der Mönche nach Frieden und Einsamkeit erahnen. Beides war für sie untrennbar mit der Vorstellung von Heiligkeit verbunden.

Parnells Zuhause

Auf der Fahrt nach Süden durch Rathdrum erreicht man das georgianische Herrenhaus **Avondale,** in dem Charles

Die georgianische Eleganz von **Avondale.**

STEWART PARNELL (1846–91) die meiste Zeit seines Lebens wohnte. Das Gebäude wurde 1779 für Samuel Hayes erbaut und ging in den Besitz von Parnells Großvater über. Parnell wurde hier geboren. Obwohl er Protestant war und einer Familie von Großgrundbesitzern entstammte, setzte er sich für die irischen Nationalisten und eine Landreform ein. Der Skandal, den das Bekanntwerden seiner Affäre mit Kitty O'Shea, der Frau eines Parteifreundes, 1886 auslöste, beendete schließlich seine parlamentarische Laufbahn, und Parnell starb kurz darauf im Alter von 45 Jahren.

Wenige Kilometer weiter liegt das berühmte **Vale of Avoca** mit dem Zusammenfluß des Avonmore und des Avonbeg. Auf ihn beziehen sich vermutlich auch die folgenden Zeilen aus Thomas Moores Gedicht *The Meeting of the Waters* (1807):

There is not in the wide world a valley so sweet
As that vale in whose bosom the bright waters meet …

Vielleicht meinte Moore auch den Zusammenfluß des Aughrim und des Avoca 3 km südlich der Ortschaft Avoca bei **Woodenbridge,** jedenfalls machte das Gedicht viele Reisende auf das liebliche Tal aufmerksam. In der **Avoca Handweavers Woollen Mill** kann man den Herstellungsprozeß der handgewebten irischen Wollstoffe beobachten.

Exotische Gärten

Nördlich von Avoca liegt am Fluß Vantry der Ort **Ashford,** der sich ideal als Ausgangspunkt für die Erkundung der östlichen Wicklow Mountains eignet. In der Nähe des Dorfes erstrecken sich die **Mount Usher Gardens** mit über 5000 exotischen und seltenen Bäumen, Sträuchern und Stauden, die seit 1860 von der Familie Walpole über Generationen aus aller Welt angepflanzt wurden. Das **Devil's Glen** (»Tal des Teufels«), 3 km nordwestlich von Ashford, ist eine Schlucht mit bewachsenen Felshängen und spektakulären Wanderwegen über dem reißenden Fluß Vantry; im Devil's Punchbowl fällt er 30 m in die Tiefe.

Die meisterhaft gestalteten **Powerscourt Gardens.**

Über **Roundwood,** wo angeblich das am höchsten gelegene Pub Irlands liegt, und **Enniskerry** erreicht man den **Schloßpark von Powerscourt.** RICHARD CASSELS errichtete 1731–41 für Lord Powerscourt einen großen Landsitz im georgianischen Stil am Fuße des Berges Sugar Loaf. 1974 brannte das Hauptgebäude völlig aus, doch sehenswert ist v. a. die einzigartige Parklandschaft. Die fünf Terrassen, die zum künstlich angelegten See hinunterführen, wurden 1745 begonnen, zum Großteil aber erst Mitte des 19. Jh. vollendet. Etwas weiter schließt sich das Arboretum mit altem und ausgefallenem Baumbestand an, darunter eine Sitkafichte, die als der höchste Baum Irlands gilt. Es gibt auch einen japanischen Garten (1908) und als kuriose Besonderheit einen Friedhof für Haustiere. Im Schutz eines zuckerhutförmigen Granitfelsens liegt der mit 90 m höchste Wasserfall Irlands und Großbritanniens, der im 19. Jh. auf vielen Bildern verewigt wurde. Der Chevalier de Latocnaye, Autor von *Die Wanderung eines Franzosen durch Irland* (1796/97), verglich ihn mit dem »windzerzausten, schneeweißen Haar eines ehrwürdigen alten Mannes«.

Der Ort Enniskerry selbst liegt im Tal des Flusses Cookstown oder Glencullen. Seine Geschichte ist eng mit der des Schloßparks verbunden. Die römisch-katholische Kirche von Patrick Byrne (1843) war eines der ersten Gotteshäuser in Irland, die im neugotischen Stil errichtet wurden. Viele der Schlachtenszenen in Laurence Oliviers Film *Heinrich V.,* den er während des Zweiten Weltkriegs im neutralen Irland drehte, entstanden in der Umgebung von Enniskerry. Hier verbringen viele Paare ihre Flitterwochen.

Malerische Strecke: Ein Abstecher auf dem Rückweg nach Dublin führt in das landschaftlich äußerst reizvolle Tal des **Glencree.** Das Gebiet, das einst von Eichenwäldern überzogen war und später als königlicher Park gepflegt wurde, ist heute überwiegend von Fichten bewachsen. Die kahlen Kasernen, die nach der Rebellion von 1798 entstanden und später als Besserungsanstalt dienten, beherbergen heute ein »Versöhnungszentrum«, das sich um die Verständigung zwischen

Der am höchsten gelegene Pub Irlands in der Grafschaft Wicklow.

den geteilten Gemeinden Nordirlands bemüht. In der Nähe liegt ein Friedhof für deutsche Soldaten, die während der beiden Weltkriege in Irland oder vor den Küsten des Landes fielen.

Wicklow erkundet man am einfachsten mit einem Auto, die wichtigsten Sehenswürdigkeiten sind von Dublin aus aber auch mit dem Bus zu erreichen. Am lohnendsten ist es jedoch, das Gebiet zu erwandern, und zwar auf dem **Wicklow Way.** Dieser 130 km lange Wanderweg verläuft von Norden nach Süden der Ostflanke der Dublin und der Wicklow Mountains entlang bis zum südlichen Ende der Grafschaft Wicklow.

Der Wicklow Way beginnt im Marlay Park in Rathfarnham am Stadtrand von Dublin und bahnt sich seinen Weg durch Wälder und auf Feldwegen, oftmals alte Torfwege oder Feuerschneisen benützend. In den tiefen, dunklen Tälern glitzern Seen und Flüsse und die Hügellandschaft ist nur spärlich besiedelt. Weite Abschnitte sind anspruchsvolle Wanderstrecken, übernachten kann man unterwegs in Jugendherbergen. Feste Schuhe, Regenkleidung, etwas Warmes zum Überziehen, Proviant und eventuell ein Kompaß sind ebenso notwendig wie eine gute Karte. Der Großteil der Strecke ist gut ausgeschildert und auch in Teilabschnitten begehbar. Bei gutem Wetter wird man mit herrlichen Ausblicken auf Dublin, auf die zentrale Tiefebene und manchmal bis zu den Mourne Mountains ganz im Norden in der Grafschaft Down belohnt. Für die Dubliner ist die wilde Schönheit von Wicklow etwas ganz Selbstverständliches. Es gibt nicht viele Großstädte, deren Bewohner in nur einer Stunde Fahrt die Ruhe und Stille wie in den Wicklow Mountains genießen können.

Bei einem Tagesausflug in den Westen von Dublin kann man nach **Maynooth** fahren, einem Ort am Royal Canal an der Hauptverkehrsstraße zwischen Dublin und Galway. »Das erbärmliche Dorf Maynooth«, so beschrieb William Makepeace Thackeray den Ort nach seinem kurzen Aufenthalt dort. Heute geht es in Maynooth lebendiger zu, was der großen Zahl von Studenten des **Saint Patrick's**

Die Wicklow Mountains in winterlich herber Schönheit.

College zu danken ist. Das College, das früher als Ausbildungszentrum für die katholische Priesterschaft Irlands diente, gehört (neben den University Colleges von Dublin, Cork und Galway) inzwischen zur National University of Ireland und steht nun auch Laien und Frauen offen.

»Maynooth«, wie das Seminar kurz genannt wird, schickte Priester und Bischöfe in alle Welt. Gegründet wurde es 1795, als die Briten erkannten, daß es nicht in ihrem Interesse lag, daß die irischen Priester ihre Ausbildung auf dem europäischen Festland erhielten. Die erste der beiden Gebäudegruppen stammt von 1795, die zweite entstand 1845 nach Plänen von A. W. Pugin, dem englischen Baumeister der Neugotik.

Die Kapelle des College mit dem hohen Turm wurde 1875 von J. J. McCarthy gestaltet, der vor der Vollendung des Baus starb. Die Bibliothek beherbergt eine umfangreiche Sammlung alter Buchdrucke, und im Museum finden Sie vorwiegend kirchliche Kunst. Auch einige frühe elektrische Apparate können bewundert werden. Sie wurden von Father Nicholas Callen erfunden, einem Pionier der Elektrizitätslehre, der zwischen 1826 und 1864 im Maynooth unterrichtete. Rechts von den Toren des College stehen die Ruinen einer mittelalterlichen Burg, die einst den Grafen von Kildare als Festung diente.

Ein paar Kilometer weiter im Südosten liegt der hübsche kleine Ort **Celbridge,** in dem Esther Vanhomrigh lebte, die als »Vanessa« mit »Stella« (Esther Johnson) um die Zuneigung von Jonathan Swift buhlte. Er kam oft nach Celbridge zu Besuch, und noch heute ist die Bank am Fluß erhalten, auf der die beiden saßen. Vielleicht war ihre unerwiderte Liebe zu ihm der Grund für ihren frühen Tod.

Nordöstlich von Cellbridge steht das **Castletown House,** das 1722 für William Connolly, den Vorsitzenden des irischen Unterhauses, errichtet wurde. Es ist das größte Privathaus und ein schönes Beispiel für palladianische Architektur in Irland. Baumeister war Alessandro Galilei, der auch die Fassade von San Giovanni in Laterano in Rom entwarf.

Castletown House, Grafschaft Kildare. Rechts: Glenmalure, Grafschaft Wicklow.

Ausflüge in den Norden

Die N 2 führt in Richtung Nordnordwest über das sanft gewellte Ackerland der Grafschaft **Meath** in ein Land der Legenden und reicher Geschichte. Nach kurzer Fahrt fällt die Straße steil zu einer Steinbrücke über den **Boyne** hin ab. Auf der anderen Seite des Flusses liegt die alte Ortschaft **Slane,** in deren Mitte sich vier georgianische Häuser an einer Kreuzung der Hauptstraße diagonal gegenüberstehen. Westlich des Dorfes erhebt sich am Fluß das **Slane Castle,** ein pseudo-mittelalterlicher Bau, der gegen Ende des 18. Jh. für den Marquis von Conyngham erbaut wurde.

Am nördlichen Ende des Ortes weist ein Schild zum **Hill of Slane,** wo der hl. Patrick 433 den Sieg des Christentums in Irland mit einem Osterfeuer kundgetan haben soll, das noch Kilometer weiter im Süden auf dem Hill of Tara, dem Sitz des Hochkönigs, zu sehen war. Saint Erc, ein Einheimischer, den der hl. Patrick zum Christentum bekehrt hatte, gründete auf der Anhöhe ein Kloster. Die gegenwärtigen Ruinen stammen jedoch von einer Abtei der Franziskaner, 1512 von Sir Christopher Flemming gegründet.

An klaren Tagen hat man vom Hill of Slane eine herrliche Aussicht: Im Osten mündet der Boyne beim Hafen von Drogheda ins Meer; im Süden schimmern die Wicklow Mountains blau in der Ferne; im Westen gehen die Weiden des zentralen Tieflandes in die großen Torfmoore der Midlands über.

Königsgräber

Unterwegs von Slane auf der N 5 nach Drogheda, erreicht man nach 1 km das Haus des im Ersten Weltkrieg gefallenen Dichters Francis Ledwidge (1887–1917), das heute ein Museum zu seinem Gedächtnis beherbergt. Kurz darauf geht es rechts zum **Brugh na Boinne,** einer der wichtigsten prähistorischen Stätten Europas. Hier wurden in der Bronzezeit die Könige bestattet. Die gesamte Nekropole, die etwa 3200 v. Chr. datiert, erstreckt sich mehrere Kilometer über einen kleinen Hügel an einer breiten Biegung des Boyne.

Die Anlage umfaßt drei Grabhügel (Tumuli) mit zentralen Grabkammern. Neben diesen gibt es noch viele kleine Gräber, von denen die meisten jedoch irgendwann zerstört oder von Pflanzen überwachsen wurden. Die drei Haupttumuli, die etwa 1,5 km voneinander entfernt liegen, heißen Knowth, Newgrange und Dowth. Der Tumulus **Knowth,** der zwei Grabgänge besitzt, ist ringförmig von 15 kleineren Gräbern umgeben. Bis die in den sechziger Jahren begonnenen Ausgrabungsarbeiten abgeschlossen sind, bleibt diese Anlage für die Öffentlichkeit gesperrt. Auch **Dowth,** das im 19. Jh. geplündert wurde, muß erst noch freigelegt werden.

Newgrange dagegen befindet sich praktisch wieder in seinem Originalzustand und ist sehr sehenswert. Der Tumulus ist ein hoher, runder Hügel (13,50 m hoch und 80 m breit), der aus weißen und schwarzen Steinen aufgeschichtet worden ist und von Erde und Gras bedeckt ist.

Vorherige Seiten: Trim Castle am Boyne. Links: Eifriger Kunde auf dem Freitagsmarkt von Navan. Unten: **Slane Abbey** im Tal des Boyne.

Den Grabhügel umgab ein heute nicht mehr vollständiger Steinkranz aus stehenden Menhiren, und vor dem Eingang, der zum Boyne hin weist, befindet sich ein liegender, doppelspiralverzierter Megalithblock. Ein 19 m langer, aus 2 m hohen, aufrecht stehenden und plattentragenden Menhiren gebildeter Gang führt ins Innere zur zentralen kreuzförmigen Grabkammer, die von einer fast 6 m hohen Kragkuppel überwölbt ist. Die großen Steine sind mit ornamentalen Mustern verziert. Die Öffnung über dem Eingang ist genau so ausgerichtet, daß die Grabkammer zur Wintersonnenwende eine Viertelstunde lang von einfallenden Sonnenstrahlen erhellt wird – ein Symbol für Wiedergeburt und Erneuerung.

Die Straße nach Drogheda führt durch die üppig grüne Flußlandschaft an der Stelle vorbei, wo einst der englische König Jakob II. mit dem holländischen König Wilhelm von Oranien um den Thron von England kämpfte. Die wahren Verlierer der Schlacht am Boyne aber waren die Katholiken Irlands, für die nun der Alptraum der *Penal Laws* begann. Als der Katholik Jakob 1685 den Thron bestieg, hatten die Iren die Hoffnung auf Rückgabe der von Cromwell beschlagnahmten Ländereien und auf Mitwirkung im Parlament. Diese Hoffnungen zerschlugen sich, als Jakob 1688 während der *Glorious Revolution* gestürzt wurde und nach Frankreich floh. 1689 landete er in Begleitung französischer Truppen in Kinsale, Grafschaft Cork, um seine Anhänger um sich zu scharen und den Thron zurückzuerobern.

Die entscheidende Schlacht fand am 1. Juli 1690 am Boyne statt. Der als Heerführer wenig umsichtige Jakob hatte auf dem Hügel von Donore südlich des Flusses eine exponierte Stellung bezogen. Seine Armee setzte sich aus rund 18 000 schlecht bewaffneten irischen Partisanen und 7000 Franzosen zusammen. Wilhelm bombardierte sie vom Hügel von Tullyallen von der anderen Seite des Boyne aus. Er sandte 10 000 Mann gen Westen nach Rosnaree und Slane, wo sie den Fluß überqueren und einen Angriff auf die Flanken der Armee von Jakob unternehmen sollten, während Wilhelms Kern-

Mit Spiralen verzierter Stein vor dem Grabhügel **Newgrange.**

trupp den Boyne bei Oldbridge überschritt. Schon bald war Jakob auf dem Rückzug. Schomberg kam dabei ums Leben – an ihn erinnert ein Obelisk am Fluß, der vor einigen Jahrzehnten schwer beschädigt wurde. Jakob flüchtete nach Süden über Dublin und Waterford nach Frankreich.

In der Nähe liegt die Hafenstadt **Drogheda,** die von den Wikingern gegründet wurde und im hohen Mittelalter eine wichtige strategische Bedeutung für die normannischen Eroberer besaß. Der Name des Ortes wird mit einem grausamen Ereignis verbunden: Im September 1649 nahm Cromwell die Stadt ein und ließ fast 300 Soldaten und Bewohner hinrichten und verbannte etwa 2000 Menschen auf die Westindischen Inseln.

Zu den Sehenswürdigkeiten Droghedas zählen der Millmount, ein Hügel mit einem Fort aus dem 18. Jh., das heute ein Museum beherbergt, das Saint Lawrence's Gate, eines der besterhaltenen Stadttore Irlands, sowie der Tholsel, das im 18. Jh. erbaute Rathaus, in dem heute eine Bank untergebracht ist. Die Saint Peter's Church, eine neugotische Kirche aus dem 19. Jh., wurde zu Ehren von Oliver Plunkett erbaut, dem Erzbischof von Armagh, der 1681 in London hingerichtet und 1975 heiliggesprochen wurde. Sein einbalsamierter Kopf wird in der Kirche als Reliquie verwahrt.

Bevor man die kleinste Grafschaft Irlands, **Louth,** näher erkundet, kann man noch einen Abstecher an die Küste in die südlich von Drogheda gelegenen Seebäder Bettystown und **Laytown** machen, die an einem 10 km langen Sandstrand liegen. In Laytown findet jedes Jahr ein *bona-fide*-Pferderennen statt, dessen genauer Termin im Juli oder August sich nach den Gezeiten richtet.

9 km nordwestlich von Drogheda stehen am Ufer des **Mattock** die malerischen Ruinen der **Mellifont Abbey,** des ersten Klosters der Zisterzienser in Irland. Im Rahmen einer vom Bischof von Armagh, dem hl. Malachius, in Irland eingeleiteten klösterlichen Reformbewegung wurde die Abtei 1142 von Mönchen aus dem zweiten Mutterkloster der Zi-

Der **Boyne,** einst Schauplatz einer entscheidenden Schlacht, ist heute ein beschaulicher Fluß.

sterzienser, Clairvaux, gegründet. Das im 16. und 17. Jh. bis auf die Grundmauern zerstörte Kloster folgte den Bauregeln der Zisterzienser, die Schlichtheit und Funktionalität betonten. Am besten erhalten ist ein in Irland außergewöhnliches achteckiges Brunnenhaus (Lavabo).

Ein paar Kilometer weiter in Richtung Nordosten liegt die ehemalige Klosteranlage **Monasterboice,** die auf eine Gründung des hl. Buithe im 5. Jh. zurückgeht. Zu dem Kloster gehören zwei Kirchen, ein Rundturm, eine Sonnenuhr und v. a. zwei heute sehr bedeutende Hochkreuze. Das 5,30 m hohe Muiredach-Kreuz (frühes 10. Jh.) ist mit Bibelszenen reich dekoriert und vermittelte so schriftunkundigen Iren das Alte und Neue Testament. Das Westkreuz (spätes 10. Jh.) ist mit 6,45 m das höchste erhaltene irische Hochkreuz, seine ebenfalls Bibelszenen darstellenden Relieffelder sind wegen der starken Verwitterung allerdings nicht leicht zu deuten.

Der Küstenort **Dundalk** liegt an der Grenze zu Nordirland und bietet sich als Ausgangspunkt für Ausflüge auf die reizvolle Halbinsel **Cooley** an. Diese Gegend spielt in den Sagen des alten Irland eine große Rolle, v. a. in der Geschichte von dem berühmten Helden Cú Chulainn. Im Städtchen **Carlingford,** das den Dänen als nördlicher Stützpunkt diente, sind Ruinen einer Dominikanerabtei von 1305, die mittelalterlichen Stadtmauern und ein als *The Mint* bekanntes, wehrhaftes Stadthaus aus dem 15. Jh. sehenswert. Die Stadt erhielt zwar 1467 das Münzrecht, in diesem Haus eines wohlhabenden Kaufmannes wurden die Münzen aber nicht geprägt. Das **King John's Castle** wurde um 1200 von Hugh de Lacy begonnen und wahrscheinlich bis zur Ankunft des normannischen Königs Johann Ohneland 1210 fertiggestellt. Die Burg, deren östlicher Teil Ende des 13. und im 15. Jh. erweitert wurde, beherrscht den Zugang zum Meeresarm **Carlingford Lough.** In steilen Kurven windet sich eine Straße durch den nahen Wald zu einem Aussichtspunkt in der Nähe des Gipfels des Carlington Mountain hinauf, der einen wunderbaren Ausblick auf die Mourne Mountains im Norden bietet.

Geschäft in Navan.

Die N 52 südwestlich von Dundalk führt nach **Ardee,** das auf irisch *Baile Atha Fhirdiadh* (»Stadt an der Ferdia-Furt«) heißt. Der Legende nach tötete Cú Chulainn hier an einer Furt am Fluß Dee seinen Freund Ferdia. Weiter geht es auf der N 52 gen Südwesten nach **Kells,** wo der hl. Colmcille im 6. Jh. ein Kloster gründete, wohin im Jahr 806 viele Mönche aus Iona flohen, als ihr auf den Hebriden gelegenes Kloster mehrfach verwüstet worden war. Auch Kells wurde wegen seiner reichen Kunstschätze, darunter das *Book of Kells* (S. 292), zuerst von den Wikingern, dann von den räuberischen Iren heimgesucht. Vom ehemaligen Kloster sind ein Rundturm (vor 1076) ohne Kegeldach, drei reich bebilderte Hochkreuze und das Saint Colmcille's House erhalten, ein Bau mit hohem Satteldach aus dem 9. Jh. Ein letzter Abstecher führt nach **Trim,** rund 25 km weiter im Südwesten, zur größten anglonormannischen Festung Irlands aus dem 12. Jh. Die gut erhaltene Anlage des **Trim Castle** erstreckt sich über rund 1 ha und war durch einen Graben geschützt, der mit dem Wasser des Boyne gespeist wurde. Auf einer Anhöhe gegenüber sind die Umrisse eines Turms, **Yellow Steeple** (1358), zu erkennen, der zu einer ebenfalls verfallenen Augustinerabtei gehörte.

Auf der R 161 Richtung Norden gelangt man nach **Navan,** der wenig bemerkenswerten Hauptstadt der Grafschaft Meath, und über die N 3 nach Dublin. Unterwegs kommt man an dem Hügel **Hill of Tara** vorüber, dem kulturellen und religiösen Zentrum im alten Irland. Alle drei Jahre wurde hier eine große Versammlung *(feis)* abgehalten, auf der Gesetze erlassen und Streitigkeiten geschlichtet wurden. Auf dem Gipfel des Hügels erklärt eine Tafel die Bedeutung der verschiedenen Grashügel, Gräben und Wälle – Fort der Synoden, Bankettsaal, Fort der Könige etc., von denen allerdings heute nichts mehr zu sehen ist. Der geschichtsträchtige Ort behielt aber auch nach dem Verfall seine symbolische Bedeutung. Im Einsatz für die Katholikenemanzipation versammelte Daniel O'Connell hier beispielsweise im Jahr 1843 fast eine Million Iren.

Geheimnisvolle Stimmung am Königshügel **Hill of Tara** in der Grafschaft Meath.

Der Süden und der Südosten

Die Straße zwischen Dublin und **Cork** verbindet die zwei entgegengesetzten Pole der Republik. Die Bewohner von Dublin und Cork betrachten einander mit mehr Neid und Mißtrauen als die Bewohner von Antrim und Kerry, die geographisch viel weiter auseinanderliegen. Die Menschen aus Cork gelten allgemein als ehrgeizige Lokalpatrioten, die Dubliner als sehr traditionsbewußte, stolze Hauptstadtbewohner.

Es empfiehlt sich, die Fahrt auf der direkten Route von Dublin nach Cork am frühen Morgen zu beginnen, noch bevor das Heer von Lastzügen unterwegs ist. Auf der N 7 gelangt man nach **Naas,** der wichtigsten Stadt in der Grafschaft Kildare, einem Zentrum sowohl der Fuchsjagd als auch der Pferderennen. Ihr keltischer Name *Nas na Riogh* verweist auf die frühere Residenz der Könige von Leinster. Auch im 5 km weiter südöstlich gelegenen **Punchestown** finden jährlich große Pferderennen statt.

Westlich von Naas befindet sich das **Jigginstown House** aus dem 17. Jh., das als eines der ersten Gebäude Irlands ganz aus Backstein errichtet wurde. THOMAS WENTWORTH, Graf von Strafford und Vizekönig von Karl I., plante das Anwesen als Residenz für den König, doch noch vor der Fertigstellung wurde Wentworth nach London zurückberufen, wo man ihn 1641 in den Auseinandersetzungen vor dem englischen Bürgerkrieg hinrichtete.

In der Nähe der Ortschaft **Clane,** 8 km nördlich von Naas, stehen die Ruinen eines von Sir Gerald Fitzmaurice gegründeten Franziskanerklosters aus dem 13. Jh. Auf dem Friedhof von **Bodenstown** liegt WOLFE TONE begraben, der Anführer des Aufstands von 1798. Zu seinen Ehren findet hier jedes Jahr eine Gedenkfeier statt. 3 km nördlich von Clane liegt **Clongoweswood,** ein von Jesuiten geführtes Internat, in dem James Joyce zur Schule ging. Er beschreibt den Ort in seinem *Jugendbildnis:* »Auf den großen Spielflächen tummelten sich die Jungen. Alle riefen, und die Aufseher trieben sie mit lauten Schreien an. Die Abendluft war blaß und eisig, und nach jedem Angriff oder dumpfen Tritt der Footballspieler flog der glitschige Lederball wie ein schwerer Vogel durch die graue Luft.« In der Kapelle des College sind Werke moderner irischer Künstler zu sehen: die Stationen des Kreuzwegs von Sean Keating sowie Buntglasarbeiten von Evie Hone und Michael Healy.

Im 19. Jh. bildete **Newbridge** (Droichead Nua) weiter südwestlich eine große Militärbasis mit einer Reihe von Kasernen, die heute alle verschwunden sind. Die Stadt lag dem Hauptstützpunkt der britischen Armee in Irland, **Curragh Camp,** am nächsten und stand in dem Ruf, mehr Prostituierte pro Kopf der Bevölkerung als irgendeine andere Stadt im Land zu haben. Sie war so verrufen, daß man ihr in der Encyclopaedia Britannica einen speziellen Eintrag unter dem Stichwort »Prostitution« widmete.

Die Militäranlage Curragh Camp besteht seit 1646 und war 1914 Schauplatz

Vorherige Seiten: Ruinen der Kathedrale und Rundturm auf dem Rock of Cashel. Links: Erdbeerfest in Enniscorthy, Grafschaft Wexford. Rechts: Rathaspeck Manor, Grafschaft Wexford.

des »Aufstands von Curragh«. Damals drohten britische Offiziere den Befehl zu verweigern, um nicht auf Edward Carsons Freiwillige schießen zu müssen, die sich illegal bewaffnet hatten und sich gegen die Home-Rule-Bewegung wehrten. Das heutige Curragh Camp ist das wichtigste Ausbildungs- und Manöverzentrum der irischen Armee. Rechts davon ist das traditionsreiche Zentrum des irischen Reitsports, **Curragh Race Course.** Dort findet jedes Jahr im Juni das *Irish Derby* statt.

20 km westlich von Newbridge liegt **Kildare,** dessen Name *Cill Dara* sich von der »Kirche der Eiche« ableitet – dem Kloster, das im 5. Jh. von der hl. Brigid gegründet wurde. Die Heilige, die in Irland fast ebenso populär ist wie Saint Patrick, verfügt über Eigenschaften, die bei der großen heidnischen Göttin gleichen Namens, die auch in England und auf dem Kontinent verehrt wurde, entliehen sind. Das von ihr 490 gegründete Kloster entwickelte sich zum geistlichen Zentrum des Königreichs von Leinster. Die **Kathedrale der hl. Brigid** (Baubeginn 1229) wurde im 16. Jh. zerstört und erhielt um 1685 einen neuen Chor. Seit dieser Zeit dient sie als protestantische Kirche der Diözese. 1875 wurde die Kathedrale renoviert. Südwestlich der Kathedrale steht ein frühmittelalterlicher Rundturm, dessen Zinnenkranz allerdings aus dem 19. Jh. stammt.

Die Heimat der Rennpferde

Etwa 1,5 km östlich von Kildare befindet sich in Tully das größte Rennpferdegestüt Irlands, **National Stud.** Gegründet wurde die Einrichtung um die letzte Jahrhundertwende von Colonel Hall-Walker. Der exzentrische englische Züchter warf immer erst einen Blick ins Horoskop seiner Pferde, ehe er entschied, welche Tiere er auf wichtige Rennen vorbereitete. Die Boxen hatten Fenster im Dach, damit die Sterne ihre Wirkung entfalten konnten. Und es schien zu funktionieren, denn Hall-Walkers Pferde waren bei vielen klassischen Rennen in Großbritannien und Irland erfolgreich. 1915 stiftete er das Gestüt und seine Pferde der Krone, die britische Regierung ihrerseits vermachte es 1943 dem irischen

Staat. Begünstigt wurde und wird die Pferdezucht hier durch die kalkhaltigen Böden und damit einem hervorragenden Graswuchs sowie durch das milde Klima, so daß die Pferde ganzjährig draußen sein können. In der Nähe des Gestüts findet man auch das **Museum of the Irish Horse** mit Vertretern aller irischen Pferdearten und die **Japanese Gardens,** die der japanische Gartenarchitekt Tassa Eida in den Jahren 1906–1910 angelegt hat. Sie sollen symbolhaft einen siebenstufigen Lebensweg des Menschen nachempfinden.

Nach Kildare wird die Straße auf einer Strecke von 11 km wellenförmig, eng und kurvenreich, bis man schließlich die kleine Stadt **Monasterevin** erreicht, wo früher einer der größten irischen Tenöre, John McCormack, wohnte. In **Portlaoise,** das besonders wegen seines Hochsicherheitsgefängnisses bekannt ist, teilt sich die Straße: Links geht es nach Cork, rechts nach Limerick. Die Straße nach Cork führt durch Abbeyleix, Durrow und Urlingford, bevor man in der Nähe von **Thurles** in die Grafschaft Tipperary kommt. Südwestlich von Thurles liegt die Benediktinerabtei **Holycross Abbey,** benannt nach einer Reliquie vom Kreuz Christi, für deren Aufbewahrung der König von Thomond, Donal Mor O'Brian, die Abtei 1169 gegründet hat. Die Reliquie wird dort heute wieder verwahrt, nachdem sie nach Auflösung des Klosters 1538 mehrfach den Ort wechselte. Erhalten sind v. a. Bauteile aus dem 15. Jh., als die Abtei als Pilgerstätte ihre größte Anziehungskraft besaß. Der Chorraum der Kirche aus den Jahren 1450–75 gilt als bedeutendes Zeugnis spätgotischer irischer Baukunst. Besondere Aufmerksamkeit verdienen auch die in Irland seltenen Wandmalereien im nördlichen Querschiff. Kirche und Klosteranlage wurden in den 1970er Jahren umfassend restauriert.

Altehrwürdiges Cashel

Einige Kilometer weiter beherrscht der hochragende **Rock of Cashel** die Gegend. Cashel, 700 Jahre lang Sitz der Munsterkönige und seit 1101 im Besitz der Kirche, war im Mittelalter ein wichti-

Vorherige Seiten: Eines der weltberühmten Gestüte von Kildare. Unten: Jigginstown House in Naas.

ges religiöses Zentrum Irlands und Bischofssitz. Neben der im 13. Jh. erbauten gotischen Kathedrale und einem Rundturm aus dem 11. Jh. ist besonders die **Cormac's Chapel** sehenswert, die Bischof Cormac MacCarthy zwischen 1127 und 1134 erbauen ließ. Die Bauweise der bedeutenden Pilgerkirche sowie v. a. die reiche, kunstvolle Bauornamentik deuten auf kontinentale, besonders deutsche romanische Einflüsse hin. Verwiesen wird dabei oftmals auf die Benediktinerabtei in Murbach (Elsaß).

18 km weiter kommt man nach **Cahir** mit seinem massiven **Norman Castle,** das 1142 begonnen und im 15. Jh. erweitert wurde und als sehr großflächige Festung lange Zeit als uneinnehmbar galt. Gegenüber der hervorragend renovierten Burg wird im Keating's Draper's Shop immer noch das Dezimalsystem ignoriert: die Preise werden in der alten irischen Währung angegeben.

Mitchelstown am Fuß des Galtymore Mountain ist eine florierende Handelsstadt und liegt im Herzen des **Golden Vale,** dem bedeutendsten Milchwirtschaftsgebiet Irlands. Die Fahrt (51 km) durch Fermoy am Blackwater River, bekannt für seinen Lachs, bis nach Cork ist landschaftlich sehr abwechslungsreich.

Für den, der es nicht so eilig hat

Die 260 km lange Strecke von Dublin nach Cork dauert mit dem Auto weniger als drei Stunden. Die angenehmere Route abseits der Hauptstraße führt durch die eindrucksvolle Berglandschaft von Wicklow an die schönen Strände von Wexford, in das eindrucksvolle Kilkenny und an die wilde Küste von Youghal, wo Sir Walter Raleigh zu Hause war. Auf der Fahrt von Dublin nach Arklow, vorbei an Wicklow und dem goldenen Strand von Britas Bay, kann man die Schönheiten der Landschaft genießen. Dazu ganz besonders geeignet ist aber der 1993 angelegte **Wexford Coastal Path,** auf dem man 221 km entlang der Küste von Kilmichael Point im Norden nach Ballyhack im Süden der Grafschaft Wexford wandern kann.

Arklow, eine weitere Wikingersiedlung, verfügt über eine lange Tradition in

Bewährungsprobe für die Zuchttiere.

der Seefahrt. Früher war der Ort ein Zentrum der Schiffbauindustrie, heute ist er ein beliebtes Seebad mit schönen Stränden sowohl zum Norden als auch zum Süden. Von Arklow sind es nur wenige Kilometer nach Wexford, der Grafschaft, die dem europäischen Festland am nächsten ist; in Rosslare besteht ein regelmäßiger Fährdienst nach Le Havre und Cherbourg in Frankreich sowie nach Fishguard in Wales. Diese Nähe zum Kontinent und auch zu Großbritannien hat die Grafschaft und das restliche Südostirland geprägt. Hier fand 1169 die erste Invasion der Normannen statt.

Die Heimat Kennedys

Die Grafschaft Wexford mit ihren Seebädern und Stränden ist ein bevorzugter Urlaubsort für Dubliner. Hier lebten auch die Vorfahren John F. Kennedys, in **Dunganstown** in der Nähe von New Ross. Dort befindet sich der John F. Kennedy Park: ein Garten mit Tausenden von Bäumen, die von Menschen aus allen Teilen der Welt gespendet wurden. Südlich davon, auf der Halbinsel Hook, kann man zwei ehemalige Zisterzienserklöster besuchen. Zunächst die vergleichsweise große, 1175 gegründete **Dunbrody Abbey,** und etwas weiter östlich **Tintern Abbey,** die entgegen den zisterziensischen Ordensregeln eine reiche Bauornamentik aufweist.

Die Stadt **Wexford** wurde wie die meisten Küstenstädte im Südosten von den Wikingern im 9. Jh. gegründet, dann von den Normannen, Engländern und Angloiren erobert und weiter ausgebaut. Der im Zentrum der Stadt gelegene kleine Platz Bull Ring erinnert an die Stierkämpfe im Mittelalter. In der Nähe befinden sich die Ruinen der **Saint Skelskar's Abbey** aus dem 12. Jh., der Turm und das Kirchenschiff entstanden erst im 14. bzw. 15. Jh. Der englische König Heinrich II. leistete in dieser Kirche Buße für den in der Kathedrale von Canterbury ermordeten Thomas Becket.

Nördlich von Wexford liegt **Enniscorthy,** wo während der Rebellion von 1798 die Aufständischen am **Vinegar Hill** ihre größte Niederlage im Kampf gegen die königliche Armee unter General Lake

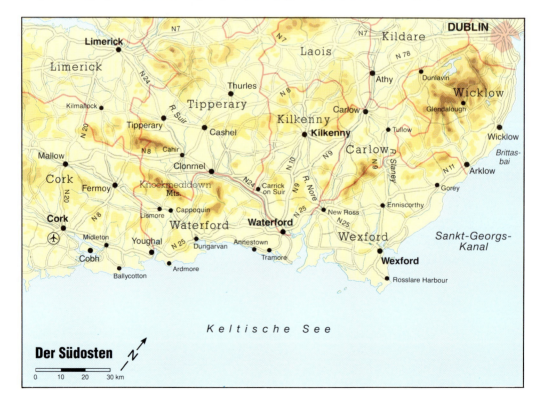

erlitten. Enniscorthy Castle wurde 1205 von den Normannen erbaut, der heutige Bau stammt aus dem Ende des 16. Jh. und beherbergt das Heimatmuseum der Stadt.

Auch die von Kilmore Quay aus erreichbaren, südlich von Wexford gelegenen zwei Inseln der **Sallees** waren in die Aufstände von Wexford verwickelt. Die einzigen Bewohner heute sind schätzungsweise 3 Mio. Vögel 47 verschiedener Arten.

Die Fundgrube Kilkenny

Etwa 40 km nordwestlich von New Ross liegt **Kilkenny,** die ehemalige Hauptstadt des Königreichs Ossory. Die Stadt war im Mittelalter ein wichtiges Handelszentrum, ein Bischofssitz und Versammlungsort des Parlaments. Die dort 1366/67 verabschiedeten »Statuten von Kilkenny« richteten sich gegen eine Verbindung von anglonormannischer mit irischer Bevölkerung und Kultur. Sie sollten dem Machtverlust der englischen Krone gegenwirken, der aus der allmählichen Assimilierung der normannischen Eroberer resultierte. 1642–48 tagte in Kilkenny das Parlament der angloirischen Konföderation.

Nirgends in Irland gibt es so viele sichtbare Zeugnisse aus dem Mittelalter wie hier. Dublins mittelalterliches Zentrum war zwar größer, aber da die Häuser aus Holz waren, sind sie nicht erhalten geblieben. Galway an der Westküste, wo die Häuser aus Stein gebaut wurden, ist die einzige Stadt, die mit ihrer Atmosphäre und ihrem Stil mit Kilkenny konkurrieren kann. Kilkenny wurde jedoch kaum zerstört und ist wesentlich besser erhalten.

Die Geschichte Kilkennys ist eng mit derjenigen der Familie der Butlers, Earls of Ormonde, verbunden, die aus Caen in der Normandie stammte und sich 1391 die in Kilkenny bestehende normannische Festung aneignete. Die Butlers lebten bis 1935 in **Kilkenny Castle,** das seit 1967 dem Staat gehört. Die Burg ist für Besucher geöffnet und beherbergt eine Porträtgalerie der Butlers seit dem 14. Jh. und eine staatliche Möbelsammlung.

Gegenüber dem Burgeingang liegt das **Kilkenny Design Centre,** das staatliche

Ronald Reagan Lounge im »O'Farrell's Pub« in Ballyporeen.

Zentrum für irisches Design. Früher waren hier einmal die Stallungen. Der Laden in Kilkenny und seine Filiale in Dublin bieten die größte Auswahl hochwertiger irischer Produkte.

Vorbei an Saint Mary's Church erreicht man das **Tholsel,** das 1761 errichtete Rathaus. Der Architekt William Colles stammt aus der Familie, die den in der Nähe von Kilkenny abgebauten »schwarzen Marmor« bekannt machte. Es handelt sich eigentlich um einen dunklen, fossilreichen Kalkstein, der nach dem Polieren schwarz wird. Durch diesen Stein erhielt die Stadt auch den Beinamen »Marble City«. Weiter führt der mittelalterliche Weg den Hügel Butter Slip hinunter; dessen Name geht zurück auf folgenden Werbespruch des Mittelalters: »Kommst Du je nach Kilkenny, dann halt Ausschau nach dem Loch in der Wand. Dort bekommst Du zwei Dutzend Eier für'n Penny und die Butter umsonst in die Hand.«

Der »Butterweg« führt zur Saint Kieran's Street und dem farbenprächtigen historischen *Kyteler's Inn.* Dieses alte Postkutschen-Wirtshaus wurde aus dem Kalkstein der Umgebung gebaut und präsentiert sich heute kaum anders als 1324, als es einer Dame namens Alice Kyteler gehörte. Diese Frau, die vier Ehemänner überlebt hatte und einen scharfen Verstand besaß, wurde vom Bischof de Ledrede der Hexerei bezichtigt, konnte jedoch über das Meer fliehen. Statt dessen wurde ihre Magd Petronelle auf dem Scheiterhaufen hingerichtet.

Im **Rothe House** an der Parliament Street befindet sich heute das Heimatmuseum von Kilkenny. Das bis 1994 aufwendig restaurierte, aus drei Gebäuden bestehende Anwesen ließ der reiche Kaufmann John Rothe 1594–1610 erbauen. Es gilt als ein besonders gutes Beispiel irischer Architektur der Tudorzeit. Das **Shee Alms House,** in dem heute das Fremdenverkehrsbüro untergebracht ist, wurde 1582 von Sir Richard Shee für zwölf arme Bürger der Stadt errichtet.

Auf der High Street finden sich die Überreste eines Franziskanerklosters aus dem Jahre 1232. Ein wichtiger Teil der Klosteranlage ist die **Saint Francis's**

Dunganstown, Heimat der Vorfahren des amerikanischen Präsidenten John F. Kennedy.

Der Süden und der Südosten

Brewery. Von dieser Brauerei aus wird das Smithwick's Ale, das in Deutschland Kilkenny heißt, in alle Teile Irlands und ins Ausland geliefert. Touristen sind bei einer Kostprobe in der Brauerei immer willkommen.

Durch ein mittelalterliches Stadttor gelangt man zur Dominikanerkirche Black Abbey aus dem 13. Jh. mit schönen Glasfenstern aus dem 14. Jh. Ein hervorragend erhaltenes Zeugnis irischer mittelalterlicher Kirchenbaukunst stellt **Saint Canice Cathedral** dar, deren heutiger Bau aus der Zeit von 1251 bis 1280 an der Stelle zweier Vorgängerbauten eines im 6. Jh. gegründeten Klosters steht. Im Innern befinden sich kunstvoll gestaltete Grabmäler des 16. und 17. Jh. Der neben der Kirche stehende, 30 m hohe Rundturm gehört zur ursprünglichen Klosteranlage und ist einer der wenigen, die noch zu besteigen sind.

Am Ostufer des Flusses Nore erinnern die Ruinen von **Saint John's Priory** an das 1225 gegründete Augustinerkloster, dessen Lady's Chapel im letzten Jahrhundert wieder instand gesetzt wurde. Im ins Jahr 1660 zurückreichenden Kilkenny College studierten Jonathan Swift, William Congreve und Bischof George Berkeley.

Kilkenny ist ein guter Ausgangspunkt für Touren. Ganz in der Nähe des wunderschönen alten Dorfes Thomastown ruhen die Ruinen der Zisterzienserabtei **Jerpoint Abbey.** Diese gut erhaltene Klosteranlage wurde im 12. Jh. begonnen (Kirche), sehenswert ist v. a. der mit vielfältigen, figürlichen Steinmetzarbeiten geschmückte Kreuzgang aus dem 15. Jh. Die nördlich von Kilkenny liegende Kalksteinhöhle, **Dunmore Caves,** wurde im Jahr 928 den vor plündernden Wikingern Zuflucht suchenden, schätzungsweise 1000 Iren zum Verhängnis, als diese von ihren Verfolgern entdeckt und ermordet wurden. Die Tropfsteinhöhle ist teilweise zugänglich, der größte Tropfstein, *The Marble Cross,* 6 m hoch.

Carlow bildet die zweitkleinste Grafschaft Irlands. Der Verwaltungssitz **Carlow** ist heute eine moderne Handelsstadt, an deren ehemals strategische Be-

Alte strohgedeckte Windmühle in Tacumshane, Grafschaft Wexford.

Links: Landstraße nach Kilkenny, der früheren Hauptstadt des Königreichs Ossory. Unten: **Kilkenny Castle.**

deutung nur noch spärliche Reste des normannischen Carlow Castle erinnern. Durch die Grafschaft Carlow fließt der River Barrow, einer der spektakulärsten schiffbaren Wasserwege Irlands. An dessen Unterlauf fand der hl. Moling in dem von ihm gegründeten Kloster **Saint Mullins** seine letzte Ruhestätte; dort ebenfalls begraben sind die Könige von Leinster. Den Plan der Klosteranlage dokumentiert das Book of Mullins aus dem 7. Jh., eine irische Handschrift, die hiermit den ältesten erhaltenen Plan einer irischen Abtei beinhaltet.

48 km südöstlich liegt die Stadt **Waterford,** die v. a. wegen ihrer Glasmanufaktur bekannt ist. Die seit 1783 bestehende Waterford Crystal Factory kann man heute besuchen und dort den traditionellen Herstellungsprozeß beobachten. Um 835 siedelten sich Wikinger am Fluß Suir an, woran die Namen einiger Gebäude in Waterford heute noch erinnern, die Bauten stammen jedoch aus späterer Zeit. So verweist der **Reginald's Tower** auf einen vom Dänen Reginald Mac Ivor 1003 errichteten Wehrturm. Der heutige Turm stammt aus dem 13. Jh. und wird als Stadtmuseum genutzt. Die Verbindung mit den Wikingern hat sich auch im Namen der Saint Olaf's Church niedergeschlagen. Gegründet 870, später zerstört und während der normannischen Herrschaft wiederaufgebaut, wurde sie 1734 erneut restauriert.

1170 wurde die Stadt von den Normannen erobert und galt fortan als besonders königstreu, was der von Heinrich II. verliehene Wappenspruch *Urbs intacta manet Waterfordia* widerspiegelte. Erst durch Cromwell wurde der durch vielfältige Handelsbeziehungen nach Europa verursachte Wohlstand der Kaufmannschaft gebrochen, was zu einem Niedergang der Stadt führte. Im Laufe des 18. Jh. wurden dann enge Verbindungen nach Neufundland geknüpft und viele kontinentale Handelsverbindungen begründet, die einen erneuten Aufschwung der Stadt bewirkten.

Eine schöne Küstenstraße durch eine Gegend mit vielen Megalithgräbern verläuft von Waterford über den Badeort Tramore nach Dungarvan. Von dort aus erreicht man über die N 72 Lismore mit dem irischen Sitz des Duke of Devonshire. In **Mount Mellary,** einem Zisterzienserkloster, das immer noch bewirtschaftet wird, läßt sich das fast noch mittelalterliche Leben der Mönche (heute Trappisten) beobachten.

In **Lismore** stand im Mittelalter eine der größten Kathedralen Irlands, die aber Ende des 16. Jh. von Elisabeths Truppen fast völlig zerstört wurde. An derselben Stelle wurde 1663 die anglikanische Saint Mochuda Cathedral errichtet.

Südlich von Dungarvan wird auf der Halbinsel bei Ring und Helvick Head noch gälisch gesprochen, und das, obwohl die Gegend völlig von den Hauptzentren der irischen Sprache – Cork, Kerry, Galway und Mayo weiter westlich – abgelegen ist. Überquert man den River Blackwater, ist man bereits in der Grafschaft Cork und kommt nach Youghal. Der Gouverneur des kleinen Küstenortes war zeitweise Sir Walter Raleigh, der der Legende nach die Kartoffel und den Tabak in Irland eingeführt haben soll.

Auf dem Weg nach Cork bietet sich ein Halt in **Midleton** an, der neuen Hei-

mat aller irischen Whiskeys mit Ausnahme von Bushmills und Coleraine. 1989 wurde die gesamte irische Whiskeyproduktion an die französische Firma Pernod verkauft. Heutzutage werden Jameson, Powers, Hewitts und viele andere Marken sowie Gin und Wodka in einer modernen Destillieranlage in Midleton produziert. Auch der 20 Jahre alte *Midleton Very Rare* wird hier hergestellt.

Cork – Stadt mit kontinentalem Flair

Mit 130 000 Einwohnern ist **Cork** am Fluß Lee die zweitgrößte Stadt der Republik Irland und eine wichtige Industrie-, Handels- und Universitätsstadt, die sich gerne mit Dublin vergleichen läßt. Der englische Einfluß prägte Cork wesentlich, jedoch weniger als Dublin, und man sagt Cork sogar eine südländische Atmosphäre nach. Allerdings hat die ehemals sehr wohlhabende Stadt heute auch mit vielen Problemen einer Arbeiterstadt zu kämpfen.

Cork geht auf eine Gründung durch den hl. Finbar im 6. Jh. zurück und wuchs aus Siedlungen auf mehreren Marschinseln zusammen. Flußarme durchziehen die heutige Stadt und werden von Kalksteinbrücken, z. B. der dreibogigen Saint Patrick's Bridge, überquert. Das heutige Stadtzentrum liegt auf einer Insel im River Lee. Bis auf wenige mittelalterliche Bauwerke prägen vorwiegend Gebäude aus dem 18. und 19. Jh. das Gesicht der Stadt, da die Altstadt während des Bürgerkriegs 1921 fast vollständig zerstört wurde.

Das Zentrum von Cork ist ohne jede Erhebung und wird von den Einheimischen als »Stadtebene« bezeichnet. Im Norden jedoch fällt ein markantes Steilufer zum Fluß hin ab, auf den man den eindrucksvollsten Ausblick vom Ende der Patrick Street hat, der Haupteinkaufsstraße von Cork. Sie wurde 1789 durch Zuschütten eines Flußarms angelegt. Aus dieser Zeit datieren auch die beiden breiten Boulevards Grand Parade und South Mall.

Als Wahrzeichen der Stadt gilt der Glockenturm von **Saint Anne's Shandon,** der wegen seiner eigentümlichen Form auch *Pepper Pott Tower* genannt

Cobh Harbour, wo unzählige Emigranten sich nach Amerika einschifften.

wird. In der Nähe wurde auf dem Buttermarkt im 18. und 19. Jh. frische Butter aus Cork und Kerry gesalzen und in die feinsten Häuser Europas verschickt.

Zu den Sehenswürdigkeiten gehören weiterhin der **Red Abbey Tower,** der als einziger Bestandteil eines Augustinerklosters aus dem 13. Jh. übrig blieb. Die 1870 fertiggestellte, neugotische Saint Finbarr's Cathedral entwarf der Architekt WILLIAM BURGESS an der Stelle eines zerstörten Vorgängerbaus. Für einen Überblick über die Stadtgeschichte Corks empfiehlt sich das Cork City Museum. Für ein unterhaltsames Abendprogramm eignet sich beispielsweise der Besuch einer Aufführung im Cork Opera House (1965 von Michael Scott erbaut).

Ausflüge in die Umgebung der Stadt sind zu empfehlen. Cork hat einen sehenswerten Hafen, und sein Außenhafen **Cobh** war im letzten Jahrhundert für 2,5 Mio. Auswanderer, die vor dem Hungertod aus Irland flohen, die Ablegestelle nach Amerika. Die Vorfahren vieler amerikanischer Bürgermeister, Kongreßabgeordneter, Senatoren und Gouverneure haben hier auf ihrem Weg ins »Land der unbegrenzten Möglichkeiten« Station gemacht. Hunderte der insgesamt 1198 Opfer, die im Jahre 1915 mit dem von einem deutschen U-Boot beschossenen Luxusdampfer *Lusitania* untergegangen sind, liegen auf dem alten Friedhof von Cobh begraben.

10 km östlich von Cork auf **Fota Island** kann man ein Naturschutzgebiet mit vielen seltenen Pflanzen und einem Wildpark besuchen. Eine Sammlung irischer Landschaftsmalerei wird im Fota House ausgestellt. Der malerische Küstenort **Kinsale** ging durch eine dort 1601 erlittene, entscheidende Niederlage der Iren gegen die Truppen von Elisabeth I. in die Geschichtsbücher ein. Das heutige Stadtbild ist immer noch das einer englischen Garnisonsstadt, in der bis zum Ende des 18. Jh. keine katholischen Iren seßhaft werden durften. Die am Ende des 17. Jh. sternförmig angelegte Küstenbefestigung **Charles Fort** sollte feindliche Seemächte vom Einschiffen in Kinsales Hafen abhalten und war bis 1921 noch Militärstützpunkt.

Kristallglasfabrik von Waterford.

Der Südwesten

Cork und Kerry sind die grünsten und zugleich regenreichsten Grafschaften von Irland. Sie erstrecken sich bis zum äußersten Berührungspunkt Europas mit dem Atlantik und liegen infolgedessen weitab von Dublin. Die Besonderheiten des Klimas und der Politik lassen sich auf die geographische Lage von Cork und Kerry zurückführen.

Ein Sprichwort besagt, daß es im Südwesten viel Wetter gibt, aber kein Klima. Es ist keineswegs ungewöhnlich, wenn es an einem Tag wolkenbruchartig regnet und dann wieder die Sonne scheint, und für den Touristen ist es ratsam, Badezeug und Regenschirm immer dabeizuhaben. Andererseits sind die Temperaturunterschiede von Monat zu Monat geringer als im übrigen Europa. Das liegt an den Ausläufern des Golfstroms, die man besonders deutlich auf den Halbinseln von Cork und Kerry spürt, da diese weit in den Atlantik hineinragen. Die warm temperierten Strömungen verhindern Frost im Winter und übermäßige Hitze im Sommer. Die mittlere Temperatur an der Westküste variiert von durchschnittlich 8 °C im Januar bis 16 °C im Juli.

Die Vegetation ist der beste Beweis für dieses ausgeglichene Klima. Die Landschaften von Cork und Kerry sind reich an Bäumen, Hecken und Blumen, die allein schon einen Besuch wert sind. Von April bis Oktober beherrschen Fuchsien mit ihren scharlachroten Blüten das Bild der Landstraßen.

Von der Stadt Cork aus sind die Halbinseln in nur einer Stunde Autofahrt in Richtung Westen zu erreichen. Aber man kann sich auch Zeit lassen. Schließlich steht auf einem beliebten irischen Straßenschild: »Slow Village ahead«. Diese unbeabsichtigte (oder vielleicht doch beabsichtigte) Zweideutigkeit sagt sehr viel über diese ländliche Gegend aus. Weder Cork noch Kerry kennen so etwas wie ein »schnelles« Dorf. Autofahrer, die mit 50 km/h durchrasen, gefährden nicht nur die Bewohner, sondern rauben sich selbst einen Großteil des Vergnügens.

Vorherige Seiten: Westküste bei Caherdaniel. Links: Slea Head, Halbinsel Dingle. Rechts: Wegweiser bei Killarney.

Blarney – das schwarze Schaf

Wenn es ein Dorf gibt, das seinen Geschäftssinn offen zur Schau stellt, so ist es **Blarney,** 8 km nordwestlich von Cork. Der Anblick von Souvenirläden und Ausflugsbussen wird diejenigen abschrecken, die individuelle Vorstellungen vom Reisen haben. Aber dieser erste Eindruck sollte Besucher nicht daran hindern, die Burg von Blarney abseits des Dorfes zu besichtigen. Die Burg ist nicht groß, sie besteht im wesentlichen aus einem 27 m hohen Wohnturm. Sie ist jedoch weitaus besser erhalten als die meisten anderen Bauten aus derselben Zeit. 1446 wurde sie von Cormac MacCarthy mit dem Ziel erbaut, dem Reich der MacCarthys, den Königen von South Munster, auch West Cork einzuverleiben, was vorübergehend auch gelang.

In die Zinne des Wohnturms ist der sagenumwobene **Blarney Stone** eingelassen, der die Leute immer noch zu Verrenkungen verleitet. Der Stein verleiht angeblich dem, der ihn küßt, die »Gabe von Blarney« – die Redekunst. Um diese

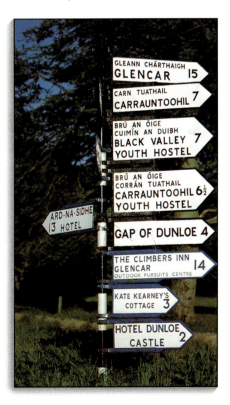

zu erhalten soll man auf dem Rücken liegend den Kopf über einem vergitterten Abgrund nach rückwärts neigen und den Stein küssen. Seit Jahrzehnten unterziehen sich Touristen diesem Ritual. Aber so groß die Anziehungskraft bisher auch war, so groß ist neuerdings die Befürchtung, daß aus Angst vor Aids die Touristen aufhören könnten, diesen Brauch zu pflegen. Es existieren verschiedene Theorien darüber, wie Blarney mit der Redekunst in Verbindung kam. So wird behauptet, daß Elisabeth I. sich einst beschwert habe, der Lord von Blarney verzögere alles mit »schönen Worten und sanfter Rede«, ohne feste Zusagen zu machen, bis die Königin schließlich explodiert sei und ausrief: »Das ist doch alles Blarney!« Im irischen Sprachgebrauch ist *Blarney* demgemäß gleichbedeutend mit »Geschwätz«. Eine andere Geschichte, die enger an den Stein geknüpft ist, erzählt von einer alten Frau, die einen König von Munster belohnt habe, der sie vor dem Ertrinken gerettet hatte. Sie versprach ihm, daß er nach dem Küssen des Steines eine so überzeugende Redegabe erlangen würde, daß er mit deren Hilfe jeden Menschen nach seinem Wunsch beeinflussen könne.

Die lebendige Madonna

In Ballinspittle, 38 km südlich von Cork, gibt es einen Volksglauben jüngeren Datums. Im Sommer 1985 wurde es zum berühmtesten Dörfchen Irlands, als Tausende von Touristen anreisten, um sich von der »wiegenden Madonna« zu überzeugen. Wie viele andere irische Dörfer besitzt auch Ballinspittle eine Grotte mit einer steinernen Statue der Jungfrau Maria. Eines Abends im Juli 1985 ging ein Mädchen aus dem Dorf in der Dämmerung an der Statue vorbei. Es schaute hinauf – die Statue steht etwa 30 m von der Straße entfernt auf einem Felsenhügel – und sah, wie sich die Madonna vor- und zurückbewegte. Anderen Dorfbewohnern, die davon gehört hatten, widerfuhr das gleiche Erlebnis. Die lokale Zeitung *Cork Examiner* berichtete von diesen Ereignissen und innerhalb weniger Tage kamen Hunderte, später sogar Tausende von Menschen nach Ballinspittle, um in

Madonna von Ballinspittle.

der Nacht die sich bewegende Madonna zu sehen.

Verschiedene Wissenschaftler, darunter ein Psychologenteam der Universität von Cork, wiesen darauf hin, daß es kaum möglich sei, längere Zeit in der Dämmerung einen leuchtenden Gegenstand zu beobachten, der sich in 30 m Entfernung von der Dunkelheit abhebt, ohne dabei einer optischen Täuschung zu erliegen. Die Bürger von Ballinspittle sträubten sich jedoch, auf diesen auserwählten Ort der Zuneigung Mariens zu verzichten, und die Bewohner anderer Dörfer im ganzen Land behaupteten darüber hinaus, daß ihre Madonnen nun auch übernatürliche Kräfte besäßen.

Die Fahrt entlang der Südküste Corks führt zur **Timoleague Abbey,** die der hl. Molaga im 7. Jh. gegründet hat. Die Ruinen des Klosters stammen von Nachfolgebauten aus dem 14. bis 16. Jh.

Clonakilty ist eines der vielen Touristenzentren der Umgebung. Hier befinden sich das Regionalmuseum von West Cork und die Schlösser Dunnycove und Dunowen. Auf der nahen Insel Inchadony liegt einer der wenigen schönen Strände des Südwestens; die Insel ist durch einen Damm mit dem Festland verbunden.

Zwischen Rosscarbery und Glandore stößt man auf den **Steinkreis Drombeg,** der in die Zeit zwischen 153 v. Chr. und 127 n. Chr. datiert wird. Nahe den Überresten zweier runder Steinhütten etwas weiter westlich fand sich eine Kochstelle mit einem Steintrog, in dem mittels glühender Steine Wasser zum Kochen gebracht wurde. Abseits der Hauptroute in Küstennähe trifft man auf das Dorf **Castletownshed** mit nur einer einzigen Straße, die steil zum Meer hinabführt. Castletownshed war die Heimat von Edith Somerville und ihrer Cousine Violet Martin, die hier viele ihrer Geschichten über den irischen Bezirksrichter *(The Irish RM)* geschrieben haben. Diese Bücher waren von vielen Iren als Nestbeschmutzung abgelehnt worden. Erst als sie über eine angloirische Fernsehserie populär gemacht wurden, wuchs auch ihre Beliebtheit in Irland, denn die

Der Kuß auf den **Blarney Stone** in der vorgeschriebenen Haltung.

Engländer waren in dieser TV-Serie lächerlicher dargestellt als die Iren.

Das Tor zum südlichsten Teil der Halbinseln von Cork und Kerry heißt **Skibbereen.** Südlich und westlich von hier liegen einige Küstendörfer, die alle zur Bekanntheit dieses Landstriches beigetragen haben. In **Baltimore** wurde die »Saoirse« (Freiheit) gebaut, das erste irische Schiff, das um die Welt segelte. Mit diesem Unternehmen in den zwanziger Jahren unseres Jahrhunderts konnten die Bewohner die Demütigung vergessen machen, die sie 1631 erlitten hatten: Damals wurden sie Opfer eines Überfalls von Algeriern, die zahlreiche Einheimische niedermetzelten oder als Sklaven verschleppten.

Von Baltimore aus fährt täglich ein Boot nach **Clear Island,** dem südlichsten Punkt Irlands. Dies ist unbestritten der irischste Ort des Landes: Die meisten der hier lebenden Menschen sprechen Gälisch, und alle Versuche Dublins, das Land zu »modernisieren«, hat man hier erfolgreich abgewehrt. Hier wird die Geschichte einer Journalistin erzählt, die die Bewohner von Clear Island Anfang der siebziger Jahre interviewen sollte, ob Irland der EG beitreten solle oder nicht. Sie traf einen älteren Mann, gut einen Steinwurf von der nächsten Straße entfernt, und fragte ihn, ob er für einen irischen Beitritt sei oder nicht. Er anwortete bestürzt: »Gütiger Himmel! Ob ich die vielen lärmenden europäischen Schwerlastwagen will, die dann Tag und Nacht an meinen Haus vorbeifahren würden? Nein danke.«

Einer der schönsten Plätze auf Clear Island ist das **Cape Clear Bird Observatory,** das in Großbritannien und Irland bahnbrechend für die Beobachtung von Seevögeln war. Neben den einheimischen Möwen, Kormoranen, Papageitauchern und Dreizehenmöwen findet man hier auch seltenere Vogelarten wie den schwarzflügeligen Albatros.

Fährt man auf dem Festland weiter in Richtung Mizen Head, führt die Straße durch Ballydehob, Schull und vorbei an **Barley Cove,** dem angeblich schönsten Strand in West Cork. Im Gegensatz zu den meisten anderen Stränden ist dieser flach und sandig.

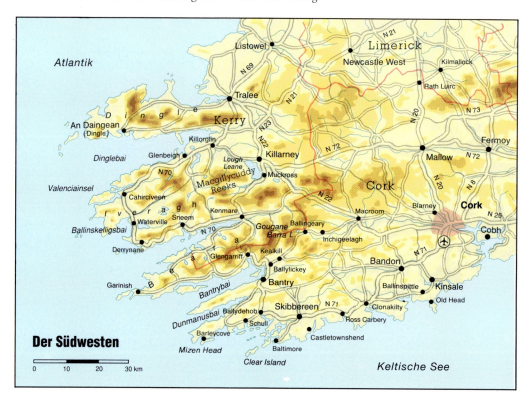

Der Südwesten

Mizen Head hat mit einem Schauspiel aufzuwarten, wie man es sich nur wünschen kann. An der Südwestspitze Irlands fallen plötzlich Sandsteinklippen fast senkrecht 210 m zum Meer hin ab. Seit 1910 erhielt hier deshalb die Küstenwache eine Station, um bei dichtem Nebel Leuchtkugeln zur Warnung der Schiffe abzuschießen. Nach Aufkommen modernder Navigationsmethoden verließen 1993 die letzten Beschäftigten die Station. Heutzutage kann man das museal eingerichtete ehemalige Wohnhaus und den Maschinenraum auf der durch eine Hängebrücke verbundenen äußersten Insel besichtigen. Es gibt wohl kaum einen größeren Gegensatz als den, der für die Halbinsel Mizen bezeichnend ist: Was auf den Besucher so reizvoll wirkt, bedeutet für den hier lebenden Kleinbauern eine ungewöhnliche Härte. Das Panorama entlang der Nordküste der Halbinsel, im Rücken den **Mount Gabriel** mit einem Ausblick auf **Dunmanus Bay,** wirkt zwar ausgesprochen schön, aber der Boden ist völlig unfruchtbar. Lange vor der Großen Hungersnot kam es hier zu einem Bevölkerungsschwund. Er wurde v. a. durch die Napoleonischen Kriege ausgelöst, die den Einheimischen die Möglichkeit nahmen, ihre Fische auf dem europäischen Festland zu verkaufen. Heute erinnern Ruinen an jene Zeiten, in denen die Bevölkerung notgedrungen von der Halbinsel auf das weitaus fruchtbarere Land um Bantry übersiedelte.

Das wichtigste Merkmal **Bantrys,** schenkt man den Worten des Gastwirtes vom *Anchor Inn* Glauben, ist die Tatsache, daß die Handelsstadt mit eigenem Fischereihafen weiter von Dublin entfernt ist als irgendeine vergleichbare Stadt. Die Entfernung beträgt 290 km, also fast doppelt soviel wie die Strecke von Dublin nach Belfast.

Das *Anchor Inn* an der Ecke des großen Platzes ist der beliebteste Treffpunkt in Bantry. An jedem ersten Freitag im Monat findet auf dem Platz ein Markt statt, auf dem Händler aus der Umgebung Gemüse aus eigenem Anbau und selbstgefertigte Kunstgegenstände verkaufen (das *home-made* besteht allerdings manchmal nur darin, die *Made-in-Hong-Kong-*

Faszinierender Atlantik in der Nähe des Ring of Kerry.

Aufkleber abzumachen). An diesen Freitagen ist das *Anchor Inn* schon am Vormittag voller Gäste, die es nicht besonders eilig haben.

Das **Bantry House** am Stadtrand bietet einen herrlichen Ausblick auf die Bucht. Es wurde 1765 von RICHARD WHITE, dem ersten Earl of Bantry, erbaut und mit einer wunderbaren italienischen Parkanlage umgeben. In den stilvoll eingerichteten Innenräumen sind eine Sammlung von Gobelins, Teppichen und antiken Möbelstücken zu sehen.

Abstecher ins Landesinnere

Über die unbestrittene Anziehungskraft der Küste Corks sollte das Landesinnere nicht ganz vergessen werden. Von der Straße Richtung Glengarriff führt ein Abstecher landeinwärts nach **Ballylicky** und weiter nach **Kealkil.** Für diese Route gibt es zwei Gründe: Zum einen führt die Straße von Ballylicky nach Inchigeelagh zu den originellsten Kunsthandwerkstätten dieser Gegend. Eine Meile östlich von Kealkil findet man einen Wegweiser zu **Teadagh Candles,** wo Kerzen in den verschiedensten Formen, Farben und Duftnoten kreiert werden. Noch weiter östlich, 5 km hinter **Ballingeary,** weisen Schilder auf der linken Seite zunächst auf ein Lederhandwerkstudio hin, wo man Geldbörsen, Gürtel und Handtaschen erwerben kann, und dann auf eine Holzwerkstatt, wo es Kisten, Tischlampen, Küchenbrettchen und Salatschüsseln zu kaufen gibt.

Ein zweites lohnendes Ziel ist **Gougane Barra,** ein See inmitten einer der schönsten Parklandschaften Irlands, mit gut befestigten Wegen und Wanderpfaden, Park- und Rastplätzen. Einer Legende zufolge betrat der hl. Finbar als erster die im See gelegene Insel, errichtete dort eine Kapelle und erledigte nebenbei noch ein paar Dinge, die der hl. Patrick offensichtlich vergessen hatte, wie das Ertränken eines einheimischen Ungeheuers. Im 18. Jh. lebte hier der Karmelitermönch Denis Mahoney als Einsiedler. Die Kapelle, die heute an dieser Stelle steht, entstammt jedoch erst der Zeit nach dem hl. Finbar und Pater Mahoney. Die Stelle gilt als magischer Ort, und

Suche nach Seeigeln in der **Bantry Bay.**

wenn sich von den **Shehy Mountains** ein Gewitter über dem See zusammenzieht, ergibt sich eine beeindruckende Atmosphäre.

Zur Küste zurückgekehrt, gelangt man nach **Glengarriff,** einem geschützten Seebad an einer nördlichen Bucht der Bantry Bay. Am Osteingang der Stadt stehen im Sommer viele einheimische Männer, die Autofahrer zu einer Bootsfahrt animieren wollen. Und diese Gelegenheit sollte man sich auf keinen Fall entgehen lassen.

Nur ein paar Segelminuten von Glengarriff entfernt liegt **Garnish Island.** Lange Zeit war diese Insel nur ein karger Felsen, aber in den frühen zwanziger Jahren schaffte der Besitzer, John Allen Bryce, fruchtbare Erde vom Festland herüber und verwandelte die Insel in ein kleines botanisches Paradies. Die geschützte Lage der Insel bietet ideale Bedingungen für das Wachstum von Bäumen, Sträuchern und Blumen aus der ganzen Welt. Ferner gibt es hier einen besonders schön angelegten italienischen Garten. Man sollte die Parklandschaft von Gougane Barra und Garnish Island möglichst am gleichen Tag besuchen, denn so erlebt man am deutlichsten den starken Gegensatz zwischen dem gebändigten und wilden Südwesten von Irland.

Westlich von Glengarriff liegt die Halbinsel **Beara,** die zu ausnehmend schönen Bergwanderungen einlädt, z.B. auf den **Sugarloaf Mountain** westlich der Stadt. Als Alternative zur Halbinsel bietet sich in nördlicher Richtung die Bergstraße an, die nach **Kenmare** und in die Grafschaft Kerry führt. Vom höchsten Punkt an der Grenze der Grafschaft ist der Blick über die Bantry Bay wirklich majestätisch.

In der Grafschaft Kerry

Die Bewohner von Kerry sind für die irische Bevölkerung das, was die Iren für die Engländer sind: Zielscheibe des Spottes. Ein Beispiel: »Was findet man am Boden einer Guinnessflasche, die für Kerry bestimmt ist?« – »Am anderen Ende öffnen.«

Warum macht man ausgerechnet über Kerry Witze und nicht über die Menschen in Cork oder Donegal? Kerry ist zwar nicht weiter von Dublin entfernt als diese Grafschaften, doch insbesondere im Hinblick auf den Handel waren die Möglichkeiten für die Bewohner Kerrys schon immer weitaus besser jenseits des Atlantiks als im Osten hinter den Bergen. Von daher dürfte die Entfernung zwischen Kerry und den anderen Grafschaften wohl eher psychologischer als geographischer Natur sein.

Fährt man von Glengarriff nach Norden weiter, kommt man zunächst nach **Kenmare.** Während für die meisten Städte in der Grafschaft Cork enge Straßen und Verkehrsstaus typisch sind, besitzt Kenmare zwei äußerst großzügig angelegte Hauptstraßen. Wie nur ganz wenige irische Städte wurde diese Stadt ab 1775 nach einem festen Plan angelegt, den der Marquis von Lansdowne anfertigen ließ. Das Zentrum Kenmares mit seinen Reihenhäusern aus Kalkstein bietet daher ein Höchstmaß an Ausgewogenheit.

Überregionale Bedeutung erhielt v.a. die Kenmarer Spitzenstickerei. Im Oktober 1861 waren sechs Nonnen des Saint-Claire-Ordens aus Newry in der Graf-

Irisches Ein-PS-Wohnmobil bei Dingle.

schaft Down nach Kenmare gekommen. Sie unterrichteten dort die Kinder der armen Bevölkerung und lehrten die Mädchen Häkeln, Sticken und die Spitzenstickerei. Daraus entstand eine der London School of Arts angegliederte School of Design, die regelmäßig Preise und Medaillen in Irland, England und auch in Amerika gewann. 1989 wurde das Kloster aufgelöst, doch im **Kenmare Heritage Centre** kann man eine Ausstellung mit traditionellen Spitzenarbeiten besuchen sowie gelegentlich deren Anfertigung beobachten.

Kenmare ist ein guter Ausgangspunkt für eine der berühmtesten Reiserouten Irlands, den **Ring of Kerry,** der etwa 200 km langen Küstenstraße um die Halbinsel Iveragh. Im Landesinnern verläuft die Straße in nördlicher Richtung von Kenmare nach Killarney und steigt zum **Moll's Gap** an, von wo aus man erstmals die Seen im Westen Killarneys erblicken kann. Trotz der Versuchung, hier anzuhalten und den Ausblick zu genießen, sollte man weiter bis **Ladies' View** fahren, denn von dort hat man eine phantastische Sicht auf den **Upper Lake,** den **Muckross Lake** und **Lough Leane,** den größten dieser Seen.

Abwärts führt die Straße nach Killarney zuerst am Upper Lake und dann am Muckross Lake vorbei. In den angrenzenden Wäldern hat sich bis heute Rotwild gehalten. Im 18. Jh. jagten englische Siedler zum Zeitvertreib das Wild die Hügel hinunter in die Seen, um es dort mit Booten weiter zu verfolgen.

Nach dem Muckross Lake erscheint links das **Muckross House,** das v. a. wegen seiner Gärten bekannt ist. Es wurde 1843 im Tudorstil erbaut. Heute gehören das Gebäude und die Gärten zum Killarney National Park und das Herrenhaus dient als Heimatmuseum. Hinzugekommen ist ein kleines Freilichtmuseum bestehend aus drei Bauernkaten, die mit den herkömmlichen Arbeitsgeräten ausgestattet sind. Die 4000 ha große Parklandschaft mit wundervoll angelegten Gärten am Seeufer bietet eine Vielzahl gut ausgeschilderter Spazierwege. Ein Weg führt auch zu den Ruinen einer der schönsten Franziskanerkirchen Irlands, **Muckross Friary.** Die 1448 gegründete

Abtei wurde bis zum Ende des 15. Jh. errichtet; zuletzt wurde ein Vierungsturm an die Abteikirche angebaut, der als eine Besonderheit die gesamte Breite des Kirchenschiffes einnimmt.

Etwa 6 km nördlich von Muckross Friary liegt **Killarney.** Je näher man dieser Stadt kommt, um so zahlreicher werden die Hinweisschilder auf Ponyfarmen für Touristen. Viele Leute vermeiden Killarney, weil es teuer und zu übervölkert ist. Tourismus als ein Haupterwerbszweig hat hier allerdings große Tradition, so daß bereits Lord Kenmare 1750 vier große Straßen für die Reisenden anlegen ließ. Sehenswert sind die beiden neugotischen Kathedralen aus dem 19. Jh.: die **Catholic Cathedral** und die anglikanische **Saint Mary's Church.**

Nicht nur für Autofahrer bietet sich Killarney als Ausgangsort für eine Tour um den Ring of Kerry an, sondern auch für Wanderer, die abseits der vielbefahrenen Küstenstraßen dem **Kerry Way** auf alten Torfstraßen und Butterpfaden rund um die Halbinsel folgen können. Fährt oder wandert man die Strecke in westlicher Richtung, so gelangt man, Kenmare passierend, in das kleine freundliche Dorf **Sneem.** Es wurde von der Irischen Fremdenverkehrszentrale einmal als der sauberste Ort Irlands ausgezeichnet. Folglich werden die Häuserfronten jedes Jahr neu in Pastelltönen gestrichen, und sogar die Tankstellen wirken auffallend sauber und weisen keine Spur von Öl und Schmierfett auf. Westlich von Sneem und etwas weiter landeinwärts befindet sich **Staigue Fort,** eine kreisrunde, frühchristliche Steinfestung von 34,5 m Durchmesser, die vollständig erhalten ist.

Entlang der Küstenstraße kommt man etwa 10 km weiter an einen der geschichtlich bedeutsamsten Orte der Gegend: **Derrynane.** Dieses Haus mit seinem Park, der bis zum Meer hinunterreicht, gehörte jahrhundertelang einer der vornehmsten Familien Irlands, den O'Connells. Heute beherbergt es ein historisches Museum, in dem eine liebevolle Sammlung von Kunstgegenständen aller Art zum Gedenken der Familie – insbesondere von DANIEL O'CONNELL, dem größten und bekanntesten irischen

Vorherige Seiten: Verschwiegene irische Landschaft bei Kenmare. Unten und rechts: Diese herrlichen Aussichten locken Besucher zum Ring of Kerry.

Freiheitskämpfer des 19. Jh. – zusammengestellt wurde.

Der Ring von Kerry führt von Derrynane weiter nach **Waterville** und in die **Ballinskelligs Bay.** Kurz nach Derreen geht es links zum Fischerdorf **Portmagee,** wo eine Brücke die Hauptinsel mit **Valencia Island** verbindet. Von dieser Insel wurde nach anfänglichen Mißerfolgen wegen defekter Kabel und Isolationsproblemen zwischen 1857 und 1866 das erste Transatlantikkabel nach Neufundland verlegt, das noch bis 1960 im Einsatz war. Die Insel bildete aber auch die Verbindung zu direkteren Zielen: zu den im Sommer mit einer Fähre erreichbaren, 12 km von Valencia entfernt aus dem Atlantik herausragenden Skellig Islands. Die kleinere Felsinsel, **Small Skellig,** ist berühmt für ihre Seevögelkolonien, die größere, **Skellig Michael,** für eine frühchristliche Klosteranlage. Der hl. Finnian fand hier vor 1400 Jahren die erwünschte Einsamkeit und die asketischen Lebensbedingungen, die ihn zur Gründung eines Klosters veranlaßten. Die Mönche lebten 600 Stufen vom Meeresspiegel entfernt in sog. *beehive huts,* bienenkorbartigen Mönchszellen in Trockenmauerbauweise, von denen sechs ebenso erhalten sind wie zwei Oratorien, verwitterte Steinkreuze und die Ruine der Saint Michael's Church aus dem 12. Jh. Um 1200 siedelten die Mönche schließlich auf die leichter bewohnbare Hauptinsel nach Ballinskelligs über. Vor kurzer Zeit wurde ein sich gut in die Landschaft einfügendes Besucherzentrum auf Valencia Island eingerichtet, das über Flora und Fauna, Besiedlung und die Tätigkeit der Leuchtturmwärter (heute automatisiert) auf den Skelligs informiert.

Der Ring of Kerry passiert anschließend **Cahersiveen,** den Geburtsort von Daniel O'Connell. Seit 1851 befindet sich in Cahersiveen eine Wetterwarte, die früher die Sicherheit der Seefahrer gewährleistete und die heute für die Wetternachrichten in Irland und im übrigen Europa als westlichste Station eine Schlüsselrolle einnimmt. Die 1922 zerstörten Polizeikasernen, die um 1870 im Stil einer Burg errichtet worden waren, wurden restauriert und beherbergen heu-

te ein historisches Museum, in dem die irische Geschichte des 19. und 20. Jh. dargestellt wird, z. B. in Abteilungen über Daniel O'Connell, die Große Hungersnot, die Fenier-Bewegung und die transatlantischen Beziehungen.

Weiter in östlicher Richtung führt die Straße zur **Dingle Bay** mit einem schönen Ausblick nach links auf die Dingle-Halbinsel und, etwas später zur rechten Seite, auf die höchsten Berge Irlands, die **Macgillycuddy's Reeks.** Der höchste Gipfel, **Carrauntoohill,** erreicht 1041 m.

Den schönsten Ausblick über die Dingle Bay gewährt eine Ruine oberhalb der Straße nach **Glenbeigh.** Auf den ersten Blick sieht sie wie eine der vielen Burgruinen von Cork und Kerry aus, aber die Burg von Glenbeigh hebt sich bei genauerer Betrachtung von den anderen ab. Sie stammt nämlich erst aus der zweiten Hälfte des 19. Jh. und wurde bei einem der bekanntesten englischen Architekten und Designer der Zeit, EDWARD WILLIAM GODWIN (1833–86), in Auftrag gegeben. Godwin entwarf in Irland in den 1860–70er Jahren mehrere Landhäuser, gewann aber v. a. durch seine anglo-japanischen Möbel großes Ansehen. In Glenbeigh errichtete er nach Vorlage irischer mittelalterlicher Burgen für Lord Headley einen Wohnsitz. **Glenbeigh Towers,** wie die Burg heute genannt wird, wurde während der Kämpfe 1922 fast völlig zerstört – nicht zu jedermanns Bedauern.

Einen Einblick in das Landleben Irlands um 1800 gewährt das **Kerry Bog Village** in Glenbeigh. Hier wird besonders an die große Bedeutung des Torfstechens erinnert, denn die irischen Moore spielten für die Landschaftsgeschichte und Wirtschaft Irlands eine große Rolle (vgl. S. 26). Seit dem Mittelalter wird hier Torf für Hausbrand gewonnen, was mit der Waldvernichtung einher ging. Heute gibt es mehrere Kraftwerke, die durch das Verfeuern von Torf Elektrizität erzeugen. Die hier rekonstruierte Ansiedlung besteht aus der Kate des Torfstechers, einer Schmiede, in der die für den Torftransport notwendigen Pferde beschlagen wurden sowie der Hütte eines Hilfsarbeiters mit einem Hühnerstall. Hinzu kommen das Haus eines Rieddachdeckers und eine typische Stallwohnung, in deren zwei Bereichen Tiere und eine Bauernfamilie leben konnten.

10 km östlich von Glenbeigh geht der Ring of Kerry seinem Ende zu. Weitaus hübscher als viele andere Dörfer, liegt **Killorglin** am Ufer des **River Laune,** der das Wasser der Seen von Killarney zum Meer hinführt. In Killorglin feiert man alljährlich vom 10. bis 12. August das **Puck Festival,** bei dem ein Ziegenbock zum König gewählt wird.

Von Killorglin aus kann man entweder nach rechts abbiegen, um den Ring of Kerry in Killarney abzuschließen, oder man fährt nach links in Richtung **Castlemaine** und auf die Halbinsel Dingle.

Dingle ist ein lebhafter Fischerort, eine Stadt, in deren zahlreichen Restaurants immer frischer Fisch angeboten wird. Ebenso wie Killarney hängt auch Dingle wirtschaftlich vom Tourismus ab, aber im Gegensatz zu Killarney ist Dingle baulich nicht so stark verunstaltet worden.

Eine Rundtour, die besonders mit dem (Leih-)Fahrrad zu empfehlen ist, bietet sich um den äußersten Zipfel der Halbinsel Dingle an. Dabei passiert man mehrere frühchristliche Denkmäler, wie etwa die **Ballintaggart Oghamsteine, Dunbeg Fort** direkt an den Klippen und das berühmte **Gallarus Oratorium.** Dieses Gotteshaus in Form eines kieloben liegenden Bootes mit einem kleinen Fenster in der Ostwand ist aus Bruchsteinen ohne Mörtel wasserundurchlässig zusammengefügt und heute noch vollkommen erhalten. Die Entstehungszeit ist umstritten, zumeist wird das Oratorium in den Zeitraum 11./12. Jh. datiert.

Vor der Halbinsel Dingle liegt die aus sechs Inseln bestehende Gruppe der **Blaskets.** Die heute verlassene **Great Blasket** ist deshalb so berühmt, weil ihre ehemaligen Bewohner in der ersten Hälfte dieses Jahrhunderts bedeutende literarische Werke geschaffen hatten, bevor sie im Jahre 1953 im Rahmen einer endgültigen Evakuierung die Insel räumen mußten. Unter den nie mehr als 200 Seelen zählenden Bewohnern der Blaskets befanden sich drei bekannte Schriftsteller: Thomas O'Crohan, der Autor von *The Islandman,* Peig Sayers, die ihre Autobiographie *Peig* verfaßte, und Maurice

O'Sullivan, der in *Twenty Years A-Growing* eine wundervolle Kindheit auf Blasket beschreibt.

Nur eine der sechs Inseln kann besucht werden. Während der Sommermonate besteht bei gutem Wetter eine Fährverbindung zwischen Dunquin und Great Blasket. Eine Landkarte für die Blaskets ist unnötig, da sich auf der Rückseite des 20-Pfund-Scheins eine solche befindet, auch wenn darauf eine Insel fehlt, nämlich **Inishvickillaune.** Sie wurde vom irischen Premierminister Charles Haughey als Feriendomizil gekauft.

Nicht weit vom Landesteg auf Great Blasket finden sich, gegen den Wind geschützt, die Ruinen der traditionellen Bauernhütten. Auf einem Hügel stehen Häuser, die einst von Staats wegen für die arme Landbevölkerung errichtet worden sind und jetzt als Cafés oder Gästehäuser dienen. Viele der ursprünglichen Steinmauern stehen noch. Great Blasket hat eine Fläche von etwa 18 km² und erhebt sich 300 m ü. M. Es ist eine Insel von wilder Schönheit mit steilen Klippen und wunderschönen Ausblicken.

Nördlich von Dingle bietet die Straße über den **Connor Pass** eine atemberaubende Landschaft und eine beeindruckende Route. Am höchsten Punkt des Passes kann man von einem Parkplatz nach allen Seiten die Sicht auf eine unvergleichlich schöne Landschaft genießen. Im Rücken **Dingle Bay** und die **Kerry Hills,** davor **Brandon Bay** und die **Maharee Islands,** links der **Brandon Mountain,** Irlands höchste Erhebung außerhalb der Macgillycuddy's Reeks, rechts weitere Berge und Seen.

Die Straße führt dann abwärts zur Brandon Bay und **Tralee Bay,** bevor man **Tralee** selbst erreicht. Das ist die größte Stadt in Kerry und zugleich Industriezentrum. Da es mehrfach von den Engländern zerstört wurde, stößt man lediglich im Stadtzentrum auf prachtvolle Häuser aus dem 18. Jh., v. a. in der breit angelegten **Denny Street,** in der die Gebäude majestätisch zur Geltung kommen. Und wer an irischer Kultur interessiert ist, kann in Tralee das **Siamsa Tire Theatre,** das nationale Volkstheater Irlands, besuchen.

Wer würde dieses Pferd bei der Puck's Fair in Killorglin nicht kaufen wollen?

Der mittlere Westen

Die Grafschaften im mittleren Westen, Tipperary, Limerick und Clare, erweisen sich landschaftlich als sehr abwechslungsreich – von den kahlen Hügeln und der zerklüfteten Küste im Norden von **Clare** bis hin zu den sanften Bergen, Weiden und gewundenen Flußtälern von Limerick und Tipperary. Die Region ist auch reich an historischen Zeugnissen. Hunderte größtenteils zerstörter Burgen erinnern daran, daß dies das Land der großen gälischen Anführer von Munster, wie der O'Briens und der normannisch-irischen Krieger de Burgo, Butler und FitzGerald war.

Hier gehört Irland wieder zur großen Welt, denn der **Shannon International Airport,** westlich von Limerick am Shannon gelegen, ist mehr als nur ein gewöhnlicher Ankunftsort für Touristen aus Übersee; er ist der Schlüssel zum Fortschritt im mittleren Westen. Nach seiner Eröffnung im Jahre 1945 als erster zollfreier Flughafen der Erde war er lange ein wichtiger Zwischenlandeplatz für Transatlantikflüge; seit 1958 wurde er zum Anziehungspunkt für viele ausländische Firmen, die mit ihren neuen Arbeitsplätzen der Region zu größerem Reichtum und Selbstbewußtsein verholfen haben. Der Flughafen bedingte auch die Entstehung zahlreicher Touristenzentren.

Das zeigt sich deutlich auf dem ersten und für viele – besonders amerikanische – Touristen wichtigsten Stopp: **Bunratty Castle** mit dem **Folk Park** an der Hauptstraße von Shannon nach Limerick. Mehr als 20 Nachbildungen von Land- und Stadthäusern versetzen den Besucher in diesem Freilichtmuseum in den irischen Mittelwesten des späten 19. Jh. zurück: eine graue Kalksteinhütte aus dem nördlichen Clare, ein weißgetünchter Bergbauernhof aus dem Westen Limericks, das gemütliche, jedoch nicht überreich ausgestattete Anwesen eines wohlhabenden Bauern aus Golden Vale in Tipperary und unweit davon eine Hütte, in der seine Bediensteten hausten. Es gibt eine Dorfstraße mit einem Pub, einem Tuchladen, einer Druckerei, einem Lebensmittelgeschäft, einer Post und einer Pfandleihe. Die Häuser sind mit originalen Arbeitsgeräten ausgestattet, und jeden Tag finden Vorführungen traditioneller Arbeitstechniken statt.

Bunratty Castle stammt in seiner gegenwärtigen Form etwa aus dem Jahr 1450. Im 16. und 17. Jh. war es eine Festung der O'Briens, der Grafen von Thomond, wie dieser Teil von Munster damals hieß. In den sechziger Jahren ist die Burg ausgezeichnet restauriert und mit einer bemerkenswerten Sammlung von Mobiliar und Tapisserien aus dem 14. bis 17. Jh. ausgestattet worden. Hier finden das ganze Jahr über Bankette in mittelalterlichem Stil statt.

Nur 13 km nordwestlich, in der Nähe von Quin, liegt **Craggaunowen Castle** aus dem Jahre 1550, das 1975 restauriert worden ist. In seinen Mauern kann man einen rekonstruierten Pfahlbau *(Crannog)* aus der Bronzezeit, ein frühchristliches Ringfort und eine unterirdische Kammer sehen. Ausgestellt ist auch die *Brendan,* ein Boot aus Leder, mit dem der Abenteurer und Schriftsteller TIM SEVERIN

Vorherige Seiten: An der Landstraße nach Limerick.
Links: Die **Cliffs of Moher.**
Rechts: Das Karstgebiet des Burren hat eine ganz eigene Flora.

1976/77 von Irland nach Neufundland gesegelt ist, um zu beweisen, daß der legendäre Seefahrer Saint Brendan schon im 6. Jh. eine solche Reise unternommen haben könnte, wie alte Chroniken behaupten. Das nahe gelegene **Knappogue Castle** ließ ein Texaner aus einer Ruine des 15. Jh. wieder aufbauen und mit historischem Mobiliar ausstatten.

Wer authentische irische Folkmusic sucht, sollte wissen, daß Clare berühmt für seine Musiker ist, besonders für Ziehharmonika- und Dudelsackspieler. Gute Pub-Sessions finden im Sommer fast in jedem Küstenort oder Dorf statt. Ebenso gut besucht ist Clares kahle, felsige Küstenlandschaft am Atlantik. Am eindrucksvollsten sind die **Cliffs of Moher** zwischen Liscannor und Doolin, die sich über 8 km hinziehen und über 200 m steil aus dem Meer herausragen.

Im Norden von Clare findet sich die ungewöhnlichste Landschaft ganz Irlands: **The Burren,** ein kahles, hügeliges Karstgebiet von ungefähr 260 km², das oft mit einer Mondlandschaft verglichen wird, weil es weder Bäume noch Gewässer gibt. Doch wider Erwarten trifft man hier auf eine außergewöhnlich vielfältige Flora mit arktischen, alpinen und mediterranen Pflanzen. Zum urtümlichen Erscheinungsbild dieses Gebietes aus durchlässigem Kalkstein hat v. a. die frühere Beweidung beigetragen.

Unterhalb der gespenstischen Landoberfläche des Burren erstreckt sich ein Labyrinth von Felsspalten, Höhlen, Flüssen und Seen, wovon nur ein kleiner Streifen, **Aillwee Cave,** Besuchern ohne Spezialtraining und Ausrüstung zugänglich ist. Ein einheimischer Schäfer, Jacko McGann, hat diese Höhle in den vierziger Jahren entdeckt. Heute ist sie weitgehend erforscht und wurde 1978 für die Öffentlichkeit freigegeben. Der Höhleneingang befindet sich 3 km südlich von **Ballyvaughan.** Es werden Führungen angeboten, bei denen man in einige Gänge gelangt und einen Eindruck von der Lösung und Erosion durch das Wasser bekommt, die zur Entstehung des unterirdischen Höhlenlabyrinths geführt haben.

Im **Burren Display Centre** in **Kilfenora** kann man sich ausführlich über die

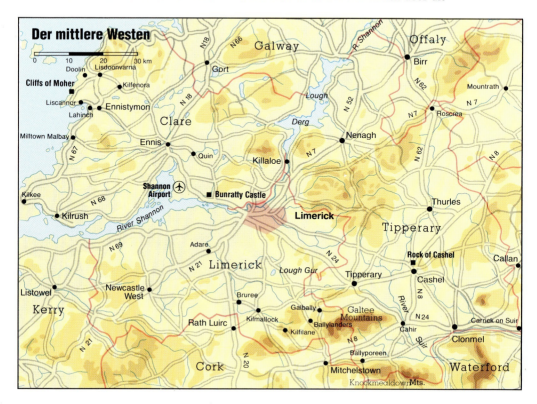

Geologie und die seltene Flora dieser Gegend informieren. Der ehemalige Bischofssitz Kilfenora ist auch durch seine zahlreichen Hochkreuze auf und um den Friedhof der **Saint Fachan Cathedral** aus dem 12. Jh. bekannt. **Lisdoonvarna** ist Irlands einziges Heilbad. Hier findet den ganzen September über ein regelrechter Heiratsmarkt statt: Die Unverheirateten der Umgebung finden sich hier zusammen, bei Musik, Tanz und Alkohol bis zum Morgengrauen, und suchen nach geeigneten Partnern.

Ennis, die Hauptstadt der Grafschaft, liegt an der Hauptstraße nach Limerick. Dort steht die Ruine einer Franziskanerabtei aus dem Jahre 1242 (erweitert im 15. Jh.). In der angesehenen Bildungsstätte für den Klerus und Adel lebten und arbeiteten ursprünglich 350 Mönche und über 600 Scholaren. Beachtenswert ist das spätgotische Grabmal der MacMahons von 1475 in der Südwand der Kirche.

Limerick

Die Hauptstadt der gleichnamigen Grafschaft **Limerick** liegt am Fluß Shannon und wurde im 9. Jh. von den Wikingern gegründet. 1197 verliehen die Engländer ihr das Stadtrecht, und 1210 ließ König Johann Ohneland eine mächtige Burg **(King John's Castle)** und die **Thomond Bridge** (1840 erneuert) errichten. Das alte Stadtzentrum wird in drei Bezirke geteilt: English Town, Irish Town und Newtown Pery, dem nach seinem Gründer benannten georgianischen Viertel.

In der English Town befindet sich die mehrfach baulich veränderte **Saint Mary's Cathedral** aus dem 12. Jh., deren 1489 geschnitztes Chorgestühl in Irland einzigartig ist. Im ehemaligen Kornspeicher **Grenary** ist heute das Fremdenverkehrsbüro untergebracht. Irish Town auf der Südseite des Abbey River wurde im frühen 14. Jh. in den Schutz der Stadtmauern gestellt. Das 1764-69 von einem italienischen Architekten erbaute **Custom House** beherbergt nun die bedeutende Sammlung des Kunsthistorikers John Hunt, die v.a. mittelalterliche Kunstschätze umfaßt.

Als eine Abwechslung zur Stadtbesichtigung bietet sich ein Ausflug zu den **Clare Glens** an: Nur wenige Kilometer östlich von Limerick hat das Flüßchen Clare Schluchten in die Gebirgslandschaft gegraben, die man auf sehr schönen Spazierwegen bewundern kann.

Ein bemerkenswertes Dorf

Etwa 15 km südwestlich von Limerick, auf der N 21 Richtung Killarney, liegt **Adare,** das mit seinen strohgedeckten Cottages oft als das schönste Dorf Irlands angesehen wird. Es ist wirklich sehr malerisch, aber in seiner herausgeputzten Ordentlichkeit eher atypisch. In den Laubwäldern am **River Maigue** in der Nähe des Dorfes befinden sich die Ruinen des einstmals stark befestigten **Desmond Castle** aus dem frühen 13. Jh. sowie einer 1464 gegründeten Franziskanerabtei und einer Augustinerabtei aus dem frühen 14. Jh.

Das Dorf selbst wurde vom dritten Earl of Dunraven (1812–71) gegründet und nach englischem Modell angelegt. Er konvertierte im Zuge der Oxford-Bewegung des 19. Jh. zum Katholizismus. Die Earls of Dunraven wohnten in **Adare**

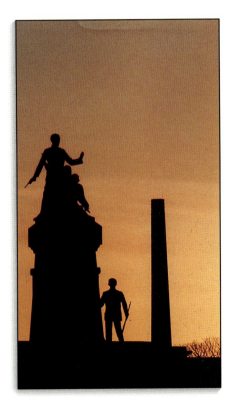

Denkmal für den Osteraufstand von 1916 in Limerick.

Manor, einem 1720 errichteten und im Laufe des 19. Jh. v. a. im neugotischen Stil erweiterten Herrenhaus, das von einem weitläufigen Park umgeben ist. Die **Trinitarian Abbey** (etwa 1230) am nördlichen Ende der Hauptstraße wurde im 19. Jh. vom ersten Earl of Dunraven restauriert und den Katholiken als Gemeindekirche übergeben.

17 km südlich von Limerick, an den Ufern des **Lough Gur,** finden sich zahlreiche archäologische Zeugnisse früherer Siedlungen, die bis ins Neolithikum zurückdatieren. Diese Steinkreise, Dolmen, Menhire, Ruinen frühchristlicher Kirchenbauten, Grabhügel sowie Ganggräber kamen nach Absenken des Wasserspiegels des hufeisenförmigen Sees im 19. Jh. zum Vorschein.

Etwas weiter südlich ragen die **Galtee Mountains** wie dunkelgrüner Samt steil aus der Ebene empor. In der Nähe der Stadt **Kilmallock** erheben sich die majestätischen Ruinen einer Dominikanerabtei (13. Jh.), die man über eine Fußbrücke über den **River Loobagh** erreichen kann. **Blossom Gate,** eines von ursprünglich vier bewachten Toren in der Stadtmauer, führt heute in eine Hauptgeschäftsstraße. Kilmallock verfügt außerdem über eine normannische Burg und die **Church of Saints Peter and Paul,** die zwischen dem 13. und 15. Jh. erbaut worden ist.

In dem Dorf **Bruree,** 6 km nordwestlich, kann man das Museum, das nach Eamon de Valera, dem früheren Präsidenten der Republik Irland benannt ist, besichtigen. Das Museum ist in der Schule, die de Valera besucht hat, untergebracht.

10 km südöstlich von Kilmallock liegt das freundliche Städtchen **Kilfinane.** Besonders sehenswert ist der **Kilfinane Moat,** ein riesiger flacher Erdwall, wo vielleicht die Stammeshäuptlinge ernannt wurden. Die Straße von Ballylanders durch das Dorf **Galbally** führt in die Grafschaft **Tipperary.** Man fährt gemütlich durch die wunderschöne Landschaft von **Glen of Aherlow,** die sich zwischen den Galtee Mountains und der Slievenamuck-Bergkette erstreckt. In Mainchin Seoighes *Portrait of Limerick* werden Geschichte und Topographie dieser Grafschaft eindrucksvoll geschildert.

Landstraße in der Grafschaft Limerick.

It's a long way to Tipperary

Glen of Aherlow ist das Tor zu Irlands größter Grafschaft im Landesinnern. Tipperarys landschaftliche Vielfalt aus Wiesen, Bergen und Flußtälern vermittelt einen üppigen Eindruck. Bei einem Sonnenuntergang macht das **Golden Vale** seinem Namen alle Ehre. Charakteristisch für Tipperary sind die Galtee und Knockmealdown Mountains, die herausragende Bergspitze des **Slievenamon** sowie die weite Flußebene des **Suir.**

Der Suir verleiht den Städten im Süden der Grafschaft besonderen Reiz. **Cahir** besitzt einen schönen Stadtplatz und eine prächtige Burg aus dem 15./16. Jh. auf einer Insel im Fluß, mit einem dreistöckigen Wohnturm und drei Innenhöfen. Die größte Stadt Tipperarys, **Clonmel** (12 500 Einwohner), liegt 16 km weiter östlich an den Ufern des Suir. Der Dichter Laurence Sterne wurde 1713 in Clonmel geboren. Die Stadt bietet einen malerischen Ausblick auf die **Comeragh Mountains** in der Grafschaft Waterford. Reste der ehemaligen Stadtmauer umschließen die gotische **Saint Mary's Protestant Church** (13.–15. Jh.) mit ihrem achteckigen Turm, und das alte **West Gate** wölbt sich heute noch über der Hauptstraße der Stadt. Das **Main Guard,** ein riesiges Garnisonsgebäude, trägt das Stadtwappen auf seiner Vorderfront. Ein früherer Bürgermeister von Clonmel, der Italiener Charles Bianconi, führte 1815 die ersten öffentlichen Transportmittel Irlands ein, die *Bianconi Cars,* Pferdegespanne, die zunächst nur zwischen Clonmel und Cahir verkehrten. Ein Museum erinnert daran.

In **Carrick-on-Suir,** 21 km weiter östlich, ist v. a. das **Carrick Castle** sehenswert, das von den Butlers, der Herzöge von Ormond, im 13. Jh. begonnen und 1450 zu einer bedeutenden Festung erweitert wurde. An der Nordseite ließ der zehnte Earl of Ormond 1568 speziell für Besuche Königin Elisabeths I. ein Herrenhaus im Tudorstil anbauen. Davon zeugen heute z. B. die Stuckporträts der Königin in der Great Hall. Der Ort selbst ist ein idealer Ausgangspunkt für Wanderungen in die **Comeragh Mountains.**

Nenagh, Grafschaft Tipperary, Musterbeispiel des kleinstädtischen Irland.

Die Midlands

Seit dem Wiederaufleben der gälischen Kultur um die Jahrhundertwende heißt es, das wahre Irland sei im Westen, in den irischsprechenden Gegenden von Kerry, Connemara und Donegal zu finden. Viele Menschen im In- und Ausland betrachteten den Westen als ein Gebiet mit steinigen Feldern, zerklüfteten Küsten, kahlen Bergen, strohgedeckten kleinen Bauernhäusern, Eseln, Geschichtenerzählern und reisenden Musikanten. Dieses Irland gibt es tatsächlich noch. Ob es nun das echte Irland ist, das ist eine Frage, die die Iren bei ihrer Identitätssuche zweifellos noch jahrelang beschäftigen wird. Jedenfalls steht fest, daß die Midlands bis heute das vergessene Irland verkörpern.

Unsere Vorstellung von Irland beschränkt sich häufig auf Dublin, Cork und Kerry oder auf die kahle Schönheit des Westens oder die Probleme Nordirlands. Die Midlands bleiben weitgehend ausgespart. Aber ähnlich wie die Bundesstaaten im Zentrum der USA, die im Glanz New Yorks und Kaliforniens oft verblassen, kann die Mitte Irlands dem Besucher Wissenswertes über Land und Leute vermitteln.

Die Midlands besitzen einen eigenen Reiz, der v. a. von der naturbelassenen Landschaft ausgeht. Irische Schulkinder hat man früher gelehrt, Irland sei eine Untertasse, wobei die bergigen Küstenregionen den erhöhten Rand und die tiefer liegenden Midlands den flachen Boden bilden. Wenn man sich nun vorstellt, daß der Benutzer der Untertasse seinen Tee verschüttet hat, wird der Vergleich noch anschaulicher: die Midlands sind nämlich sehr wasserreich. Die Landschaft der Grafschaften **Laois, Offaly, Westmeath, Longford** und **Roscommon** besteht zu einem wesentlichen Teil aus Moor, Wiesen und Wasser: Alte Kanäle, viele Flüsse, Hunderte von Seen und Bächen, Tausende von Wassergräben und Tümpel führen alle zusammen ihren Wasservorrat dem Shannon zu, der schließlich in den Atlantischen Ozean mündet.

Gelegentlich kann selbst der breite Shannon die starken Regenfälle nicht mehr aufnehmen, so daß sich sein braunes Wasser über Wiesen und Weideland ergießt. Es ist also kaum verwunderlich, daß Fischen und Wassersport die Hauptattraktionen in dieser Gegend sind.

Wie im übrigen Irland wird der Besucher auch hier die Schattenseiten der Zivilisation spüren: häßliche Mülldeponien mit Hausrat und rostenden Autos sowie zahllose Reklametafeln und grelle Ladenschilder. Statt Hecken und Steinmauern findet man eher Zäune und Betonmauern und leider auch zunehmend geschmacklose Bungalows, bei denen gar nicht selten Eingänge mit nachgebildeten georgianischen Säulen, Torbogen im Gutsherrenstil und vergitterte Fenster im Tudorstil kombiniert sind. Gehört das alles zur Identitätsfindung der Iren?

Ruinen und Wälder

Im Norden der Grafschaft **Roscommon** liegt das Städtchen **Boyle,** das von den Curlew Hills überragt wird. Die dort 1161 gegründete Boyle Abbey gehört zu den zahlreichen Niederlassungen, die vom er-

Vorherige Seiten:
Die Midlands, geheimnisvoll und melancholisch.
Links:
Der Clown im Wanderzirkus ist heute so beliebt wie vor Jahrhunderten.

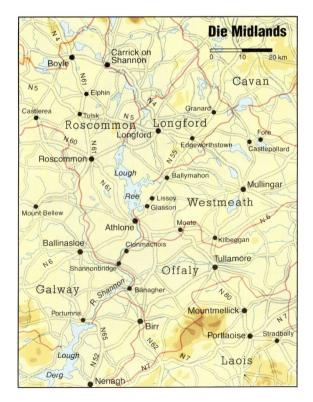

sten Ordenskloster der Zisterzienser in Mellifont ausgingen. Von einer langen Bauzeit der heute aus Ruinen bestehenden Anlage zeugen unterschiedliche Stilelemente, wie etwa rund- und spitzbogige Arkaden im Hauptschiff der Kirche. Bedeutend sind v. a. die figürlichen Säulenkapitelle.

Zwei Meilen weiter nordöstlich liegt der **Lough Key,** der von einem riesigen staatseigenen Naturpark umsäumt wird. Der See und seine Umgebung waren vor langer Zeit im Besitz der MacDermotts, Fürsten von Moylurg, und von 1617 bis 1959 Rockingham Estate benannter Sitz der King-Harman-Familie. Der Naturpark eignet sich hervorragend zum Wandern, Angeln und Bootfahren. Auf der N 61 in Richtung Roscommon, der Hauptstadt der Grafschaft, fällt eine Skulptur auf, die an einer Kreuzung in der Nähe des Dorfes **Elphin** steht. Es handelt sich hierbei um ein Denkmal für die Männer der IRA aus Roscommon, die im Unabhängigkeitskrieg gefallen sind. Die Verkörperung von militärischem Stolz und einfacher Frömmigkeit entspricht einer typischen Haltung der ländlichen irischen Republikaner. In **Strokestown** wurde 1994 in den ehemaligen Stallungen des 1740 für Thomas Mahon errichteten Landsitzes Strokestown Park das *Famine Museum* eingerichtet, das über die Hungerkatastrophe der 1840er Jahre berichtet (vgl. S. 109). Der Besitzer wurde damals von seinen Pächtern erschlagen. Abgesehen von der Besichtigung einiger Repräsentationsräume des Wohnhauses zieht besonders das hervorragende Archiv zahlreiche Forscher an, die über die Katastrophenzeit oder über die Herrenhaus-Kultur in Irland arbeiten.

Die Stadt Roscommon besitzt ein Dominikanerkloster aus dem 13. Jh., das wahrscheinlich an der Stelle eines 746 vom hl. Coman gegründeten Klosters steht, um das die heutige Stadt entstand. **Roscommon Castle** stellt einen quadratischen, mit runden Bastionen an den Ecken befestigten normannischen Festungsbau dar.

Zu den Hauptattraktionen in Roscommon zählt das im viktorianischen Stil gehaltene Warenhaus von James J. Harlow,

Typischer Gemischtwarenladen in Athlone.

die **Funeral Requisites and Furniture Stores.** Im linken Geschäftsraum dieses Begräbnisinstituts lagern Eisenwaren, im Hinterraum lockt eine Bar. Der Laden ist bis zur Decke voll mit Haushaltsutensilien, und die Bar gleicht einem Reklamemuseum. Sowohl die Bar als auch der Laden bekunden einen individuellen Geschmack und sind eindeutig das Werk eines passionierten Sammlers.

Longford, die Hauptstadt der angrenzenden gleichnamigen Grafschaft, liegt 35 km östlich am Shannon. Die eher unauffällige Stadt wird von der **Saint Mel's Cathedral,** einem grauen Neorenaissancebau aus dem 19. Jh., überragt. In dem Museum im hinteren Teil der Kathedrale wird der Bischofsstab des hl. Mel aus dem 5. Jh. aufbewahrt. Aus der Grafschaft stammen zwei bedeutende irische Schriftsteller, Maria Edgeworth aus Edgeworthstown, und Oliver Goldsmith aus Pallas, 5 km östlich von Ballymahon. Die Gegend zwischen Glasson und Ballymahon *(Goldsmith Country)* hat letzteren möglicherweise zu seinem Gedicht *The Deserted Village* inspiriert.

Lachs und Reitpferde

Zwölf Kilometer weiter nordwestlich von Longford liegt das Angel- und Reitzentrum **Granard.** Die von den Normannen angelegte **Motte of Granard** ist die größte ihrer Art in Irland. Sie besteht aus einem künstlich aufgeschütteten Hügel, der mit Wassergraben und Palisaden umgeben war und auf dem ein Wohnturm stand. Heute findet man auf dem Gipfel eine Statue des hl. Patrick von 1932. 1315 plünderte und brandschatzte Edward Bruce die Stadt, weil man ihm kein Winterquartier gewähren wollte.

19 km südöstlich, in der Grafschaft **Westmeath,** liegt das hübsche Dorf **Castlepollard,** das rundum mit Grünflächen im englischen Stil umgeben ist. Hier kann man gut angeln und die malerische Gegend mit ihren Hügeln, Seen und kleinen Wäldern durchwandern. 5 km weiter östlich versteckt sich das winzige Dorf **Fore** inmitten kirchlicher Ruinen in einem abgelegenen Tal. Auf einem Friedhof neben der Straße von Castlepollard steht die Saint Fenchin's

Unten: Clogas More oder O'Rourke Tower, einer der Rundtürme von **Clonmacnois.** Rechts: Erntefrische Kartoffeln kauft man am besten an den Straßenständen.

Church, die als einzige an das vom hl. Fenchin um 630 gegründete Kloster erinnert, aber aus dem 10. Jh. stammt. Auf einem Hügel daneben erhebt sich ein alter Turm. Eine **Benediktinerabtei** aus dem 13. Jh. nimmt eine zentrale Stelle im Tal ein. Der wehrhafte Turm im Westen wurde ebenso wie derjenige über der Sakristei im 15. Jh. an das Kirchenschiff angebaut.

Mullingar, die Hauptstadt der Grafschaft Westmeath, liegt 16 km südlich im Zentrum einer Rinderzuchtgegend. Die Stadt eignet sich zwar als Ausgangspunkt für Ausflüge in die Umgebung, sehenswerter ist aber **Athlone,** 48 km westlich. **Athlone Castle** an der westlichen Seite der Shannonbrücke galt seit dem 13. Jh. als ein strategisch wichtiger Militärposten.

Fährt man von Athlone auf der N 62 nach Süden in die Grafschaft Offaly oder nimmt an einer der Schiffahrten auf dem Shannon teil, kommt man zu den Überresten einer der großartigsten Klosteranlagen Irlands, nach **Clonmacnoise.** Gegründet von dem hl. Ciaran im Jahr 548, gelangte das Kloster in den darauffolgenden Jahrhunderten zu Ansehen und Reichtum trotz zahlreicher Plünderungen der Wikinger und Normannen. Davon berichten u. a. die Handschriften *Book of Tigernagh* und *Book of the Dun Cow* (heute Royal Irish Academy), die in dem bedeutenden Skriptorium dieses führenden Bildungszentrums im 11. Jh. entstanden sind. 1198 wurde hier der letzte irische Hochkönig, Rory O'Conor, begraben. Für die Bedeutung dieser Pilgerstätte auf der Anhöhe an einer Biegung des Shannon sorgte aber v. a. das Grab des hl. Ciaran.

Die Anlage besteht aus einer Kathedrale, acht Kirchen, zwei Rundtürmen, drei Hochkreuzen und Teilen von zwei weiteren Kreuzen sowie den Überresten einer Burg. Ferner finden sich hier über 200 Grabplatten aus dem 6.–12. Jh. Beim Hochaltar der Kathedrale (Anfang 10. Jh.) liegt außer Rory O'Conor auch dessen Vater Turloch begraben. Die älteste Kirche, Temple Dowling (Dooling) stammt aus dem 9. Jh.; angebaut ist die Kapelle Temple Hurgan (17. Jh.). Temple Ri wur-

Dampfmaschinenmuseum in Stradbally, Grafschaft Offaly.

de um 1200 errichtet, Temple Kieran im 10. Jh., Temple Connor um 1010, Temple Finian im 12. Jh. Von Temple Kelly und Nun's Church (1166, außerhalb der Klostermauern) sind nur Reste erhalten.

In **Shannonbridge,** einige Kilometer südlich am Fluß, steht ein Fort (Anfang 19. Jh.) und eine Brücke, die mit 16 Bogen den Fluß überspannt. Flußabwärts bildet **Banagher** einen beliebten Treffpunkt für Segler und Angler. Nördlich von Banagher sollte man sich das vermutlich schönste romanische Kirchenportal Irlands an der kleinen Kirche von **Clonfert** ansehen. In dem Stufenportal mit spitzwinkligem Ziergiebel vereinigen sich kontinentale romanische Ornamentik mit den traditionellen keltischen und skandinavischen Zierelementen. Der Kirchenbau wurde 1164 begonnen. Von einer früheren Klosteranlage, die auf eine Gründung des hl. Brendan aus dem Jahre 563 zurückgeht, ist nichts mehr erhalten.

13 km weiter südlich am Fluß Brosna liegt **Birr,** die georgianische Hauptstadt der Grafschaft Offaly. Das **Birr Castle** wurde 1620–27 errichtet, die äußeren Befestigungsanlagen sind im 18. Jh. abgetragen und durch einen sehr schönen Park ersetzt worden.

Östlich von Birr markieren die heidebewachsenen, 520 m hohen **Slieve Bloom Mountains** die Grenze zur Grafschaft Laois. Die »Blooms« werden von 24 Tälern durchzogen, und die vielen malerischen Winkel sind gut beschildert. **Mountmellick** am nordöstlichen Ende der Gebirgskette ist eine Quäkerstadt aus dem 17. Jh.

Eine der geschichtlich bedeutendsten Festungen des Landes ist das **Dunamase Castle;** es erhebt sich 6 km östlich der Grafschaftshauptstadt **Portlaoise.** Ursprünglich eine keltische Festung, wurde sie von den Wikingern ausgeplündert und später Teil der Mitgift von Aoife, der Tochter des King of Leinster, als sie den Normannen Strongbow heiratete. Als die strategisch günstig gelegene Festung 1650 zu einer Hochburg des irischen Widerstandes wurde, zerstörte Cromwell sie.

Fährt man weiter nach Osten durch **Stradbally** und dann in Richtung Carlow, kommt man wieder in den Genuß eines herrlichen Panoramas, diesmal auf **Barrow Valley** und die Zentralebene.

Bootsfahrten durch die Midlands

Eine der besten Möglichkeiten, die Midlands zu entdecken, ist eine Bootsfahrt auf dem Shannon oder auf dem **Grand Canal.** Früher diente der Kanal als wichtige Verkehrsverbindung zwischen Dublin und dem Shannon; heute ist er ein Platz zum Angeln und Bootfahren. In der Nähe von **Tullamore,** einer lebendigen Stadt mit vielen schönen alten Häusern, kann man Boote mieten. Das einzige Problem sind dann nur noch die Schleusen und die Entscheidung, ob man in Richtung Shannon oder zum kleinen, ruhigeren **Barrow** fahren will. Beide Flüsse sind mit einem Kanalboot teilweise schiffbar. Der Kanal zieht sich an grünen Ufern entlang, die mit Iris, Gänseblümchen und Orchideen bewachsen sind, wobei Bäume und Büsche manchmal einen grünen Tunnel bilden. Überall dort, wo die Vegetation spärlicher ist, erstreckt sich entweder weites, wogendes Weideland mit vereinzelten Büschen und Bäumen oder aber Moorgebiet.

Auch heute noch braucht Irland Schmiede für seine Pferde.

Der Westen

Galway liegt an der Mündung des lachsreichen River Corrib, der vom **Lough Corrib** aus ins Meer fließt. Das ursprüngliche Fischerdorf in der geschützten **Galway Bay** wurde im 13. Jh. in eine befestigte Stadt umgewandelt. Das Fischerdorf **Claddagh** blieb allerdings noch bis in die dreißiger Jahre dieses Jahrhunderts als Ansammlung malerischer, strohgedeckter Hütten erhalten, wurde dann aber aus hygienischen Gründen abgerissen und mit neuen Häusern wieder bebaut.

Galway entwickelte sich zu einer normannisch-englischen Siedlung, die von einer feindlichen ansässigen Bevölkerung umgeben war. Die Gouverneure der Stadt waren der englischen Krone treu ergeben, und so erhielt sie 1484 von Richard II. die Royal Charter, die sie zu einem unabhängigen Stadtstaat deklarierte. Daraufhin erlebte sie eine lange Epoche politischer Stabilität, materiellen Reichtums und verstärkten Handels mit England, Frankreich, Portugal und v. a. Spanien. Während dieser Zeit wurde sie von den Repräsentanten der 14 reichsten Familien regiert.

Die **Church of Saint Nicholas** auf dem Marktplatz ist eine der größten Gemeindekirchen aus dem Mittelalter. Von der 1320 gegründeten Basilika sind heute nur noch Teile des Chors und die Nordwand erhalten, sie wurde mehrfach erweitert und umgebaut. Bevor Christoph Kolumbus den Atlantik überquerte, soll er hier gebetet haben. **Lynch Castle,** das Stadthaus der damals mächtigsten Familie, ist heute eine Bank, und **Browne's Gateway,** ehemals der Eingang zum Stadtsitz einer anderen großen Handelsfamilie, wurde auf dem **Eyre Square** als Eingangstor zum **John F. Kennedy Memorial Garden** aufgebaut.

Die Beziehungen der Stadt zu den rechtlosen Iren außerhalb der Stadtmauern lassen sich anhand alter Verfügungen dokumentieren: Sie setzten fest, wann sich die »einfachen Iren« innerhalb der Stadttore aufhalten durften, wie sie ihr Haar zu tragen hatten, ja sogar, welche Spiele sie spielen durften. Zu keiner Zeit war ihnen *Hurling* erlaubt, allenfalls durften sie Gälischen Fußball spielen. Verschiedene irische Stämme griffen von ihren Bergstützpunkten aus die Stadt in regelmäßigen Abständen an, und nicht ganz ohne Erfolg.

In einem Land, wo Mythen fast den gleichen Stellenwert wie die Geschichte haben, und in einer Stadt, wo die Folklore zu Hause ist, muß der Besucher das, was er hört, mit Vorsicht genießen. Eine der Hauptattraktionen für Touristen in Galway ist das **Lynch Memorial,** eine schwarze Marmortafel (19. Jh.) über einem gotischen Torbogen in der Nähe der Kirche Saint Nicholas. Die Tafel erinnert an eine Geschichte, auf die (neben vielen anderen Erklärungen) der Begriff »Lynchjustiz« zurückzuführen sei. Der Bürgermeister der Stadt, Walter Lynch, hat 1493 an dieser Stelle seinen eigenen Sohn erhängt, weil dieser einen spanischen Gast umgebracht hatte. Da kein Henker zu finden war, der das Todesurteil vollstrecken wollte, führte es der Bürgermeister schließlich selbst auf dem Bal-

Vorherige Seiten: Clifden, Connemara. Links und rechts: Mit Torf macht man das große Geschäft in den Moorlandschaften des Westens.

kon seines Hauses aus. In dem Haus befindet sich heute eine Bank.

Einiges der architektonischen Schönheit Galways aus dieser Zeit hätte erhalten werden können, wenn die Stadtväter im 17. Jh. politisch nicht auf das falsche Pferd gesetzt hätten. Aber treu ergeben, deckten sie die englischen Truppen des Königs gegen die anstürmenden Truppen Cromwells und zahlten dafür den Preis. Als die Stadt 1652 ihre Verteidigung aufgeben mußte, wurde sie von den Roundheads geplündert und in Brand gesetzt. Heute noch läßt sich das Ausmaß der Zerstörung an den verstümmelten und kopflosen Statuen in der Kirche Saint Nicholas ablesen. Die 14 anderen Kirchen wurden samt ihren Türmen völlig zerstört. Von der ehemaligen Stadtmauer sind Teile noch im Eyre Square Shopping Centre zu sehen. Der **Spanish Arch** gehörte zu einer 1584 erfolgten Erweiterung der Mauern auf den Fundamenten eines mittelalterlichen Piers. In direkter Nachbarschaft befindet sich das Heimatmuseum. Auf der anderen Seite des Flusses erstreckt sich das schon erwähnte **Claddagh,** das ehemals 3000 Iren mit 300 Fischerbooten und einem selbsternannten König bewohnten.

Da die Hafenstadt Galway aufgrund der militärischen Niederlage ihre Bedeutung als Handelszentrum verlor, knüpfte sie neue Verbindungen mit dem Hinterland. Sie ist das Tor zu den Aran Islands, Connemara und Mayo und somit ein bedeutendes Touristenzentrum geworden. Die 1845 gegründete Universität hat sich besonders der Pflege der irischen Sprache und Literatur verpflichtet.

Galway ist heute wieder eine reiche Stadt. Hinter dem Browns Gateway steht ein ausgefallener Brunnen, der anläßlich der 500-Jahr-Feier der Stadt errichtet wurde. Er symbolisiert mit seinen großen rostbraunen Segeln die Bedeutung des Seehandels für Galway und erinnert gleichzeitig an die Segel der traditionellen Fischerboote Claddaghs, die auch *Huker* genannt werden. Zwar gibt es in Claddagh keine mehr davon, aber an der Connemara-Küste hat man solche Boote für Vergnügungszwecke wieder hergerichtet. Im Unterschied zu allen anderen irischen

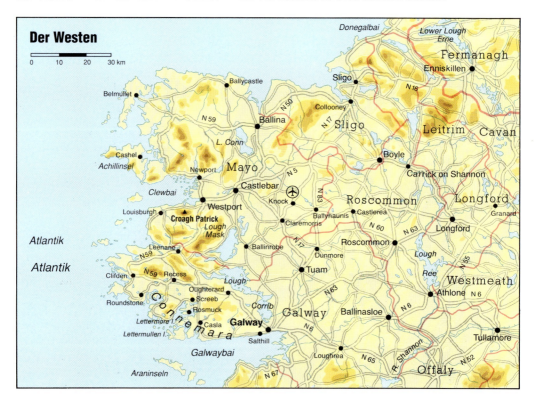

Städten blieb das Labyrinth von engen, gewundenen Gassen im Geschäftszentrum nahezu intakt. Das Zentrum erstreckt sich vom Eyre Square über die Williamsgate Street, Shop Street und Mainguard Street bis zur O'Brien's Bridge, einschließlich der vielen Straßen, die sich bis zum Corrib und den Docks schlängeln. Samstag ist der große Tag der Stadt. Auf den Straßen tummeln sich unzählige Menschen aus dem Umland, die hierherkommen, um ihren wöchentlichen Einkauf zu erledigen. Fahrende Musikanten spielen in den Straßen, während die Bauern ihre Produkte auf dem Marktplatz verkaufen.

Obgleich die meisten Touristen in den Sommermonaten hierher kommen, herrscht in Galway während des ganzen Jahres ein geschäftiges Treiben. Die meisten Hotels sind das ganze Jahr über ausgebucht. Die Pensionen, die im Sommer Touristen offenstehen, vermieten im Winter an Studenten des Universitätscolleges.

Dadurch erklärt sich die große Vielfalt an Restaurants, die fast rund um die Uhr geöffnet sind, und die Tatsache, daß es in Galway zwei Theater gibt: das **An Thaibhdhearc,** in dem irische Stücke aufgeführt werden, und das **Druid Theatre.** Viele Besucher zieht im September auch das **Oyster Festival** an, bei dem alljährlich der Meister im Austernöffnen gekürt wird.

Der Höhepunkt des Jahres ist die **Race Week,** die immer in der letzten Juliwoche stattfindet. Die Rennbahn liegt am Abhang eines Hügels in **Ballybrit,** ungefähr 6 km vom Stadtzentrum entfernt. Von dort genießt man einen guten Ausblick auf die Galway Bay und die Aran Islands. Das Fest ist ebenso Karneval wie Rennereignis, und obwohl täglich über 1 Mio. Pfund verwettet werden, verbringen viele Besucher die Woche, ohne ein Pferd zu sehen, so groß ist die Abwechslung auf den Nebenschauplätzen: Straßenhändler, Musikanten, Wahrsager, Bierzelte, Trickkünstler und Wandervögel aus allen Teilen Irlands, die hier zusammenkommen.

Wer sich von einem anstrengenden Tag auf der Pferderennbahn und dem darauffolgenden bewegten Nachtleben erholen will, sollte das nahe gelegene Seebad **Salthill** aufsuchen. Es ist vom Stadtzentrum aus zu Fuß zu erreichen. Obgleich der Ort nicht besonders attraktiv ist (er besteht hauptsächlich aus Hotels, Pubs, Clubs und Casinos), gibt es eine wunderschöne, 3 km lange Strandpromenade mit einem herrlichen Ausblick auf die Bucht und den dahinter liegenden Burren. Aber auch weniger anstrengende Vergnügen sind geboten. So könnte man stundenlang auf der **Salmon Weir Bridge** stehen, die am unteren Ende des Lough Corrib über den Fluß führt. Hier sammeln sich Lachse, um über das Wehr des Corrib stromaufwärts zu springen.

Die Brücke führt zum einstigen Gefängnis Galways, wo heute die modernste irische Kathedrale steht, die **Catholic Cathedral of Saint Nicholas and Our Lady Assumed into Heaven.** Die 1965 geweihte Kirche aus Kalkstein und Connemara-Marmor vereinigt eine Vielfalt verschiedener architektonischer Stilrichtungen. Außergewöhnlich schön sind ferner die Mosaiken in den Seitenschiffen, besonders in der Totenhalle, wo die Verstor-

Die ursprüngliche Landschaft Connemaras.

benen zu Füßen der Statuen John F. Kennedys und Pádraic Pearse' ruhen.

Bevor man sich von Galway aus in Richtung Westen wagt, sollte man wissen, daß dies ohne Auto oder organisierte Busreise schwierig, wenn nicht gar unmöglich ist, weil die öffentlichen Verkehrsmittel in Connemara und Mayo sehr unzureichend sind. In diesem Teil Irlands verkehren kaum Züge, und Busse fahren nur in großen zeitlichen Abständen. Die Hauptstraßen sowie fast alle Nebenstraßen sind jedoch in einem einigermaßen guten Zustand.

Abenteuerliches Aran

Beim Verlassen der Stadt sollte man die drei **Aran Islands** besuchen, die wie drei Wale aus Kalkstein vor der Bucht im Atlantik liegen. Ohne diese natürlichen Wellenbrecher hätte Galway einen ziemlich ungeschützten Hafen. Das ganze Jahr über besteht eine regelmäßige Fährverbindung zwischen Galway und den Inseln und mit Aer Arann auch eine teurere, dafür schnellere Flugverbindung. Während der Sommermonate (Juni bis September) verkehren viele kleine Fähren zwischen **Ros a'Mhil (Rosaveel)** an der Connemara-Küste und Inishmore. Diese Fahrt dauert etwa eine Stunde.

Die drei Aran Islands, **Inishmaan, Inishmore** und **Inisheer,** sind seit Urzeiten bewohnt und weisen Zeugnisse aus vor- und frühchristlicher Zeit auf. Ende des 5. Jh. gründete der hl. Enda ein Kloster in Killeany auf Inishmore, in dem viele der später bedeutenden Klostergründer Irlands lebten und studierten. Das große Ringfort **Dún Aengus** erhebt sich am Rande einer 60 m hohen Klippe über dem Meer und besteht heute aus drei halbkreisförmigen Schutzwällen. Der innere Wall weist Gänge und Kammern auf, zwischen dem zweiten und dritten ragen zur Abwehr Kalksteine spitz aus der Erde. Ein hoher vierter Wall wurde zerstört. Die andere Hälfte der zwischen 4000 und 1000 v. Chr. entstandenen Ringwälle brach später ins Meer ab. Neben dem beeindruckenden Bau und der historischen Bedeutung Dún Aengus' ist der Ausblick von der Festung einzigartig. An einem klaren Tag kann man den Küstenverlauf von Kerry und Clare sowie von Galway bis zur äußersten Westspitze Connemaras erkennen. Außer weiteren Ringforts liegen auf Inishmore u. a. die Reste des **Arkyn's Castle** von 1587, das gut erhaltene, einschiffige Oratorium Temple Benen aus dem 6. Jh. sowie die Ruinen der Kirche des hl. Enda, Tighlagh Eany, in der auch sein Grab sein soll. Oratorien und Steinforts sind auch auf den beiden anderen Inseln zu besichtigen, auf Inishmaan vor allem das ovale Fort Dun Conor und die Kirchenruine Templemurry (15. Jh.), auf Inisheer die Festung Creggankeel und das romanische Kilgobnet-Oratorium (11. Jh.).

Die Inseln hatten schon immer eine besondere Anziehungskraft auf Künstler, Schriftsteller, Philologen, Archäologen und Filmemacher. Robert Flahertys Film *Man of Aran* (1934) machte sie weltweit bekannt. Der Dramatiker John Millington Synge schrieb dort sein 1907 veröffentlichtes Buch *The Aran Islands,* in dem er das Leben der Bewohner schilderte. Auch der auf Inishmore geborene Liam O'Flaherty beschrieb in seinen Romanen und Kurzgeschichten immer wieder die

Diesen fachkundigen Augen entgeht nicht der kleinste Makel (Belmullet).

harten Existenzbedingungen der Fischer und Bauern in dieser einsamen Meereslandschaft.

Die Umgangssprache der Menschen auf den Inseln ist Irisch, die Mehrheit spricht natürlich auch fließend Englisch. Dies trifft auch für die Bewohner der Südküste Connemaras zu. Wir befinden uns hier im Gebiet der Gaeltacht. Man schätzt, daß heute das die Muttersprache von 60 000 Menschen ist, v. a. in den Grafschaften Waterford, Cork, Kerry, Galway, Mayo und Donegal. Allerdings benützen nur etwa 20 000 Irisch als Umgangssprache.

Sprachbarrieren

Die Connemara-Gaeltacht beginnt in den Randbezirken von Galway, an der Küstenstraße nach **An Spidéal (Spiddal)**. Der Besucher erkennt sie an den Schildern, die plötzlich nur noch irisch und nicht mehr zweisprachig sind. Diese Neuerung entsprang einer Auseinandersetzung in den siebziger Jahren, als man versuchte, das Irische im öffentlichen Leben zu stärken.

Ein weiteres Ergebnis war die Einrichtung eines eigenen Rundfunksenders, der seit 1972 von Connemara aus betrieben wird und seit Ende 1994 auch über Satellit in ganz Europa zu empfangen ist. Weil die meisten Straßenkarten noch englische Ortsbezeichnungen haben, werden diese hier in Klammern angegeben.

Connemara gehört zu den schönsten, aber auch zu den kahlsten Gegenden Irlands. Bereist man diese Region, wird klar, warum so viele Menschen, die hier geboren wurden, ausgewandert sind und heute beispielsweise in Boston, Birmingham oder London leben. Um so erstaunlicher ist es, daß andererseits auch Bewohner geblieben sind, um der Moorlandschaft und dem Meer eine karge Existenz abzuringen. Es ist ein zäher Menschenschlag, und eine Art der Einkommensaufbesserung besteht im illegalen Brennen von Whiskey, genannt Poitín (auch Pointeen, kleiner Topf).

Der Reisende wird zwangsläufig davon hören, und vielleicht bietet man ihm sogar einen Schluck zum Probieren oder eine Flasche zum Kaufen an, da heute

Schutzmauern gegen den heftigen Wind auf den **Aran Islands**.

große Mengen in den Bergen, an den entlegenen Seen und auf den vielen Inseln in Connemara produziert werden. Poitín wird hergestellt aus Gerste, Zucker, Hefe und Wasser. Die Flüssigkeit wird kontinuierlich über einer Flamme erhitzt und dann in einer selbstgebastelten Brennvorrichtung – meist ein schmales Kupferrohr in einem Faß, durch das kaltes Wasser fließt – destilliert.

Vor der Erfindung der Gasflaschen war die Polizei ständig auf der Suche nach aufsteigendem Rauch in abgelegenen Gegenden. Durch den beißenden Geruch beim Brennen mußte man sich in die Abgeschiedenheit zurückziehen, und wurde man trotzdem auf frischer Tat ertappt, so hatte dies eine hohe Geldstrafe neben der Konfiszierung der Ausrüstung und natürlich des Whiskeys zur Folge. Poitín kostet nur die Hälfte von legalem Whiskey und wenn er ordnungsgemäß hergestellt wird, bestehen keine Bedenken, ihn zu trinken. Falls aber skrupellose Hersteller dem Poitín reinen Alkohol hinzufügen, ist er gefährlich, und Ungeübte sollten ihn mit Vorsicht genießen. Als Besucher sollte man außerdem beachten, daß der Besitz von Poitín strafbar ist, doch bekanntlich werden solche kleineren Verstöße sehr nachsichtig behandelt, wenn man nachweisen kann, daß der Schnaps nicht für den Eigenbedarf, sondern zur Lockerung der Glieder eines rheumatischen Windhundes bestimmt war. Wer hingegen die Gefahr liebt, der sollte auch die Zentren für die Poitínherstellung in Connemara kennen: Leitir Móir (Lettermore), Leitir Mealláin (Lettermullen) und Ros Muc (Rosmuck).

Buchten und Hügel

Fährt man an der Küste entlang nach Casla (Costello), biegt dann rechts ab nach Scríb (Screeb) und fährt von dort wieder links entlang der schlechten Küstenstraße nach Cill Chiaráin (Kilkieran), Caiseal (Cashel) und Roundstone, wo man die Gaeltacht Connemaras wieder verläßt, und schließlich weiter nach Clifden, so erhält man einen Eindruck vom Charakter der Küste Connemaras.

Die Landschaft wirkt erschreckend karg und unfruchtbar mit ihren vielen Seen, Bergen und Mooren, die sich, so weit das Auge reicht, nach Norden erstrecken. Und im Süden liegen die tief ins Land reichenden Buchten und zahlreiche Inseln, die mit schwarzen, roten und orangefarbenen Algen besetzt sind. An der Straße und auf den Hügeln sind immer wieder Weiler und Dörfer mit weißgekalkten Hütten oder modernen Bungalows zu sehen.

Einige Kilometer vor der Küste in der Nähe von Carna liegt die nur 24 ha große Insel **Saint MacDara Island,** auf der eine restaurierte Steinkirche aus dem 6. Jh. steht. Sie ist nach dem hl. MacDara benannt, der als Beschützer der Segler und früher der Galway Hookers galt, die als Zeichen der Ehrerbietung beim Vorbeifahren die Segel dreimal ins Meer tauchten. Eine Fährverbindung gibt es nicht, doch manchmal nehmen die Fischer Besucher mit. An den Festtagen des Heiligen, am 16. Juli und 25. September, kommen viele Pilger aus Connemara auf die Insel.

Roundstone, 1820 vom Ingenieur Alexander Nimo für eine Kolonie schottischer Fischer entworfen, ist v. a. wegen

Impressionen aus Inishmore, eine der Aran Islands.

seines malerischen Hafens bekannt, ein Sujet, das viele Maler anzog. Ins Landesinnere erstreckt sich bis vor Clifden ein großes, international bekanntes Torfmoor, die *Roundstone Blanket Bog.* **Clifden** ist die größte Ortschaft der Region. Hier findet alljährlich im August die Connemara Pony Show statt, auf der Züchter diese ausdauernden Reitponys zur Versteigerung anbieten.

Falls man Zeit dazu hat, sollte man über Recess, Maam Cross und Oughterard nach Galway zurückfahren. Diese Straße bietet eine schöne Aussicht auf die grauen, aus Quarzit bestehenden Bergspitzen der **Twelve Pins** und die Inseln am Lough Corrib. Wer Irland wegen seines Reichtums an Lachsen und Forellen aufsucht, sollte sich in einem der zahlreichen Hotels oder Gästehäuser an dieser Straße einmieten: Er wird einen idealen Angelplatz vorfinden.

Von Clifden aus gelangt man auf einer sehr schönen Route nach Mayo. Sie führt an der **Kylemore Abbey** vorbei, einem romantisch gelegenen neugotischen Schloß, das sich 1860 ein Großindustrieller aus Manchester bauen ließ. Heute unterhalten Benediktinerinnen darin ein Internat.

Mayo ist die drittgrößte Grafschaft Irlands. Die interessanten Gebiete liegen ganz im Westen, v. a. an der abwechslungsreichen Küste. Die Straße von Kylemore Abbey führt nach Leenane und **Killary Harbour,** einem durch Gletschererosion übertieften, 16 km langen Meeresarm, der alle morphologischen Merkmale eines Fjords aufweist. Links führt eine Abzweigung nach **Louisburgh,** einer kleinen Stadt am Fuße des **Croagh Patrick,** dem heiligen Berg Irlands, auf dem sich der Heilige wie Moses 40 Tage lang aufgehalten haben soll, um für das irische Volk zu beten. Am letzten Sonntag im Juli bewegt sich ein großer Pilgerstrom den Berg hinauf zu einer Messe auf dem Gipfel.

Von hier aus hat man das schönste Panorama in ganz Irland vor sich: Im Westen sieht man die Inseln im Atlantik, im Süden die Bergketten Mayos und Connemaras, im Osten erstrecken sich die Ebenen von Zentralmayo, während im Nor-

Viele Hauptstraßen in den Städten Irlands ähneln jener von Castlebar, Grafschaft Mayo.

den die inselreiche **Clew Bay** und in der Ferne die verschwommene **Achill Island** zu erkennen sind.

Westport liegt an einem Arm der Clew Bay und wurde 1780 von dem Architekten JAMES WYATT angelegt und gilt als ein typisches Beispiel der Siedlungen, die für schottische und englische Siedler im 18. Jh. errichtet wurden. An den von Linden eingerahmten *Malls* zu beiden Seiten des kanalisierten Flusses **Carrowbeg** befinden sich schöne georgianische Häuser. Am Westrand der Stadt liegt das 1730–34 vom Architekten Richard Cassels erbaute, sehenswerte Herrenhaus des Stadtgründers, Lord Sligo. Fünfzig Jahre später wurde das Gebäude vergrößert und das Innere mit Stuck verziert. Heute erstreckt sich auf dem Besitztum ein Freizeitpark mit Zoo, Sport- und Spielplätzen.

Auf dem Weg von Westport nach **Achill Island** fällt eine riesige alte Eisenbahnbrücke in **Newport** auf, die das Bild der kleinen Stadt beherrscht und zugleich den wirtschaftlichen Niedergang der Region und insbesondere von Achill Island bekundet. Die Brücke aus der Mitte des 19. Jh. ist das einzige Relikt der Bahnverbindung zwischen der Insel und Westport. Zunächst sollte die Eisenbahn an die Westport-Dublin-Linie angeschlossen werden, aber 1936 wurde sie aus wirtschaftlichen Gründen eingestellt. Obwohl Achill seit 1888 durch eine Brücke mit dem Festland verbunden ist, hat sie sich ihren typischen Inselcharakter bewahrt. Sie wird von zwei Bergen inmitten einer rauhen Moorlandschaft beherrscht und ist umgeben von hohen Kliffs und Sandstränden.

Das Wunder von Knock

Nördlich der Insel liegt eine der einsamsten Gegenden Irlands, die Sümpfe von **Erris** auf der gleichnamigen Halbinsel mit der Stadt **Belmullet.** Auf der Küstenstraße von Belmullet nach **Ballina** fährt man durch **Killala,** wo beim Aufstand von 1798 französische Truppen landeten. Richtung Süden erreicht man **Castlebar,** die Hauptstadt der Grafschaft, und weiter auf der N 84 die **Ballintober Abbey,** eine schöne romanische Abteikirche, die der König von Conagh, CATHAL O'CONNOR, 1216 für den Augustinerorden gegründet hat. Leider wird die 1963–66 restaurierte Kirche heute von einem Park mit populär und süßlich dargestellten Szenen aus Christi Leben dominiert.

In **Knock** im Osten Mayos hatten 15 Bewohner am Abend des 21. August 1879 im strömenden Regen eine Vision vor der südlichen Giebelwand der Dorfkirche, bei der sie die gekrönte Gottesmutter, den hl. Joseph und Johannes den Täufer sahen. Seither kommen alljährlich hunderte Pilger an diese geheiligte Stätte. Zum 100jährigen Jubiläum 1979 dieser Erscheinung wurde eine große Basilika für 15 000 Pilger gebaut. Im gleichen Jahr zelebrierte Papst Johannes Paul II. eine Messe für fast eine halbe Million Pilger. Kurz darauf wurde – auf Initiative des Gemeindepfarrers Msgn. James Horan – auf dem Gipfel des nächstgelegenen Berges, dem **Barrnacuige,** eine große Start- und Landebahn für einen internationalen Flughafen angelegt, um einerseits die Industrie anzuziehen und andererseits die vielen Pilger hierher zu bringen.

Wunder haben Knock in Irland berühmt gemacht.

Der Nordwesten

Sligo ist eine der rätselhaftesten Grafschaften Irlands und dazu prädestiniert, ein erstrangiges Ferienziel zu werden. In vielerlei Hinsicht konkurriert es mit der Gegend um Killarney, v. a. in bezug auf landschaftliche Schönheit und natürliche Gegebenheiten, wobei Sligo mit dem Atlantik vor der Haustür eindeutig einen Vorteil hat. Abgesehen davon gibt es in der Grafschaft derart viele prähistorische Stätten, daß man glauben könnte, hier wäre einer der ältesten besiedelten Teile der Erde zu finden. Als der Tourismus in den fünfziger und sechziger Jahren landesweit gefördert wurde, drängten sich andere Regionen in den Vordergrund, Sligo hingegen nahm eine ablehnende Haltung ein. Seitdem sind viele Jahre vergangen, und heute versucht Sligo, das Versäumte nachzuholen. Immer noch reizt die Unberührtheit der Natur, die anderswo längst dem Tourismus zum Opfer gefallen ist.

Der Dichter und Nobelpreisträger WILLIAM BUTLER YEATS hat in seinen Gedichten und Stücken viele der schönsten Flecken Sligos verewigt, und sein Bruder JACK B. YEATS hat Bilder von den hiesigen Pferderennen, Volksfesten und Karnevals gemalt.

Die gleichnamige Hauptstadt der Grafschaft liegt am **Garavogue River,** der vom Lough Gill aus ins Meer fließt, und wird auf drei Seiten von markanten Bergen eingerahmt. **Sligo** bildet das Wirtschaftszentrum des Nordwestens von Irland und war immer schon eine reiche Stadt, deren Wirtschaft fest in den Händen alteingesessener, konservativer Familien liegt. **Sligo Abbey** wurde 1252 gegründet, nach einem Brand 1414 wieder aufgebaut und 1641 abermals – diesmal von englischen Truppen – teilweise zerstört. Heute ist besonders der Kreuzgang sehenswert.

W. B. Yeats hat in der Stadt bei seinen Großeltern viele Ferien verbracht und fand neun Jahre nach seinem Tod schließlich auf dem **Drumcliff Churchyard** nördlich der Stadt seine letzte Ruhestätte. Der Grabstein trägt die von ihm verfaßte Inschrift: Cast a cold eye / On life, on death – / Horseman, pass by. So sind viele der touristischen Attraktionen heute mit seinem Leben und Werk verbunden, wie etwa die jedes Jahr im August stattfindende **Yeats Summer School** mit Lesungen, Vorträgen und Workshops über den Dichter. Das **County Museum** beherbergt u. a. eine Ausstellung über Yeats Leben und Werk mit zahlreichen Manuskripten, Erstausgaben und der Kopie der Literatur-Nobelpreismedaille von 1923. Gemälde und Zeichnungen seines Bruders und Vaters sind ebenfalls im Museum zu finden.

Nicht weit von Drumcliff liegt das Seebad **Rosses Point** mit herrlichen Golfplätzen. Gegenüber der Sligo-Bucht im Süden ist das altmodische Seebad **Strandhill** zwischen dem Knocknarea und dem Meer eingebettet.

Eine mythische Stätte

Der **Knocknarea** gehört zu den markantesten Bergen der Region. Obgleich sein abgeflachter Kegel nur 328 m hoch ist, beherrscht er doch auf unheim-

Vorherige Seiten: Einsame Strände in der Grafschaft Donegal. Links: Bunglas, Grafschaft Donegal.

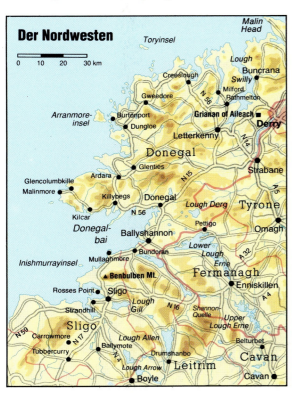

liche Art die Landschaft. Der Gipfel des Berges wird gekrönt von einem mächtigen Steinhügel aus ungefähr 40 000 Tonnen lose angeordneten Felsbrocken, der die Grabstätte der MAEVE, Queen of Connacht, markiert. Ihre legendäre Verfolgungsjagd des Brown Bull of Cooley und der daraus resultierende blutige Krieg zwischen Ulster und Connacht lieferte den Stoff für eine der bekanntesten irischen Sagen, *The Táin.* Weiter westlich liegt **Carrowmore** mit einer der ehemals größten Ansammlungen megalithischer Gräber in Europa. Trotz der zeitweiligen Nutzung des Ortes als Steinbruch sind ungefähr 60 der aus Dolmen, Ganggräbern und Steinkreisen gebildeten Grabstätten noch erhalten. Im Südosten Sligos liegt der besonders schöne See **Lough Gill,** der sich am besten mit dem Boot erkunden läßt. Die Insel im See hat Yeats zu seinem bekanntesten Gedicht, *The Lake Isle of Inishfree,* inspiriert.

Etwas weiter nördlich der Stadt Sligo, auf der Straße nach Bundoran, kommt man an eine Stelle, an der eine bemerkenswerte Schlacht stattgefunden hat, die wie ein Mythos klingt, aber historisch belegt ist. Die *Battle of the Books* wurde im Jahre 561 zwischen den Anhängern des hl. Columba und des hl. Finian bei **Cuildrevne** ausgetragen. Der ungewöhnliche Anlaß für diesen Kampf, bei dem 4000 Männer ihr Leben lassen mußten, war das Urheberrecht. Finian hatte Columba einen seltenen Psalm geliehen, den dieser heimlich abschrieb. Als Finian davon erfuhr, verlangte er die Kopie, und als Columba ihm diese verweigerte, fragte er den irischen Hochkönig nach dessen Urteil. Dieser antwortete mit dem berühmten Satz: »Jeder Kuh ihr Kalb, jedem Buch seine Abschrift.« Aber der Hitzkopf Columba lehnte diesen Urteilsspruch ab, und beide Parteien zogen in den Krieg. Columbas Heer gewann die Schlacht, bald jedoch überkamen ihn Gewissensbisse, und er beschloß, Irland zu verlassen. Er baute ein Kloster bei Drumcliff, von dem noch der Stumpf eines Rundturms und ein Hochkreuz erhalten sind, und segelte nach Iona in Schottland, wo er den Rest seines Lebens als Missionar verbrachte.

Kleine Ruhepause an Sligos rauher Küste (nahe Mullaghmore).

Der Nordwesten

Unbewohnte Insel

Weiter nördlich in dem kleinen Hafen von **Mullaghmore** kann man Boote zur Überfahrt nach **Inishmurray Island** mieten. Der hl. Molaise hat dort um 520 ein Kloster gegründet. Die gut erhaltenen Ruinen liegen inmitten eines mächtigen, ringförmigen Steinwalls, der zum Schutz vor den Wikingern im 9. Jh. errichtet wurde. In den drei, durch kleinere Mauern abgetrennten Bereichen stehen mehrere Kirchen, Bienenkorbhütten und Freialtäre (6.–12. Jh.). Außerhalb liegt die sog. Frauenkirche (wahrscheinlich die spätere Pfarrkirche), von der ein Pilgerweg mit 16 Stationen rund um die Insel begann. Die letzten Bewohner verließen die Insel 1948, seitdem ist sie Vogelschutzgebiet.

Auf Leitrims Straßen findet der Reisende Ruhe.

Im Süden der Grafschaft liegen die Ruinen von **Ballymote Castle,** einer eindrucksvollen, von sechs Türmen flankierten Burg, die RICHARD DE BURGO im Jahr 1300 erbauen ließ. Der Ort gab auch dem hier 1383–97 entstandenen *Book of Ballymote* (heute: University College Dublin) seinen Namen. Hierin wurde u. a. die Oghamschrift aufgezeichnet, die in monumentale, aufrecht stehende Steine eingekerbte, älteste irische Buchstabenschrift (4.–7. Jh.).

In dem nahen **Carrowkeel** auf einem Gipfel in den **Bricklieve Mountains** ist eine beeindruckende Ansammlung von Ganggräbern zu sehen. Ein schönes Bild bietet der nahe gelegene **Lough Arrow** mit seinen vielen grünen Inseln. An seiner Südspitze liegt das **Ballinafad Castle,** das im späten 16. Jh. zur Verteidigung eines Passes in den Curlew Mountains erbaut wurde.

Bevor man weiter ostwärts nach Leitrim fährt, sollte man den nahe gelegenen Karstsee besuchen: Der **Lough Nasool** verschwindet zeitweise wie eine Perle in einem Loch, einige Zeit später tauchte er ganz unerwartet wieder auf.

Das Aschenputtel Irlands

Die Grafschaft **Leitrim** ist relativ uninteressant, v. a. für die Verfasser von Reiseführern. So hat auch William Thackeray, wie viele andere Schriftsteller,

sie in seinem *Irish Sketch Book* ausgespart. Leitrim ist ein sehr schmaler Landstrich, nur 74 km lang und an der breitesten Stelle 29 km breit. Die nur 3 km lange Küste der Grafschaft mit dem Ort Tullaghan ist zwischen den goldenen Stränden von Sligo und Donegal eingeklemmt. Leitrim ist überwiegend eine Hügellandschaft, wobei einige der runden Kuppen eine Höhe von 600 m erreichen.

Sligo wurde zwar auch relativ spät touristisch erschlossen, doch Leitrim steht mit seinen Bemühungen noch ganz am Anfang. Als Pluspunkte eines Besuchs gelten der Fluß **Shannon,** unzählige Seen und eine nahezu unberührte Landschaft für naturbewußte Urlauber. Der 10 km lange und 3 km breite **Lough Allen** ist einer der drei großen Shannon-Seen. Er wird von kahlen Bergen gesäumt und stellt ein Paradies für Angler dar. Die meisten kommen aus den englischen Midlands und halten Ausschau nach Hechten, Barschen, Rotfedern und Brachsen. Das nahe gelegene **Drumshanbo** hat sich auf die Verpflegung von Anglern spezialisiert; außerdem ist es ein Zentrum irischer Folkmusic.

Mit der zunehmenden Popularität von Booturlaubsfahrten auf dem Shannon hat sich die Hauptstadt **Carrick-on-Shannon** immer mehr zum Zentrum dieses Vergnügens herausgebildet. Im Vergleich zu den vielbefahrenen und stark verschmutzten Wasserwegen in Europa ist eine Fahrt auf dem Shannon sehr idyllisch. Kabinenschiffe kann man in Carrick-on-Shannon mieten. Der Fluß und die zahlreichen Seen sind bis zum südlichen Killaloe, 22 km von Limerick entfernt gelegen, schiffbar.

Das einsame Donegal

Ein schöner Weg in die Grafschaft **Donegal** führt über die Küstenstraße durch **Bundoran.** Dieses altmodische Seebad wird besonders von vielen Touristen aus Nordirland bevorzugt. Es ist außerdem ein ausgesprochenes Surfer-Paradies, weil hier der Atlantik mit riesigen Brechern über die Küste hereinrollt. Nördlich davon liegt **Ballyshannon** an einem Steilhang über dem Fluß **Erne.** Ganz in der Nähe befinden sich die **Assaroe Falls.**

Ungefähr 8 km von **Pettigo** entfernt befindet sich im **Lough Derg** eine Insel, die alljährlich von Tausenden von Pilgern besucht wird. Der See liegt einsam zwischen Moorlandschaft und Heidekrauthügeln und wird auch Sankt Patricks Fegefeuer genannt. Angeblich hat der hl. Patrick 40 Tage fastend und betend in einer Höhle auf **Station Island** verbracht. Seit Jahrhunderten ist dies ein Pilgerort, selbst in Zeiten, als Pilger strafrechtlich verfolgt wurden.

Pilgerfahrten zum Lough Derg sind eine sehr ernstzunehmende Sache. Mit der Eröffnung der Pilgersaison am 1. Juli bis einschließlich 15. August dürfen nur echte Pilger die Insel betreten. Diese ist so klein, daß gerade eine Basilika, eine Kirche und eine Herberge für die Pilger Platz finden. Die Bußübungen dauern drei volle Tage – bei nur einer Mahlzeit täglich (trockenes Brot und schwarzer Tee). Wasser darf man jedoch jederzeit trinken. Während der Exerzitien müssen die Pilger barfuß gehen und genau vorgeschriebene Gebete an den Kreuzen des hl. Patrick und der hl. Brigid aufsagen.

Auch Donegal hat seine Klatschtanten.

Der Nordwesten

Gebetet wird auch beim Rundgang um die Basilika und vor den alten Büßerzellen frühchristlicher Mönche.

Annäherung an der Grenze

In der Stadt **Donegal** hatte bis 1607 der Clan der O'DONNELLS auf einer 1474 errichteten, später umgebauten Burg seinen Stammsitz. Von hier aus kann man sehr gut den gebirgigen südlichen Teil dieser Grafschaft erkunden. Im östlichen Teil der Grafschaft, wo zwar der Boden gut, die Landschaft aber eher langweilig ist, lebt ein hoher Anteil protestantischer Bauern und Kaufleute, die mit Nordirland sympathisieren.

Viele der irisch sprechenden Menschen im Norden Donegals betrachteten **Derry** (Londonderry für die Engländer) als Landeshauptstadt. Es war der Hafen, von dem aus sie zu Saisonarbeiten in der Landwirtschaft und im Straßenbau nach Schottland segelten. Ebenso wird die meistgelesene Lokalzeitung in Derry gedruckt. Deshalb wurden die sprachverwandten Städte Derry und Glasgow für diese Menschen fast zur Heimat.

Die Menschen im Süden Donegals fühlten sich weniger isoliert, weil sie sich der Nachbargrafschaft Sligo zuwenden konnten. Auch Dublin schien den Menschen in Donegal Stadt und ihrem Hinterland wesentlich näher als den Bewohnern der Halbinsel Inishowen.

27 km westlich von Donegal liegt **Killybegs,** der größte Fischereihafen an der Westküste. Die Ankunft der Fischerflotte in Begleitung unzähliger Möwen sollte man sich nicht entgehen lassen. Weiter westlich liegt **Kilcar,** das Zentrum der hiesigen Tweedindustrie, und dahinter das Dorf **Carrick,** ein geeigneter Ausgangspunkt zur Besteigung des 600 m hohen **Slieve League.** Wem jedoch leicht schwindlig wird oder wer körperlich nicht ganz fit ist, der muß auf jeden Fall vor dem Aufstieg gewarnt werden. Die Sicht sollte unbedingt klar sein. Nach einer Gratwanderung in 550 m Höhe zwischen Meer und Felsen kann man vom Gipfel aus die wunderschöne Aussicht über mindestens fünf Grafschaften und das unendlich weite Meer und das fast 600 m abfallende Kliff genießen.

Dorfkneipe in Dunfanaghy, Grafschaft Donegal.

Das Dorf **Glencolumbkille** liegt am Ende eines langen Tales an der Westspitze der Halbinsel an der Donegal Bay. Der Name des Dorfes geht auf den feurigen Schutzherrn von Donegal und Derry City zurück, den hl. Columba oder Colum Kille (Taube der Kirche). Ein Freilichtmuseum, bestehend aus vier Hütten unterschiedlicher Epochen der irischen Kultur mit entsprechenden Gebrauchsgegenständen und Möbeln, lohnt auf jeden Fall einen Besuch.

Die interessanteste Reiseroute nach Norden führt über **Ardara** und **Glenties.** Die Grafschaft Donegal und insbesondere die Gegend um Ardara sind berühmt für ihre Tweedproduktion, worüber das **Ardara Heritage Centre** sehr anschaulich informiert. Glenties verfügt über eine Reihe florierender Betriebe der Strickwaren- und Strumpfindustrie.

Von hier aus gelangt man weiter nördlich in eine rund 240 km² große felsige Gegend, die reich an Flüssen und Seen ist und schließlich in eine inselreiche Küste übergeht. Diese Region heißt **The Rosses,** was soviel wie Gebiet der vielen Seen bedeutet, und gehört zu den Gaeltacht-Gebieten.

Im nahe gelegenen **Burtonport** findet man eine weitere kleine, aber lebendige Hafenstadt, wo vielleicht mehr Lachse und Hummer gefangen und verkauft werden als in irgendeinem anderen Hafen in Irland oder England. Eine regelmäßige Fährverbindung besteht zwischen der Stadt und dem etwa 5 km entfernten **Arranmore Island.**

Zwischen Burtonport und dem nördlichen **Fál Carrach (Falcarragh)** liegt ein weiteres Gaeltacht-Gebiet, dessen Zentrum die Gemeinde **Gaoth Dobhair (Gweedore)** ist. Der Ort ist für den Fleiß seiner Bürger und die gut funktionierende Verwaltung bekannt. Viele Einwohner des Dorfes arbeiten zeitweise in Schottland. Von der Straße entlang des **Bloody Foreland** (so genannt, weil seine Felsen in der untergehenden Sonne blutrot leuchten) sieht die Gweedore-Gegend, besonders bei Nacht, wie eine große Stadt aus, weil die Häuser so dicht gedrängt stehen. Die Organisation für die Entwicklung der Gaeltacht-Region hat in

Tory Island vor der Küste von Donegal.

dieser Gemeinde einen Wirtschaftsplan entwickelt, um für die Menschen Arbeitsplätze zu schaffen. Dazu gehören ein Theater und Studios für den lokalen Gaeltacht-Rundfunksender.

Tory Island taucht im Norden von Bloody Foreland auf. Die seit 4000 Jahren bewohnte Insel ist 11 km von der Küste entfernt und hat heute etwa 130 Bewohner. Die Insulaner wehren sich vehement gegen Versuche, sie auf das Festland umzusiedeln. Die Besucher von Tory müssen auf ein kleines Abenteuer gefaßt sein, denn es ist nicht einmal im Sommer einfach, das stürmische Meer zu überqueren. Wer aber eine isolierte Gemeinde kennenlernen will, die der sturen Bürokratie trotzt und dafür ihre Identität und Traditionen bewahrt, für den könnte ein kurzer Ausflug auf Tory Island zu einem unvergeßlichen Erlebnis werden.

Schon ein flüchtiger Blick auf die Karte verrät die landschaftliche Schönheit der zerklüfteten Küste zwischen **Horn Head** und der Halbinsel **Inishowen.** Auf die Halbinsel **Fanad** von **Milford** nach **Fanad Head** und zurück nach **Rathmel-**

Malin Head, der nördlichste Punkt der Republik Irland.

ton führt eine 72 km lange, neuangelegte Küstenstraße.

Die Hauptstadt der Grafschaft **Letterkenny** eignet sich besonders gut als Ausgangspunkt für Ausflüge ins nördliche Donegal. Die Stadt selbst ist wenig attraktiv, besitzt aber das **Donegal County Museum** mit Ausstellungen zur Geschichte der Grafschaft.

11 km westlich der Stadt, unweit der Hauptstraße nach **Kilmacrenan,** liegt der **Doon Rock,** der Krönungsplatz der O'Donnells, die bis ins 17. Jh. den Nordwesten Irlands beherrschten. Der flache Felsen ist zwar nicht sehr hoch, aber dennoch konnten die O'Donnells von dort aus bis an die Grenzen ihres Reiches sehen.

Ganz in der Nähe sprudelt die in ganz Irland bekannte »Gesegnete Quelle«: **Doon Well.** Man glaubt, daß die Quelle bestimmte Heilkräfte hat: Das Befestigen eines Kleidungsstücks nahe der Quelle soll ausreichen, um diese zur Wirkung zu bringen. Ein nicht abreißender Strom von Pilgern kommt immer wieder nach Doon Well – sehr zum Verdruß von Kirchenreformern und liberalen Politikern, die Irland von dieser Art Aberglauben befreien wollen.

Die bergige Gegend der Halbinsel Inishowen reicht bis nach **Malin Head,** dem nördlichsten und auch einsamsten Ort Irlands. Die 160 km lange Halbinsel-Rundfahrt durch die wilde Schönheit der Landschaft ist gut ausgeschildert. Der größte Ort ist **Buncrana,** wegen seines 5 km langen Sandstrands das beliebteste Ausflugsziel der Besucher aus Derry. In **Carndonagh** befindet sich gegenüber der Kirche ein mit Flechtmustern und Figuren verziertes Hochkreuz aus dem 7. Jh., das von zwei sogenannten *Guard*-Steinen flankiert wird und als das älteste erhaltene Hochkreuz Irlands gilt.

Ungefähr 16 km südlich von Buncrana liegt eine der interessantesten frühchristlichen Stätten in Ulster, das **Grianan of Aileach** *(Grianán* bedeutet Sonnenpalast). Das ringförmige, in den 1870er Jahren erheblich restaurierte Steinfort wurde auf dem Gipfel eines 240 m hohen Hügel errichtet und war vom 5. bis ins 12. Jh. der Sitz der Könige von Ulster, der Familie O'Neill.

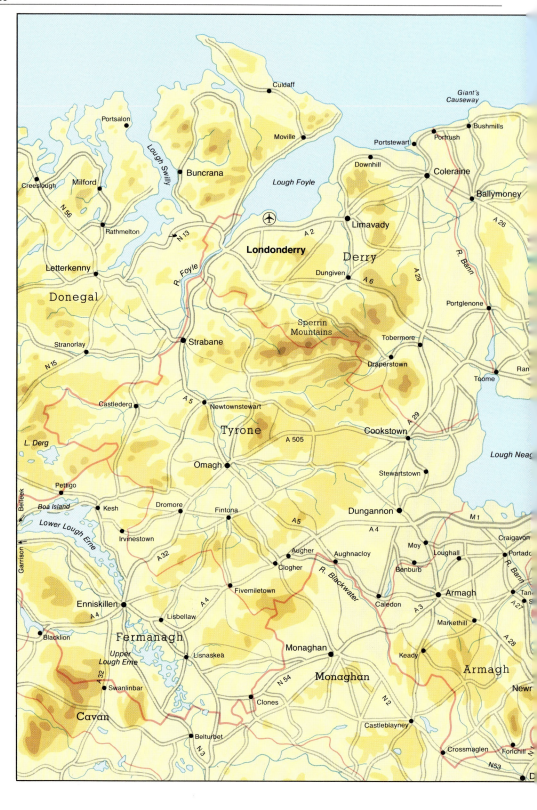

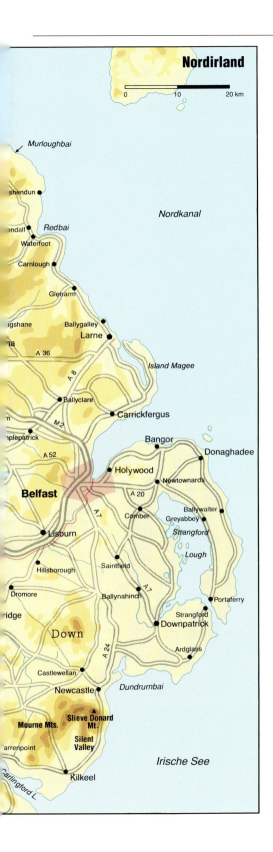

Zwei Ulster

Vor dem Ausbruch des Bürgerkriegs in Nordirland 1969 war es gar nicht so einfach zu merken, ob man schon die Grenze von der Republik Irland nach Nordirland überschritten hatte. Mag sein, daß plötzlich die Straßen, die eher aus britischen als aus irischen Steuergeldern finanziert worden sind, merklich besser wurden. Das war alles. Niemand wollte einen Paß sehen.

Dann kam die Zeit, in der man nur auf für den Grenzübertritt zugelassenen Straßen auf nordirischen Boden gelangen konnte und dort von einem Betonbunker mit kugelsicherem Glas und einem Schutzschirm gegen Heckenschützen empfangen wurde. Bemannt war er mit einem Soldaten mit kugelsicherer Weste und Maschinenpistole.

Es gab Militärpatrouillen mit Gewehren im Anschlag und mit Tarnfarbe geschwärzten Gesichtern, die von tieffliegenden Armeehubschraubern an verschiedenen Stellen abgesetzt und wieder aufgelesen wurden, um Terroristenhinterhalte aufzuspüren. Seitdem am 1. September 1994 der Waffenstillstand der IRA in Kraft getreten ist, hat sich diesbezüglich viel verändert. Heute kann man wieder unbehelligt die Grenze passieren – so wie an den anderen Grenzen zwischen den Mitgliedsländern der Europäischen Union auch.

Es ist allerdings schwierig, den exakten Grenzverlauf auszumachen. Das liegt v. a. daran, daß die Grenze entlang der aus dem 18. Jh. stammenden Grafschaftsgrenzen verläuft und sich dabei durch manchmal trostloses, dann wieder atemberaubend schönes Bauernland schlängelt. In dieser Landschaft spielen natürliche Grenzen wie Flüsse ebensowenig eine Rolle wie die kulturellen Unterschiede zwischen den zur Republik hin orientierten Katholiken und den britisch gesinnten Protestanten. So manche Pfarrei erstreckt sich diesseits und jenseits der Staatsgrenze. Etliche Häuser stehen sogar mitten auf der Grenze, so daß es im Volksmund heißt, der Eigentümer könne mit dem Kopf im United Kingdom und mit dem Herzen in der Republik schlafen.

Für derartige Absurditäten ist politisches Kalkül verantwortlich. Nach der 1922 vollzogenen Teilung Irlands war eine vernünftige Neufestlegung des Grenzverlaufes geplant, die einer Grenzkommission übertragen wurde. Um jedoch etwaige Grenzstreitigkeiten zu vermeiden, unterdrückte die britische Regierung den Bericht der Kommission und ließ die Dinge, wie sie waren. Ohne diese Fehlentscheidung hätte es vielleicht keine Militärpatrouillen und befestigten Polizeistationen gegeben.

Es gab aber noch andere Probleme. Während die historische Provinz Ulster aus neun Grafschaften bestand, umfaßt das noch immer Ulster genannte heutige Nordirland lediglich sechs Grafschaften, nämlich **Antrim, Down, Armagh, Derry, Fermanagh** und **Tyrone.** Die drei weiteren, zur Republik gehörenden Grafschaften **Donegal, Cavan** und **Monaghan** sind allerdings durch Handels- und Verwandtschaftsbeziehungen eng mit den anderen sechs verbunden. Deshalb existiert für viele Einheimische die Grenze faktisch nicht.

Gewiß, Nordirland ist vom Bürgerkrieg geprägt. Aber es gibt auch eine nordirische Wirklichkeit unbeschadet der politischen Konflikte, die dem Besucher des Landes zugänglich ist.

Donegal wurde bereits im vorherigen Kapitel behandelt, die beiden im Landesinneren liegenden Grafschaften Monaghan und Cavan sollen anschließend vorgestellt werden, danach die restlichen sechs Grafschaften des historischen Ulster, die das Gebiet des heutigen Nordirland bilden.

Das milde Monaghan

Monaghan ist eine stille, saubere Grafschaft mit hübschen Bauernhäusern, friedlichen Marktflecken sowie fischreichen Flüssen und Seen. Den nördlichen Teil dieser Grafschaft umgibt die Grenze zu Nordirland. Gerade für die im Grenzgebiet liegenden Orte hatte die Teilung einschneidende Folgen. So bildete das kleine Städtchen **Clones** (ausgesprochen *Kloness*) für die Bauern aus dem

Vorherige Seiten: **Giant's Causeway,** Grafschaft Antrim. Unten: Verbarrikadierte Straße an der Grenze in der Grafschaft Fermanagh.

südlichen Teil der Grafschaft Fermanagh früher ein wichtiges Handelszentrum, worauf auch der Name der Hauptgeschäftsstraße *Fermanagh Street* hinweist. Während die Bedeutung von Clones als Eisenbahnknotenpunkt bald nach der Teilung zurückging, sind es v. a. die Unruhen der achtziger Jahre, die viele Nordiren veranlaßten, die Überschreitung der militärisch gesicherten Grenze zu vermeiden.

Zwei getrennte Ladenkassen in jedem Geschäft erinnern ständig daran, daß es hier zwei unterschiedliche Währungen gibt. Seitdem das irische Pfund (irisch *punt*) in den siebziger Jahren seine Bindung an das britische Pfund Sterling aufgegeben hat, liegt es etwa zehn Pence niedriger als das britische – die Preise im Süden sind dagegen unvergleichlich höher als im Norden.

Clones entstand nach einer Klostergründung des hl. Tighernach im 6. Jh. Auf dem zentralen Marktplatz befindet sich ein Hochkreuz (etwa 10. Jh.) mit Szenen aus dem Alten und Neuen Testament. Ein Rundturm, dessen Kegeldach einstürzte, steht auf dem Friedhof an der Abbey Street; dort ist ebenfalls der **Saint Tighernach's Shrine,** ein aus einem Steinblock gehauenes Grabmal in Form eines Hauses. Von einer kleinen, aus Chor und Schiff bestehenden Kirche, der **Wee Abbey** aus dem 12. Jh., zeugen nur noch Ruinen.

Im 19 km nordöstlich von Clones gelegenen Städtchen **Monaghan** findet man das aus dem Jahr 1792 stammende **Market House,** die aus dem 19. Jh. stammende neugotische Kirche **Saint Macartan's,** ein Werk von J. J. McCarthy, und ein sehenswertes **Museum** mit frühgeschichtlichen Funden und Gegenständen des lokalen Kunsthandwerks.

Bemerkenswert am südlich davon liegenden Ballybay und Castleblayney ist nur ihre Nähe zum **Lough Major** und zum **Lake Muckno,** in denen sich viele Süßwasserfische tummeln und die von Wanderpfaden und Picknickplätzen umsäumt sind. In **Carrickmacross** gibt es handgearbeitete Spitzen zu kaufen. In der Umgebung liegen einige sehenswerte Kalksteinhöhlen.

Ein freundlicheres Gesicht von Ulster.

Quer durch Cavan

In der Grafschaft Cavan entspringen zwei große Flüsse: der nach Süden in den Atlantik fließende **Shannon** und der **Erne,** der nach Norden fließt, ehe er in die herrlichen Seen Fermanaghs mündet. Beide Flüsse eignen sich hervorragend für Bootsfahrten, und viele der über die Grafschaft verstreuten Orte verfügen über kleine Hotels. In der Stadt **Cavan** befindet sich der Glockenturm eines ehemaligen Franziskanerklosters aus dem 14. Jh. Cavan ist auch bekannt für seine Kristallglasfabrik.

Eine Rundreise durch den Nordwesten der Grafschaft sollte folgende Orte miteinschließen: **Arvagh,** eine verträumte Ortschaft am Lough Garty; **Cornafean,** in dessen Corr House sich eine faszinierende Sammlung von Kuriositäten befindet; **Killeshandra** am Lough Oughter; **Dowra** am Black Pig's Dyke, einem vermutlich uralten Grenzwall; **Blacklion,** ein Weiler, der von etlichen frühgeschichtlichen Ringburgen und Steinpyramiden umsäumt ist, darunter auch einem bienenkorbförmigen Badehaus, ähnlich einem türkischen Dampfbad; **Butlersbridge** mit dem Ballyhaise House, das heute ein landwirtschaftliches Institut beherbergt. Bemerkenswert sind darüber hinaus die zweistöckigen, strohgedeckten Häuser mit Walmdach, die v. a. im Norden der Grafschaft stehen.

Ein Streifzug im Südosten von Cavan berührt folgende Orte: **Cootehill** mit einem 1730 erbauten palladianischen Herrschaftssitz im Bellamont Forest; **Shercock,** der einstige Wohnsitz des Dramatikers R. B. Sheridan; **Kingscourt** mit den bekannten Glasmalereien in der katholischen Kirche; **Bailieborough**; **Virginia,** das 1610 als Garnisonsstadt erbaut wurde und heute ein ausgesprochen friedlicher Ort ist, und schließlich **Ballyjamesduff** mit einer sehenswerten Markthalle.

Die Gegend hat einen reichhaltigen Sagenschatz. In den späten sechziger Jahren kamen jede Woche Tausende von Menschen aus ganz Irland nach **Lough Gowna,** wo ein 17jähriger Junge angeblich übermenschliche Heilkräfte besaß, da er

Lower Lough Erne.

der »siebte Sohn eines siebten Sohnes« war, wodurch er bereits durch bloßes Handauflegen selbst ernsthafte Leiden kuriert haben soll.

Jenseits der Grenze

Das an Monaghan und Cavan grenzende **Fermanagh** hat vieles mit diesen Grafschaften gemeinsam, v. a. den Lebensrhythmus. Politisch ist es ein Teil Nordirlands, und es gibt dort so viele Seen, daß insgesamt ein Drittel der Fläche von Wasser bedeckt ist. Die Grafschaft wird vom Seengebiet **Upper** und **Lower Lough Erne** bestimmt, das sich über 80 km Länge vom Süden Fermanaghs zum Atlantik erstreckt. Der Upper Lough Erne windet sich labyrinthartig um kleine Inseln herum, die man mit Mietbooten umfahren kann.

Die Hauptstadt der Grafschaft, **Enniskillen,** war überwiegend in protestantischer Hand. Sie liegt auf einer Insel, die durch zwei Flußarme des Erne auf seinem Weg vom Upper zum Lower Lough Erne gebildet wird. Enniskillen bildet einen guten Ausgangspunkt für Ausflüge in das Seengebiet. Die einst strategische Bedeutung von Enniskillen veranschaulichen das **Enniskillen Castle,** das im 15. Jh. begonnen wurde, und eine Schleuse aus dem 16. Jh. Nachdem die Burg lange Zeit als Kaserne diente, beherbergt sie heute zwei Museen: das Regimental Museum, das die Geschichte der bei Waterloo und im amerikanischen Unabhängigkeitskrieg kämpfenden Regimenter *(Inniskilling Regimenter)* dokumentiert, und das County Museum mit frühgeschichtlichen Funden.

Den besten Eindruck von der Atmosphäre der Umgebung bekommt man am Lower Lough Erne. 5 km nordwestlich von Enniskillen liegt **Devenish Island,** eine von 96 weiteren kleinen Inseln des Sees, die mit einer Fähre nördlich von Enniskillen erreichbar ist. Die Klosteranlage geht auf eine Gründung des hl. Molaise aus dem 6. Jh. zurück. Sehenswert ist ein sehr gut erhaltener, 25 m hoher Rundturm aus dem 12. Jh., der sich auf einer Holztreppe besteigen läßt. Unweit davon befindet sich die Ruine des Saint Molaise's House aus dem gleichen Jahrhundert.

Einige Kilometer weiter am Nordufer des Sees liegt **White Island** mit einer Kirchenruine aus dem 12. Jh., an deren Außenseite erst in diesem Jahrhundert acht geheimnisvolle Steinfiguren entdeckt worden sind. Über die heidnisch anmutenden Figuren gibt es kontroverse Meinungen, wahrscheinlich sind sie aber zwischen dem 7. und 9. Jh. entstanden und damit frühchristlichen Ursprungs.

4 km nördlich von White Island liegt die Ortschaft Kesh, hinter der man auf der A 47 über eine Brücke auf eine weitere Insel, **Boa Island,** kommt. Auf dem im Westen der Insel gelegenen alten Friedhof von Caldragh findet man zwei doppelgesichtige Kultsteine (etwa 5./6. Jh.). Große, spitz zulaufende Gesichter mit mandelförmigen Mund- und Augenöffnungen dominieren diese vorchristlichen Plastiken, von denen die größere etwa 75 cm Höhe mißt. Die kleinere Plastik stand ursprünglich auf Lusty Island weiter südlich. Solche doppelgesichtigen Statuen haben eine jahrhundertelange keltische Tradition (sie verkörperten wohl Götter).

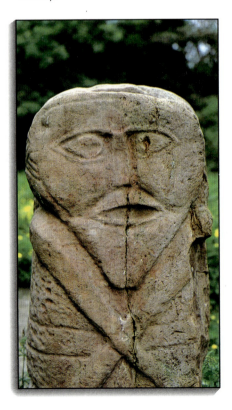

Rückblick in die Vergangenheit: **Janusfigur** auf **Boa Island.**

Pilger und Picknicks

Wenn man am Seeufer entlangfährt, kommt man zur Stadt **Pettigo,** einstmals Endbahnhof für Pilger auf dem Weg zu den heiligen Stätten am Lough Derg, jenseits der Grenze in der Grafschaft Donegal. Heute bildet der durch Pettigo fließende Termon die Grenze, und man sagt, er sei voller zweisprachiger Forellen. Man erzählt auch, daß im Falle eines Schädelbruchs bei einem Boxkampf in der Mitte der Brücke ein neutraler Beobachter entscheiden müsse, ob der Todesfall unter die Rechtsprechung der republikanischen oder der nordirischen Polizei fällt. Eine Eiche wurde 1853 zur Feier des britischen Sieges in Sewastopol auf der einen Seite der Brücke gepflanzt. Auf der anderen Seite steht eine Statue zum Gedenken an vier IRA-Mitglieder, die 1922 im Kampf gegen die Engländer gefallen sind.

Im Mittelpunkt eines Naturparks, der von Wanderern und Vogelfreunden bevölkert wird, steht in der Nähe des Sees die Burgruine **Castle Caldwell** aus dem 16. Jh. Interessant ist ein 10 m langer Holzkahn, der früher zum Viehtransport zwischen den zahlreichen Inseln des Upper und Lower Lough Erne benutzt wurde.

Bei **Belleek** bildet der Erne wieder die Grenze zur Republik Irland. Der Ort Belleek ist berühmt für seine Porzellanwaren, die aus sehr dünnem, cremefarbenem Feldspatporzellan hergestellt werden. Heute sind v. a. Schalen in Korbflechttechnik beliebt. Eine Führung durch die 1857 gegründete Porzellanfabrik wird angeboten.

Es besteht die Möglichkeit, die malerische Strecke am Südufer des Sees entlang zurück nach Enniskillen zu fahren und im **Lough Navan Forest** einen Halt einzulegen. Hier hat man von einem Aussichtspunkt einen herrlichen Blick über fünf Grafschaften. Durch das Waldgebiet verläuft auch der **Ulster Way,** auf dem sich Nordirland erwandern läßt. 6 km von der A 46 ausgehend erreicht man **Money Castle,** eine gut erhaltene Burg, die schottische Siedler im Stil eines schottischen Tower House zu Beginn des 17. Jh. erbaut haben.

Südwestlich von Enniskillen (A 4, dann A 32 Richtung Swanlinbar) befinden sich weitläufige Kalksteinhöhlen, die **Marble Arch Caves,** welche auf einer unterirdischen Bootsfahrt im Sommer zu besichtigen sind.

Der »Moses Walk« genannte Fußweg heißt so, weil er durch einen See führt; dieser ist links und rechts des Weges aber nur fast einen Meter tief.

Den Sitz der Earls of Enniskillen bildete **Florence Court,** ein in den 1740er Jahren erbautes und 1771 um Seitenflügel erweitertes Schloß mit bedeutenden Rokoko-Stukkaturen von ROBERT WEST. Im weitläufigen Parkgelände steht die berühmte Florence-Court-Eibe, deren Ableger in der ganzen Welt verstreut sein sollen.

Der bekannte Londoner Architekt JAMES WYATT errichtete 1789–95 für den ersten Earl of Belmore den Landsitz **Castle Coole** (südöstlich von Enniskillen, an der A 4). Das Schloß gilt als eines der bedeutendsten klassizistischen Gebäude in Irland, das ebenso wie die sehenswerte Inneneinrichtung fast unverändert erhalten ist und nach Renovierung heute ebenso wie Florence Court dem National Trust gehört.

Unbekanntes Tyrone

Die relativ dünn besiedelte Grafschaft Tyrone weist viele vorgeschichtliche und keltische Spuren auf. Am Zusammenfluß von Camoven und Drumragh liegt die Bezirkshauptstadt **Omagh.** Dort läßt sich unmittelbar die religiöse Spaltung Nordirlands nachvollziehen: Rechts steht die presbyterianische Kirche, links die Methodistenkirche, unweit davon Saint Columba's Church of Ireland, gefolgt von den gotischen Türmen der katholischen Church of the Sacred Heart, und es gibt noch mehr Kirchen. In den zahlreichen Läden findet man nicht nur die üblichen irischen Leinenwaren, sondern auch aus Torf hergestellte Plaketten und Statuen. Der Torf wird im **Black Bog** zwischen Omagh und Cookstown (43 km weiter östlich) gewonnen. 6 km westlich von Cookstown kann man sich in der **Welbrook Beetling Mill,** einer wassergetriebenen Stampfkalanderei aus

Tief im Schoß der Erde: die **Marble Arch Caves.**

dem 18. Jh., über die in Ulster bis ins 20. Jh. bedeutende Leinenfabrikation informieren.

Cookstown liegt genau in der Mitte von Nordirland. Schon von weitem erkennt man den Ort an den 61 m hohen Türmen der gotischen Kirche. In dieser Stadt mit 6700 Einwohnern lebt eine starke nationalistische Tradition weiter, v. a. in den alteingesessenen Pubs. Die Viehmärkte in der Umgebung vermitteln einen lebendigen Eindruck vom rauhen Charme des Landlebens in Ulster. Auf dem Gelände von **Killymoon Castle** erstreckt sich ein Golfplatz mit 18 Löchern. Das Schloß wurde 1803 von JOHN NASH entworfen, dem Baumeister der Regent Street in London. Vor einigen Jahren wurde es, verfallen wie es war, für 100 Pfund an einen Farmer verkauft.

Rund um diese beiden Städte verstreut liegen viele neolithische Grabstätten und Steinkreise, die Jahrtausende unter einer Torfschicht erhalten blieben. Besonders bedeutend sind die **Beaghmore Stone Circles** westlich von Cookstown: sieben Steinkreise, neun aus Menhiren errichtete Steinreihen und mehrere Gräber. Im **Knockmany Forest** nördlich der Dorfes Clogher gibt es ein kleines Ganggrab. Dörfer wie **Clogher, Coagh, Moneymore** und **Pomeroy** sind bekannt wegen ihrer Folkmusiker und Kirchenbauten, wirken aber infolge der anhaltenden Arbeitslosigkeit etwas heruntergekommen. In Clogher hat ein Schüler des hl. Patrick im 5. Jh. einen Bischofssitz gegründet, welcher der älteste Irlands sein soll. Die heutige Kirche wurde allerdings erst 1744 erbaut, im Nordeingang befindet sich der *Clogh-oir* (Goldener Stein) aus dem 9. Jh., die Frühform eines Hochkreuzes.

Amerikanische Träume

Während der wirtschaftlichen Krisenzeiten des 19. Jh. ermunterte die in dieser Gegend herrschende presbyterianische Arbeitsethik viele dazu, ihr Glück in den Vereinigten Staaten zu suchen. Elf US-Präsidenten können ihre Abstammungslinie nach Nordirland zurückführen: Andrew Jackson, James Knox Polk, James Buchanan, Chester Alan Arthur, Grover Cleveland, Benjamin Harri-

Neue Häuser nach alten Vorbildern: das Mellon House im **Ulster-American Folk Park.**

son, William McKinley, Theodore Roosevelt und Woodrow Wilson. Noch heute suchen Stammbaumforscher in alten Dokumenten nach prominenten Namen, und viele Amerikaner besuchen die Insel, um die Wohnsitze ihrer irischen Vorfahren aufzuspüren.

Die Bankiersfamilie Mellon aus Pittsburgh hat zum Beispiel herausgefunden, daß ihre Vorfahren aus dem 6 km nördlich von Omagh liegenden **Camphill** stammen und hat daraufhin den **Ulster-American Folk Park** in Camphill gestiftet. Zur Erinnerung an die Auswanderung von 4 Mio. Iren im 19. Jh. hat man hier Handwerkerhäuser, eine Schule, eine Schmiede und ein presbyterianisches Versammlungshaus aus der Alten Welt unmittelbar neben Blockhütten, einer Scheune aus Pennsylvania und einem Planwagen aus der Neuen Welt errichtet. Um den Eindruck der Authentizität zu steigern, brennt ständig Torf in den Häusern, und es gibt regelmäßige Vorführungen im Kerzenmachen, Fischpökeln und Hufbeschlagen. Ein Auswandererschiff wurde ebenso rekonstruiert wie die Hauptstraße einer Stadt in Ulster um die Jahrhundertwende.

Mit dem Niedergang der einstmals blühenden Textilindustrie in Ulster brachen harte Zeiten für Ortschaften wie das 1818 erbaute **Draperstown** an, und auch in Städten wie dem 21 km südlich von Cookstown liegenden **Dungannon,** wo einst der mächtige O'Neill-Clan herrschte, ist der Wohlstand merklich zurückgegangen. 5 km nordöstlich erinnern der Name Coalisland und seine Erdhügel an nicht erfüllte Hoffnungen auf ein riesiges Kohlenflöz, das man entdeckt zu haben glaubte.

Die sanften Hügel der **Sperrin Mountains** laden zum einsamen Wandern und Fischen ein. Die vielen Wasserläufe sind so fischreich, daß sie oft als *Fairy Water* (Feengewässer) bezeichnet werden. Ein anderer Märchentraum kann im Sperrin Heritage Centre wahr werden, wo man sich im Goldschürfen üben kann. Vor Jahren wurden in den Bergen reiche Goldvorkommen entdeckt.

Am westlichen Ende der Sperrin Mountains an der Grenze zu Donegal

Das Haus der Vorfahren von US-Präsident Woodrow Wilson in Dergalt, Grafschaft Tyrone.

liegt **Strabane.** In der heute noch erhaltenen Gray's Printing Press hat John Dunlap, der Drucker der amerikanischen Unabhängigkeitserklärung, sein Handwerk gelernt. Es ist ein freundliches Städtchen, obwohl hier viele Terroranschläge verübt wurden und es eine Arbeitslosenrate von bis zu 50 % gibt. 3 km weiter südöstlich befindet sich das weiße Farmhaus der Vorfahren von US-Präsident Woodrow Wilson.

Die Mauern von Derry

Auch das 24 km nördlich gelegene **Derry** – bis 1984 hieß die Stadt **Londonderry** – am **River Foyle** gilt eigentlich als eine freundliche Stadt, wo selbst der politische Konflikt gemäßigter ausgetragen wird als in Belfast. Wenn der schottische Historiker Thomas Carlyle heute wieder nach Derry käme, würde er bestimmt nicht mehr von »der hübschesten Stadt in ganz Irland« reden. Die Eingänge vieler verlassener Häuser sind zugemauert, und vor den Ladenfenstern wurden Schutzschilde angebracht. Auch die wildwuchernden Stadtviertel – in den Karten der britischen Armee steht Grün für katholisch und Orange für protestantisch – tragen nicht gerade zur Verschönerung des Stadtbildes bei.

Finanziert wurde das Wachstum der Stadt durch die Londoner Gilden, denen der englische König Jakob I. im Zuge der Kolonisierung Ulsters die Stadt 1613 zugesprochen hatte. Die protestantischen Siedler aus England und Schottland benannten die Stadt in Londonderry um und errichteten eine Befestigungsanlage aus 5,5 m dicken Mauern, Wachtürmen und Bastionen, die heute als eine der besterhaltenen Stadtbefestigungen Irlands gilt.

Daß die Stadtmauern im 17. Jh. zwei Belagerungen standhielten, hat Derry den Spitznamen *Maiden City* (jungfräuliche Stadt) eingebracht. Manche glauben, daß selbst heute noch eine Belagerungsmentalität in der Stadt herrscht und berufen sich dabei auf den IRA-Slogan: »Sie betreten hiermit das Freie Derry.« Free Derry – das ist der Name für die **Bogside**, ein dicht besiedeltes katholisches Wohngebiet. Während der im 19. Jh. in Londonderry blühenden Baumwoll- und Leinenindustrie wurden im Feuchtgebiet (*bog* = Moor) vor den Toren der Stadt die dort beschäftigten Katholiken, meist Frauen und Kinder, angesiedelt. Der gewaltsame Konflikt brach 1969 aus, als sich die Bewohner des Viertels gegen die zu 95 % aus Protestanten bestehende Polizei verbarrikadierten.

Vor der Spaltung der Insel war Donegal das natürliche Hinterland für Derry. Nach der Teilung legten die regierenden Unionisten neue Wahlkreisgrenzen fest, um sich in dem weitgehend nationalistisch eingestellten Gebiet eine zuverlässige Mehrheit zu sichern. Da sie sich von den wohlhabenden östlichen Grafschaften isoliert fühlten, wuchs in der Bevölkerung ein sich schließlich gewaltsam entladender Groll und zugleich ein beeindruckender Gemeinschaftsgeist.

Die berühmteste Belagerung der Stadt fand in den Jahren 1688/89 statt, als die katholischen Truppen des letzten Stuart-Königs Jakob II. die protestantischen Anhänger Wilhelms von Oranien in der Stadt eingeschlossen hatten. Während der 105 Tage dauernden kompletten Belage-

rung, als die Stadt von der Versorgung über den River Foyle abgeschnitten war, starben 7000 der 30 000 Einwohner an Krankheiten und Hunger. Der Tag der Befreiung am 12. August wird alljährlich von den Protestanten mit Umzügen des *Orange Order* begangen.

Im Domkapitel der **Saint Columb's Cathedral** werden Andenken aus der Zeit der Belagerung aufbewahrt. Das Hauptschiff dieser anglikanischen Kirche wurde 1629–36 erbaut, Chor und Glockenturm entstanden erst im 19. Jahrhundert.

Die von den ursprünglich vier Haupttoren Shipquay, Ferryquay, Bishop's und Butcher's ausgehenden Straßen treffen am **Diamond** zusammen, dem zentralen Platz am oberen Ende der Shipquay Street. In dieser, wie besonders auch in der Magazine und Bishop Street, befinden sich sehenswerte georgianische Häuser. Am unteren Ende der Shipquay Street steht die neugotische **Guildhall,** die 1890 erbaut, infolge eines Brands 1912 wieder errichtet und nach einem Bombenanschlag 1972 v. a. im Innern rekonstruiert wurde. Die zahlreichen farbigen Glasfenster illustrieren die Stadtgeschichte. Dies ist auch die Aufgabe des **Tower Museum.** Hinter der Guildhall liegt der **Derry Quay,** den Hunderttausende von Auswanderern immer wieder besungen haben, wenn sie, auf der Suche nach einem neuen Leben in Amerika, von hier aus den Foyle hinuntergesegelt sind. Vielleicht als Reaktion auf die erneuten wirtschaftlichen Schwierigkeiten hat sich in Derry ein verstärktes gesellschaftliches und kulturelles Leben für das postindustrielle Zeitalter entwickelt.

Längs der Küste

Von Derry aus führt die A 2 den Lough Foyle entlang nach **Ballykelly,** das von der Londoner Fischhändlergilde erbaut wurde und heute von einem nahe gelegenen Armeestützpunkt aus kontrolliert wird. Die Bezirkshauptstadt **Limavady** erinnert an das georgianische Irland mit seinen schönen Hauseingängen und Hoftorbogen. Die Roe Bridge auf sechs Brückenpfeilern stammt aus dem Jahre 1700. In der Main Street

Straßenzug in einem Arbeiterviertel von Derry.

findet noch heute jeden Montag der bis ins beginnende 17. Jh. zurückgehende Viehmarkt statt.

Anstelle der direkten Route nach Coleraine sollte man die 32 km lange Schleife der A 2 am **Magilligan Strand** entlang nehmen, dem längsten Strand Irlands. An dem 7 km langen Sanddünenstreifen findet man Krickenten, Seeschwalben, Wildenten, Schnepfen, Wildgänse und 120 verschiedene Muschelarten. Am Strandanfang steht der während der Napoleonischen Kriege erbaute **Martello Tower** mit seinen drei Meter dicken Mauern. Der Stacheldraht und die Wachtürme des Gefangenenlagers von Magilligan, in welchem während der siebziger Jahre politische Häftlinge interniert waren, erinnern wieder an die politischen Probleme in Ulster.

Auf einer windgepeitschten Landzunge an der A 2 ragt die Ruine von **Downhill Castle** in den Himmel. Den Landsitz ließ der damalige anglikanische Bischof von Derry, Frederick Hervey, dessen Diözese im 18. Jh. zu den größten und reichsten gehörte, möglicherweise nach Plänen von James Wyatt errichten. Nach einem verheerenden Brand im 19. Jh. verfiel das Schloßgebäude, so daß nur noch der große Park an die ehemalige Prachtentfaltung erinnert. Erhalten ist jedoch der auf einer 60 m hohen Felsenklippe stehende **Musenden Temple** (1785), eine klassizistische Rotunde, die ursprünglich als Bibliothek konzipiert war und die der tolerante Bischof sonntags für Gottesdienste der katholischen Gemeinde Downhill zur Verfügung stellte. **Downhill Forest** bietet herrliche Wanderwege, einen Fischteich und Wasserfälle.

Coleraine am Bann-Fluß gehört zu den ältesten englischen Siedlungen in der Region, dort befindet sich seit 1918 die New University of Ulster. In den beiden Seebädern **Portstewart** und **Portrush** findet man schöne Badestrände, gute Fischrestaurants und ideale Möglichkeiten zum Angeln. Wer lange Wanderungen liebt, kann sich am Portstewart Strand auf den **North Antrim Coast Path** begeben. Er ist Teil des Ulster Way und erstreckt sich ostwärts über 64 km bis **Murlough Bay.**

Portstewart, ein ruhiges Seebad.

Von Portrush aus stößt man nach 5 km Küstenstraße auf die romantischen Ruinen von **Dunluce Castle.** Diese umfangreiche normannische Festungsanlage aus dem 14. Jh. wirkt ungeheuer dramatisch, so hoch oben auf einer felsigen Landzunge, die steil abfällt. Nach Eroberung durch Sorley Boy MacDonnell 1584 wurde die Burg renoviert und ausgebaut. Angesichts der grauen Türme von Dunluce auf den Felsklippen mußte der englische Romancier W. M. THACKERAY immer an eine Märchenprinzessin denken, die von einem Drachen gefangengehalten wird. Seit 1641 ist die Burg verlassen, weil zwei Jahre davor während eines Sturms ein Teil der Küche in die Tiefe stürzte und viele Bedienstete in den Tod riß. Auf dem Friedhof neben der angrenzenden Kirchenruine sind Seeleute von der spanischen Galeone *Girona* begraben, die 1588 mit 1300 Mann an Bord an dem nahe gelegenen Felsen Schiffbruch erlitt. An Bord hatte sie einen Goldschatz, der bei der Entdeckung des Wracks 1967 von Tauchern gehoben wurde und sich heute im Ulster Museum von Belfast befindet.

Die Destillerie im 15 km entfernten **Bushmills** rühmt sich, im Besitz der ältesten, aus dem Jahr 1609 stammenden Whiskey-Lizenz der Welt zu sein. Hier kann man Sorten wie Old Bushmills, Black Bush und Bushmills Malt probieren, die aus hiesiger Gerste und dem Wasser des nahen Saint Columb's Rill hergestellt werden.

3 km außerhalb der Ortschaft liegt der berühmte **Giant's Causeway.** Dieses geologische Phänomen besteht aus etwa 37 000 eng anschließenden, meist sechseckigen Basaltsäulen, die bis zu 12 m hoch und auf ihrer Oberfläche abgeplattet sind. Durch Erkalten großer Mengen Lava sind sie bei einem Vulkanausbruch vor etwa 60 Mio. Jahren entstanden. 1692 vom Bischof von Derry entdeckt, zählt der Giant's Causeway heute zu einer der größten Touristenattraktionen in Nordirland. Gälische Legenden besagen, daß hier der Riese Fionn MacCumhaill, Ulster-Krieger und Kommandant der königlichen Armee Irlands, für eine auf der Hebrideninsel Staffa lebende Riesin, in die er sich verliebt hatte, einen Weg nach Ulster gebaut habe. Heute ist der Gaint's Causeway mit großen Reisebussen erreichbar. Manche Touristen sind enttäuscht, weil sie sich das Ganze größer und höher vorgestellt haben, obgleich der höchste Quader in **Giant's Organ** immerhin 12 m mißt.

Am Ostende des Giant's Causeway liegt **Dunseverick Castle,** eine Festungsanlage aus dem 6. Jh., deren einzige erhaltene massive Mauer von einem Felskliff über einem malerischen Fischereihafen hoch aufragt. Nach Durchquerung der **Whitepark Bay,** einem schönen halbmondförmigen Strand, und dem von Künstlern bevölkerten **Ballintoy Harbour** führt die Straße zur **Carrick-a-Rede Rope Bridge.** Diese Hängebrücke wird jeweils im Mai auf- und im September wieder abgebaut und führt mit einer Länge von 20 m über einen Abgrund zu einem Lachsfanggebiet. Falls man schwindelfrei ist, kann man einen wundervollen Ausblick genießen.

Das nahe gelegene **Ballycastle** besucht man am besten während der **Oul'Lammas Fair,** die am letzten Montag und Dienstag im August stattfindet. Dann

Faszinierende Geometrie des **Giant's Causeway.**

wird aus diesem ruhigen Städtchen ein riesiger Jahrmarkt mit unzähligen Bauern, die ihr Vieh aus entlegenen Glens hierher treiben, und Hunderten von kleinen Verkaufsständen, an denen Souvenirs, Krimskrams, Dulse (getrockneter, eßbarer Seetang) und Yellowman (Karamel) verkauft werden. Die größte Attraktion ist der »crack«, Spaß und Diskussionen, die durch einige Gläser Bushmills noch angekurbelt werden.

Ein Denkmal am Meer bezeichnet die Stelle, an der Marconi 1898 zum ersten Mal ernsthaft mit der drahtlosen Telegrafie experimentierte. Von hier aus kam es zur historischen Funkübertragung nach **Rathlin Island,** einer 13 km vor der Küste liegenden Insel, deren strategische Lage am North Channel zwischen Schottland und Irland sie zum Ausgangspunkt und Schauplatz kriegerischer Auseinandersetzungen machte. Ihre Bevölkerung ist in den letzten 140 Jahren von 2000 auf 100 geschrumpft und lebt von Landwirtschaft und Fischfang. Die Insel ist ein einzigartiger Anziehungspunkt für Geologen, Botaniker und besonders Ornithologen, denn dort finden sich insgesamt 175 verschiedene Vogelarten. Die Bootsfahrten sind sehr vom Wetter abhängig, und es kann schon einmal passieren, daß man tagelang auf Rathlin Island hängenbleibt.

Östlich von Ballycastle befinden sich die Ruinen von **Bonamargy Friary,** einer von Franziskanermönchen um 1500 gegründeten Abtei. In einem Gewölbe stehen die eindrucksvollen Särge einiger McDonnell-Oberhäupter, die erfolgreich gegen die Truppen von Elisabeth I. kämpften. Unweit davon liegt das **Corrymeela Community House,** ein interkonfessionelles Begegnungs- und Ferienzentrum, das wie eine Insel inmitten des vorherrschenden politischen Zynismus wirkt.

Die Küste entlang

Von Ballycastle aus hat man die Wahl, entweder weiter die Küste der Irischen See hinunterzufahren oder sich tief in die Grafschaft Antrim hineinzuwagen.

Wer sich für ersteres entscheidet, den erwarten herrliche Ausblicke auf braune Moorlandschaften, weißen Kalkstein, schwarzen Basalt, roten Sandstein und das tiefblaue Meer entlang der **Antrim Coast Road** nach **Larne.** Die Straße stellt eine für ihre Zeit bemerkenswerte technische Leistung dar und wurde 1834 von Charles Lanyon konzipiert, um den Zugang zu den Antrim-Tälern und somit das Leben der Menschen zu erleichtern. Diese waren bis dahin so isoliert gewesen, daß sich dort ein reicher irischer Mythen- und Sagenschatz entwickelte und lange Zeit noch irisch gesprochen wurde.

Von verschiedenen Punkten an der Straße kommt man in die neun Glens (Täler) von Antrim – Glenarm, Glencloy, Glenariff, Glenballyeamon, Glenaan, Glencorp, Glendun, Glenshesk und Glentaisie (von Süden nach Norden genannt). Hier betritt man eine andere Welt – eine Welt mit windgegerbten Bauern in ausgebeulten Hosen und Tweedjacken; eine Welt mit Schafauktionen, bei denen die Auktionäre wie Maschinengewehre reden, eine Welt mit einem eigenen Dialekt und eine Welt voller Whiskey-Schwarzbrennereien.

Seetang ist eine Delikatesse bei der Oul'Lammas Fair in **Ballycastle.**

Bei **Cushendun** beginnt hinter dem 1839 erbauten **Glendun Viaduct** die berühmte malerische Küstenstraße. Etwas länger als auf der A 2 ist die Strecke den kurvenreichen Küstenweg entlang am **Torr Head** vorbei, einer Felsenspitze im Meer, von der man einen guten Ausblick auf Mull of Kintyre in Schottland hat. Cushendun ist eine bezaubernde Ortschaft mit weißgetünchten kornischen Cottages und einladenden Pubs, die auf zahllosen Ölgemälden festgehalten worden sind und unter dem Schutz des National Trust stehen.

Das 8 km südlich liegende **Cushendall** gilt als die »Hauptstadt der Glens«. 1809 wurde dort der **Curfew Tower** errichtet, ein viergeschossiges Bauwerk aus rotem Sandstein, das zur Unterbringung von »Faulenzern und Aufrührern« dienen sollte. Der Ort ist für seinen Strand und seine Segelschule bekannt. Nördlich davon befindet sich die **Layde Old Church,** eine Franziskanergründung aus dem beginnenden 13. Jh.

Am Ende der gewundenen Sandsteinküste der **Red Bay** liegt die Ortschaft **Waterfoot,** in der jeden Juli ein Tanz- und Liederfestival stattfindet. Sie liegt am Eingang zum **Glenariff Glen,** einer tiefen Schlucht mit herrlichen Laubwäldern und Wasserfällen. Im Frühling und Frühsommer ist der obere Teil des Glens von einem Blumenteppich bedeckt. Über schmale Pfade und Brücken kann man sich die Schlucht sehr gut erwandern.

Im südlich gelegenen **Carnlough** führt quer über die Hauptstraße eine 1854 gebaute schöne Kalksteinbrücke, über der der Kalkstein aus den Steinbrüchen zu den wartenden Schiffen transportiert wird. Das ebenfalls 1854 erbaute Londonderry Arms Hotel hat bis heute seinen Charakter als ehemalige Postkutschenstation bewahrt. **Glenarm** besitzt einen ansehnlichen Park, der sich an eine Burg, Wohnsitz der Earls of Antrim, anschließt. Im Freizeitgebiet der **White Bay** kann man zahlreiche Fossilien entdecken. In **Ballygalley** steht ein befestigter Herrschaftssitz von 1625, der heute als Hotel dient. Von der Küstenstraße aus landeinwärts stößt man auf eine guterhaltene alte Mühle und eine Töpferei.

Von hier führt die Küstenstraße nach **Larne,** von dessen Hafen täglich Fähren von und nach Stranraer und Cairnryan in Schottland verkehren (70 Minuten). Fähren führen auch zur vorgelagerten Halbinsel **Island Magee.** Neben seiner Bedeutung als wichtiger Fährhafen nach Schottland ist der Hafen durch Autobahn- und Eisenbahnanschluß auch zu einem großen Containerumschlagplatz geworden.

Eigenheiten Antrims

W enn man von Ballygalley aus landeinwärts fährt, kommt man durch das relativ fruchtbare Gebiet »östlich des **Bann**«. Er fließt aus dem Südosten der Provinz durch den Lough Neagh in den Atlantik bei Portstewart und bildet ungefähr die politische Trennungslinie zwischen den Grafschaften Derry und Tyrone einerseits, in denen vorwiegend katholische Nationalisten leben, und den östlichen Grafschaften Antrim und Down mit ihrer protestantischen Mehrheit andererseits. Im quicklebendigen Marktflecken **Ballymoney,** 27 km südlich von Ballycastle, trifft man noch heute in All-

Larne, Haupthafen für den Fährverkehr mit Schottland.

tagsgesprächen auf einen Wortschatz wie zur Zeit Shakespeares – kulturelles Erbe der schottischen Presbyterianer, die im 17. Jh. als Siedler hierherkamen.

Wie überall in Ulster stehen auch hier zahlreiche Kirchen, jeweils eine an jeder der vier Straßen, die zum Dorf **Dervock** führen, das 6 km nördlich von Ballymoney liegt, und aus dem die Vorfahren des amerikanischen Präsidenten McKinley stammen. Der Legende zufolge wurden hier so viele Kirchen gebaut, um den Teufel fernzuhalten. Allerdings glauben die Einheimischen, das locke ihn eher an.

Ballymena, 30 km südöstlich von Ballymoney gelegen, ist das von Protestanten kontrollierte wirtschaftliche Zentrum der Grafschaft Antrim. Vor über 350 Jahren gewährte König Karl I. der Familie Adair dort das Marktrecht. 18 km südöstlich davon liegt die Bezirkshauptstadt **Antrim.** Sehenswert ist dort der bis auf das neuerdings restaurierte Kegeldach vollständig erhaltene, 28 m hohe Rundturm, der um 900 errichtet wurde und zum ehemaligen Kloster von Aentrebh gehörte. Den Plan für den Schloßgarten von **Antrim Castle** entwarf der Gartenarchitekt von Versailles, LE NÔTRE. Die riesigen Parkanlagen erstrecken sich bis zum **Lough Neagh,** der mit 27 km Länge und rund 18 km Breite der größte Binnensee auf den Britischen Inseln ist.

Da die Seeufer sumpfig sind, kommt man nur schwer ans Wasser heran. Es werden Freizeitanlagen für Segler und Wasserskifahrer geschaffen, und bei **Oxford Island** am Südufer und **Ballyronan** am Westufer entstehen Jachthäfen. In **Toome** ist der Aalfang von großer Bedeutung. Vor einiger Zeit wurde dieser in kooperativer Form reorganisiert, nachdem ein erbitterter Streit wegen der Fischereirechte entbrannt war. In der Zeit vor Ausbruch des Bürgerkrieges war hier die gefährlichste Gegend in ganz Nordirland, weil sich ständig Polizeiboote und Wilderer in den Fischfanggründen Feuergefechte lieferten.

Südwestlich des Lough liegt **Dungannon,** eine ruhige Stadt mit Textilindustrie. Südlich davon erstreckt sich die Grafschaft Armagh, die als der *Apple orchard,* der Apfelgarten Irlands gilt, seit-

Shanes Castle Railway nahe Randalstown.

dem von Siedlern aus Worcestershire im 17. Jh. dort große Obstgärten angelegt worden waren. Wegen der terroristischen Aktivitäten an seiner Grenze zur Republik erhielt Armagh auch den wenig schmeichelhaften Namen »Land der Banditen«.

Die Bezirkshauptstadt **Armagh** war das religiöse Zentrum Irlands, seitdem der hl. Patrick dort im 4. Jh. auf einem Hügel eine Steinkirche gebaut hatte. Heute tragen beide Kathedralen der Stadt den Namen dieses Heiligen: Die katholische stammt aus der Mitte des 19. Jh., die interessantere der Church of Ireland wurde im 18. Jh. auf den Ruinen eines Vorgängerbaus aus dem 13. Jh. errichtet, wobei eine Krypta aus dem 10. Jh. bewahrt blieb. An der Westmauer des Friedhofs befindet sich das Grab von BRIAN BORU, dem irischen Hochkönig, der 1014 die Wikinger vertrieb.

Viele der georgianischen Häuserfronten, die auf den in Armagh geborenen, später in Dublin tätigen Architekten FRANCIS JOHNSTON (1761–1829) zurückgehen, sind durch Bombenanschläge beschädigt. In dem mit ionischen Säulen dekorierten ehemaligen Schulhaus befindet sich das **Armagh County Museum** mit einer Bibliothek, Gemäldegalerie und Sammlung viktorianischer Puppen. In der Nähe vermittelt das **Royal Irish Fusiliers Museum** die Geschichte des Regiments von 1793 bis 1968. Auf dem Anwesen des ehemaligen Erzbischofpalasts sind Ruinen der mit 40 m längsten irischen Franziskanerkirche aus dem 13. Jh. zu sehen. Bekannt ist darüber hinaus das **Planetarium** auf dem College Hill, das täglich Vorführungen anbietet.

Westlich von Armagh liegt **Navan Fort,** ein heute grasbewachsener, elliptischer Erdhügel, auf dem 300 v. Chr. Königin MACHA einen Palast aus Holz errichten ließ, der erst 600 Jahre später zerstört wurde.

Die Stadt ist von vielen hübschen Dörfern umgeben, die man über ein weitverzweigtes Straßennetz erreichen kann. Im Mai leuchtet die Landschaft um **Loughgall** in den Farben der Apfelblüte. Im **Gosford Forest Park** bei **Markethill** steht eine große Burg im nachempfunde-

Kricketspiel auf Armaghs Mall.

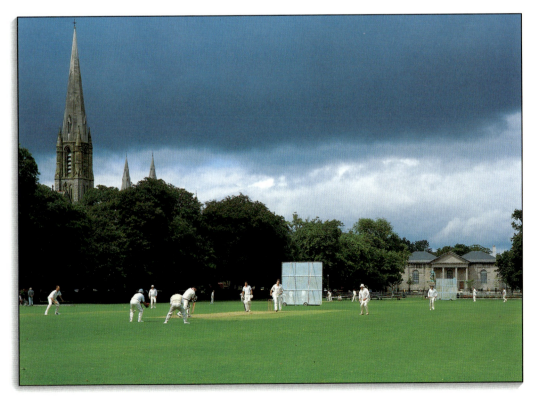

nen Stil der Normannen, für die man örtliches Granitgestein verwendet hat. Zu dem Freizeitgelände gehören ein Wildpark, freilaufendes Federvieh, Grillplätze und Wanderwege. Nördlich von Armagh (an der B 28) liegt **Ardress House,** ein 1670 begonnenes Herrenhaus, das 1770 zu einem georgianischen Landsitz erweitert und später vom National Trust sehr gut restauriert wurde. Im Drawing Room kann man ausgezeichnete klassizistische Stuckarbeiten von MICHAEL STAPLETON aus Dublin sehen.

Zwischen Armagh und Belfast kommt man durch eine ganze Reihe wirtschaftlich wichtiger Städte. 16 km nordöstlich liegt **Portadown,** einst wichtiger Eisenbahnknotenpunkt und heute eine florierende Marktstadt, die für Rosenzucht und Süßwasserfischfang bekannt ist.

Grenzstadt

Etwa 30 km südöstlich von Armagh liegt **Newry,** eine übervölkerte Grenzstadt, in der Spuren des Bürgerkrieges zu finden sind, die jedoch dank der nordirischen Unverwüstlichkeit ihren Charme nicht verloren hat. Einer der ältesten Kanäle Großbritanniens erinnert an die Vergangenheit als Handelsstadt. In Richtung Südwesten erreicht man den Berg **Slieve Gullion.** Ein Forstweg führt in die Nähe des Gipfels, von dem aus man auf Fußpfaden zu zwei frühgeschichtlichen Steinpyramiden gelangt. Südöstlich von Newry am sich zum Meer hin öffnenden Lough Carlingford liegt **Warrenpoint,** das den eigentlichen Seehafen von Newry bildet. Die besonders geschützte Lage von **Rostrevor** ermöglicht eine mediterrane Pflanzenpracht. Der Ort bietet einen guten Ausgangspunkt für Wanderungen in den Mourne Mountains.

Streifzug durch die Mournes

Die Vielgestaltigkeit der Mourne Mountains zieht viele Wanderer und Kletterer an. Wie ein Chamäleon ändert der Granit seine Farbe von Grau bis Rosa. Es gibt Augenblicke, in denen sich die Mournes so zeigen wie in den unzähligen Liedern und Gedichten, aber im nächsten Moment können sie – je nach

Die **Mourne Mountains** im Süden der Grafschaft Down.

Wetterlage – wie ganz gewöhnliche Hügel und trostloses Buschland aussehen. Hier fallen Niederschläge bis über 1600 mm im Jahr. Vier Talsperren tragen zur Wasserversorgung von Belfast bei, zwei davon im **Silent Valley.** Höchste Erhebung des Berglandes ist der **Slieve Donard** mit 852 m, von dem man auf die Grafschaft Down mit dem Strangford Lough bis hin zur Isle of Man sehen kann.

Sobald man am Fuße der Mournes angelangt ist, wendet man sich am besten kurz vor Hilltown nach rechts in Richtung **Newcastle.** Dies ist ein Erholungsort mit einem schönen Sandstrand und dem berühmten Royal County Down Golf Club. In der Umgebung liegen die Waldschutzparks **Donard, Tollymore** und **Castlewellan,** die sich zum Ponyreiten, Radfahren oder Wandern anbieten. Die Küste südlich von Newcastle durch **Annalong** bis über das Fischerdorf **Kilkeel** hinaus war im 18. Jh. wegen ihres Schmuggelhandels berüchtigt.

Von Newcastle 8 km landeinwärts kommt man nach **Castlewellan,** und 14 km westlich davon liegt **Rathfriland,** ein Städtchen mit steilen Straßen und einem geschäftigen Viehmarkt. Wie auch anderswo in Ulster sind hier die Bordsteinkanten rot, weiß und blau gestrichen, um politische Loyalität zu zeigen. Von hier bis zum nördlich gelegenen Banbridge führt der **Brontë-Country-Weg,** benannt nach dem Vater von Charlotte, Emily und Anne Brontë, der in **Emdale,** 5 km südöstlich von Loughbrickland, geboren wurde.

In **Banbridge** stößt man wieder auf den Fluß Bann. Bekannt ist Banbridge auch für seine eigenartige Hauptstraße, wo der Verkehr teilweise durch Unterführungen geleitet wird, so daß zu beiden Seiten der Straße kleine Einkaufszonen entstehen. Die Steinbrücke stammt aus dem 17. Jh. In der ersten Hälfte des 19. Jh. entstanden in Banbridge mehrere Flachsspinnereien.

Anstatt von Newcastle aus in die Mournes, kann man auch die Küste entlang bis **Ardglass,** einem wichtigen Ort für die Heringsfischerei, fahren. Mehrere kleine Burgruinen erinnern hier an die strategische Bedeutung, die der Ort im Mittelalter hatte, wenn ein englischer König sich wieder einmal nach Irland wagte. **Dundrum Castle** wurde von JOHN DE COURCY um 1177 gebaut, 1210 von König Johann Ohneland erobert, war im Spätmittelalter im Besitz der Iren und wurde im 17. Jh. von Cromwell zerstört. Erhalten sind ein massiver Wehrturm und Teile des Wehrgrabens.

11 km landeinwärts Richtung Nordwesten liegt **Downpatrick,** ein Städtchen mit georgianischem Flair und einer Kathedrale, die auf eine Gründung des hl. Patrick zurückgehen soll. Der heutige Bau wurde weitgehend zwischen 1790 und 1827 errichtet, die ältesten Teile (vor 1176) findet man im Ostteil der Kirche. Im Friedhof soll ein im Jahr 1900 aufgestellter großer Monolith das Grab des hl. Patrick markieren, und im **Saint Patrick Heritage Centre** wird die Lebens- und Wirkungsgeschichte des Heiligen veranschaulicht. Westlich von Downpatrick befindet sich **Inch Abbey,** eine Zisterzienser-Klosteranlage, die John de Courcy 1187 nach der Zerstörung einer Benediktinerabtei dort gegründet hat.

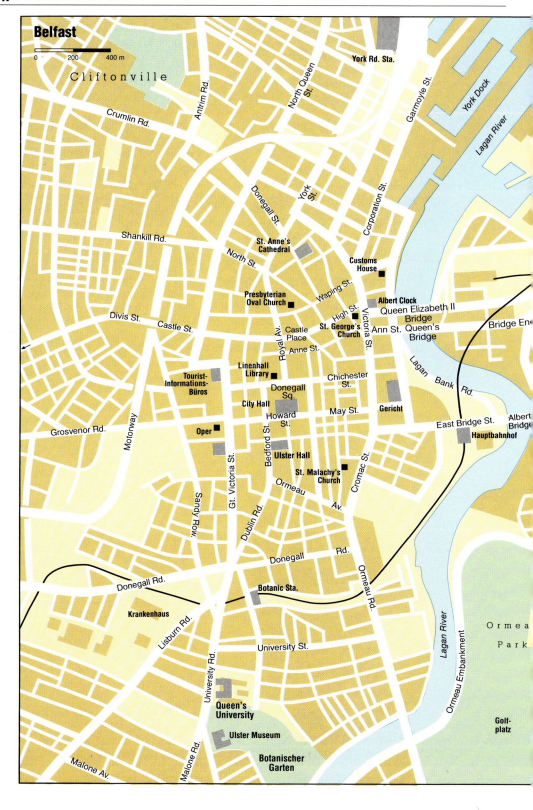

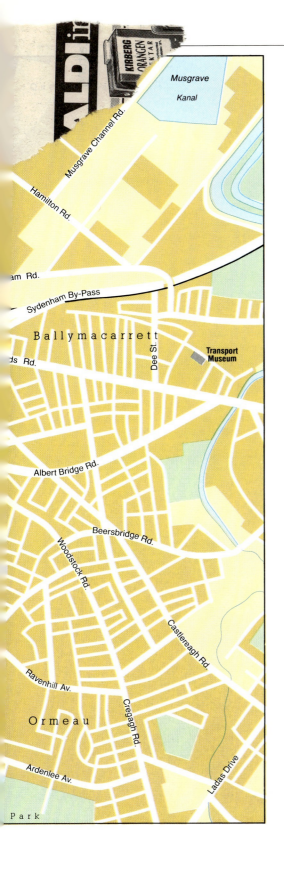

Belfast und Umgebung

Belfast ist zu einem Synonym für Unruhe geworden. Die Stadt wurde und wird noch assoziiert mit Bigotterie, Bomben und Barrikaden. Es gibt aber auch das andere Belfast, den Wohnort von 400 000 gastfreundlichen Menschen. Denn in jüngster Zeit hat sich das Erscheinungsbild der Stadt entscheidend verändert. Während bislang strenge Sicherheitsmaßnahmen das Leben in Belfast bestimmten und Besucher daher selten waren, wirbt die Stadt nun mit Hochglanzbroschüren für ihre Sehenswürdigkeiten, landschaftliche Schönheit und Sauberkeit.

Belfast befindet sich am Ende eines Meeresarms, an dem sich beiderseitig grüne Hügel erstrecken. Ein Schriftsteller soll die Stadt, die sich selbst als lebendige nördliche Metropole sieht, vor kurzem sogar »irisches Rio« genannt haben. So kehrt wieder Zuversicht ein, und damit geht auch ein Aufblühen des wirtschaftlichen und sozialen Lebens einher. Neuankommende Besucher sind fasziniert von der Herzlichkeit der Bewohner, die sich gerne die Zeit nehmen, dem Besucher zu helfen. Und die Zeichen des 25 Jahre langen Bürgerkriegs sind ein Teil der Attraktionen, seien es die 80 000 Exponate der *troubles* in der Linenhall-Bücherei, die naiven Wandmalereien der *murals* oder eine Rundtour mit dem Taxi durch die Arbeiterviertel, in denen der Konflikt tiefe Spuren hinterlassen hat.

Eine turbulente Vergangenheit

Belfast entwickelte sich wegen seiner strategischen Lage an der Mündung des **Lagan** zur wichtigsten Stadt Nordirlands. Die nahe gelegenen Städte Carrickfergus und Holywood waren ursprünglich bedeutendere Ansiedlungen, aber Belfast überflügelte sie später als Hafenstadt und Industriezentrum. Der Name der Stadt geht auf *beal feirsde* zurück, gleichbedeutend mit »Furt an der Sandbank«. Dies war der Ort, an dem JOHN DE COURCY im 12. Jh. eine normannische Festung errichten ließ. 1177 war er mit 300 Anhängern in das Königreich Ulidia eingedrungen und hatte das

Gebiet zwischen Carlingford Bay und Fair Head unterworfen. Später wurde er als »Graf von Ulster« bezeichnet, obgleich ein diesbezüglicher königlicher Lehnsbrief nicht bekannt ist.

Namen wie **Castle Street** und **Castle Place** liefern einen Anhaltspunkt, wo sich einst die Festung befand. Edward Bruce zerstörte im 14. Jh. diese Burg und die sie mittlerweile umgebende Siedlung. Belfast ging anschließend in den Besitz der O'Neills über, der Grafen von Tyrone, die in dem heutigen Vorort **Castlereagh,** östlich der Innenstadt, residierten.

Im Mittelalter wurde im Tal des Lagan viel Blut vergossen, da die Beherrschung Belfasts ein stetiger Streitpunkt war. Nach der Ermordung Brian O'Neills im Jahr 1571 fiel die Stadt an Sir Thomas Smith und dann an Sir Arthur Chichester. Der Gang durch die Straßen der Belfaster Innenstadt gleicht einem Gang durch die bewegte Geschichte, die Straßennamen erinnern an die Feldherren längst vergangener Zeiten.

Im Jahr 1631 verlieh Jakob I. einen Freibrief an Belfast, wonach sich der Ort zu einem wichtigen Handelszentrum entwickeln konnte. 1737 erschien die erste Ausgabe des *Belfast Newsletter,* der als älteste Tageszeitung der Welt gilt. Ab 1800 und besonders im Zuge der industriellen Revolution gelang Belfast ein faszinierender Aufstieg, und die Bevölkerung verdoppelte sich im 19. Jh. alle zehn Jahre. Königin Viktoria vergab 1888 an Belfast die Stadturkunde, nachdem die Einwohnerzahl bereits auf 125 000 gestiegen war (heute: 400 000). Seit 1920 ist Belfast der Regierungssitz von Nordirland.

Schlamm und Geld

Eine Stadt auf dem blau-grauen Schlamm einer Meeresbucht zu erbauen, war eine Herausforderung. Aber der geniale blinde Ingenieur Alexander Mitchell hatte Schraubpfähle entwickelt, die auch in anderen sumpfigen Städten zur Anwendung kamen. Die ersten Pfeiler von Belfasts wirtschaftlichem Erfolg entstanden: Seilherstellung, Baumwoll- und Leinenindustrie. Im 19. Jh. wurde die Stadt zum größten Zentrum der Leinenherstellung in Großbritannien.

Die Innenstadt von Belfast mit der **City Hall** im Vordergrund.

Kleine Schiffswerften entstanden. Die bekannteste Werft, Harland and Wolff, wurde 1859 gegründet. Viele der großen Passagierschiffe dieser Zeit, einschließlich der als unsinkbar geltenden *Titanic,* wurden hier gebaut. Harland and Wolff war bis in die fünfziger Jahre eine der größten Werften der Erde. Das Trockendock ist noch das größte der Erde.

Die beiden gelben, liebevoll Samson und Goliath getauften Kräne der Werft sind mit ihrer Höhe von 96 bzw. 106 Metern weithin sichtbar. Heute werden auf der personell verringerten Werft unter Einsatz von Computertechnik hauptsächlich Erdöltanker und Frachter gebaut. Die Werft symbolisiert den industriellen Stolz Belfasts, erst kürzlich liefen der Flugzeugträger *HMS Eagle* und das Kreuzfahrtschiff *Canberra* erfolgreich vom Stapel.

1941 wurden Belfast und die Werft wegen ihrer großen Bedeutung für die Kriegsindustrie durch deutsche Luftangriffe erheblich beschädigt. Heute bietet die Werft nach Voranmeldung Führungen an.

Von großer Bedeutung ist auch die Flugzeugfabrik Shorts Brothers, die an die Werft angrenzt. Hier wurden während des Krieges die Sunderland-Flugboote gebaut. Shorts schuf auch den Belfast-Frachter, eines der größten Frachtschiffe der Erde. Für das britische Verteidigungsministerium wurde der erste Senkrechtstarter der Welt entwickelt. Kommerziell besonders erfolgreich erweisen sich die Skyvan-Fracht- und Passagierflugzeuge, die weltweit eingesetzt werden. Shorts Brothers wurde 1989 von der britischen Regierung an Bombardier of Canada verkauft und ist der größte private Arbeitgeber in Nordirland.

Die Tabakindustrie wurde Opfer einer gesünderen Lebensweise. Gallaher's, heute Teil eines amerikanischen Multis, wurde 1857 von Tom Gallaher aus Derry gegründet und ist noch immer eines der marktbeherrschenden Unternehmen Großbritanniens. Die Fabrik in der York Street, ein Wahrzeichen Belfasts, wurde geschlossen. Die Produktion wird allerdings in Ballymena in der Grafschaft Antrim fortgesetzt.

Die **Werft** Harland and Wolff.

Der Geschäftssinn und die weltweiten Verbindungen von Männern wie Harland, Wolff, den Brüdern Short, Gallaher und anderen waren erstaunlich. Sie überwanden die naturgegebenen Nachteile Belfasts, das über keine eigenen Rohstoffe verfügte, und machten es zum Industriestandort. Andere Maschinenbaufirmen sind Davidsons Sirocco-Werke, in denen große Bewetterungsgebläse für den Bergbau produziert werden, und die Hughes Tool Company. Ford und die sich in japanischem Besitz befindliche European Components verfügen hier über Zulieferwerke ihrer Autofabriken in Europa und den USA.

Leinen- und Bekleidungsindustrie waren in früheren Zeiten die anderen Produktionsschwerpunkte. Obwohl sie unter der Konkurrenz aufkommender synthetischer Fasern und der Billiglohnländer Südostasiens zu leiden hatten, wird die Produktion in geringerem Umfang fortgesetzt.

Leerstehende Fabrikgebäude in und um Belfast verweisen auf den industriellen Niedergang der letzten Jahre. Am härtesten getroffen wurden die Kunstfaserfabriken in Städten wie Antrim und Carrickfergus. Die britische Regierung räumte der Schaffung von Arbeitsplätzen höchste Priorität ein – mit unterschiedlichem Erfolg. Spektakuläre Pleiten von Unternehmen, die mit öffentlichen Mitteln gefördert wurden, z. B. der De-Lorean-Sportwagen- und der Lear-Fans-Kunststoff-Flugzeugfabrik, haben die Erfolge überschattet. Die Arbeitslosenrate ist die höchste in Großbritannien: In einigen Wohnvierteln Westbelfasts ist nahezu die Hälfte der erwachsenen männlichen Bevölkerung erwerbslos.

Der frühere wirtschaftliche Erfolg Belfasts läßt sich nicht zuletzt auf das Arbeitsethos seiner Bewohner zurückführen. Sie sind häufig mit den Japanern verglichen worden. Das Verhältnis zwischen Arbeitgebern und Arbeitnehmern ist besser, die Produktivität höher als im Durchschnitt Großbritanniens, während die Löhne niedriger sind. Es gehört zur Tragödie Ulsters, daß die traditionellen Industrien von Protestanten beherrscht wurden. Allein der Vermerk »katholisch«

Zwei Belfaster Frauen.

im Ausweis reichte dem Arbeitgeber aus, sei es auf den Werften oder sonstwo, einen Arbeitsuchenden abzulehnen. Zwar wurden in den letzten Jahren strengere Gesetze zur Gewährleistung der Gleichstellung im Beruf erlassen, das mangelnde industrielle Wachstum hat allerdings dazu beigetragen, daß die geschichtlich gewachsene Ungleichheit weiterbesteht.

Krieg und Frieden

Die *troubles,* wie die Ereignisse vor Ort genannt werden, haben dazu geführt, daß die Arbeiter in voneinander getrennten ghettoartigen Stadtvierteln leben. Die **Peace Line,** eine solide Mauer mit Stacheldrahtverschlägen, trennt die protestantische **Shankill Road** von der katholischen **Falls Road.** Sie gehört zu den weniger schönen Anblicken in der Stadt. Als heftige Straßenkämpfe an der Tagesordnung waren, sollte die Mauer für Ruhe sorgen, verhinderte aber jeglichen sozialen Kontakt zwischen den Vierteln. Aus militärischer Sicht ist die Stadt in orange (protestantische) und grüne (katholische) Zonen aufgeteilt. Wohngegenden der Mittelklassen sind konfessionell gemischt.

Die katholische Hochburg ist Westbelfast, obwohl immer mehr Katholiken auch in den Norden der Stadt ziehen. Im Osten leben überwiegend Protestanten. Shankill ist allerdings nach wie vor die loyalistische Bastion im Westen. Bei öffentlichen Äußerungen zeigen sich die Politiker im Umgang miteinander unnachgiebig und kompromißlos. Das Alltagsleben kennt allerdings eine zwanglose Toleranz, die in direktem Gegensatz zu dem vorherrschenden Bild steht, vorausgesetzt natürlich, es wird dabei nicht über Religion oder Politik gesprochen.

Normalerweise lernt der Besucher die Belfaster Freundlichkeit kennen. Fragt man nach dem Weg, wird man vermutlich persönlich zu dem gesuchten Ort gebracht. Bei geselligen Zusammenkünften beeindruckt die Gastfreundschaft. Spendensammlungen sind in dieser Stadt stets von großem Erfolg gekrönt.

Sport stiftet oftmals Zusammenhalt. Heimkehrenden erfolgreichen Sportlern wird auf der Hauptstraße, der **Royal Ave-**

Der Revolutionsführer James Conolly auf einem Wandgemälde der Republikanischen Partei.

nue, von begeisterten Bürgern ein herzlicher Empfang bereitet. Die Olympiasiegerin im Fünfkampf, Mary Peters, erinnert sich immer noch an ihre überschwengliche Begrüßung. Hier zeigt sich der in Belfast und Ulster existierende Zwiespalt: Menschen, die nicht bereit sind, auch nur »einen Zoll nachzugeben«, schenken Sportgrößen ihr Herz.

Zwanglosigkeit, Humor und Freundlichkeit sind Teil der Belfaster Persönlichkeit. Gerne werden Witze erzählt. Die Begrüßung von Fremden hat etwas Surreales, ist eine Mischung aus Freude über den Besuch ihrer Stadt und Erleichterung, mit jemandem offener sprechen zu können. Nahezu selbstgefällig gehen beide Gemeinschaften Belfasts davon aus, daß sie recht haben und die andere Seite im Unrecht ist.

Juwelen und Dornen

Trotz des überschnellen industriellen Wachstums finden sich im seltsamen Patchwork Belfasts einige architektonisch interessante Gebäude. Der englische Dichter Sir JOHN BETJEMAN (1906–84), Großbritanniens Poeta laureatus, überraschte die Einheimischen, weil er vieles des Lobes für würdig befand. Ein Gebäude, das man nicht übersehen kann, ist die **City Hall** (1896–1909), ein weißer monumentaler Bau aus Portland-Kalkstein, der von dem Londoner Architekten Sir Alfred Brumwell Thomas (1865–1948) im neoklassizistischen Stil entworfen wurde. Über dem Gebäude erhebt sich eine 53 m hohe, kupfergedeckte Kuppel mit grünlicher Patina, im Inneren finden sich italienischer Marmor und Buntglasfenster – ein wahres Prunkstück in einer eher unansehnlichen Umgebung. Betjeman war von der City Hall sehr beeindruckt und schrieb, sie sei »vornehm« und »erfreulicherweise ohne Strenge«.

Andere Sehenswürdigkeiten sind nicht so leicht zu finden. Das **Customs House,** das eine Sammlung von maritimen Gemälden beherbergt, wurde von dem Architekten und Ingenieur Sir CHARLES LANYON (1813–89) in den Jahren 1854–57 erbaut, der auch eine große Anzahl der Hauptgebäude der Stadt entworfen hat. Nicht weit entfernt davon befindet sich

Belfaster Jugend.

der **Albert Clock Tower,** ein 1865 errichteter Turm zum Gedenken an den 1861 verstorbenen Prinzgemahl Königin Viktorias und das Belfaster Pendant zu Londons Big Ben. Einige Bankgebäude sind besonders interessant, so die **Bank of Ireland,** die WILLIAM BATT 1897 aus rotem und gelbem Stein entwarf und ebenfalls mit einer Kupferkuppel versah. Die **Ulster Bank** mit der Innenausstattung eines venezianischen Palastes befindet sich um die Ecke in der Waring Street, und die nahe gelegene **Northern Bank** (1769) war ursprünglich ein Marktgebäude.

Mit dem Bau der **Saint Anne's Cathedral** wurde 1899 nach Plänen von Sir THOMAS DREW begonnen, geweiht wurde die neoromanische Basilika im Jahr 1904. Im Inneren zieren sie Mosaiken von Gertrude Stein und Bildhauerarbeiten von Morris Harding. In Saint Anne's befindet sich auch die Grabstätte des Unionistenführers Lord Carson. Seit einiger Zeit finden in der Kathedrale ökumenische Gottesdienste statt.

Die alte **Presbyterian Oval Church** (1783) in der Rosemary Street lohnt wegen des geschwungenen Interieurs einen Besuch. Prächtiger ist **Saint Malachy's Roman Catholic Church** (1848) in der Alfred Street, und georgianische Eleganz findet sich in der **Saint George's Church of Ireland** (1819) in der High Street. Um eine moderne und für Ulster typische Kirche zu finden, muß man die Albert Bridge überqueren. Über die Ravenhill Road gelangt man nach etwa eineinhalb Kilometern zur **Martyrs Memorial Free Presbyterian Church.** Dort hält Reverend IAN PAISLEY Hof, der Kirchengründer und Ulsters fundamentalistischer Prediger. Seine sonntäglichen Predigten, in denen er den Vatikan beschimpft und zur stillen Kollekte (kein Münzgeld) aufruft, sind unnachahmlich und beeinflussen die protestantische Politik maßgeblich. Seine unbeugsamen Töne hallen in den gutbesuchten Kirchen ebenso wider wie in den wenigen Außenposten, die er in der Republik Irland geschaffen hat.

Etwas nördlich der Innenstadt befindet sich in einem hübschen Park an der Clifton Street das **Old Charitable Institute** (1771) in georgianischem Stil. Etwas

Unten: Kinder vor der Peace Line.
Rechts: **Albert Clock Tower.**

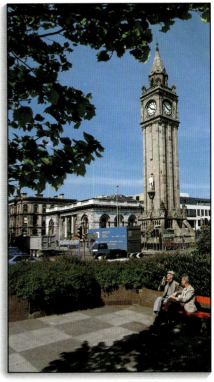

weiter außerhalb an der Antrim Road steht das – ebenfalls von Sir Charles Lanyon entworfene – **Belfast Castle** (erbaut um 1870).

Im Süden ist das Gebiet um die **Queen's University** mit seinen stilvollen Häuserzeilen eines der attraktivsten der Stadt. Das Hauptgebäude der Universität (1849), ebenfalls von Lanyon aus rotem Backstein erbaut, ist dem Magdalen College in Oxford nachempfunden.

Die 10 km außerhalb des Stadtzentrums gelegenen **Parliament Buildings** in **Stormont** bildeten ursprünglich den Sitz der nordirischen Regierung. Das palladianische Gebäude aus Portland-Kalkstein und Mourne-Granit, zu dem eine eindrucksvolle, 1,5 km lange Allee führt, ist nicht zu besichtigen. Die etwa 75 ha große Parklandschaft lädt aber zu Spaziergängen ein. Auf dem Gelände steht das kleine prunkvolle **Stormont Castle,** in dem der Premierminister Nordirlands früher residierte. Stormont, in dem heute hauptsächlich Behörden untergebracht sind, war Schauplatz verschiedener gescheiterter Versuche, eine eigene nordirische Verwaltung zu schaffen, die die Spaltung der Gesellschaft überwinden sollte. Das Parlament ist suspendiert, seit die Provinz von einem Minister und Staatssekretären der britischen Regierung direkt verwaltet wird.

Die ärmeren Bewohner Belfasts lebten bislang in monotonen Reihenhäusern. Aufgrund der regen Neubautätigkeit in der Stadt verschwinden sie aber immer mehr. Hübsche neue Wohngebiete mit überraschend stilvollen Siedlungshäusern ersetzen die alten Reihenhäuser. Aber es gibt immer noch häßliche Nachkriegsbauten, und die Wohnverhältnisse in einigen Stadtteilen Belfasts gehören immer noch zu den schlimmsten in ganz Europa.

In den letzten zehn Jahren wurden überall in Belfast Freizeitzentren geschaffen, die Teil eines Plans der Regierung sind, der sozialen Verelendung zu begegnen. Die Zentren sind überraschend gut ausgestattet, verfügen gewöhnlich über Schwimmbäder und Sportstätten, einige sogar über eine Sauna oder ein Solarium. Alle sind bei geringem Eintritt öffentlich zugänglich.

Queen's University.

Business as usual

Nach vielen mageren Jahren erlebt das Zentrum Belfasts einen Aufschwung. Die meisten der alten Warenhäuser gibt es nicht mehr, nur Anderson & McAuley's existiert noch und schafft es, moderne Verkaufsmethoden mit einem Hauch Gemächlichkeit früherer Tage zu verbinden.

Die in jeder Stadt vertretenen britischen Kaufhausfilialen von Marks and Spencer, Debenhams, British Home Stores, Boots und Littlewoods ziehen die moderne Käuferschar an. Castle Court in der Royal Avenue ist das jüngste und größte der überall entstehenden Einkaufszentren.

Als Folge der Sicherheitsmaßnahmen ist die Innenstadt fast gänzlich Fußgängerzone. Das Gebiet um die **Ann Street** bildet den Mittelpunkt, Donegall Pass und Fontain Street sind zwei weitere moderne Einkaufszeilen. Während der verlängerten Öffnungszeiten am Donnerstag herrscht – nicht zuletzt wegen der Straßenmusiker – karnevalartiges Treiben.

Aus vergangener Zeit ist **Queen's Arcade** erhalten geblieben, wo man teure Schmuckwaren und Mode kaufen kann. Im Gegensatz dazu steht der Verkauf aus Handkarren, der in der **Castle Street** wiederaufblüht. Und in der **May Street** findet dienstags und freitags ein Trödelmarkt statt, der Atmosphäre verbreitet, wenn auch die Qualität der angebotenen Waren zu wünschen übrig läßt.

Bühne und Leinwand

Schon sehr viele Schauspieler waren von dem Enthusiasmus des Belfaster Publikums beeindruckt. »Sie beklatschen alles«, stellte ein einheimischer Zyniker fest. Aber nach Jahren ohne Unterhaltung kommt der Applaus von Herzen. Die Spielstätte, die Künstler wie Publikum gleichermaßen lieben, ist das **Grand Opera House.** Das viktorianische Opernhaus wurde 1854 begonnen, aber erst 1920 vollendet und nach einem Brand 1980 sorgfältig restauriert, so daß es jetzt wieder in alter Pracht erstrahlt. Das Repertoire in Oper, Ballett, Schauspiel und Pantomime ist sehr beeindruckend.

Castle Court, ein Ort zum Einkaufen.

In der ein paar Straßen weiter gelegenen, eher düsteren **Ulster Hall** finden von Boxkämpfen bis zu Orchesterkonzerten alle möglichen Veranstaltungen statt. Neben der großen Halle befindet sich das kleine **Group Theatre**, Spielstätte der Ulster Comedy und örtlicher Amateurgruppen. Kinos erleben zur Zeit eine Renaissance. Neue riesige Kinopaläste wurden am Yorkgate und in der Dublin Road errichtet.

Auf der **Golden Mile,** die sich von der Oper bis ins Universitätsgebiet erstreckt, fällt die Wahl zwischen zahllosen Pubs und Restaurants jeglicher Küche schwer. Hier pulsiert heute das Nachtleben Belfasts, ganz im Gegensatz zu der Zeit vor dem Waffenstillstand, als Belfast abends einer Geisterstadt glich. Discos, Nachtclubs, Kinos und Theater werben um die Besucher. Fast-food-Restaurants und die traditionellen Fish-and-Chips-Läden fehlen auch nicht. In vielen Pubs kann man heute ebenfalls speisen. Besonders sehenswert ist der holzgetäfelte und spiegelverzierte viktorianische **Crown Liquor Saloon** (1885) in der Great Victoria Street, der vom National Trust unter Denkmalschutz gestellt wurde.

Im Stadtzentrum, besonders im südlichen Teil, laden Kneipen mit Namen wie The Elbow, Crow's Nest, Kelly's Cellars, Linenhall und Duke of York zum Verweilen ein. Dort kann man dem unnachahmlichen Geplauder der Einheimischen lauschen. **Harper's Bar** im Europa-Hotel – benannt nach einem Manager aus der Zeit, in der das Hotel mehr als dreißig Bombenanschläge erlebte – bietet Folkmusic und wilde Geschichten der im Hotel absteigenden Journalisten.

Disco-Pubs sind v. a. Treffpunkte der Jugend, während die *Dance Halls* der Vergangenheit angehören. *Social Clubs,* von denen viele Tanz und Unterhaltung bieten, gibt es in großer Anzahl. Zumeist muß man Mitglied oder in Begleitung eines Clubmitglieds sein, um eingelassen zu werden.

Schönheiten und Schandflecken

Es mag den Fremden überraschen, daß Belfast eine britische Auszeichnung als »blühende Stadt« verliehen wurde. Es

Das **Grand Opera House.**

gibt grüne Vororte, in denen im Frühjahr die Kirschbäume in Blüte stehen und die im Herbst goldfarben erstrahlen. Die Stadtverwaltung betreibt ein Programm, nach dem selbst in entlegensten Winkeln Blumen angepflanzt werden. Natürlich gibt es auch Beispiele von Vernachlässigung und Vandalismus, oder aber Müll verunziert die schönsten Plätze.

Parks sind zahlreich. Einer der interessantesten ist der **Botanische Garten** neben der Queen's University mit einem alten Palmenhaus, das 1839 von Lanyon entworfen wurde und in dem tropische Pflanzen zu bewundern sind, die teilweise so alt sind wie das Gebäude selbst.

Dixon Park in Upper Malone ist der Schauplatz des jährlichen Rosenwettbewerbs – Ulsters feuchtes Klima begünstigt hier das Wachstum der Königin von über 20 000 Rosenstöcken. In der Nähe erstrecken sich die weitläufigen Waldungen und Rasenflächen **Barnett's Demesne** bis zur **Shaw's Bridge** am Lagan, wo Kanurennen stattfinden. Landschaftlich beeindruckt der an dem früheren Leinpfad angelegte **Lagan Valley Park**. Hier befindet sich auch der **Giant's Ring,** eine neolithische Grabstätte.

Am anderen Stadtende zieht sich der **Belfast Zoo** an den steilen Ausläufern des Cavehill hin. Ein Besuch lohnt besonders wegen der Flamingos und der Affen. Der Zoo verfügt über viele neue Gehege, die den Tieren eine einigermaßen natürliche Umgebung bieten. Geht man durch den **Hazelwood Park** zu den Höhlen des **Cave Hill** hinauf, wird man mit einem hervorragenden Ausblick auf die Stadt und die Meeresbucht belohnt. Im Osten der Stadt, etwa 10 km außerhalb der City, hat sich eine neue Schlittschuh- und Bowlingbahn als großer Erfolg erwiesen.

Belfast verfügt über acht Golfplätze. Es gibt auch einige Fußballstadien, deren bemerkenswertestes das **Windsor-Park-Stadion** ist, in dem Länderspiele ausgetragen werden.

An Geschichte interessierten Besuchern ist die **Belfast Library** in der Royal Avenue mit ihren alten Photographien und Büchern zur Stadtgeschichte zu empfehlen. Die **Linenhall Library** gegenüber dem Rathaus verfügt über eine

Der **Crown Liquor Saloon** steht unter Denkmalschutz.

umfangreiche Sammlung an irischer Literatur und alten Zeitungen.

Die **Kings Hall** in Balmoral, cremefarben gestrichen und mit einem geschwungenen Dach versehen, ist Belfasts wichtigster Messeort. Auf dem Rasen und den Sandflächen des Geländes finden im Frühjahr die Landwirtschaftsausstellung und andere Veranstaltungen statt.

Das **Ulster Museum** in der Stranmillis Road nahe der Queen's University verfügt über eine Gemäldegalerie und Sammlung irischer Volkskunst. Einen weiteren Schwerpunkt bildet die Industriegeschichte. Die Exponate aus mehreren Jahrhunderten verweisen auf die geniale Erfindungsgabe der Bewohner Ulsters. Außerdem beherbergt das Museum das Gold und Silber, das aus der *Girona,* einem Schiff der spanischen Armada, geborgen wurde, das 1588 vor der Küste Nordantrims gesunken war. Das Museum besitzt auch Ausstellungsräume zur Geologie Nordirlands.

In Belfast gibt es, neben der einen großen Kunstgalerie im Museum, mehrere kleine Galerien. Die **Magee Gallery** zeigt Werke bekannter Maler, während die Galerien **Tom Caldwell** und **Malone** sich mehr auf irische Künstler und Maler spezialisiert haben. Die **Octagon Gallery** wird von Künstlern geführt und zeigt die Arbeit von jungen einheimischen Künstlern.

Bus und Taxi

Die *Black Taxis* in Belfast sind wirklich einzigartig. Das Transportsystem ist ein Kind der *troubles,* Ergebnis der durch die Auseinandersetzungen bedingten häufigen Unterbrechung des Busverkehrs. Die Fahrer der Taxis wurden immer wieder mit paramilitärischen Organisationen in Zusammenhang gebracht. Mittlerweile wurden die schwarzen, aus London ausrangierten Taxis legalisiert, nachdem sie zunächst ohne Lizenz sowohl in die nationalistischen als auch in die loyalistischen Stadtteile gefahren waren. Der Fahrpreis ist niedrig. Die Taxis verkehren zwischen der Innenstadt und den jeweiligen Wohnvierteln und halten auf Wunsch an jeder beliebigen Stelle an. Daneben gibt es eine ganze Reihe norma-

Royal County Down Golf Club.

ler Taxiunternehmen, deren Wagen auch telefonisch gerufen werden können. Die Kennzeichnung dieser Wagen durch ein »Taxi«-Schild ist obligatorisch.

Die roten Busse von **City Bus** bilden das reguläre öffentliche Transportmittel. Die blauen Busse von **Ulsterbus** können nur an der Endhaltestelle bestiegen werden, fahren in ländliche Gebiete und verbinden Belfast mit anderen nordirischen Städten.

Die Bahnverbindungen in Nordirland sind sehr eingeschränkt. Belfasts **Central Station** liegt etwas außerhalb des Stadtzentrums an der Albert Bridge, von wo Busse in die Innenstadt fahren. Die meistbenutzte Bahnlinie ist die Pendlerstrecke nach Bangor am Südende der Belfaster Meeresbucht. Für Eisenbahnfans sind die von Dampfloks gezogenen Züge interessant, die während der Sommermonate von York Street Station abfahren.

Schnell ins Grüne

Belfast ist eine Stadt, der man schnell entkommen kann. Der Gürtel der grünen Hügel und die Ufer der Seen hindern die Stadt am ungehinderten Ausbreiten. Nach nur wenigen Minuten Fahrzeit gelangt man aus der Stadt in die ländliche Idylle, und die Ruhe des Landlebens ist gerade während der Unruhen zu einem Anziehungspunkt geworden. In den siebziger Jahren zogen etwa 100 000 zur Mittelklasse gehörende Einwohner Belfasts in die nahe gelegenen Dörfer und Küstenorte, die damit zu Schlafstätten der Pendler geworden sind.

Nur wenige Kilometer von der Stadt entfernt kann es durchaus passieren, daß der Pendlerverkehr durch eine Viehherde aufgehalten wird, die von einem Bauern zum Melken getrieben wird. Die Gewohnheiten älterer Generationen leben fort, was einen gemächlichen Lebensrhythmus zur Folge hat.

Die A 2 verläuft von Belfast in südöstlicher Richtung nach Bangor und durchquert einen Landstrich, den die Einheimischen neidisch **Goldküste** nennen. Hier ist ein Paradies für Grundstücksspekulanten; hier gehen satte grüne Rasenflächen in gepflegte Waldbestände über. Die Hügelgrundstücke mit Meeresblick

haben die Gutsituierten schon immer zur Ansiedlung angezogen.

Holywood, eine alte religiöse Ansiedlung, 8 km von Belfast entfernt, genießt seit dem Bau einer Umgehungsstraße gediegenen Wohlstand. Es passiert nicht viel, außer dem gelegentlichen Tanz um den Maibaum. Holywood bietet aber nette kleine Geschäfte, gute Pubs und Restaurants. **Cultra,** 3 km weiter, verfügt über baumgesäumte Wege, prächtige Häuser und das renommierte **Culloden Hotel.** Zum Zeitvertreib dienen Segeln, Golf und Reiten.

In der Nähe befindet sich das **Ulster Folk and Transport Museum,** in dem Sozialgeschichte lebendig wird. Bauernhäuser, Cottages, Kirchen und Mühlen wurden hier detailgetreu rekonstruiert – oftmals unter Verwendung der an den ursprünglichen Standorten abgetragenen Materialien. Sodabrot, eine lokale Spezialität, wird hier manchmal über dem traditionellen Torffeuer gebacken. Zu den Ausstellungsstücken gehören sowohl eine Pferdekutsche als auch der Prototyp des glücklosen Sportwagens De Lorean.

Auf der anderen Straßenseite wird im Transport Museum die irische Eisenbahnsammlung ausgestellt, daneben einige Flugzeuge und Automobile sowie andere technische Errungenschaften. Vielfach wurden die Verkehrsmittel in Belfast konstruiert, wo beispielsweise der Ingenieur HARRY FERGUSON einen bemerkenswerten Beitrag zum Luft-, See- und Landtransportwesen leistete.

Vor Bangor führt eine beschilderte Abzweigung links zu den Stränden der **Helen's Bay,** zu dem bewaldeten **Crawfordsburn Country Park** und zur malerischen Ortschaft **Crawfordsburn.**

Bangor war ursprünglich ein kleines Seebad und ist heute der wohl meistbesuchte Badeort Nordirlands mit vielen Sport- und Unterhaltungsangeboten. An der Küste wurde ein neuer Jachthafen gebaut. Die Stadt verfügt über ein Freizeitzentrum mit beheizten Swimmingpools und Tauchmöglichkeiten. Aus irgendeinem Grund, vielleicht wegen der lauen Meeresbrise, wird Bangor von Wanderpredigern bevorzugt, die an der Mauer des kleinen Hafens auf Seelenfang gehen.

Platzkonzert in **Bangor,** Grafschaft Down.

Der Charakter des alten Bangor ist durch umfangreiche Neubauten, in denen zumeist Menschen wohnen, die in Belfast arbeiten, verlorengegangen. Ehemals besaß ein dort 555 gegründetes Kloster weitreichenden Einfluß, heute befindet sich an seinem Standort die Abbey Church. Bangor wandelte sich zu einer belebten Einkaufsstadt mit einem Wochenmarkt, zahlreichen Pubs und Speiselokalen und Parks. Der beste Sandstrand ist an der nahe gelegenen **Ballaholme Bay,** der bei schönem Wetter oft übervölkert ist.

Neben Bangor gibt es eine Reihe kleinerer Küstenorte, die beliebte Tagesausflugsziele sind. **Donaghadee,** 10 km südlich, besaß den wichtigsten Hafen Nordirlands, bis Belfast zu einer großen Stadt wurde. Der Ort ist einen Besuch wert wegen dieses farbenfrohen Hafens samt Leuchtturm und der im Sommer möglichen Bootsfahrt zu dem unmittelbar vor der Küste gelegenen Vogelschutzgebiet der **Copeland Islands.** Die kurvenreiche Straße führt bei **Ballywater** und **Ballyhalbert** an ruhigeren Stränden und an dem Fischereihafen **Portavogie** vorbei, wo am Kai abends gelegentlich Fischauktionen stattfinden.

Am Zipfel der Halbinsel **Ards,** einer 37 km langen Landzunge mit kleinen Ortschaften und Stränden, liegt **Portaferry.** Eine regelmäßig verkehrende Fähre setzt zur Schwesterstadt **Strangford** auf die andere Seite über. Die örtliche Spezialität, den köstlichen Hummer, sollte man sich nicht entgehen lassen. Wegen seiner strategischen Lage am Südende des Strangford Lough war der Ort bereits im 9. Jh. ein Handelsposten der Wikinger. In der Nähe befindet sich **Castleward House,** ein georgianisches Herrenhaus aus der zweiten Hälfte des 18. Jh., einst Wohnsitz des Barons von Bangor. Das Haus mit Meeresblick hat zwei Fassaden in unterschiedlichen Baustilen, da der Baron und seine Baroness einen divergierenden Geschmack hatten. Lord Bangor hielt an dem traditionellen klassizistischen Stil fest (Südseite), wohingegen Lady Anne die gerade aufkommende Neugotik bevorzugte (Nordseite); es wundert nicht, daß die Ehe nicht lange hielt. Zu dem Anwesen gehören ein viktorianisches Waschhaus, ein Sommerhaus aus dem 18. und zwei kleine Schlößchen aus dem 15. Jh.

14 km nördlich von Portaferry erreicht man über die A 20 das Straßendorf **Kircubbin,** ein Zentrum des Segelsports. Der kleine Pier ragt in den Strangford Lough hinein. 3 km landeinwärts liegt der **Kirkistown Circuit,** ein Flugplatz aus Kriegszeiten, der heute Austragungsort von Autorennen ist. Diese finden im Sommer jeden Monat statt. Autorennen finden auch auf regulären Straßen statt, die laut offiziellem Parlamentsbeschluß dafür eigens gesperrt werden können.

Über die A 20 gelangt man nach 6 km zu der Ortschaft **Greyabbey,** wo sich ein 1193 von John de Courcy gegründetes Zisterzienserkloster befand, von dem heute noch Teile der frühgotischen Kirche und der Wirtschaftsgebäude erhalten sind. 3 km nördlich von ihm befindet sich **Mountstewart,** ein unter Denkmalschutz stehendes Haus aus dem 18. Jh. mit prächtigen Gärten, in denen wegen des milden Klimas Pflanzen gedeihen, die für diese Gegend untypisch sind. Im Garten befin-

Seltene Züchtungen können im **Ulster Folk and Transport Museum** begutachtet werden.

den sich zahlreiche Steinfiguren, v. a. Fabelwesen, die von lokalen Bildhauern in den 1920er Jahren angefertigt wurden. Der den Strangford Lough überblickende oktogonale **Temple of the Winds** wurde nach Athener Vorbild kopiert.

Strangford Lough ist ein Wassersportzentrum und berühmt wegen der Myriaden von Inseln, zumeist aus dem Meer ragende Moränen. Sanfte glaziale Hügelchen charakterisieren die Wellenlandschaft der Grafschaft Down. Enge Straßen führen von Comber über die A 22 zum östlichen Ufer des Strangford Lough. **Mahee Island** mit einem Golfplatz und die **Nendrum Abbey** ist über eine Brücke zu erreichen. Im 7. Jh. gründete der hl. Mochaoi ein Kloster, das von drei konzentrischen Steinmauern umgeben war, die heute noch zu sehen sind. Im innersten Wall befanden sich eine Kirche (Westfassade 1920 rekonstruiert), ein Rundturm und mehrere Wohngebäude.

Die Pendlerstadt **Newtownards** am Kopf des Strangford Lough ist eine Gründung aus dem 17. Jh. Damals war die Stadt ein kleiner Marktflecken, heute herrscht in den Läden und dem überdachten Einkaufszentrum ein geschäftiges Treiben. Historisch interessant sind das schöne Rathaus aus Sandstein und **Movilla Abbey** auf dem Grundstück eines Klosters aus dem 6. Jh. östlich der Stadt. Die Stadt wird vom **Scrabo Tower** überragt, einem Denkmal aus dem 19. Jh. für den dritten Marquis von Derry, einem General unter Wellington. Von hier aus bietet sich ein guter Ausblick auf den Strangford Lough und die sanfthügelige Landschaft, zudem lassen sich Spaziergänge in den nahen **Killynether-Wald** unternehmen.

Comber liegt ebenfalls am Strangford Lough. Der Ort lebte allein von der Leinenindustrie, aber nur eine Weberei produziert heute noch Leinen. Der Ortskern mit Läden in Cottages und einem zentralen Platz hat sich seinen alten Charakter bewahrt.

Festung am Meer

Carrickfergus, eine weitere Markt- und heutige Schlafstadt, liegt 19 km nördlich von Belfast an der A 2. Die

Donaghadee, beliebtes Ziel für Tagesausflüge.

großen Kunstfaserfabriken stehen leer und sind heute nur noch Industriedenkmäler. Das imposante **Carrickfergus Castle** am Hafen, Anfang des letzten Jahrhunderts Schauplatz des Waffenschmuggels, ist eine Festung mit einem Fallgitter, einem in das Meer hinausragenden Festungswall, düsteren Kerkern, Kanonen und einem Regimentsmuseum im Wohnturm. 1180 wurde die Festung von John de Courcy gegründet und bildete jahrhundertelang einen wichtigen normannischen, später englischen Stützpunkt. Am 14. Juni 1690 ging Wilhelm von Oranien in Carrickfergus mit 36 000 Soldaten an Land, um Jakob II. in der Schlacht am Boyne zu besiegen.

Knapp 2 km östlich kann in dem Dorf **Boneybefore** das restaurierte reetgedeckte Cottage besichtigt werden, in dem einst Andrew Jackson wohnte, der siebte Präsident der Vereinigten Staaten.

In der Gegend nördlich von Carrickfergus findet sich saftiges grünes Weideland und das etwas verträumte Küstendorf **Whitehead,** Sitz der Irish Railway Preservation Society, die im Sommer Fahrten mit der Dampflokomotive über Belfast nach Portrush an der Nordküste veranstaltet. Den Blackhead-Leuchtturm erreicht man nach einer kurzen gemütlichen Strandwanderung. Nördlich davon wird Larne Lough von der Halbinsel **Islandmagee** mit ihren fast noch unberührten Stränden und Höhlen umschlossen. Nicht weit entfernt liegen **Magheramorne** und der erste der neun Glens von Antrim, **Glernoe.**

Genau südlich von Belfast an der Autobahn M 1 liegt **Lisburn,** das Hauptquartier der britischen Armee; die Stadt hat wenig zu bieten. In **Hillsborough** ließ Oberst Arthur Hill 1650 ein massives Fort errichten, das im 18. Jh. erweitert und wohnlicher gestaltet wurde. Früher residierte dort der Regierungschef Nordirlands, und heute bildet das Fort auch einen sicheren Aufenthaltsort für königlichen Besuch oder Politiker. **Hillsborough Fort** kann ganzjährig besichtigt werden. Der Ort Hillsborough hat sich seinen georgianischen Charakter erstaunlich gut bewahrt und wurde einst als englischste der Städte Ulsters bezeichnet.

Westlich von Belfast erheben sich die beiden Gipfel des **Black Mountain** und des **Divis Mountain** (mit seinen unverkennbaren Fernsehtürmen). Ihre mit Farn überzogenen Ausläufer erstrecken sich bis in die heruntergekommenen Wohnviertel Turf Lodge und Ballymurphy. Einen guten Aussichtspunkt bietet **Horseshoe Bend** an der A 52.

Die Fahrt über die Hügel führt durch kahlere Landstriche, bevor man grünes Weideland und den berühmten **Dundrod Circuit** erreicht, eine der wenigen weltweit verbliebenen Rennstrecken für Motorradstraßenrennen. Zehntausende von Zuschauern kommen jährlich zum Grand Prix von Ulster, um sich die waghalsige Raserei über enge und kurvenreiche Landstraßen anzuschauen, bei der Geschwindigkeiten von bis zu 270 km/h erreicht werden.

Templepatrick, ein schmuckes Städtchen auf dem Weg von Belfast zum Aldergrove-Flughafen, bietet dem abreisenden Besucher einen letzten Eindruck friedlicher Stille. Überreste aus dem Mittelalter liegen auf dem ummauerten Gelände des **Upton Castle** zur Rechten.

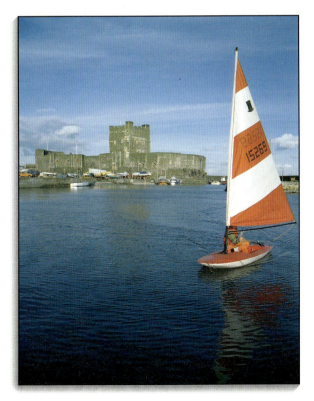

Die Befestigung von **Carrickfergus** erinnert eindrucksvoll an die normannische Eroberung.

Literaturhinweise

ALLEN, FREDERICK HERMAN ANDREASEN: Man and the landscape in Ireland. London 1978.
Landschaftsgeschichte Irlands, besonders unter dem Einfluß des Menschen.

Atlas of Ireland. Hrsg. vom Irish National Committee for Geography. Dublin 1979.

BECKETT, JAMES CAMLIN: Geschichte Irlands. Stuttgart ³1991.

BEHAN, BRENDAN: Bekenntnisse eines irischen Rebellen. 1965.
Erinnerungen des großen Dichters, der Mitglied der IRA war.

BIELER, LUDWIG: Irland. Wegbereiter des Mittelalters. Olten u. a. 1961.
Die Entwicklung des Christentums in Irland und die irischen Missionare auf dem Festland.

BÖLL, HEINRICH: Irisches Tagebuch. Köln 1957.
Die berühmte Einführung in die irische Welt.

BOTHEROYD, SYLVIA und PAUL S.: Irland. Kunst- und Reiseführer mit Landeskunde. Stuttgart 1985.

BRANDT-FÖRSTER, BETTINA: Das irische Hochkreuz. Frankfurt am Main u. a. 1980.
Auf einer Dissertation beruhende Monographie.

DAVIS, G. L. HERRIES, und NICHOLAS STEPHENS: Ireland. London 1978.
Darstellung der Geomorphologie Irlands.

DE PAOR, MÁIRE und LIAM: Alt-Irland. Frühchristliches Land. A. d. Engl. Köln 1960.

ELVERT, JÜRGEN: Geschichte Irlands. München 1993.
Ausführliche Darstellung von den Anfängen bis zur Gegenwart unter Berücksichtigung der Sozial- und Wirtschaftsgeschichte.

ELVERT, JÜRGEN (Hrsg.): Nordirland in Geschichte und Gegenwart. Stuttgart 1994.

Gold aus Irland. Gold-, Silber- und Bronzeschmuck dreier Jahrtausende. Ausst.-Kat. München 1981.

GRAY, TONY: 5 mal Irland. München ⁴1985.
Geschichte und Gegenwart, scharfsichtig beobachtet.

HINDLEY, REG: The death of the Irish language. London 1990.
Verbreitung und Verschwinden der irischen Sprache.

HÜTTERMANN, ARMIN: Irland. Kunst- und Reiseführer mit Landeskunde. Stuttgart 1993.
Hervorragende Darstellung, auch zum Nachschlagen geeignet.

Irische Kunst aus drei Jahrtausenden. Ausst.-Kat. Mainz 1983.

JÄGER, HELMUT: Irland. Darmstadt 1990.
Die moderne geographische Landeskunde.

JOHNSON, JAMES, H.: The human geography of Ireland. New York 1994.
Kulturgeographische Landeskunde.

JOYCE, JAMES: Dubliner. 1914.
Kurzgeschichten, in denen die geistig-moralische Lähmung des Dubliner Lebens geschildert wird.

KILLANIN, M. V. DUIGNAN, LORD und P. PARBISON: The Shell Guide to Ireland. London 1989.

MCCOURT, FRANK: Die Asche meiner Mutter. Aus dem Englischen. München 1996.
Die Erinnerungen eines katholischen Iren an seine unglückliche Kindheit.

MITCHELL, FRANK: The Irish landscape. London 1976.
Landschaftsgeschichte Irlands. Natürliche Grundlagen und Gestaltung durch den Menschen.

MITCHELL, FRANK: The Shell Guide to reading the Irish landscape. Dublin 1986.

NOLAN, W. (Hrsg.): The shaping of Ireland. Cork 1986.

O'FLAHERTY, LIAM: Zornige grüne Insel (auch unter dem Titel »Das braune Segel« und »Hungersnot«). 1937.
Roman über die große Hungersnot 1845–48.

OESER, HANS-CHRISTIAN (Hrsg.): Irland. Ein politisches Reisebuch. Hamburg 1987.

ORME, ANTHONY R.: Ireland. London 1970.
Geographische Landeskunde.

POTTING, CHRISTOPH, und ANNETTE WEWELER: Irland. Ein Reiseführer in den Alltag. (Anders reisen.) Neuausgabe Reinbek 1990.

RICHTER, MICHAEL: Irland im Mittelalter. Kultur und Geschichte. München ²1996.
Das Standardwerk zur Geschichte Irlands im Mittelalter, bis in die Zeit um 1500; eine dicht formulierte Darstellung mit wenigen, aber aussagekräftigen Schwarz-weiß-Bildern und gutem Register.

ROHAN, P. K.: The climate of Ireland. Dublin 1975.

SALAMAN, REDCLIFFE: The history and social influence of the potato. Cambridge Neuaufl. 1985.
Ausführliche Berücksichtigung der Hungerkatastrophe in Irland.

SIMMS, ANNGRET, u. a.: Irish Historic Towns Atlas. 6 Bde. Dublin 1986–1994.

TIEGER, GERHILD: Irland. Landschaften, Pflanzen- und Tierwelt. Hannover 1987.

ZIEGLER, WOLFGANG: Irland. Kunst, Kultur und Landschaft. Entdeckungsfahrten zu den Kunststätten der »Grünen Insel«. Köln ¹⁵1993.

Bildquellen-nachweis

Apa Photo Agency 90, 94, 101, 103, 104, 105, 107, 108, 109 (links und rechts), 110, 111 (links und rechts), 112, 116, 118, 120
Apa Picture Library 163
Ashford Castle, Cong, Irland 100
BBC Hulton Picture Library 113, 114, 117, 123, 189, 242 (links)
Bruce Bernstein 106
Bewley's, Dublin 296
Bildarchiv F. Dressler, Worpswede 26, 29, 51, 267
Bilderberg, Archiv der Fotografen, Hamburg 62
Bord Fáilte 179, 184/185, 194, 195, 220, 221, 356, 373, 421, 431 (links), 432
Christopher Cormack 395
Phil Crean 280/281
Dallas & John Heaton 224/225
Jim Fitzpatrick 192/193
Photo- und Presseagentur FOCUS (Foto: B. Lewis/Network), Hamburg 24/25
Rowel Friers 134 (rechts)
Guglielmo Galvin 12/13, 33, 34/35, 40/41, 133, 140, 141, 246/247, 258, 290/291, 303, 340/341, 342/343, 359, 362, 367, 370, 374
Gamma 85 (links), 217
M. Gottschalk 249
Brian Harris 436, 437
Michel Hetier 441
Christopher Hill 83, 128, 205, 450, 462/463, 475, 476/477, 480, 481, 482 (links), 484, 485 (links und rechts), 486, 487, 489, 490/491, 493
Bob Hobby 88/89, 411, 423, 424, 451
Prof. Dr. A. Hüttermann, Marbach am Neckar 18 (oben), 45
Irische Fremdenverkehrszentrale, Frankfurt am Main 275
Irish Ferries, Bremen 56/57
Irish Times 241, 243
K. Johaentges/Bildagentur LOOK, München 28
W. Keimer, Heidelberg 22, 39, 46, 47
Thomas Kelly 14, 37, 48/49, 82, 84, 85 (rechts), 86/87, 121, 122, 124, 125, 150, 152, 157, 168, 169, 182, 183, 200 (links und rechts), 200/201, 209, 210, 226/227, 228, 230/231, 234/235, 236/237, 239, 252/253, 254/255, 256, 257, 259, 260/261, 262, 263, 276/277, 284/285, 286, 287, 289, 293, 295 (links und rechts), 297, 298, 299, 300, 305, 310/311, 312, 313, 314, 317, 321, 322, 323, 324, 325, 326/327, 328/329, 330, 331, 333, 334, 335, 337, 338, 344, 345, 347 (links und rechts), 348, 349, 352/353, 354, 355, 357, 358, 360/361, 363, 364, 365, 366, 368/369, 371, 372, 375, 376, 377, 378/379, 380, 381, 383, 384, 385, 390/391, 392, 393, 409, 414, 415, 425, 426/427, 428, 431 (rechts), 433, 448, 452, 454, 502/503, 511
Keystone Pressedienst, Hamburg und Zürich 242 (rechts)
Kobal Collection 162
Helga Lade Fotoagentur, Frankfurt am Main 17, 18/19 (unten), 21, 42/43, 55, 59, 63, 92/93, 274
Peter Lavery 76/77, 78/79, 80/81, 176/177, 206/207, 208, 212/213, 268/269, 496/497
Alain Le Garsmeur 136, 153, 444, 460
Barry Lewis 24/25, 37, 155, 156, 445
Brian Lynch/Bord Fáilte 98 (links und rechts), 99, 265, 294, 304, 306, 307, 308/309, 318, 319, 320, 336, 339, 382
Mansell Collection 186
Olivier Martin 440
Antonio Martinelli 211, 386/387, 398, 406, 407
Tony McGrath 126, 134 (links), 135
George Morrison 202
H. Multhaupt, Paderborn 65, 66 (oben)
National Gallery of Ireland, Dublin 102, 119, 238, 240, 244/245
National Museum of Ireland, Dublin 67, 72, 73, 74 (unten), 115, 233
Network 146/147
W. Neumeister, München 66 (unten), 68
Jeremy Nicholl 129, 170/171, 172, 173, 174, 175, 483
Nobelstiftelsen, The Nobel Foundation, Stockholm 191
Northern Ireland Tourist Board 198, 464, 465, 466, 467, 472, 473, 474, 488, 492, 495
Architekturbüro O'Donnell and Tuomey, Dublin 75
Radio Telefís Eireann 248
David Reed 499
G. P. Reichelt 27, 158/159, 216, 264, 430, 468/469
John Russell 199, 418/419
Hubert Schaafsma Collection 96/97
The Slide File 8, 137, 250, 251, 266, 350/351
David Newell Smith 127
Toni Stone Worldwide 214/215, 270/271, 400, 402/403, 404, 405, 434/435, 439, 453, 455, 456/457, 470, 494
Billy Strickland 218/219, 222/223
Heinz Stucke 420, 446/447, 461, 471
John Sturrock 130
Süddeutscher Verlag-Bilderdienst, München 187
Jacob Sutton 145, 160/161, 164/165, 166/167, 178, 482 (rechts)
Topham Picture Source 138, 139, 154
Trinity College, Dublin 232, 292
Trinity College Library, Dublin 69, 71, 74 (oben)
Paddy Tuty/Bord Fáilte 278/279, 301
Ullstein Bilderdienst, Berlin 190
Joseph F. Viesti 180/181, 315, 388, 389, 396, 397, 399, 401
George Wright 20, 148/149, 196, 203, 410, 412/413, 417, 442, 443

Karten und Grafiken
Berndtson & Berndtson, Fürstenfeldbruck 272, 282, 288, 316, 332, 346, 356, 365, 394, 408, 422, 429, 438, 449, 458/459, 478/479
Geographisch-Kartographisches Institut Meyer, Mannheim 22/23, 32, 44; 16, 27, 16 (nach Atlas of Ireland, 1979); 32 (nach R. Hindley, 1990).

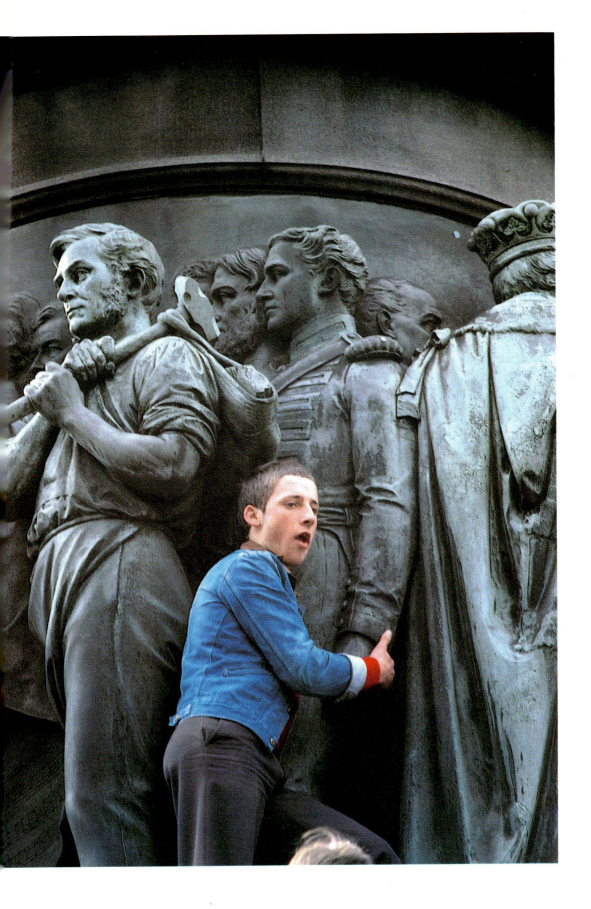

Register

(kursiv: Hinweis auf Abbildung)

Abbey Theatre 241
Abtreibung 136 ff., 143, 155
Achill Islands 445
Act of Union 289, 331
Adams, Gerry 140
Adare 423
Adare Manor 423
Ahenny 68
Aillwee Cave 422
Allen, Lough 452
Ancient Order of Hibernians 174
An Spidéal (Spiddal) 441
An Thaibhdhearc Theatre 439
Antrim 17, 474
Antrim, Grafschaft 460, 473
Antrim Castle 474
Antrim Coast Road 472
Apple Bobbing 204
Apprentice Boys 174
Aran Islands 148/149, 274, 440, 441
Ardagh, Kelch 72, 72
Ardara Heritage Centre 454
Ardee 385
Ardglass 477
Ardress House 476
Ardmore 64, 66
Ards 493
Arklow 393
Arkyn's Castle 440
Armagh 50, 475, 475
Armagh, Grafschaft 50, 460, 474
Armagh County Museum 475
Arrow, Lough 451
Ashford Castle 100
Assaroe Falls 452
Athlone Castle 432
Austen, Jane 189
Auswanderung 33 ff., 109, 131
Avoca Handweavers Woollen Mill 373
Avondale 372, 372

Ballinafad Castle 451
Ballinskelligs Bay 415
Ballinspittle 406, 406
Ballintober Abbey 445
Ballintoy Harbour 471
Ballybrit 439
Ballycastle 471, 472
Ballylicky 410
Ballymena 474
Ballymoney 473
Ballymote Castle 451

Ballyporeen 144, 395
Ballyshannon 452
Ballyvaughan 422
Baltimore 408
Banagher 433
Banbridge 477
Bangor 492, 492
Bantry 409
Bantry House 410
Barley Cove 408
Barrnacuige 445
Barrow 217, 433
Batt, William 485
Beach, Sylvia 358
Beaghmore Stone Circles 466
Beara 411
Beatty, Sir Alfred Chester 355
Becket, Thomas 394
Beckett, Samuel 95, 187, 239, 242, 250
Behan, Brendan 242, 243, 250
Beit, Sir Alfred 371
Belfast 23, 38, 114, 479, 480/481
– Albert Clock Tower 485
– Ann Street 487
– Bank of Ireland 485
– Belfast Castle 486
– Belfast Library 489
– Botanischer Garten 489
– Castle Place 480
– Castle Street 480, 487
– Castlereagh 480
– Cave Hill 489
– City Hall 484
– Crown Liquor Saloon 488, 489
– Cultra 492
– Customs House 484
– Dixon Park 489
– Falls Road 483
– Giant's Ring 489
– Golden Mile 488
– Grand Opera House 487, 488
– Group Theatre 488
– Hazelwood Park 489
– Holywood 492
– Kings Hall 490
– Lagan Valley Park 489
– Linenhall Library 489
– Magee Gallery 490
– Martyrs Memorial Free Presbyterian Church 485
– May Street 487
– Northern Bank 485
– Octagon Gallery 490
– Old Charitable Institute 485
– Parliament Buildings 486
– Peace Line 483
– Presbyterian Oval Church 485

Fortsetzung Belfast
– Queen's Arcade 487
– Queen's University 486
– Royal Avenue 483 f.
– Saint Anne's Cathedral 485
– Saint George's Church of Ireland 485
– Saint Malachy's Roman Catholic Church 485
– Shankill Road 483
– Stormont Castle 130, 486
– Ulster Bank 485
– Ulster Folk and Transport Museum 492
– Ulster Hall 488
– Ulster Museum 490
– Zoo 489
Belleek 464
Belmullet 23
Berkeley, George 95, 240, 293
Beshoff, Ivan 288
Betjeman, Sir John 484
Binchy, Maeve 251
Birr 433
Black Bog 465
Black Crom's Sunday 194
Black Men 174
Black Mountain 495
Blacklion 462
Blackwater 216 f.
Blarney 55, 405
Blarney Stone 405, 408
Blasket, Inselgruppe 416
Blessington 371
Bloody Foreland 454
Bloody Sunday 119, 132
Boa Island 464, 464
Board Failte 217
Bodhran 181
Böll, Heinrich 83
Bonamargy Friary 472
Boneybefore 495
Book of Armagh 290
Book of Dimma 70, 290
Book of Durrow 69, 70, 290
Book of Kells 71, 92, 233, 290, 292, 385
Boru, Brian 93, 109, 293, 363, 475
Boycott, Captain Charles 113
Boyle, Robert 321
Boyne, Fluß 217, 381, 383
Boyne, Schlacht am 97, 100, 315, 382, 495
Brandon Bay 417
Brandon Mountain 417
Bricklieve Mountains 451
Brontë-Country-Weg 477

Brosna 217
Bruce, Edward 315
Brugh na Boinne 381
Bruree 424
Bruton, John 136, 140
Buncrana 455
Bundoran 452
Bundrowse 215
Bunratty Castle 421
Burgess, William 401
Burgh, Thomas 339
Burke, Edmund 95, 187, 240, 289
Burren 19, *28*, 28, 30 f., *421*, 422
Burren Display Centre 422
Bushmills 471
Butterweg 396

Caesar, Julius 92
Cahersiveen 415
Cahir 393, 425
Camphill 467
Cape Clear Bird Observatory 408
Carlingford 384
Carlingford Lough 384
Carlyle, Thomas 468
Carndonagh 68, 455
Carnlough 473
Carrauntoohill 416
Carrick 453
Carrick Castle 425
Carrick-a-Rede Rope Bridge 471
Carrickfergus 51
Carrickfergus Castle *495,* 495
Carrickmacross 461
Carrick-on-Shannon 452
Carrick-on-Suir 425
Carroll's Irish Open 263
Carrowbeg 445
Carrowmore 450
Carson, Sir Edward *114,* 115 f.
Cashel (Rock of Cashel) 66, *386/387,* 392
Cassels, Richard 99, 289, 299, 301, 366, 371, 374, 445
Castlebar *444,* 445
Castle Caldwell 464
Castle Coole 465
Castletown House 74, *376,* 376
Castletownshed 407
Castleward House 493
Cavan, Grafschaft 460, 462
Cavendish, Lord Frederick 348
Celbridge 376
Chambers, Sir William 289, 366
Chesterton, Gilbert Keith 84
Churchill, Winston 115, 123
Claddagh 437 f.

Clare, Grafschaft 421
Clare Glens 423
Clear Island 408
Clifden *434/435,* 444
Clonakilty 407
Clones 460
Clonfert 64, *68,* 433
Clongoweswood 389
Clonmacnoise 50, *63,* 65, *66, 431,* 432
Clonmel 425
Clontarf, Schlacht von 95, 109, 313, 363
Cobh *400,* 401
Collins, Michael 117 f., 121, 340
Colum, Pádraic 192
Comber 494
Comeragh Mountains 425
Congreve, William 240
Connaught 274
Connemara 17, 441
Connemara-Nationalpark 29, 30 f., *439*
Connolly, James *115,* 116 f., 334, *483*
Connor Pass 417
Cookstown 466
Cooley, Halbinsel 384
Cooley, Thomas 316
Coolmore *208*
Cootehill 462
Copeland Islands, Grafschaft 493
Cork 17, 51, 389, 400
Cork, Grafschaft 405
Corrib, Lough 21, 437
Corrymeela Community House 472
Costello, J. A. 124
Courcy, John de 477 f., 493 f.
Craggaunowen Castle 421
Croagh Patrick 17, *146/147,* 152, 273, 444
Cromwell, Oliver 97, 100, 142
Cromwell, Thomas 338
Cuildrevne 450
Curragh Camp 389
Cushendall 473

Dáil Eireann (Parlament) 118, 300
Dargan, William 305
DART (Dublin Area Rapid Transit) 355
Davitt, Michael 112
Deane, Sir Thomas 301
Deckenmoor 26 f.
Defenders 174
Derby 210 f., 391

Derg, Lough 452
Dergalt 467
Derry 453, 460, 468 f., *468/469*
Derrynane 414
Dervock 474
Devenish Island 463
Devereux, Walter, Erster Graf von Essex 99
Devil's Glen 373
Devlin, Bernadette *126,* 126
Dingle 64, 416
Dingle Bay 416 f.
Divis Mountain 495
Donaghadee 493, 494
Donegal 17, 453
Donegal, Grafschaft *446/447,* 452, 460
Donegal County Museum 455
Donleavy, James Patrick 86, 242
Doon Rock 455
Doon Well 455
Dowland, John 359
Dowling, Vincent 251
Down, Grafschaft 460, 473
Downhill Castle 470
Downpatrick 477
Dowth 381
Drew, Thomas 485
Drogheda 383
Drombeg, Steinkreis von *56/57,* 407
Druid Theatre 439
Drumcliff Churchyard 449
Drumcliffe 68
Drumlin 18
Drumshanbo 452
Dublin 23, 36, 50, 98 f., 106, 130
– Abbey Theatre 332, *333*
– Adam and Eve's 325
– Aras an Uactarain 348
– Ausstellung Dublinia 319
– Baggot Street 306
– Baily Light Optic 358
– Ballsbridge 263, 283, 355
– Bank of Ireland 288, *289,* 306
– Belvedere House 314, 338
– Berkeley Library 293
– Bermingham Tower 318
– Bewley's Oriental Cafés 255, 288, 295
– Blackrock 356
– Blackrock College 356
– Bord na Mona 306
– Börse 316
– Botanischer Garten *363,* 363
– Bray 359
– Bray Head 359
– Brazen Head 325

Fortsetzung Dublin
- Buswell Hotel 301
- Capel Street 338
- Casino von Marino 366
- Catholic Church Saint Audeon 320
- Central Bank 316
- Central Library 335
- Chapel Royal 318
- Chester Beatty Library and Gallery of Oriental Art 355
- Christ Church 307
- Christ Church Cathedral *313*, 313, 318, *319*
- Church of Ireland Saint Audeon's 320
- Church of Saint Nicholas of Myra 322
- Church of Saint Sylvester 366
- City Hall 316 f.
- Clare Street 305
- Cleary 334
- Clontarf 363
- Clontarf, Schlacht von 313
- Coliemore Harbour 358
- College Green 316
- Cook Street 325
- Cork Hill 316, 318
- Crane Street 323
- Croke Park 263
- Custom House 119, 314, *330*, 331
- Custom House Docks 331
- Dáil Eireann 300
- Dalkey 283, 358
- Dalkey Hill 359
- Dalkey Island 358
- Dame Street 316
- Dawson Street 300
- Dekanei Saint Patrick 322
- Donabate 366
- Dorset Street 338
- Douglas Hyde Gallery of Modern Art 293
- Dr. Steeven's Hospital 325
- Dublin, Schlacht von 313
- Dublin Castle 313, 317, *318*
- Dublin Horse Show 355
- Dublin Writers Museum 338
- Duke Street 297
- Dun Laoghaire 283, *357*, 357 f.
- Dunsink Observatory 363
- Earlsfort Terrace 299
- East Pier 357
- Eccles Street 338
- Eden Quay 355
- Ely Place 298
- Essex Street 317
- Examination Hall 289

Fortsetzung Dublin
- Fifteen Acres 348
- Fishamble Street 316 ff.
- Fitzwilliam Square 283, *306*
- Fitzwilliam Street 306
- Four Courts 314, 339
- Francis Street 322
- Franziskanerkirche 325
- Fry Model Railway 366
- Garden of Remembrance 337
- Gate Theatre 335
- General Post Office (GPO; Hauptpostamt) *334*, 334
- Glasnevin 363
- Glasnevin Cemetery 363
- Glockenspiel 320
- Graduates Memorial Building (GMB) 294
- Grafton Street 295 ff.
- Grand Canal 306
- Gresham Hotel 334
- Guinness Brewery 323
- Ha'penny Bridge *287*, 287 f.
- Hafen von Howth 364
- Harcourt Street 299
- Harcourt Terrace 300
- Henrietta Street 338
- Henry Street 334
- Heuston Station 325
- Howth *360/361*, 364
- Howth Castle 365
- Hugh Lane Municipal Gallery 337
- Hume Street 298
- Ireland's Eye 365
- Irish Museum of Modern Art 345
- Irish Whiskey Corner (Museum) 339
- Iveagh House 299, 324
- James Joyce Museum 358
- James's Street 323
- John's Lane 322
- Johnston's Court 297
- Killiney Church 359
- Killiney Hill 359
- Killiney-Strand *358*, 359
- Kilmainham, Jail 345
- King's Inns 314, 338
- Lambay Island 365
- Leinster House 301, 314 ff.
- Leinster Lawn 305
- Leopardstown 211, 263
- Leuchtturm Baily 365
- Liberty Hall 331
- Library and Gallery of Oriental Art 355
- Liffey 283

Fortsetzung Dublin
- Liffey Bridge 288
- Lord Edward Street 316 ff.
- Malahide 366
- Malahide Castle 366
- Mansion House *300*, 300
- Marlborough Street 332
- Marsh's Library 322
- Martello Tower 358
- Merrion Square 283, 303 ff.
- Mespil Road 306
- Molesworth Street 301
- Monkstown 357
- Moore Street 255 ff.
- Mountjoy Square *338*, 338
- Museum der Geschichte des Brauereiwesens 323
- Musical Pub Crawl 267
- National College of Art and Design 323
- National Concert Hall 299
- National Gallery of Ireland *305*, 305
- National Library 301
- National Maritime Museum of Ireland 357
- National Museum *301*, 301, 303
- Natural History Museum 305
- Nelsonsäule *102*, 130, *131*
- Newbridge House 366
- Newman House 299
- North Bull Island 364
- North Bull Wall 364
- O'Connell Bridge 288, 331 ff.
- O'Connell Street 116, *153*, 228, 256, *326–329*, 333 f., *336*
- Old Saint Michan's Church 339
- Olympia Theatre 316
- Parnell Square *337*, 337
- Parson, Buchhandlung 306
- Peacock Theatre 333
- People's Garden 347
- Phoenix Park 211, 258, 263, *345*, 346 f.
- Portmarnock 366
- Postamt → General Post Office
- Powerscourt Townhouse Arcade 297
- Provost House 294
- Record Tower 317
- Rotunda Hospital 335
- Rotunda Rooms 335
- Royal College of Surgeons 300
- Royal Dublin Golf Link 364
- Royal Dublin Society 355
- Royal Hibernian Way 295
- Royal Hospital 346, *347*

Fortsetzung Dublin
– Royal Hospital von Kilmainham 345
– Royal Irish Academy 301
– Rubricas 294
– Rutland Fountain 305
– Saint Andrew's Church 316
– Saint Anne's Church 301
– Saint Anne's Golf Links 364
– Saint Audeon's *320*, 325
– Saint Begnet 358
– Saint Catherine's Church 315, 323
– Saint George's Hall 318
– Saint John's Catholic Church 357
– Saint Mary's Abbey 340
– Saint Mary's Church 339, 365
– Saint Mary's Lane 339
– Saint Mary's Pro-Cathedral 335
– Saint Patrick's Cathedral *315*, 320
– Saint Patrick's Church 307
– Saint Patrick's Hall 317
– Saint Patrick's Hospital 323
– Saint Stephen's Green 258, 297 f., 324
– Saint Werburgh's Church *98*, 320
– Sandycove 358
– Shelbourne Hotel 298
– Simmonscourt-Pavillon 355
– South Quays 325
– Spring Show 355
– State Apartments 317
– Synge Street 300
– Tailor's Hall 320
– Temple Bar 314 ff.
– Theater Smock Alley 317
– Thomas Street 323
– Three Fates Fountain 297
– Throne Room 318
– Torca Cottage 358
– Trinity College 36, 39, 129, 289 f., *293*, 293 f.
– Wedgwood Room 318
– Wellington Bridge → Liffey Bridge
– Wellington Monument 347
– Westmoreland Street 288, 316
– White Rock 359
– Wicklow Street 297
– Wood Quay 314, 325
– Zoo 258, 347
Dublin, Schlacht von 313
Dublin Horse Show 263
Dudelsack 179
Dukes, Alan 250
Dún Aengus *51*, 440
Dunamase Castle 433
Dunbrody Abbey 394
Dundalk 384

Dundrod Circuit (Motorradrennen) 495
Dundrum Castle 477
Dunganstown 394, *396*
Dunluce Castle 471
Dunmanus Bay 409
Dunmore Caves 397
Dunseverick Castle 471
Dysert O'Dea 68

Eamon de Valera 117 f., 121 ff., *122*, 143, 151, 160, 187, 331, 345, 356, 424
Edgeworth, Maria 431
Ehescheidung 143, 155
Eiszeiten 17, 28
Elisabeth I. 94 f.
Emmet, Robert 108, 240, 315, 323
Ennis 423
Enniskerry 374
Enniskillen 463
Ensor, James 303
Erne, Fluß 452, 462
Erne, Lough 21

Fál Carrach (Falcarragh) 454
Famine Museum 430
Fanad *42*, 455
Fanad Head 455
Fanu, W. R. Le 204
Farquhar, George 240, 317
Faulkner, Brian 131, *134*
fen 26 f.
Fenians 111, 113
Ferguson, Harry 492
Fermanagh, Grafschaft 460, 463
Fianna Fáil 117 f., 122
Fine Gael 118, 122
FitzGerald, Garret 134, 250
FitzGerald, Lord Edward 318, 357
FitzGerald, Silken Thomas 340
Fjord 18
Flood, Henry 103
Florence Court 465
Fota Island 401
Foyle, River 468
Fuchsjagd 389

Gaelic Athletic Association (GAA) 218
Gaelic Football 39, 218, 220, *222*, 260, 263
Gaelic League 114
Gaeltacht 32, 36, 187, 441
Galilei, Alessandro 376
Gälische Liga 114

Gallarus Oratory 64, *65*, 416
Galtee Mountains 424
Galway 45, 51, 437 ff.
Galway, James 175
Gandon, James 99, 288, 331, 339
Gaoth Dobhair (Gweedore) 454
Garavogue River 449
Garnish Island 411
Gay, Sir John 333
Gefängnismuseum, Kilmainham 345
Geldof, Bob 131, 162, 250, *252*, 356
Gernoe 495
Giant's Causeway 17, *456/457*, *471*, 471
Giant's Organ 471
Gill, Lough 450
Gladstone 112 ff.
Gladstone, William E. 91, 111 ff.
Glen of Aherlow 424
Glenariff Glen 473
Glenarm 473
Glenbeigh 416
Glencolumbkille 453
Glencree, Tal 374
Glendalough 18, 65, *371*, 371
Glendalough-Nationalpark 28
Glendun Viaduct 473
Glengarriff 411
Glenveagh-Nationalpark 30 f.
Glorious Battle of the Diamond 174
Godwin, Edward William 416
Golden Vale 393, 425
Goldsmith, Oliver 95, 240, *241*, 289, 431
Golf 223, 263
Gosford Forest Park 475
Gougane Barra 410
Gowna, Lough 462
Granard, Motte of 431
Grand Canal 53, 433
Grand Prix von Ulster 495
Grattan, Henry 95, 103 ff.
Great Blasket 416
Gregory, Lady Isabella Augusta 95, 190 f., 241
Greyabbey 493
Grianan of Aileach *95*, 455
Griffith, Arthur 115–122
Große Hungersnot → Hungersnot
Guinness 197, 265
Guinness, Arthur 324
Gur, Lough 424

Halloween 192, 204
Halpin, Robert 358

Händel, Georg Friedrich 99, 315, 318
Harp 197
Haughey, Charles 133, *137, 250,* 250
Heaney, Seamus 190, *191,* 242
Heinrich II., König 313, 399
Heinrich VIII., König 315
Hibernia 94
Hibernian Research Company 144
Hibernians 173 ff.
Hill of Slane 381
Hill of Tara → Tara
Hillsborough 495
Hilton, Edwards 246, 335
Hochkreuze 66 ff., *156*
Hochmoor 26 f.
Holycross Abbey 52, 66, 392
Home Rule 112 ff.
Hone, Nathaniel 366
Hopkins, Gerard Manley 299
Horn Head 455
Hornpipe 181
Hungersnot 33, 54 f., 106, 109 f., 430
Hurling *34, 218,* 218, *263,* 263, 437
Hyde, Douglas 114

Industriepark 45
Ingoldsby, Pat *248,* 248, 251
Inisheer 440
Inishmaan 440
Inishmore 51, 440, *442/443*
Inishmurray *63,* 63
Inishowen 455
IRA 117–123, 129 ff., 139 f.
Irische Nationalpartei 115
irische Sprache 32, 36
Irish Georgian Society 324
Irish Literary Theatre 241
Irish Republican Army 118
Irish Republican Brotherhood 111, 116
Irish Socialist Republican Party 116
Irish Stew 203
Irish Volunteers 115
Island Magee 473
Islandmagee 495
Ivory, Thomas 99, 289

Jakob I., König 94 f., 468
Jakob II., König 100, 173, 382, 468, 495
Japanese Garden 392
Jerpoint Abbey 397
jig 181
Jigginstown House 74, 389, *392*

Johannes Scotus Eriugena 152
Johann Ohneland, König 384, 423
Johnston, Francis 289
Joyce, James 187, *189,* 229, *238,* 239, 250, 358, 389
Junior Orange Lodges 175

Kaledonisches Gebirge 16 f.
Kames 19
Karl I., König 100
Karl II., König 100
Karst 19, 422
Kavanagh, Patrick 190, 242, 250, 306
Kealkil 410
Kelch von Ardagh *72,* 72
Kells 50, 64, 68, 95, 385
Kelly, Oisín 337
Kenmare 411
Kenmare Heritage Centre 412
Kennedy, John F. 394, 437
Kennedy, John F., Memorial Garden 437
Kennelly, Brendan 190
Kerry, Grafschaft 275, 405, 411
Kerry, Ring of 412, *414/415*
Kerry Bog Village 416
Kerry Hills 417
Kerry Way 414
Key, Lough 430
Kierkegaard, Søren 85
Kilcar 453
Kildare 50, 391
Kilfenora 68, 423
Kilfinane 424
Kilfinane Moat 424
Kilkenny 142, 395 ff.
Kilkenny Ale 197
Kilkenny Castle 395, *399*
Kilkenny Design Centre 396
Killarney 414
Killarney-Nationalpark 28 ff.
Killary Harbour 444
Killorglin 416
Killybegs 453
Killymoon Castle 466
Kilmallock 424
King Billy → Wilhelm von Oranien
King John's Castle 384
Kingscourt 462
Kinsale 401
Kircubbin 493
Kirkistown Circuit 493
Klootschießen 220
Knappogue Castle 422
Knock 47, 153, *445,* 445

Knockmany Forest 466
Knocknarea 449
Knowth 381
Koralek, Paul 293
Kylemore Abbey 444

Ladies' View 412
Lady's Day 174
Lagan 479
Lahinch 200
Lambeg-Trommler *173,* 173
Lanyon, Sir Charles 484
Larkin, James 333
Larne *473,* 473
Laune, Fluß 416
Laytown 212, 383
Leane, Lough 412
Ledwidge, Francis 381
Leinster 275
Leitrim, Grafschaft *451,* 451 f.
Lemass, Sean *123,* 125, 160
Leopardstown 211
Letterkenny, Grafschaft 455
Liffey *94/95,* 215
Limavady 469
Limerick 51, *423,* 423
Lisburn 495
Lisdoonvarna 423
Lismore 399
Little Skellig 29
Lloyd George, David 118, 121, 123
Longford 431
Longford, Grafschaft 431
Lough Derg 273
Loughgall 475
Louth 383
Lower Lough Erne *462/463,* 463
Lynch, Jack *134,* 220
Lynch Memorial 437

Mac Cumhaill, Fionn 192
Mac Murrough, Dermot 96, 313
MacCarthy, Cormac 393, 405
Macgillycuddy's Reeks 416
Mack, Robert 297
MacLiammóir, Micheál 85, *245,* 246, 337
MacNeice, Louis 85, 242
MacNeill, John (Eoin) 114
Magheramorne 495
Mahaffy, Sir John 187
Maharee Islands 417
Mahee Island 494
Maigue 423
Major, Lough 461
Malin Head 455

Marble Arch Caves 465, *465*
Martello Tower 470
Martin, Violet 190, 407
Mask, Lough 21
Mathex, Father Theobald 333
Mattock 383
Maturin, Charles 241
Maundy money 289
Maynooth 375
Mayo, Grafschaft 444
McBride, John 115
Meath, Grafschaft 381
Mellifont Abbey 383
Midlands *426/427*, 429
Milford 455
Mitchel, John 110
Mitchelstown 393
Mizen Head 409
Moher, Cliffs of 21, *420*, 422
Monaghan, Grafschaft 460 f.
Monasterboice 65, *66*, 384
monastic towns 50
Money Castle 464
Moone 68
Moor 26 f.
Moore, George 241
Moore, Thomas 240, 373
Mount Gabriel 409
Mount Mellary 399
Mount Usher Garden 373
Mountmellick 433
Mountstewart 493
Mourne Mountains 17, 476, *476/477*
Moy 216
Moyne Abbay *59*
Muckno, Lake 461
Muckross Friary 412
Muckross House 412
Muckross Lake 412
Mullaghmore 451
Mullingar 432
Munster 274
Museum of the Irish Horse 392

N aas 389
Nash, John 466
Nasool, Lough 451
National Gallery of Ireland 371
National Land League of Ireland 112 f.
National Stud 391
Navan 44
Navan Forest, Lough 464
Navan Fort 475
Neagh, Lough 21, 474
Nenagh 425

Nendrum Abbey 494
Newcastle 477
Newgrange 94, 381, *382*
Newport 445
Newry 476
Newtownards 494
Niedermoor 26 f.
Nordkanal 28
Nore 217
Norman Castle 393
Normannen 315
North Antrim Coast Path 470

O' Brian, Donal Mor 392
O'Brien, Brian 248
O'Brien, Edna 88
O'Brien, Flann 188, 239, 242
O'Carolan, Turlough 321
O'Casey, Sean 190, 239, 241, *242*, 250, 338, 340
O'Connell, Daniel 106, 108, *109*, 112, 142, 187, 189, 305, 333, 385, 414 f.
O'Connor, Frank 190, 242
O'Connor, Sinéad 249
O'Conor, Rory 432
O'Crohan, Thomas 416
O'Donnell, Red Hugh 97, 318
O'Flaherty, Liam 242, 440
Oghamschrift *67*, 70, 189, 451
Omagh 465
O'Neill, Hugh 97
O'Neill, Terence 125
Orange Order 174
Orange Society 105
Orangemen 113, 114, 123, 173 ff.,
O'Riada, Sean 182
Ormonde, Herzog von 98
Oser 18 f.
O'Sullivan, Maurice 416
Oul'Lammas Fair 471
Oyster Festival 439

P aisley, Ian 125, *127*, 140
Pale 51, 96
Parnell, Charles Steward 97, 111 f., 142, 333, 372
Patrick, Heiliger 92, *150*, 194
Patrick Street, Musikgruppe 249
Pearce, Edward Lovett 288
Pearse, Pádraic 116 f., 151, 334
Peep O'Day Boys 105
Penal Laws 100 ff.
Pettigo 464
Pferderennen 348, 389
Phoenix Park 211, *345*

Pitt, William d. J. 104 f.
Poitín 441, 443
Portadown 99, 476
Portaferry 493
Portarlington 44
Portavogie 493
Portlaoise 392, 433
Portmagee 415
Portrush 470
Portstewart 470, *470*
Poulaphouca 371
Powerscourt 103, *373*, 374
Poyning's Law 142
Pub 197 ff., 265 ff.
Puck Festival 416
Pückler-Muskau, Hermann Fürst von 273
Pugin, A. W. 376
Punchestown 389
Purcell, Noel 255
Purser, Sarah 300

R ace Week 439
raised bog 26
Raleigh, Sir Walter 399
Rathlin Island 472
Rathmelton 455
RDS → Dublin Horse Show
Reagan, Ronald 33, 144
Red Bay 473
Redmond, John 115
Ree, Lough 21
Reel 181
Reginald's Tower 399
Reynolds, Albert 135
Rias 18
Ribbonmen 174
Richard de Burgo 451
Riesenhirsch 29
Ring of Kerry → Kerry, Ring of
Robinson, Mary 39, 135, *138*
Robinson, William 345
Rock of Cashel → Cashel
Ros a'Mhil (Rosaveel) 440
Roscommon, Grafschaft 429
Roscommon Castle 430
Rosses Point 449
Rosslare 23
Rostrevor 476
Roundstone 443
Royal County Down Golf Club 477
Royal Hospital *347*
Royal Irish Fusiliers Museum 475
Royal Ulster Constabulary (RUC; Polizei) 126
Rugby 39, 263

Rundturm 64 ff., 95
Russborough 371

Saint John's Priory 397
Saint MacDara Island 443
Saint Patrick Heritage Centre 477
Saint Patrick's College 375
Saint Patrick's Day 204
Saint Skelskar's Abbey 394
Saint Tighernach's Shrine 461
Salthill 439
Sankt-Georgs-Kanal 28
Sayers, Peig 416
Scotch 265
Scott, Sir Walter 109
seanachaidhe 194
Severin, Tim 421
Sham Fight 174
Shannon 21, 53, 217, 274, 452, 462
Shannonbridge 433
Shannon International Airport 45, 421
Shaw, George Bernard 86 f., *187, 187, 239*, 241, 300, 305, 358
Shelta 168
Shercock 462
Sheridan, Richard Brinsley 190, 338
Siamsa Tire Theatre 417
Silberbart → Sitrick
Silent Valley 477
Silken, Thomas 315
Sinn Féin 115, 117 ff., 139 f.
Sitrick, Wickingerkönig 318
Skellig Michael 62, 63, 415
Slane 381
Slane Castle 381
Slaney 217
Slea Head *404*
Slieve Bloom Mountains 433
Slieve Donard 477
Slieve Gullion 476
Slieve League 453
Slievenamon 425
Sligo 51
Sligo, Grafschaft 449
Small Skellig 415
Smyth, John 294
Sneem 414
Society of United Irishmen 104 f., 108
Somerville, Edith 190, 407
Spenser, Edmund 315
Sperrin Mountains 467
Spiddal → An Spidéal
Staigue Fort 414
Station Island 452

Steeplechasing 209
Stephens, James 110, 192, 242
Stoker, Bram 241
Stormont 123, 132
Strabane 468
Stradbally *432*
Strandhill 449
Strangford 493
Strangford Lough 494
Strokestown 430
Strongbow 313, 318 f.
Suck 217
Sugarloaf Mountain 411
Suir 217, 425
Swift, Jonathan 97, 99, 239, *240*, *240*, 315, 320, 323, 376
Synge, John Millington *190, 190* f., 241, 440

Tallaght 371
Tara *93, 385*, 385
Tara-Fibel 72 f., *73*
Teadagh Candles 410
Templepatrick 495
Thakeray, William Makepeace 203, 375, 451, 471
The Pogues, Rockgruppe 249
The Rosses 454
Thurles 392
Timoleague Abbey 407
Tinkers 166 ff.
Tintern Abbey 394
tin whistle 181
Tipperary 425
Tipperary, Grafschaft 424
Tone, Wolfe 97, 104 f., 389
Torf 26 f., 44, *49*
Torr Head 473
Tory Island *454*, 455
Tralee 417
Trim Castle 51, *378/379*, 385
Trogtal 18
Tullamore 433
Turf Club 210
Turloughs 19
Turner, Richard 363
Twelve Pins 444
Tyrone, Grafschaft 460

U2, Rockgruppe 131, 162, 249 f.
Uillean Pipes 181
Ulster 273
Ulster-American Folk Park *466*, 467
Ulster Way 464
United Irishmen 104, 110, 315

Upper Lake 412
Upper Lough Erne 463

Vale of Avoca *368/369*, 373
Valencia Island 415
Valentia 23
Variskisches Gebirge 16
Vinegar Hill 394

Waterfoot 45, 473
Waterford 51, 399
Welbrook Beetling Mill 465
Welles, Orson 335
Wellington, Herzog von 305
Wentworth, Thomas 98
West, Robert 465
Westmeath, Grafschaft 431
Westport 445
Wexford 45, 51, 394
Wexford Coastal Path 393
Whiskey 197, 265, 400, 443
White, Richard 410
White Bay (Freizeitgebiet) 473
Whiteboys 174
Whitehead 495
White Island 464
Whitepark Bay 471
Wicklow, Grafschaft 371, 375
Wicklow Mountains 17 f., 22, 29 ff., 51, 53, 275, 371, *375*
Wicklow Way 375
Wikinger 36, 50 ff., 95
Wilde, Oscar *186, 187*, 241, 305
Wilhelm von Oranien, König 100, 101, 173, 315, 382, 468, 495
William Smith O'Brien 333
Windhundrennen 221
Wohntürme 51
Woodenbridge 373
Woodrow Wilson 468
Wyatt, James 445, 465

Yeats, Jack B. 117, 305, 449
Yeats, William Butler 97, 114, 160, 190, 192, 239, 241, *242*, 305, 449
Yeats Summer School 449
Young Ireland Movement 110